"十四五"职业教育国家规划教材

Daolu Gongcheng Zhitu

道路工程制图

（第4版）

刘松雪　姚青梅　主　编

袁　果　主　审

人民交通出版社股份有限公司

北　京

内 容 提 要

本书为"十四五"职业教育国家规划教材。全书共分为三篇：第一篇为制图基础，主要介绍《道路工程制图标准》(GB 50162—1992)的基础内容；第二篇为画法几何，主要介绍投影理论及图示方法；第三篇为公路工程图，主要介绍了公路路线工程图及桥梁、涵洞工程图。另有《道路工程制图习题集》(第4版，曹雪梅主编)与本教材配套使用。

本书可作为高等职业教育道路与桥梁工程技术及相关专业教材，也可供中等职业教育或从事公路设计、施工的工程技术人员使用和参考。

本书配有大量数字资源(视频、动画等，详见"本书配套数字资源说明")，读者可通过扫描封面上的二维码免费观看和学习；本书配课件，教师可通过加入"职教路桥教学研讨群"(QQ:561416324)获取课件。

图书在版编目(CIP)数据

道路工程制图/刘松雪,姚青梅主编. —4版. —北京：
人民交通出版社股份有限公司,2021.7
"十二五"职业教育国家规划教材
ISBN 978-7-114-17214-4

Ⅰ.①道… Ⅱ.①刘… ②姚… Ⅲ.①道路工程—工程制图—
高等职业教育—教材 Ⅳ.①U412.5

中国版本图书馆 CIP 数据核字(2021)第 063173 号

"十四五"职业教育国家规划教材

书　　名：	道路工程制图(第4版)
著 作 者：	刘松雪　姚青梅
责任编辑：	任雪莲
责任校对：	席少楠
责任印制：	刘高彤
出版发行：	人民交通出版社股份有限公司
地　　址：	(100011)北京市朝阳区安定门外外馆斜街 3 号
网　　址：	http://www.ccpcl.com.cn
销售电话：	(010)59757973
总 经 销：	人民交通出版社股份有限公司发行部
经　　销：	各地新华书店
印　　刷：	北京印匠彩色印刷有限公司
开　　本：	787×1092　1/16
印　　张：	15.25
插　　页：	2
字　　数：	371 千
版　　次：	2002 年 8 月　第 1 版
	2005 年 5 月　第 2 版
	2012 年 9 月　第 3 版
	2021 年 7 月　第 4 版
印　　次：	2024 年 6 月　第 4 版　第 6 次印刷　总第 48 次印刷
书　　号：	ISBN 978-7-114-17214-4
定　　价：	49.00 元

(有印刷、装订质量问题的图书,由本公司负责调换)

第**4**版

前·言
Preface

"道路工程制图"是高等职业院校道路与桥梁工程技术及相关专业基础课,是学习后续专业课的基础,同时识图与制图也是路桥类相关专业学生对应工作岗位的必备技能,其重要性不言而喻。

本教材第1版于2002年出版,历经3次修订,《道路工程制图》(第3版)入选"十二五"职业教育国家规划教材,本教材第4版入选"十四五"职业教育国家规划教材。近20年来,本教材为全国众多职业院校广泛使用,受到了广大师生的一致好评,发行量达三十余万册。

近年来,国家高度重视职业教育,将职业教育发展提到了前所未有的高度。《国家职业教育改革实施方案》("职教20条")、《职业院校教材管理办法》《职业教育提质培优行动计划(2020—2023年)》等重要文件的发布,更加明确了职业教育的重要性,强化了"校企双元"办学,突出了教材在"立德树人"根本任务中的重要地位。基于此,结合职业院校路桥类专业对应岗位实际需求,在广泛征集院校教师使用意见的基础上,对本教材第3版进行了修订,形成了第4版教材。

本版教材延续了第3版的整体风格,仍以加强基础、注重实践为根本,培养学生的空间想象能力和问题分析能力。本教材以点、线、面、体的投影理论为基础,重点介绍了由空间到平面、再由平面到空间的绘图和读图的基本原理和方法。通过本课程的学习,学生应具备较好的绘图、读图、空间想象力,为后续专业课打好基础,同时培养学生科学的工作法和正确的逻辑思维能力。

第4版教材具有以下特色:

1. 理论联系实际,突出职业教育特色

本教材从职业教育特点出发,以培养应用型技能人才为目标,以基本概念为基础,强化实践训练,具有科学性、先进性和实用性;注重培养学生制图基本技能,将基础理论与实际紧密结合。本次修订教材新增了大量来自企业的工程图,供学生识读和学习,以加深学生对工程图的认识和理解。

2.校企双元合作,产教融合发展

本教材编写团队由长期从事工程制图课程教学研究工作、具有丰富教材编写经验的教师以及企业人员组成。编写人员中不乏双师型教师,他们具有丰富的工程实践经验及教学经验。本版教材修订中,与企业深度合作,由企业方提供了大量工程图实例,经编写组成员仔细筛选和重新设计,将部分典型案例纳入教材中。

3.教学资源丰富,打造立体化教材

本版教材修订的同时,对与其配套使用的《道路工程制图习题集》(第3版,曹雪梅主编)进行修订,出版了《道路工程制图习题集》(第4版)。本次教材修订增加了大量数字资源(视频、动画等),以及辅助学生学习并掌握识图与绘图技能,同时以此方式可以提升学生学习兴趣,激发学生的学习热情。

本书由吉林交通职业技术学院刘松雪和青海交通职业技术学院姚青梅主编。具体编写分工为:绪论、第一篇、第二篇的第二章由刘松雪编写;第二篇的第一章、第三章由吉林交通职业技术学院王茜编写;第二篇的第四章、第六章由湖南交通职业技术学院汪谷香编写;第二篇的第五章、第七章由姚青梅编写;第三篇由吉林交通职业技术学院李洪武、吕琦、李杨编写。全书由刘松雪统稿。

由于作者水平有限,教材中难免有缺点和错误,恳请读者批评指正,并将建议及时反馈(邮箱:543402213@qq.com),以便修订完善。

编　者
2021 年 1 月

本书配套数字资源说明

章序号-资源名称	资源类型	章序号-资源名称	资源类型	章序号-资源名称	资源类型
1-比例尺	视频	4-积聚法求交点、交线	动画	5-平面与圆锥相交的五种情况	视频
1-擦线板	视频	4-两点相对位置	动画	5-求两正交圆柱的相贯线	动画
1-丁字尺	动画	4-两直线相交和交叉	动画	5-求三棱柱与圆锥相交的相贯线	动画
1-分规	动画	4-平行与交叉	图片		
1-画垂线	动画	4-平面的投影规律	动画	5-求三棱锥与四棱柱相贯的相贯线	动画
1-画图板	视频	4-平面与平面平行	动画		
1-铅笔	动画	4-投影面垂直面	动画	5-曲面立体与曲面立体相交	动画
1-曲线板的使用	动画	4-投影面垂直面特性	图片		
1-三角板画线	动画	4-投影面垂直线	动画	5-投影面垂直面	动画
1-制图工具的使用	动画	4-投影面平行面	动画	5-相贯线的概述	动画
1-图纸基本规格——总体	视频	4-投影面平行线	动画	5-圆柱表面上取点	动画
1-图纸基本规格——比例	动画	4-线的投影	动画	5-圆柱投影	动画
1-图纸基本规格——尺寸标注	视频	4-一般位置平面	动画	5-圆柱形成	动画
		4-一般位置线	视频	5-圆锥表面上取点	动画
1-图纸基本规格——图幅	动画	4-一般位置直线的实长和投影面的倾角	动画	5-圆锥投影	动画
1-图纸基本规格——线型	图片			5-圆锥形成	动画
1-图纸基本规格——字体	动画	4-直线与平面、平面与平面相交	图片	6-根据立体图完成组合体的三面投影图	动画
1-图纸基本规格——坐标	图片				
1-圆规	动画	4-直线与平面平行	动画	6-拉伸法	动画
3-从属性	动画	4-重影点	动画	6-切割法完成组合体立体图的三面投影图	动画
3-定比性	动画	5-截交线的几何特性	动画		
3-积聚性	动画	5-截交线的形成	动画	6-线面分析法	动画
3-类似性	动画	5-棱柱的截交线	动画	6-形体分析法	动画
3-平行性	动画	5-棱柱的投影	动画	6-组合体尺寸的分类	视频
3-三面投影	动画	5-棱柱的形成	动画	7-点的轴测投影的画法	动画
3-三面投影（一个投影不能确定形体的空间形状）	动画	5-棱锥的截交线	动画	7-五棱柱正等测图的画法	动画
		5-棱锥的投影	动画		
3-实形性	动画	5-棱锥的形成	动画	7-斜二测	动画
3-影子和投影	动画	5-平面立体与曲面立体相交	动画	7-轴测图的形成	动画
4-点的投影	动画				
4-辅助平面法求交点、交线	动画	5-平面与圆柱相交的三种情况	动画	7-轴测轴、轴间角和轴向伸缩系数	动画

续上表

章序号-资源名称	资源类型	章序号-资源名称	资源类型	章序号-资源名称	资源类型
8-半剖	动画	8-重合断面	动画	9-新加等高线	视频
8-半剖面图	动画	9-在棱柱表面上取点	动画	9-新加平面上一条等高线和坡度	视频
8-断面的实例	动画	9-标高投影图的概述	视频		
8-断面图的分类	视频	9-等高线的性质	动画	9-新加平面上一条非等高线与该平面的坡度和倾角	动画
8-断面图的形成	动画	9-地形断面图	动画		
8-阶梯剖	动画	9-地形图	动画		
8-局部剖面图	动画	9-点的标高投影	动画	9-新加坡度比例尺	视频
8-剖面图的形成	动画	9-平面上的等高线和坡度线	动画	9-直线的坡度和平距	动画
8-全剖	动画			9-直线的整数高程点	动画
8-全剖面图	动画	9-求坡面交线、坡脚线或开挖线	动画	9-直线上两点的标高投影表示法	动画
8-旋转剖	动画				
8-移出断面	动画	9-实训:求坡面交线	动画	9-直线上一点以及直线的坡度表示法	动画
8-中断断面	动画	9-实训:非等高线	动画		
8-重合中断	动画	9-填挖分界线	动画		

资源使用方法:

1. 扫描封面的二维码(注意此码只可激活一次,激活后方可扫描书中二维码);

2. 关注"交通教育出版"微信公众号;

3. 公众号弹出"购买成功"通知,点击"查看详情",进入后即可查看资源;

4. 也可进入"交通教育出版"微信公众号,点击下方菜单"用户服务-开始学习",选择已绑定的教材进行学习。

目·录

Contents

第三篇　公路工程图

"道路工程制图"课程学习目标

❈ **知识目标：**

1.掌握国家标准《道路工程制图标准》(GB 50162—1992)的基本规定。

2.以投影理论为基础,学习正投影法并用以解决空间几何问题。

3.掌握工程图样的识读和绘制方法。

❈ **能力目标：**

1.熟练使用传统尺规绘制图样,并在绘图时严格遵守国家及行业标准的规定。

2.培养和发展学生空间想象能力与空间思维能力,以及逻辑分析和推理能力。

3.熟练掌握识读和绘制工程图样的基本技能。

❈ **素质目标：**

1.通过了解我国图学的发展历程,激发学生爱国情怀,增强学生民族自豪感,树立对国家文化传承的信念,传承大国工匠精神。

2.以投影理论为基础绘制工程图样,培养从不同角度、不同方向观察事物本质,以全面、发展的角度分析和处理问题的能力,形成科学的世界观和方法论

3.绘制投影图,要注重细节,做到一丝不苟,培养严谨、认真、负责、细致的工作作风,树立精益求精、踏实敬业的"工匠精神"。

4.绘制工程图样要符合国家制图的相关标准,重视图样的科学性、规范性和严肃性,树立标准化意识,严格遵守国家法规、行业标准和国家标准。

5.阅读工程图实例,了解科技发展对于工程建设的重要性,培养学生科技报国的家国情怀和使命担当。

绪　论
INTRODUCTION

一、课程性质

在工业生产实践中,需要将生产意图和设计思想表达确切。对于简单的事物,用语言或文字便可以叙述清楚,但是对于较为复杂的事物,仅仅依靠语言和文字的描述来生产,就不可能达到技术上的要求,或者根本制造不出来。因此,在技术上需要一种特殊的语言,那就是图样。根据投影原理、标准或有关规定表示工程对象,并有必要的技术说明的图,称为**图样**。设计者将产品的形状、大小及各部分之间的相互关系和技术上的要求,都精确地表达在图样上;施工者根据图样进行加工,就可以正确地制造出产品。所以,图样不仅用来表达设计者的设计意图,也是指导实践、研究问题、交流经验的主要技术文件。

在工程技术中,人们把图样比喻为工程界的语言。现代生产实践中,无论是建造房屋、修路架桥或者制造机器都需要依照图样进行施工或生产。图样已成为人们表达设计意图、交流技术思想的工具。因此说:图样是工程界的语言,它既是人类语言的补充,也是人类语言在更高发展阶段的具体体现。所以,工程图样是工业生产中的一种重要的技术资料,是技术交流的工具,工程界共同的语言。本课程的教学目的就是为了掌握这种语言,即通过学习图示理论与方法,掌握绘制和阅读工程图样的技能。它是一门既有系统的理论又有较强的实践性的专业基础课。

当研究空间物体在平面上如何用图形来表达时,采用几何学中将空间物体综合概括成抽象的点、线、面等几何元素的方法,研究这些几何元素在平面上如何用图形来表达,以及如何通过作图来解决它们的几何问题。这种用图形来表示空间几何形体和运用几何图来解决几何问题的研究是一门学科,称为**画法几何**。

把工程上具体的物体视为由几何形体组成,根据画法几何的理论,研究它们在平面上如何用图形来表达,进而形成工程视图。在工程视图中,除了有表达物体形状的线条以外,还要应用国家制图标准规定的一些表达方法和符号,注以必要的尺寸和文字说明,使得工程视图能完整、明确和清晰地表达出物体的形状、大小和位置等。研究绘制工程视图的这门学科,称为**工程制图**。

如图 1 为重力式 U 形桥台模型图,图 2 为重力式 U 形桥台构造图,图 3 为桥墩实物图,图 4 为桥墩构造图。

图1　重力式U形桥台模型图

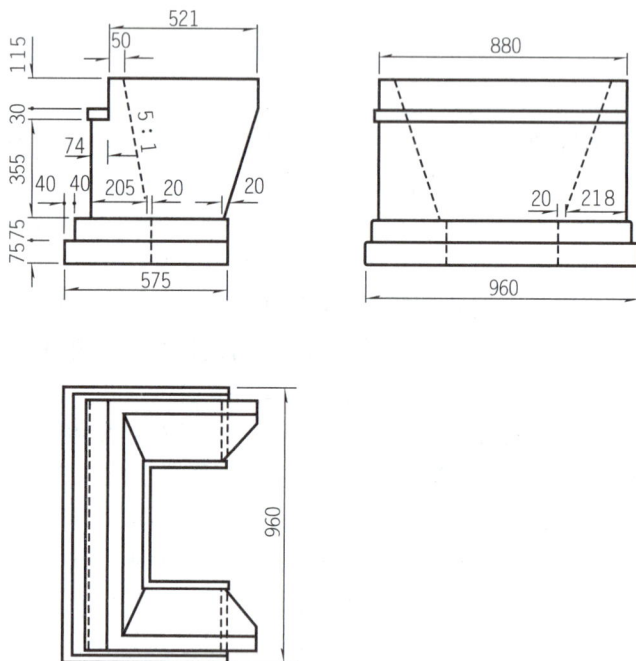

图2　重力式U形桥台构造图(尺寸单位:cm)

图3　桥墩实物图

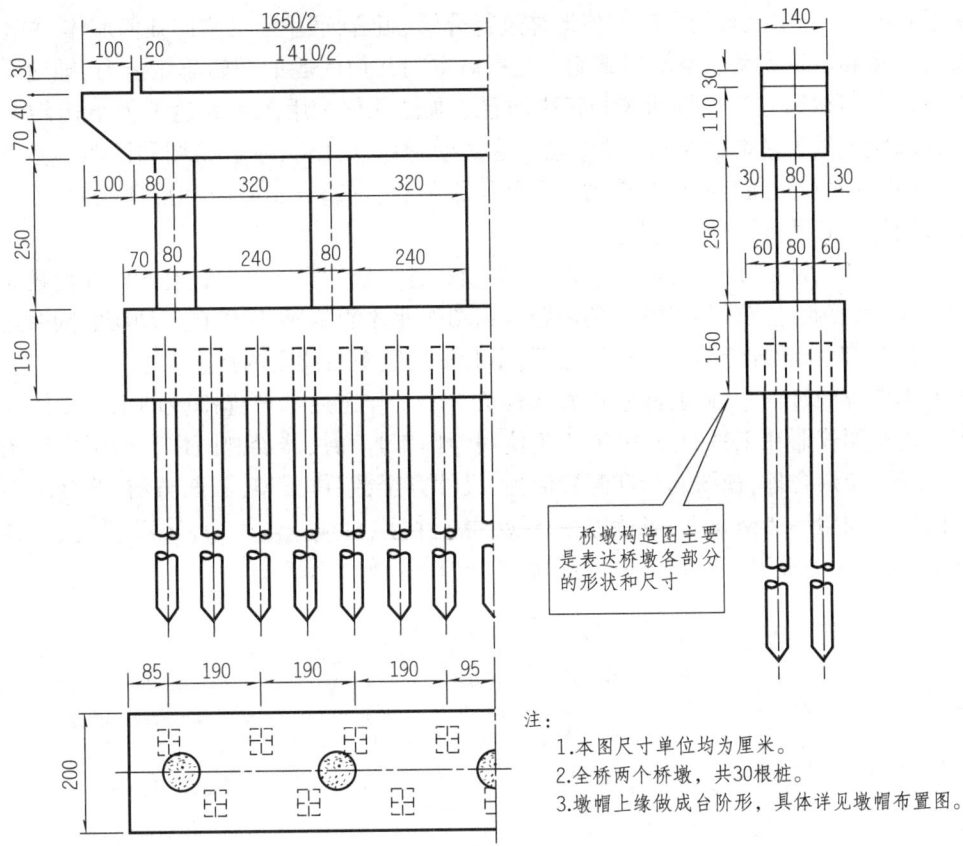

图4　桥墩构造图

注：
1.本图尺寸单位均为厘米。
2.全桥两个桥墩，共30根桩。
3.墩帽上缘做成台阶形，具体详见墩帽布置图。

（桥墩构造图主要是表达桥墩各部分的形状和尺寸）

二、本课程的主要内容

本课程包括以下几部分内容：

（1）制图基础部分：介绍制图的基础知识和基本规定，培养学生读图、绘图的能力，并要求在绘图中严格遵守国家及行业标准的规定。

（2）画法几何部分：以投影理论为基础，学习用正投影法图示空间几何体，并用以解决空间几何问题。

（3）专业制图部分：运用正投影原理、国家及行业标准，学习怎样绘制和阅读工程图样。

三、学习方法

本课程是一门具有系统理论的学科，在学习过程中，必须将空间几何元素、几何体与平面图形结合起来，也就是空间想象与平面图形的投影分析紧密结合。在学习中应注意空间想象能力与空间思维能力的培养，两者是缺一不可、相辅相成的。空间想象力是人们对客观事物的空间形式（空间几何形体）进行观察、分析、认知的抽象思维能力，包括能根据空间几何形体或根据表述几何形体的语言、符号，在大脑中展现出相应的空间几何图形，并能正确想象其直观图；能根据直观图，在大脑中展现出直观图表现的几何形体及其组成部分的形状、位置关系和数量关系;能对头脑中已有的空间几何形体进行分解、组合,产生新的空间几何形体,并正确分析其位置关系和数量关系。空间思维能力是指对空间几何问题的逻辑思维能力,即应学会运用综合、分析、归纳等方法分析问题和解决问题。画法几何为用图形表达工程结构物和解决空间几何问题提供了基本原理和基本方法。通过学习画法几何,掌握绘图和读图的基本理论和方法,逐步培养和发展空间想象能力和空间思维能力,训练逻辑分析和推理能力,为绘制和阅读工程图样打好基础。

　　本课程的特点是实践性很强,要掌握它,必须通过大量的实践。无论是画法几何还是工程制图的内容,都要通过完成相当数量的习题或制图作业才能掌握,所以在多动脑的同时还需多动手,并善于结合所学理论与实际进行对照,不断提高绘图与读图的技能。

　　学习本课程的过程中,还要注意培养认真负责的工作态度和严谨细致的工作作风。应掌握正确使用绘图仪器和工具的方法,能正确使用绘图工具和仪器绘制图样。绘制的视图应做到:投影正确,布局合理,视图选择和配置恰当,尺寸齐全,字体工整,图面整洁,符合制图标准要求。因此必须始终严格要求,对待每一条线、每一个字,都应一丝不苟、认真、严谨,加强基本功的训练,力求作图准确、迅速、美观,为日后工作打下良好的基础。

PART 1 | 第一篇
制图基础

第一章
CHAPTER ONE
制图工具与基本规格

本章要点

本章主要介绍传统制图工具的使用方法和《道路工程制图标准》(GB 50162—1992)(以下简称《国标》)的有关规定等内容。

第一节　制图工具及其使用方法

常用的传统绘图工具有图板、铅笔、丁字尺、三角板、比例尺等,绘图仪器有圆规、分规等,如图 1-1-1 所示。另外需要计算机及系列可打印工具,本章主要叙述传统绘图工具的使用。有关计算机绘图的知识可参见《公路工程 AutoCAD 制图》(第 2 版,阮志刚主编)。

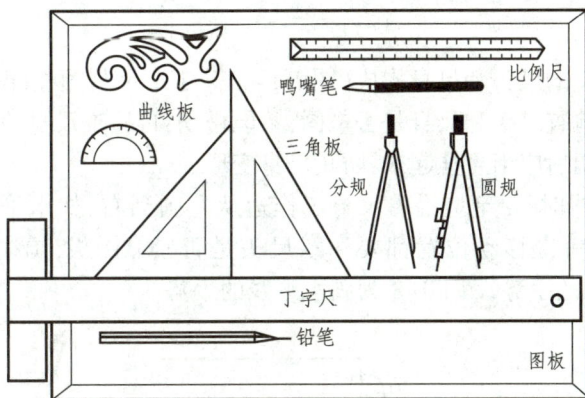

图 1-1-1　制图工具和仪器

一、图板

图板板面应质地松软、光滑平整、有弹性。图板两端要平整,角边应垂直。图板的大小有 0 号、1 号、2 号等各种不同规格,可根据所画图幅的大小选定。

图板不能受潮或暴晒,以防变形。为保持板面平滑,贴图纸宜用透明胶纸,不宜使用图钉。不画图时,应将图板竖立保管(长边在下面),并随时注意避免碰撞或刻损板面和硬木边条。

二、铅笔

绘图使用铅笔的铅芯硬度用 B 和 H 标明。标号 B、2B…6B 表示软铅芯,数字愈大表示铅芯愈软;标号 H、2H…6H 表示硬铅芯,数字愈大表示铅芯愈硬;HB 表示软硬适中。画底稿时常用 2H ~ H,描粗时常用 HB ~ 2B。

削好的铅笔还要用"0"号砂纸将铅芯磨成圆锥形,以保证所画图线粗细均匀(图 1-1-2 和图 1-1-3)。画图时,从侧面看笔身要铅直,如图 1-1-4 所示,从正面看,笔身倾斜约 60°,如图 1-1-5 所示。

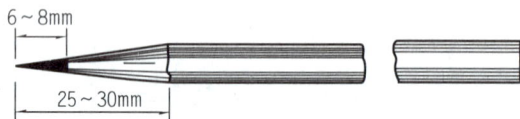

图 1-1-2 铅笔

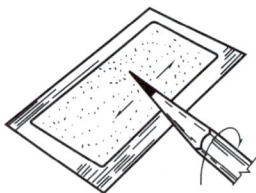

图 1-1-3 磨铅芯

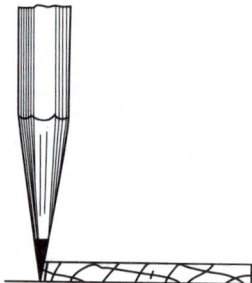

图 1-1-4 铅笔与尺身的相对位置

图 1-1-5 握铅笔方法

三、丁字尺

丁字尺由相互垂直的尺头和尺身构成(图 1-1-6)。丁字尺与图板配合使用主要是用来画水平线。使用时应先检查尺头和尺身是否坚固,不能松动;再检查尺身的工作边和尺头内侧是否平直光滑。丁字尺用后应当悬挂起来,防止尺身变形。

用丁字尺画水平线时,铅笔应沿着尺身工作边从左画到右,如水平线较多,则应由上而下逐条画出。丁字尺每次移动位置都要注意尺头是否紧靠图板,画线时应防止尺身移动。图 1-1-7 为移动丁字尺的手势,图 1-1-8 为画水平线的手势。

图 1-1-6 丁字尺

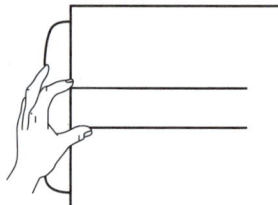

图 1-1-7 丁字尺移动的手势

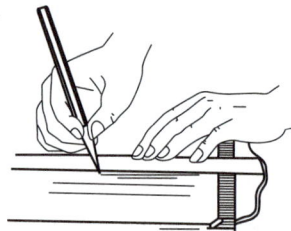

图 1-1-8 用丁字尺画水平线

不许用丁字尺的下边画线，也不许把尺头靠在图板的上边、下边或右边来画铅垂线或水平线，以保证图线的准确。

四、三角板

一副三角板是由 30° + 60° + 90°（简称 30°或 60°三角板）和 45° + 45° + 90°（简称 45°三角板）两块组成。

使用三角板画垂直线时，应使丁字尺尺头紧靠图板左边硬木边条，先推丁字尺到线的下方，将三角板放在线的右侧，并使三角板的一直角边靠紧在丁字尺的工作边上，然后移动三角板，直至另一直角边靠贴垂直线，再用左手轻轻按住丁字尺和三角板，右手持铅笔，自下而上画出垂直线，如图 1-1-9 所示。

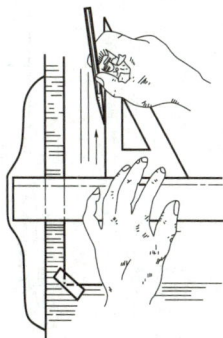

图 1-1-9　用三角板画垂直线

用一副三角板和丁字尺配合，可画出与水平线成 15°及其倍数角（30°、45°、60°、75°）的斜线，如图 1-1-10 所示。

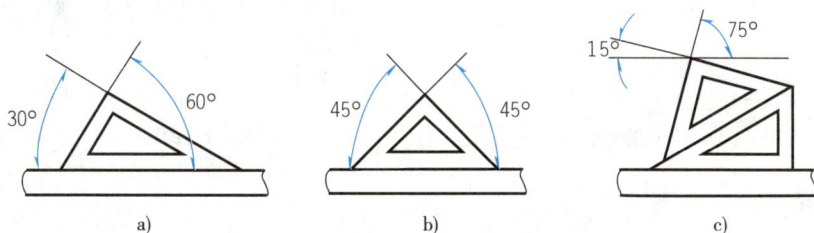

图 1-1-10　15°及其倍数角斜线的画法

五、比例尺

刻有不同比例的直尺称为比例尺。比例尺通常呈三棱柱状，所以又称之为三棱尺（图 1-1-11）。它在三个棱面上刻有六种比例，如百分比例尺的尺面分别为 1∶100、1∶200、1∶300、1∶400、1∶500、1∶600。若再除以 10，则百分比例尺可当作千分比例尺使用。比例尺上刻度所注数字的单位为米（m）。

图 1-1-11　比例尺

值得注意的是，图形上所注的尺寸是指物体实际的大小，它与图形的比例无关。绘图时，不必通过计算，可直接将物体的实际长度，按所选用的比例缩小或放大画在图纸上，如图 1-1-12所示。

六、分规

分规是截量长度和等分线段的工具。使用时分规的两针尖应平齐，如图 1-1-13、图 1-1-14 所示。

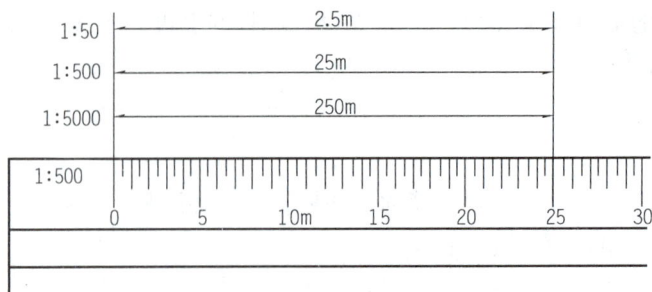

图 1-1-12　比例尺的用法

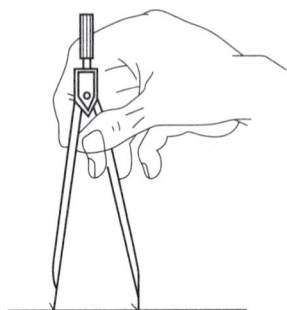

图 1-1-13　分规的用法一

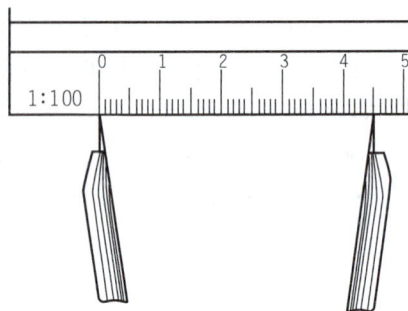

图 1-1-14　分规的用法二

七、圆规

圆规是用来画圆或圆弧的仪器,它与分规形状相似。在一腿上附有插脚,换上不同的插脚,可作不同的用途(图 1-1-15)。其插脚有三种:钢针插脚、铅笔插脚和墨水笔插脚。

使用圆规时,先调整针脚,使针尖略长于铅芯。圆规铅芯宜削成斜圆柱状,并使斜面向外,其硬度应比所画同种直线的铅笔软一号,以保证图线深浅一致。

画圆时,先把圆规两脚分开,使铅芯与针尖的距离等于所画圆弧半径,再用左手食指帮助针尖扎准圆心,从圆的中心线开始,顺时针方向转动圆规,转动时圆规可往前进方向稍微倾斜,整个圆或圆弧应一次画完,如图 1-1-16 所示。画较大的圆弧时,应使圆规两脚与纸面垂直。画更大的圆弧时要接上延长杆(图 1-1-17)。

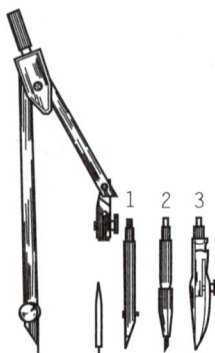

图 1-1-15　圆规及其附件

1-钢针插脚;2-铅笔插脚;3-墨水笔插脚

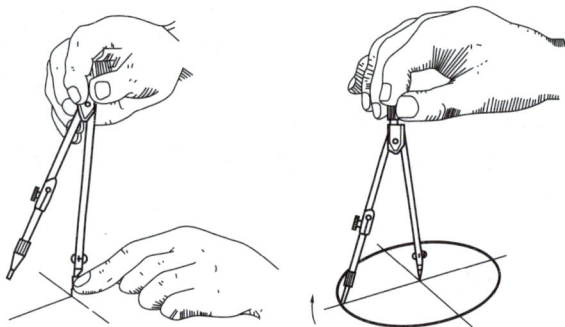

图 1-1-16　圆规用法

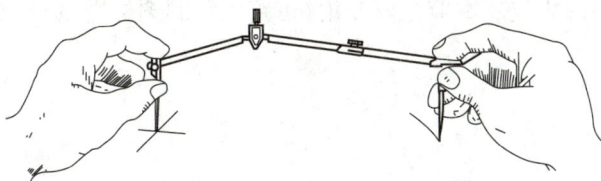

图 1-1-17　接上延长杆画大圆

八、擦线板

擦线板是用来擦去画错图线的工具（图 1-1-18）。使用时，选择适当形状的挖孔框住图上需擦去的线条，左手压紧擦线板，再用橡皮擦去框住的线条。这样擦图的准确性很高，可避免误擦有用的图线。

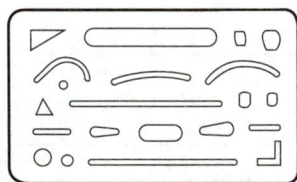

图 1-1-18　擦线板

九、曲线板

曲线板是用来画非圆曲线的工具，其式样很多，曲率大小各不相同。曲线板面应平滑，板内外边缘应光滑，曲率变化自然。

在使用曲线板之前，必须先定出曲线上的若干控制点。用铅笔顺着各点轻轻地勾画出曲线，所画曲线的曲率变化应顺畅。然后选择曲线板上曲率相应的部分，分几次画成。每次至少应有三点与曲线板曲率相吻合，并应留出一小段，作为下次连接其相邻部分之用，以保持线段的顺滑（图 1-1-19）。

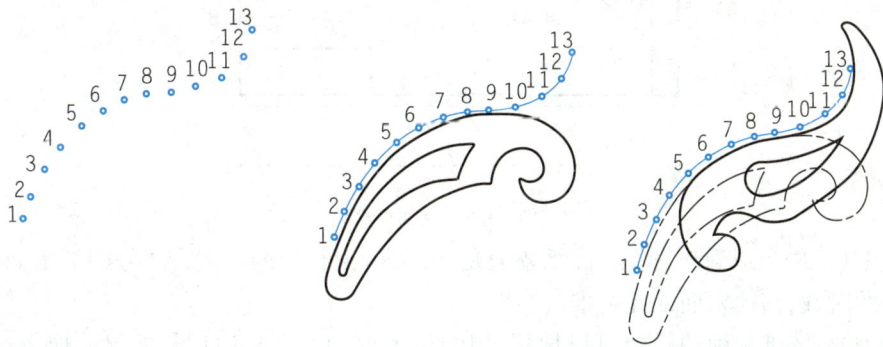

图 1-1-19　曲线板的用法

第二节　基本规格

工程图是重要的技术资料，是施工的依据。为使工程视图图形准确、图面清晰、符合生产要求和便于技术交流，就要做到工程视图标准基本统一，对图幅大小、图线的线型、尺寸标注、图例、字体等须有统一的规定。本节主要介绍《道路工程制图标准》(GB 50162—1992)的有关规定。

一、图幅

为合理使用图纸和便于装订管理,图幅大小均应按《国标》规定(表 1-1-1)执行。表中尺寸代号的含义如图 1-1-20 所示。在选用图幅时,应以一种规格为主,尽量避免大小幅面掺杂使用。

图幅及图框尺寸(单位:mm)   表 1-1-1

尺 寸 代 号	图 幅 代 号				
	A0	A1	A2	A3	A4
$b \times l$	841×1189	594×841	420×594	297×420	210×297
a	35	35	35	35	25
c	10	10	10	10	10

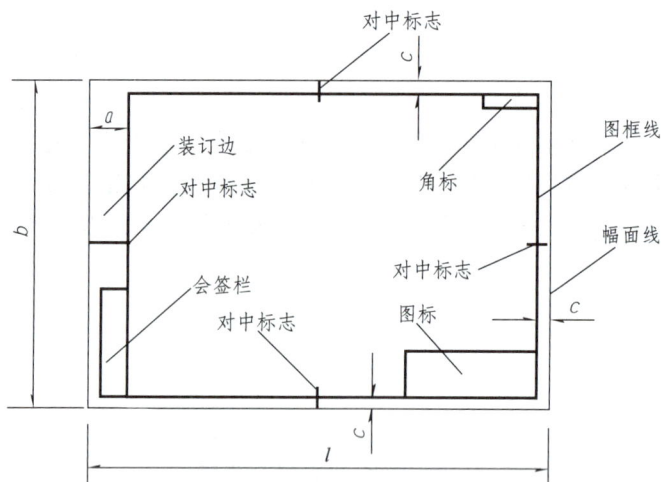

图 1-1-20 幅面格式

从表 1-1-1 中可以看出,A1 号图纸幅面是 A0 号幅面长边的对裁,A2 号图纸幅面是 A1 号幅面长边的对裁,其他幅面依此类推。

根据需要,图纸幅面的长边可以加长,但短边不得加宽。长边加长的尺寸应符合有关规定。长边加长时,图幅 A0、A2、A4 应为 150mm 的整倍数,图幅 A1、A3 应为 210mm 的整倍数。

对中标志应画在幅面线中点处,线宽应为 0.35mm;应伸入图框内 5mm。

图框内右下角应绘图纸标题栏,简称图标。《国标》规定的图标格式有三种,如图 1-1-21 所示。图标外框线线宽宜为 0.7mm,内分格线线宽宜为 0.25mm。

会签栏绘制在图框外左下角,如图 1-1-22 所示。会签栏外框线线宽宜为 0.5mm,内分格线线宽宜为 0.25mm。

当图纸要绘制角标时,应布置在图框内的右上角,如图 1-1-23 所示。角标线线宽宜为 0.25mm。

a)

b)

c)

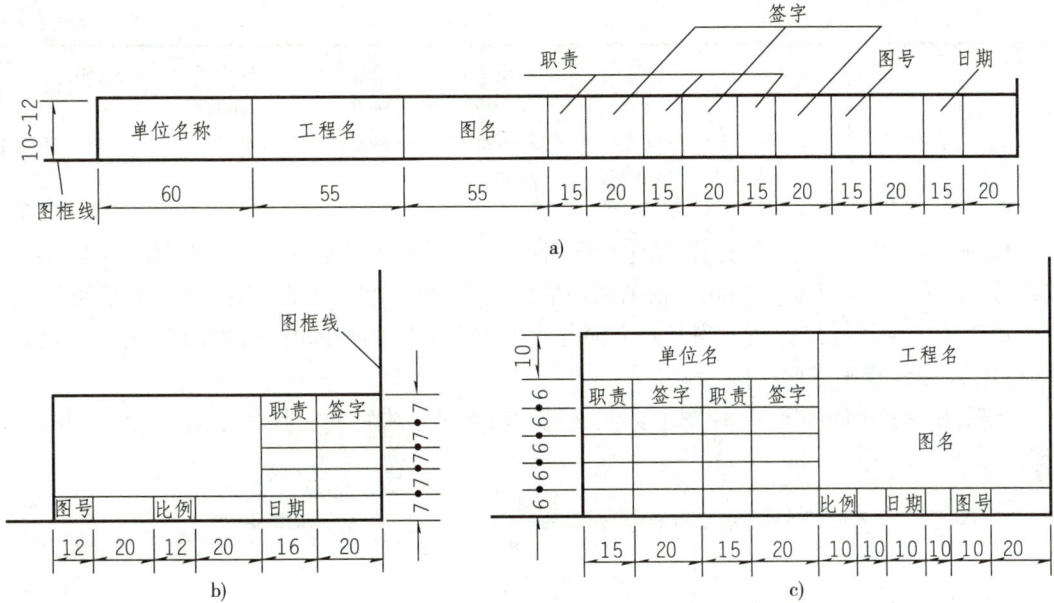

图 1-1-21　图标(尺寸单位:mm)

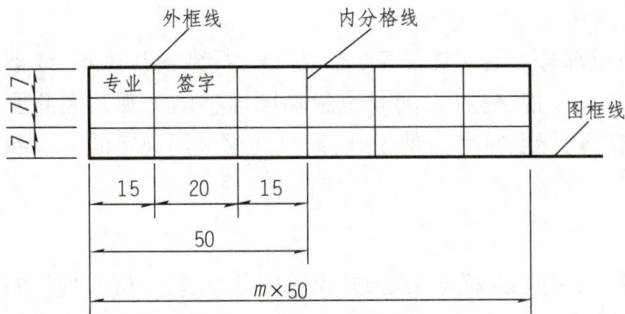

图 1-1-22　会签栏(尺寸单位:mm)

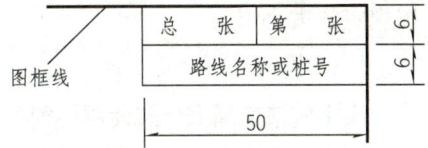

图 1-1-23　角标(尺寸单位:mm)

　　学生在学习期间,可采用作业用的标题栏[详见《道路工程制图习题集》(第 4 版,曹雪梅主编)],会签栏和角标可不设。

二、比例

　　视图中图形与实物相应线性尺寸之比,称为比例。比例大小即为比值大小,如 1:50 大于 1:100。绘图比例的选择,应根据图面布置合理、匀称、美观的原则,按图形大小及图面复杂程度确定,一般优先选用表 1-1-2 中的常用比例。

绘图所用的比例　　　　　　　　　　　　　　　　　　　　　　表 1-1-2

常用比例	1:1	1:2	1:5	1:10	1:20	1:50
	1:100	1:200	1:500	1:1000		
	1:2000	1:5000	1:10000	1:20000		
	1:50000	1:100000	1:200000			

续上表

可用比例	1:3	1:15	1:25	1:30	1:40	1:60
	1:150	1:250	1:300	1:400	1:600	
	1:1500	1:2500	1:3000	1:4000		
	1:6000	1:15000	1:30000			

比例应采用阿拉伯数字表示,标注在图名的下方或右侧,比例字体字高比图名字体小一号或两号,如图 1-1-24 所示。当同一张图纸中的比例完全相同时,可在图标中注明,也可以在图纸中适当位置采用标尺标注。当竖直方向与水平方向的比例不同时,可以用 V 表示竖直方向比例,用 H 表示水平方向比例。

当采用一定比例画图时,视图上标注的尺寸数字是结构物的实际尺寸,而与所采用的比例无关。

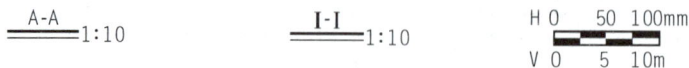

$$\underset{A-A}{=}1:10 \qquad \underset{I-I}{=}1:10 \qquad \begin{matrix} H\ 0 & 50 & 100mm \\ V\ 0 & 5 & 10m \end{matrix}$$

图 1-1-24　比例的标注

三、字体

文字、数字或符号是工程图的重要组成部分。若字体潦草,各写一套,导致辨认困难,或被误认为其他,容易造成工程事故,给国家和个人带来损失,同时也影响图面整洁美观。因此要求图纸上的字字体端正、笔画清晰、排列整齐,标点符号清楚正确;而且要求采用规定的字体和按规定的大小书写。

1.汉字

汉字应采用国家公布使用的简化汉字,从左向右,横向书写,并应采用挺秀端正、粗细均匀的长仿宋体。长仿宋体的字高和字宽之比约为3:2,如图 1-1-25 所示。《国标》规定,汉字的高度应不小于3.5mm,其字高系列及字高与字宽关系见表 1-1-3。字体的高度即为字体大小的号数。

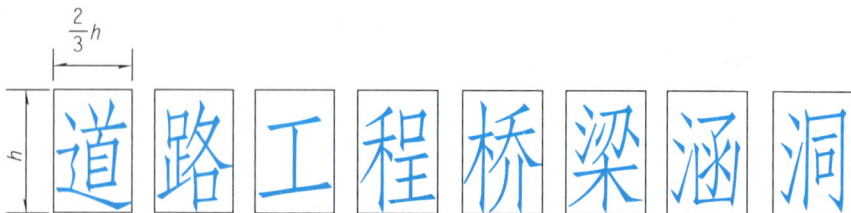

图 1-1-25　长仿宋字体高宽比

长仿宋体字的高宽关系(单位:mm)　　　　表 1-1-3

字高(即字号)	20	14	10	7	5	3.5
字宽	14	10	7	5	3.5	2.5

长仿宋体字和其他汉字一样,都是由八种基本笔画组成,如图 1-1-26 所示。在书写时,要先掌握基本笔画的特点。书写长仿宋体字的要领是:横平竖直,起落分明,排列匀称。在运笔

时,起笔和落笔要有棱角,使笔画形成尖端或三角形,同时应注意笔画之间的间隔均匀相称,偏旁、部首比例的适当(图1-1-27)。

名称	点	挑	横	竖	撇	捺	折	钩
笔画形式	上点 左点 右点 垂点 挑点	平挑 左挑 斜挑 向上挑	平横 左尖横 右尖横 右钩横	直竖 上尖竖 下尖竖	斜撇 竖撇 曲撇	捺 平捺 曲头捺 反捺	右折　左折 反折　双折	竖钩　曲钩 包钩　背钩

图 1-1-26　长仿宋体基本笔画及运笔

图 1-1-27　字例

2. 数字和字母

图纸中的阿拉伯数字、外文字母、汉语拼音字母的笔画宽度宜为字高的1/10。大写字母的字宽宜为字高的2/3,小写字母的高度应以 b、f、h、p、g 为准,字宽宜为字高的1/2。a、m、n、o、e 的字宽宜为上述小写字母高度的2/3。

数字与字母的字体可采用直体或斜体。直体笔画的横与竖应成90°;斜体字字头向右倾斜,与水平方向应成75°。数字与字母如需与汉字同行书写时,其字高应比汉字的字高小一号。图1-1-28所示为《国标》所规定的数字和字母。

当图纸中有需要说明的事项时,宜在每张图的右下角、图标上方处加以叙述。该部分文字应采用"注"字标明,字样"注"应写在叙述事项的左上角,每条注的结尾应标以句号。说明事项需要划分层次时,第一、二、三层次的编号应分别用阿拉伯数字、带括号的阿拉伯数字及带圆圈的阿拉伯数字标注。图纸中文字说明不宜用符号代替名称。当表示数量时,应采用阿拉伯数字书写。如三千零五十毫米应写成3050mm,三十二小时应写成32h。分数不得用数字与汉字混合表示,如:五分之一应写成1/5,不得写成5分之1。不够整数位的小数数字,小数点前应加0定位。

图 1-1-28　数字和字母示例

四、线型

工程图是由不同线型、不同粗细的线条所构成,这些图线可表达视图的不同内容,以及分清图中的主次。《国标》对线型及线宽做了规定。

工程图的图线线型有实线、虚线、点划线、折断线、波浪线等,其画法和用途见表1-1-4。

常用线型及线宽　　　　　　　　　　　　　表 1-1-4

名　称	线　型	线　宽	一般用途
加粗粗实线		$1.4b \sim 2.0b$	图框线、路线设计线、地平线等
粗实线		b	可见轮廓线、钢筋线
中粗实线		$0.5b$	较细的可见轮廓线、钢筋线
细实线		$0.25b$	尺寸线、剖面线、引出线、图例线等
粗虚线		b	地下管线或建筑物
中粗虚线		$0.5b$	不可见轮廓线
细点划线		$0.25b$	中心线、对称线、轴线等
细双点划线		$0.25b$	假想轮廓线
波浪线		$0.25b$	断开界线
折断线		$0.25b$	断开界线

图线的宽度应根据图的复杂程度及比例大小,从下列规定的线宽系列中选取:0.18mm、0.25mm、0.35mm、0.5mm、0.7mm、1.0mm、1.4mm、2.0mm。工程图一般使用三种线宽,且互成

一定比例,即粗线、中粗线、细线的比例规定为 $b:0.5b:0.25b$。因此先确定基本图线(粗实线)的宽度 b,中粗线及细线的宽度也就随之确定,成为一个线宽组,如表 1-1-5 所示。图框线和标题栏线的宽度,将随图纸幅面的大小而不同,如表 1-1-6 所示。

线 宽 组 合 表 1-1-5

线宽类别	线宽系列(mm)				
b	1.4	1.0	0.7	0.5	0.35
$0.5b$	0.7	0.5	0.35	0.25	0.25
$0.25b$	0.35	0.25	0.18 (0.2)	0.13 (0.15)	0.13 (0.15)

注:表中括号内的数字为代用的线宽。

图纸图框线和标题栏线的宽度(mm) 表 1-1-6

图 纸 幅 面	图 框 线	标题栏外框线	标题栏分格线
A0、A1	1.4	0.7	0.35
A2、A3、A4	1.0	0.7	0.35

绘制比较简单的图或比例较小的图,可以只用两种线宽,其线宽比规定为 $b:0.25b$,即不用中粗线。

相交图线的绘制应符合下列规定:

(1)当虚线与虚线或虚线与实线相交时,相交处不应留空隙,应交于短线处,如图 1-1-29a)所示。

(2)当实线的延长线为虚线时,应该留有空隙,如图 1-1-29b)所示。

(3)当点划线自身相交或点划线与其他图线相交时,交点应设在线段处,如图 1-1-29c)所示。

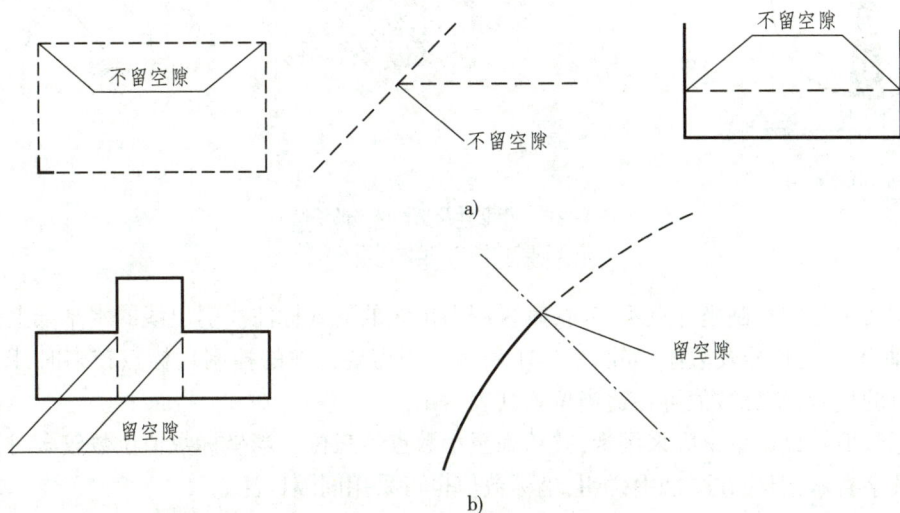

图 1-1-29

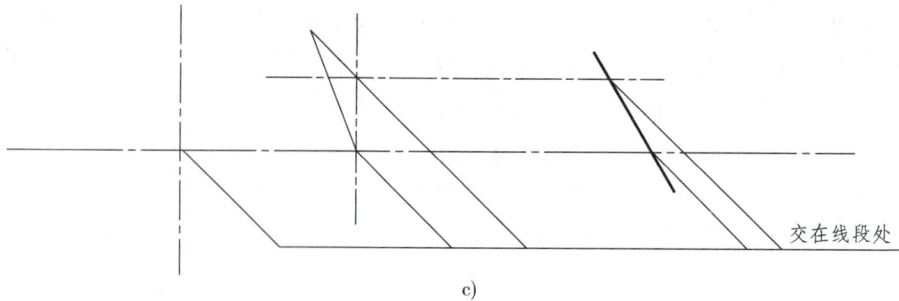

c)

图 1-1-29　图线相交的画法

图线间的净距不得小于 0.7mm,必要时可采用示意方法,局部扩大比例。

五、坐标

为了表示地区的方位和路线的走向,地形图上需画出指北针或坐标网格。图纸上指北针标志的绘制如图 1-1-30a)所示,圆的直径应为 24mm,指针尾部的宽度为 3mm;需用较大直径绘制指北针时,指针尾部宽度为直径的 1/8。为确定平面位置而用网格表示坐标时,坐标网格应用细实线绘制,南北方向轴线代号为 X 轴,向北为坐标值增大方向;东西方向轴线代号为 Y 轴,向东为坐标值增大方向。坐标网格也可采用十字代替,如图 1-1-30b)所示。坐标值的标注应靠近被标注点,书写方向应平行于对应的网格线,或在其延长线上。坐标值前应标注坐标轴代号;当无坐标轴代号时,图纸上应绘制指北针标志。

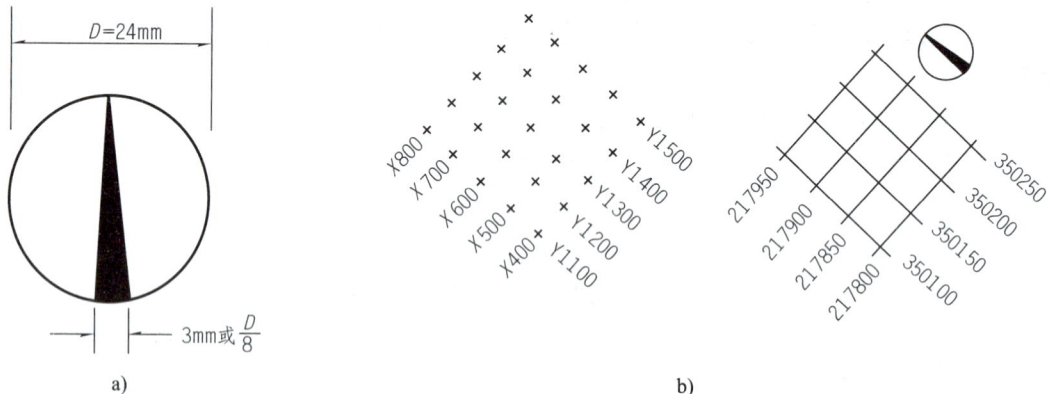

a)　　　　　　　　　　　　　　　　　　　　　　　b)

图 1-1-30　指北针及坐标网格的绘制

a)指北针的绘制;b)坐标网格及标线

当需要标注的控制坐标点不多时,宜采用引出线的形式标注。引出线的水平线上、下分别标注 X 轴、Y 轴的代号及数值,如图 1-1-31 所示。当需要标注的控制坐标点较多时,图纸上可仅标注点的代号,坐标数值可在适当位置列表示出。

坐标数值的计量单位应采用米,并精确至小数点后三位。当坐标数值位数较多时,可将前面相同数字省略,但应在图纸中说明,坐标数值也可采用间隔标注。

例:$\dfrac{X460.405}{Y310.750}$ 表示该点距坐标原点向北 460.405m,向东 310.750m。

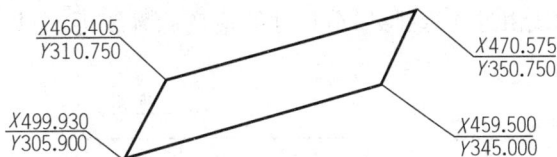

图 1-1-31　控制点坐标的标注

六、尺寸标注

工程图上除画出构造物的形状外,还必须准确、完整和清晰地标注出构造物的实际尺寸,以作为施工的依据。

1.尺寸的组成

视图上的尺寸标准,由尺寸界线、尺寸线、尺寸起止符和尺寸数字四部分组成,如图 1-1-32 所示。

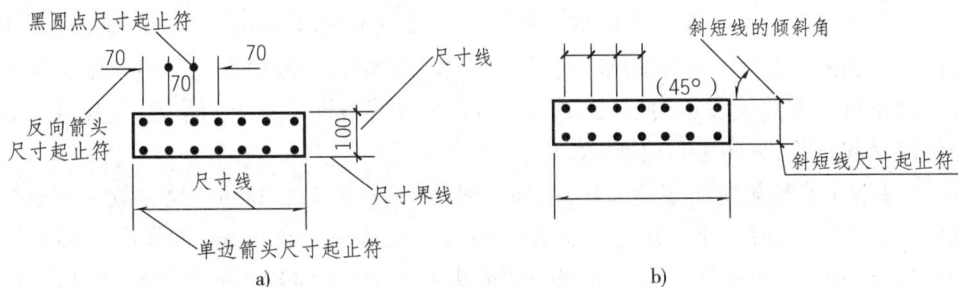

图 1-1-32　尺寸要素的标注

2.尺寸标注的一般规则

(1)图上所有尺寸数字是物体的实际大小数值,与图的比例无关。

(2)在道路工程图中,线路的里程桩号以公里为单位;高程、坡长和曲线要素均以米为单位;一般砖、石、混凝土等工程结构物以厘米为单位;钢筋和钢材长度以厘米为单位;钢筋和钢材断面以毫米为单位。图上尺寸数字之后不必注写单位,但在注解及技术要求中要注明尺寸单位。

(3)尺寸界线应用细实线绘制,由一对垂直于被标注长度的平行线组成,其间距等于被标注的长度;当标注有困难时,尺寸界线也可不垂直于被标注长度,但尺寸界线应互相平行(图 1-1-33)。尺寸界线一端应靠近所标注的图形轮廓线,但不得相连,另一端宜超出尺寸线1~3mm。图形轮廓线、中心线也可作为尺寸界线。

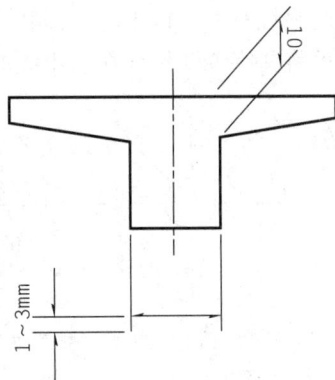

图 1-1-33　尺寸界线的标注

(4)尺寸线用细实线绘制,应与被注长度平行,且不宜超出尺寸界线,任何其他图线均不得用作尺寸线。当标注位置不足时,可采用反向箭头。在任何情况下,图线不得穿过尺寸数字,如图 1-1-34 所示。尺寸线与被标注尺寸的轮廓线的间距以及互相平行的两尺寸线的间距一般为 5~15mm;同一图纸或同一图形上的这种间距大小应当保持一致。互相平行的尺寸线应从被标注的图形轮廓线由近向远排列,分尺寸线应离轮廓线近,总尺寸线应离轮廓线远,即大尺寸线包小尺寸线。

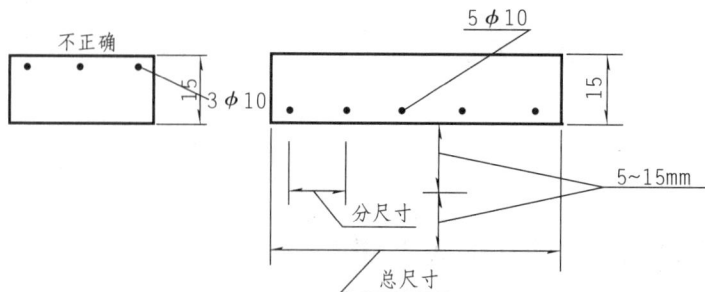

图1-1-34 尺寸线的标注

(5)尺寸线与尺寸界线的相接点为尺寸的起止点,在起止点上应画尺寸起止符。尺寸起止符宜采用单边箭头表示,箭头在尺寸界线的右边时,应标注在尺寸线之上;反之,应标注在尺寸线之下。箭头大小可按绘图比例取值。尺寸起止符也可采用斜短线表示。斜短线采用中粗线,长度为2~3mm,把尺寸界线按顺时针转45°,作为斜短线的倾斜方向。但全图必须采用统一的尺寸起止符。在连续表示的小尺寸中,也可在尺寸界线同一水平的位置,用黑圆点表示中间部分的尺寸起止符,如图1-1-32所示。

(6)尺寸数字应按规定的字体书写,字高一般是3.5mm或2.5mm。尺寸数字一般标注在尺寸线中间的上方或左侧,字头向上或向左。离尺寸线应不大于1mm,如没有足够的注写位置,最外边的尺寸数字可标注在尺寸界线外侧箭头的上方,中间相邻的尺寸数字可错开注写,也可引出注写。尺寸均应标注在视图轮廓线以外。任何图线不得穿过尺寸数字;当不可避免时,应将尺寸数字处的图线断开。同一张图纸上,尺寸数字的大小应相同。尺寸数字及文字书写方向如图1-1-35所示。

(7)引出线的斜线与水平线应采用细实线绘制,其交角 α 可按90°、120°、135°、150°绘制。当斜线有一条以上时,各斜线宜平行或交于一点,如图1-1-36所示。当图形需要文字说明时,可将文字说明标注在引出线的水平线上。

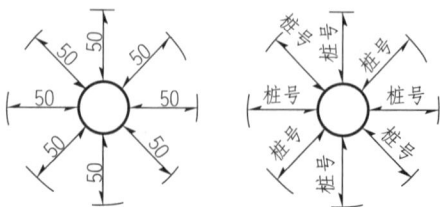

图1-1-35 尺寸数字、文字的标注

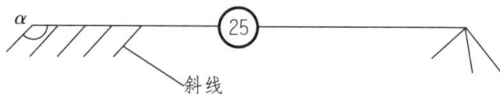

图1-1-36 引出线的标注

(8)当用大样图表示较小且复杂的图形时,其放大范围应采用细实线的圆或其他图形在原图中圈出,并用引出线标注名称,如图1-1-37所示。

3.圆的标注

在标注圆的直径尺寸数字前面,加注符号"ϕ"或"d"或"D",在半径尺寸数字前面,加注符号"r"或"R",如图1-1-38a)所示。当圆的直径较小时,半径与直径可采用如图1-1-38b)所示标注；当圆的直径较大时，半径尺寸的起点可不从圆心开始，如图1-1-38c)所示。

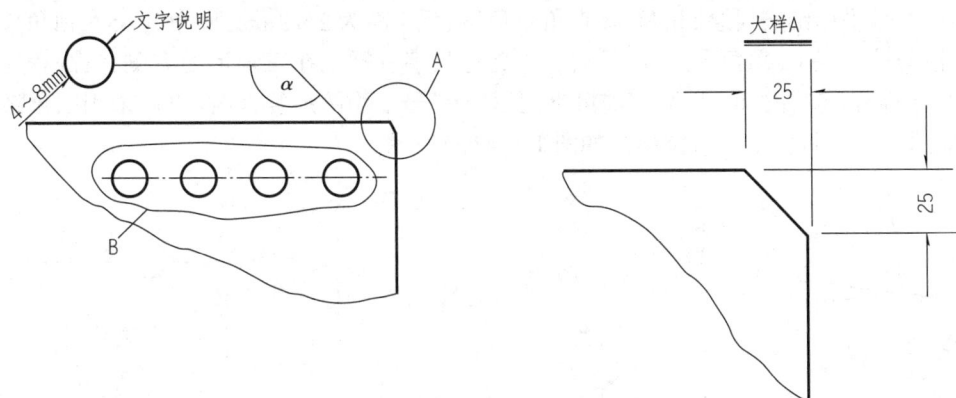

图1-1-37　大样图范围的标注

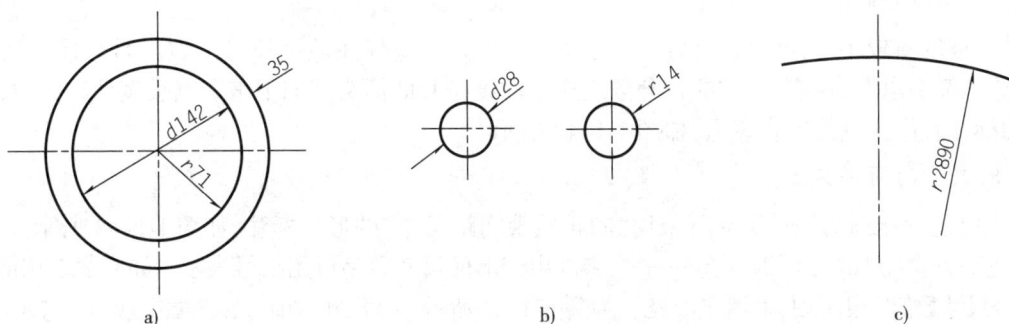

图1-1-38　半径与直径的标注

圆弧尺寸标注如图1-1-39a)所示；当弧长分为数段标注时，尺寸界线可沿径向引出，如图1-1-39b)所示；弦长的尺寸界线应垂直该圆弧的弦，如图1-1-39c)所示。

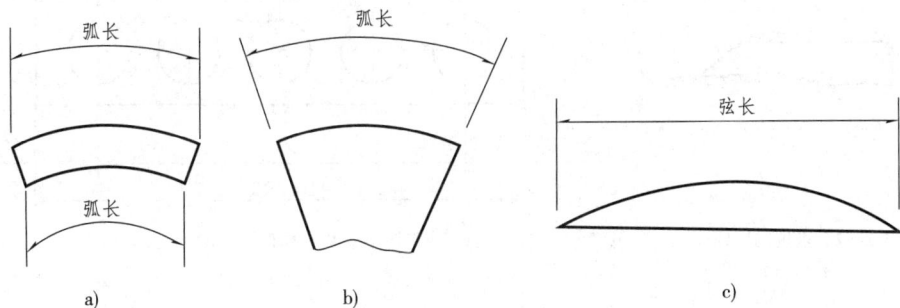

图1-1-39　弧、弦的尺寸标注

4.球的标注

标注球体的尺寸时，应在直径和半径符号前加S，如"$S\phi$""SR"。

5.角度的标注

角度的尺寸线应以圆弧表示，角的两边作为尺寸界线。角度数值应写在尺寸线中间的上方。当角度太小时，可将尺寸线标注在角的两条边的外侧。角度数字的标注如图1-1-40所示。

6.高程与水位的标注

高程符号采用细实线绘制的等腰直角三角形表示,高为 2 ~ 3mm,底角为 45°,顶角应指在需要标注的被注点上,顶角向上、向下均可。高程数字宜标注在三角形的右侧,负高程应冠以" – "号,正高程(包括零高程)数字前可不冠以" + "号。当图形复杂时,也可采用引出线形式标注,如图 1-1-41a)所示。水位标注如图 1-1-41b)所示。

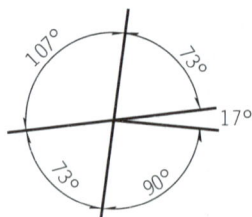

图 1-1-40 角度的标注

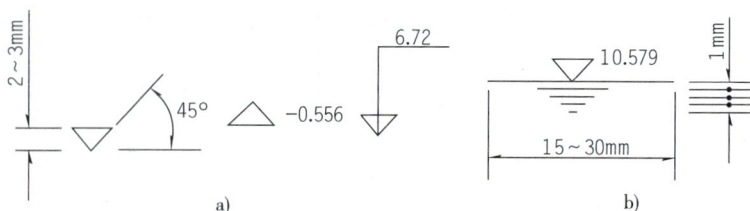

图 1-1-41 高程与水位的标注
a)高程的标注;b)水位的标注

7.坡度的标注

当坡度值较小时,坡度的标注宜用百分率表示,并应标注坡度符号。坡度符号应由细实线、单边箭头以及在线上标注的百分数组成。坡度符号的箭头指向下坡。当坡度值较大时,坡度的标注宜用比例的形式表示,如图 1-1-42 所示。

8.尺寸的简化标注

(1)连续排列的等长尺寸可采用"间距数乘间距尺寸"的形式标注,如图 1-1-43 所示。

(2)两个相似图形可以只绘制一个,未画出图形的尺寸数字可用括号表示。如有数个相似图形,当尺寸数值不相同时,可用字母表示,如图 1-1-43 所示。其尺寸数值应在图幅中适当位置示出。

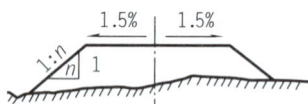

图 1-1-42 坡度的标注

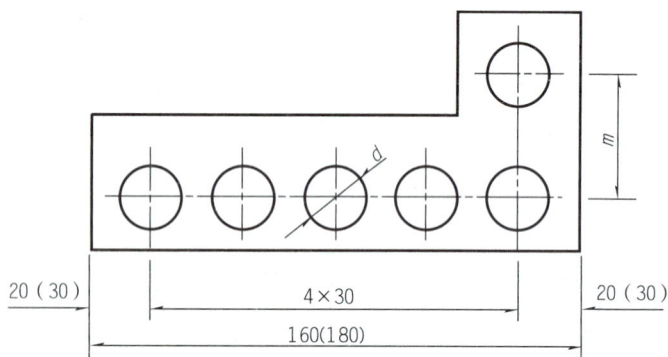

图 1-1-43 相似图形的标注

1.简述各种常用制图工具的使用方法。

2.《国标》对图幅是怎样规定的?

3.工程图中对汉字、数字、字母的书写有哪些要求?

4.简述工程图中线型的种类及用途。

5.工程图中尺寸由哪几部分组成?尺寸标注有哪些规定?

第二章
CHAPTER TWO
制图的步骤与方法

本章要点

本章重点介绍绘制工程图样的基本步骤与方法。

第一节　准备工作

（1）安排合适的绘图工作地点。绘图是一项细致的工作，要求绘图工作地点光线明亮、柔和，应使光线从左前方照射下来。绘图桌椅高度要配置合适，图板上方可略抬高一些，使其倾斜一个角度。绘图时姿势要正确，否则不仅影响工作效率，而且会影响身体健康。

（2）准备所需的绘图工具。使用之前应对绘图工具逐件进行检查校正和擦拭干净，以保证绘图质量和图面整洁。各种绘图工具应放在绘图桌的适当地方，做到使用方便，保管妥当。

（3）准备有关绘图的参考资料，以备随时查阅。

（4）根据所绘工程图的内容和大小，按《国标》规定选用适应幅面图纸。图纸在图板上粘贴的位置尽量靠近左边（离图板边缘 3～5cm），图纸下边至图板边缘的距离应略大于丁字尺的宽度。

（5）根据《国标》规定画出图框和标题栏。

第二节　画底稿

（1）任何工程图样的绘制必须先画底稿，再进行加深或描图。进行图面布置之后，根据选定的比例用 H 或 2H 铅笔轻轻画出底稿。底稿必须认真画出，以保证图样的正确性和精确度。

如发现错误,不要立即就擦,可用铅笔轻轻做上记号,待全图完成之后,再一次擦净,以保证图面整洁。

(2)画底稿时,尺寸的量取应用分规从比例尺上量取长度。相同长度尺寸应一次量取,以保证尺寸的准确,提高画图速度。

(3)画完底稿之后,必须认真逐图检查,看是否有遗漏和错误的地方,切不可匆忙加深。

第三节　加深

在检查底稿确定无误之后,即可加深或描图。

(1)加深之前,应先确定标准实线的宽度,再根据线型标准确定其他线型。同类图线应粗细一致。一般粗度在 b 以上的图线用 B 或 2B 铅笔加深;0.5b 或更细的图线和尺寸数字、注解等可用 H 或 HB 铅笔绘写。

(2)为使图线粗细均匀,色调一致,铅笔应经常修磨;加深粗实线一次不够时,应重复描画,切不可来回描粗。

(3)加深图线的步骤是:同类型的图线一次加深;先画细线,后画粗线;先画曲线,后画直线;先画图,后标注尺寸和注解;最后加深图框和标题栏。这样不仅可加快绘图速度和提高精度,而且可减少丁字尺与三角板在图纸上的摩擦,保持图面清洁。

(4)全部加深之后,再仔细检查,若有错误应即时改正。这种用绘图仪器画出的图,叫作仪器图。

复习思考题

1.简述图线加深的顺序。
2.简述制图的步骤。

PAPT 2 | 第二篇
画法几何

第三章
CHAPTER THREE
投影的基本知识

本章要点

　　本章主要介绍了投影的概念、正投影的投影特性、三投影面体系以及形体三面投影图的绘制。

第一节　　投影的概念

一、影子和投影

　　物体在光线(灯光或阳光)的照射下,就会在地面上产生影子。图 2-3-1 是在阳光的照射下,桥梁在水面上产生的影子。当光线照射的角度或距离改变时,影子的位置、形状也随之改变。也就是说,光线、物体和影子三者之间,存在着紧密的联系。

图 2-3-1　双曲拱桥在阳光下成影

　　如图 2-3-2a)所示,桥台模型在正上方的灯光照射下,产生了影子,随着光源、物体和投影面之间距离的变化,影子会发生相应变化,这是影子从一点射出的情形。如果假想把光源移到无穷远处,即假设光线变为互相平行并垂直于地面时,影子的大小就和基础底板一样大,如图2-3-2b)所示。

人们对这种现象进行科学抽象,即按照投影的方法,把形体的所有内外轮廓和内外表面交线全部表示出来,且依投影方向凡可见的轮廓线画实线,不可见的轮廓线画虚线,这样,形体的影子就发展成为能满足生产需要的投影图,简称投影,如图2-3-2c)所示。这种依投影的方法达到用二维平面表示三维形体的方法,称为投影法。

我们把光线称为投射线,把承受投影的平面称为投影面。若求物体上任一点 A 的投影 a,就是通过点 A 作投射线与投影面的交点[图2-3-2c)]。

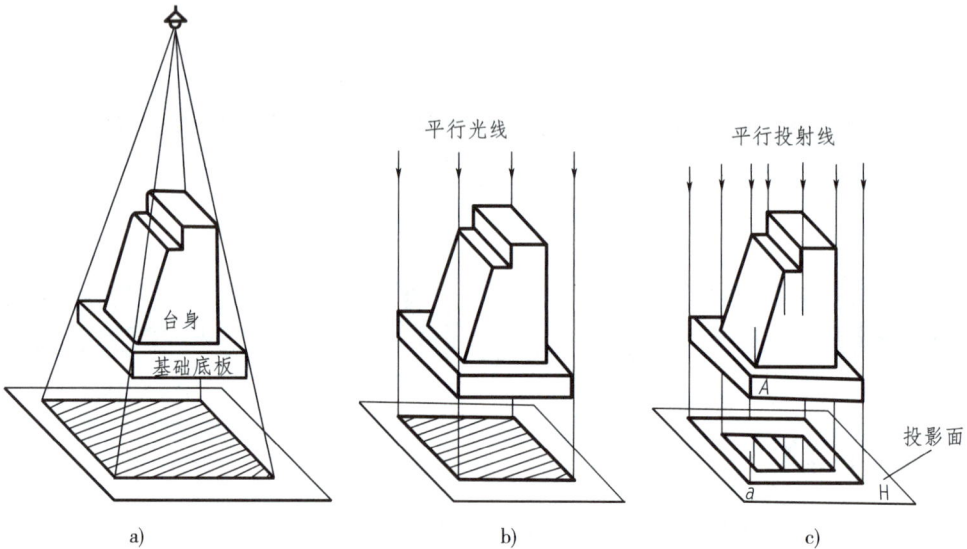

图2-3-2 影子和投影

二、投影的分类

按投射线的不同情况,投影可分为两大类。

1.中心投影

所有投射线都从一点(投影中心)引出的,称为中心投影。如图2-3-3所示,若投影中心为点 S,把投射线与投影面 P 的各交点相连,即得三角板的中心投影。

2.平行投影

所有投射线互相平行则称为平行投影。若投射线与投影面斜交,则称为斜角投影或斜投影[图2-3-4a)];若投射线与投影面垂直,则称直角投影或正投影[图2-3-4b)]。

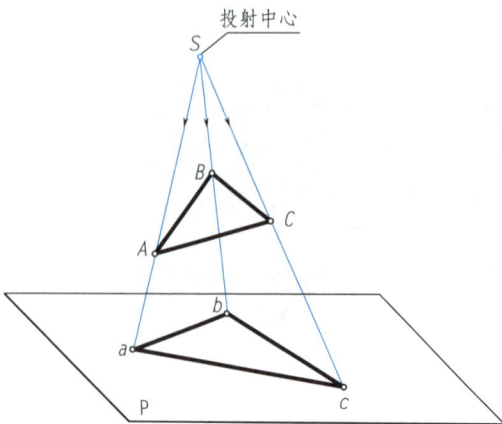

图2-3-3 中心投影

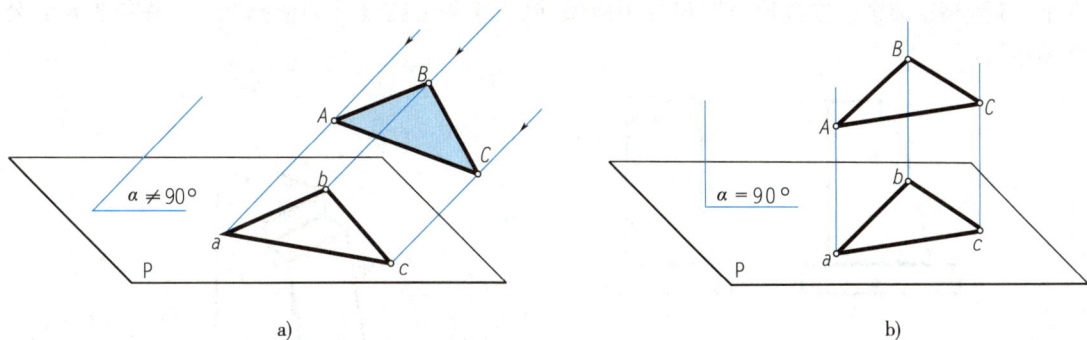

图 2-3-4　平行投影
a)斜投影;b)正投影

大多数的工程图,都是采用正投影法来绘制。正投影法是本篇研究的主要对象,后文中凡未作特别说明的,都属正投影。

三、工程上常用的几种图示法

图示工程结构物时,由于表达目的和被表达对象特征的不同,需要采用不同的图示方法。常用的图示方法有正投影法、轴测投影法、透视投影法和标高投影法。下面对各图示法作简要介绍,其详细的作图原理和方法,将在后面相关章节中介绍。

1. 正投影法

正投影法是一种多面投影,空间几何体在两个或两个以上互相垂直的投影面上进行正投影,然后将这些带有几何体投影图的投影面展开在一个平面上,从而得到几何体的多面正投影图,由这些投影便能完全确定该几何体的空间位置和形状。如图 2-3-5 所示为桥台的三面正投影图。

正投影图的优点是作图较简便,而且采用正投影法时,常使几何体的主要平面与相应的投影面相互平行,这样画出的投影图能反映出这些平面的实形,因此,从图上可以直接量得空间几何体的许多尺寸,即正投影图有很好的度量性,在工程上应用最广。其缺点是无立体感,直观性较差。

2. 轴测投影

轴测投影采用单面投影图,是平行投影之一,它是把物体按平行投影法投射至单一投影面上所得到的投影图,如图 2-3-6 所示为桥台的正等测轴测投影图。轴测投影的特点是在投影图上可以同时反映出几何体长、宽、高三个方向上的形状,所以富有立体感,直观性较好。但不够悦目和自然,也不能完整地表达物体的形状,而且作图复杂、度量性差,只能作为工程上的辅助视图。

3. 透视投影

透视投影法即中心投影法。如图 2-3-7 所示是按中心投影法画出的桥台透视图。由于透视图和照相原理相似,它符合人们的视觉,图像接近于视觉映像,逼真、悦目,直观性很强,常作为设计方案比较、展览用的视图。其缺点是绘制较繁,且不能直接反映物体的真实大小,不便度量。近年来,透视图在高速公路设计中应用甚广,它是公路设计的依据之一。图2-3-8为公路的透视图。

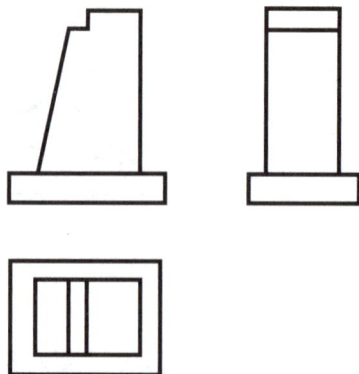

图 2-3-5　桥台的三面正投影图

图 2-3-6　桥台正等测轴测图

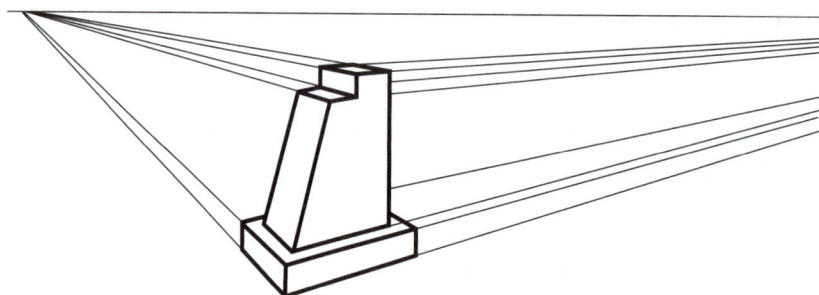

图 2-3-7　桥台透视图

图 2-3-8　公路透视图

4. 标高投影

　　标高投影是一种带有数字标记的单面正投影,常用来表示不规则曲面。假定某一山峰被一系列水平面所截割(图2-3-9),用标有高程数字的截交线(等高线)来表示地面的起伏,这就是标高投影法。它具有一般正投影的优缺点。用这种方法表达地形所画出的图称为地形图，在工程上被广泛采用。

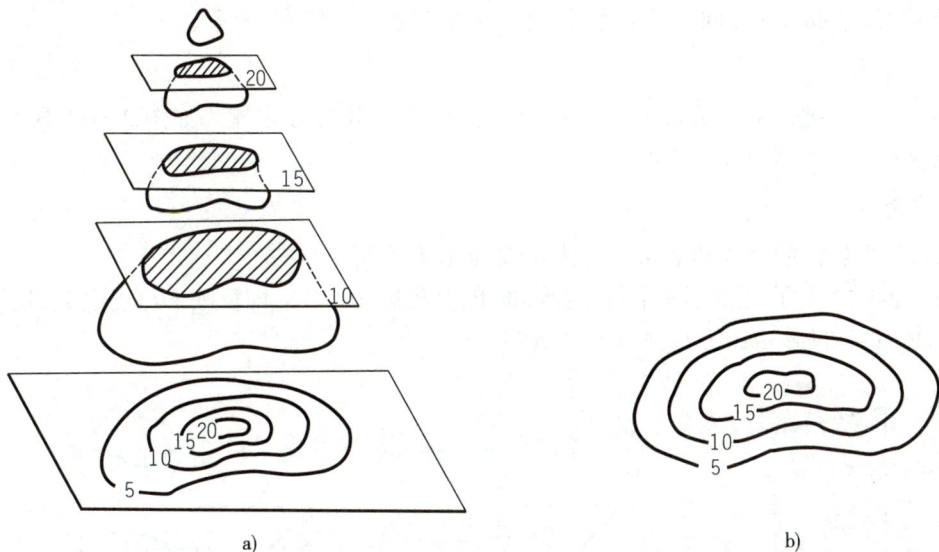

图 2-3-9　山峰的标高投影

第二节　正投影特性

1. 类似性

（1）点的投影仍是点［图 2-3-10a）］。

（2）直线的投影在一般情况下仍为直线；当直线段倾斜于投影面时，其正投影短于实长［图 2-3-10b）］，通过直线 AB 上各点的投射线，形成一平面 ABba，它与投影面 P 的交线 ab 即为 AB 的投影。

（3）平面的投影在一般情况下仍为平面；当平面倾斜于投影面时，其正投影小于实形［图 2-3-10c）］。

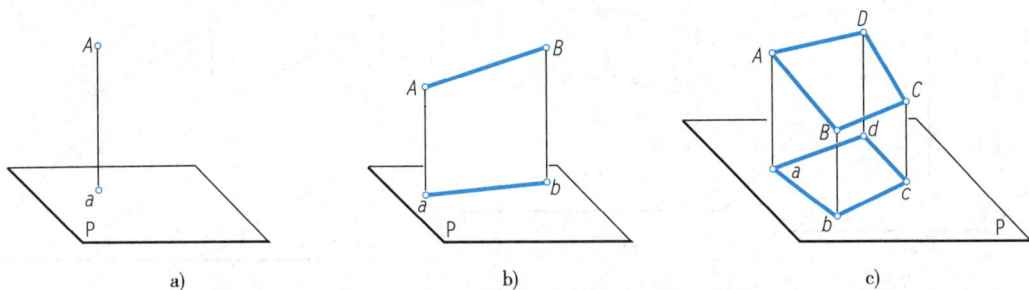

图 2-3-10　点、线、面的投影
a）点的投影；b）直线的投影；c）平面的投影

2. 从属性

若点在直线上,则点的投影必在该直线的投影上。如图 2-3-11 所示,点 K 在直线 AB 上,投射线 Kk 必与 Aa、Bb 在同一平面上,因此点 K 的投影 k 一定在 ab 上。

3. 定比性

直线上一点把该直线分成两段,该两段之比,等于其投影之比。如图 2-3-11 所示,由于 $Aa /\!/ Kk /\!/ Bb$,所以 $AK:KB = ak:kb$。

4. 实形性

平行于投影面的直线和平面,其投影反映实长和实形。

如图 2-3-12 所示,直线 AB 平行于投影面 P,其投影 $ab = AB$,即反映 AB 的真实长度。平面 $ABCD /\!/ $ P 面,其投影 $abcd$ 反映 $ABCD$ 的真实大小。

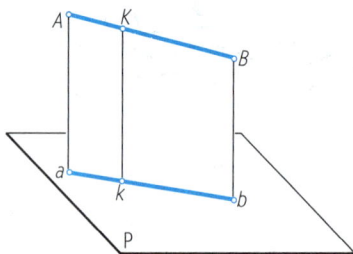

图 2-3-11 直线的从属性和定比性

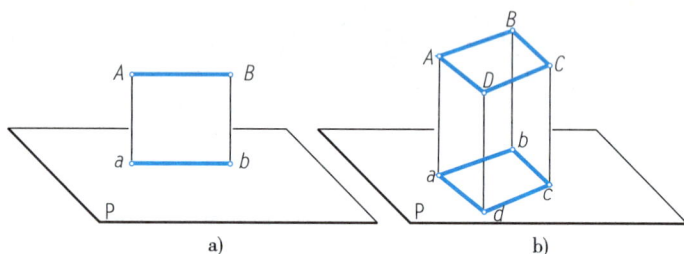

图 2-3-12 实形性图
a)直线平行于投影面;b)平面平行于投影面

5. 积聚性

垂直于投影面的直线,其投影积聚为一点;垂直于投影面的平面,其投影积聚为一条直线。

如图 2-3-13a)所示,直线 AB 垂直于投影面 P,其投影积聚成一点 $a(b)$。如图 2-3-13b)所示,平面 $ABCD$ 垂直于投影面 P,其投影积聚成一直线 $ab(dc)$。

6. 平行性

两平行直线的投影仍互相平行,且其投影长度之比等于两平行线段长度之比。

如图 2-3-14 所示,$AB /\!/ CD$,其投影 $ab /\!/ cd$,且 $ab:cd = AB:CD$。

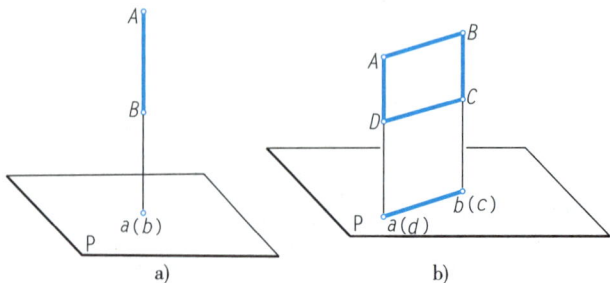

图 2-3-13 直线和平面的积聚性
a)直线的积聚投影;b)平面的积聚投影

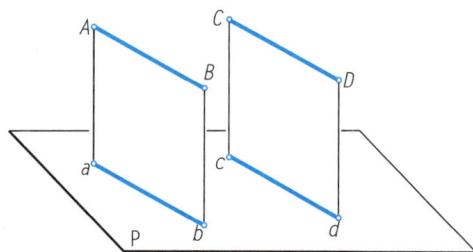

图 2-3-14 两平行直线的投影

第三节 形体的三面投影图

一、三投影面体系的建立及其名称

如图 2-3-15 所示,三个形状不同的形体,在同一投影面上的投影却是相同的,这说明根据形体的一个投影,往往不能准确地表示形体的形状。因此,一般把形体放在三个互相垂直的平面所组成的三投影面体系中进行投影,如图 2-3-16 所示。在三投影面体系中,水平放置的平面称为水平投影面,用字母"H"表示,简称为 H 面;正对观察者的平面称为正立投影面,用字母"V"表示,简称为 V 面;观察者右侧的平面称为侧立投影面,用字母"W"表示,简称为 W 面。三投影面两两相交构成三条投影轴 OX、OY 和 OZ。三轴的交点 O 称为原点。这就是三投影面体系,在这个体系中,才能比较充分地表示出形体的空间形状。

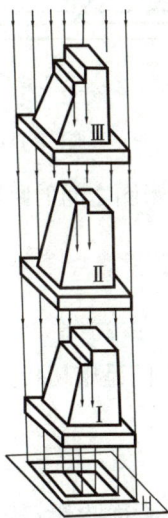

图 2-3-15 一个投影图不能确定
形体的空间形状

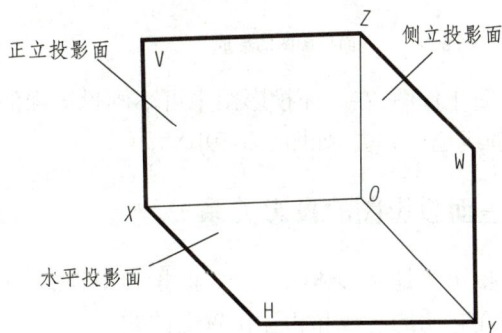

图 2-3-16 三投影面体系

二、三面投影图的形成

把被投影的形体置于三投影面体系中,且形体在观察者和投影面之间,如图 2-3-17 所示,形体靠近观察者一面称为前面,反之称为后面。同理定出形体其余的左、右、上、下四个面。由安放位置可知,形体的前、后两面均与 V 面平行,顶、底两面则与 H 面平行。用三组分别垂直于三个投影面的投射线对形体进行投影,就得到该形体在三个投影面上的投影。

(1)由上向下投影,在 H 面上所得的投影图,称为水平投影图,简称 H 面投影。

(2)由前向后投影,在 V 面上所得的投影图,称为正立面投影图,简称 V 面投影。

　　(3)由左向右投影,在 W 面上所得的投影图,称为(左)侧立面投影图,简称 W 面投影。

　　上述所得的 H、V、W 三个投影图就是形体最基本的三面投影图。根据形体的三面投影图,就可以确定该形体的空间位置和形状。

　　如图 2-3-18 所示,假定固定 V 面,让 H 面和 W 面分别绕它们与 V 面的交线旋转到与 V 面重合的位置,V、H、W 面展成了一个平面便完成了从空间形体到平面图形的过程。

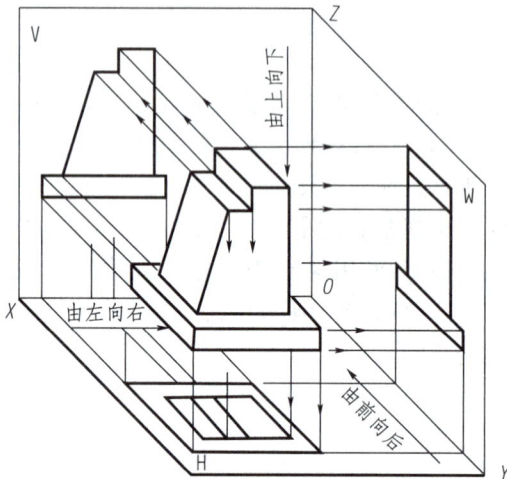

图 2-3-17　三面投影图的形成　　　　　　　　　　图 2-3-18　三面投影图的展开

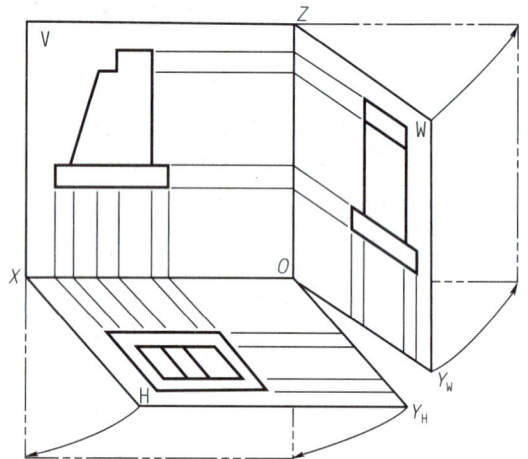

　　为了简化作图,在三面投影图中可不画投影面的边框线,投影图之间的距离可根据需要确定,三条轴线也可省去,如图 2-3-19b)所示。

三、三面投影图的投影关系

　　三面投影图是从形体的三个方向投影得到的,三个投影图之间是密切相关的,它们的关系主要表现在它们的度量和相互位置上的联系。

　　1.投影形成相关的顺序关系

　　在三投影面体系中:从前向后,以人→物→图的顺序形成 V 面投影;从上向下,以人→物→图的顺序形成 H 面投影;从左向右,以人→物→图的顺序形成 W 面投影。所以,投影形成相关的顺序关系是人→物→图。

　　2.投影中的长、宽、高和方位关系

　　每个形体都有长度、宽度、高度或左右、前后、上下三个方向的形状和大小变化。形体左右两点之间平行于 OX 轴的距离称为长度;上下两点之间平行于 OZ 轴的距离称为高度;前后两点之间平行于 OY 轴的距离称为宽度。

　　每个投影图能反映其中两个方向关系:H 面投影反映形体的长度和宽度,同时也反映左右(X 轴)、前后位置(Y 轴);V 面投影反映形体的长度和高度,同时也反映左右(X 轴)、上下位置(Z 轴);W 面投影反映形体的高度和宽度,同时也反映上下(Z 轴)、前后位置(Y 轴),如图 2-3-19 所示。

a) b)

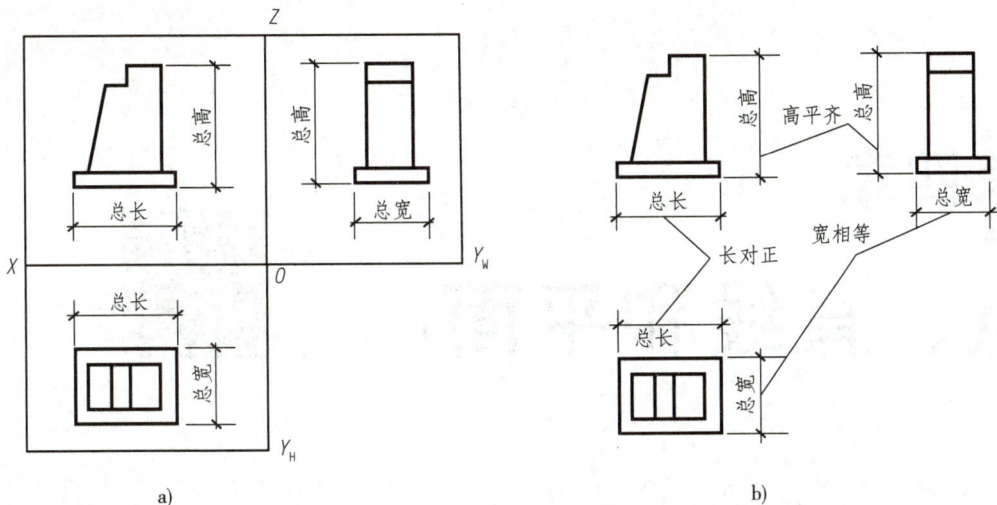

图 2-3-19　三面投影图的形成和投影规律

3. 投影图的三等关系

三面投影图是在形体位置不变的情况下,从三个不同方向投影所得到的,它们共同表达同一形体,因此它们之间存在着紧密的关系:V、H 两面投影反映形体的长度,展开后所反映形体的长度不变,因此画图时必须使它们左右对齐,即"长对正"的关系;同理,H、W 两面投影反映物体的宽度,有"宽相等"的关系;V、W 两面投影反映物体的高度,有"高平齐"的关系,总称为"三等关系"。

"长对正、高平齐、宽相等" 是三面投影图最基本的投影规律,它不仅适用于整个形体的投影,也适用于形体的每个局部的投影。

4. 投影位置的配置关系

根据三个投影面的相对位置及展开的规定,三面投影图的位置关系是:以立面图为准,平面图在立面图的正下方,侧面图在立面图的正右方。这种配置关系不能随意改变,如图 2-1-19 所示。

复习思考题

1. 什么是投影? 投影分为哪几类?
2. 正投影有哪些特性?
3. 三投影面体系中各投影面的名称是什么?
4. 形体的三面投影图是怎样形成的?
5. 什么是"三等关系"?

第四章
CHAPTER FOUR
点、直线和平面

本章重点介绍点、直线和平面的投影特性。

　　点、线(直线和曲线)、面(平面和曲面)是构成工程结构物最基本的几何要素。在学习空间物体的图示方法之前,必须先学习基本几何要素(点、线、面)的图示方法。

第一节　点的投影

一、点的三面投影

1.投影的形成

　　在三面投影体系中,有一个空间点 A,由点 A 分别向三个投影面 V、H 和 W 引垂线,垂足 a'、a 和 a'' 即为 A 点的三面投影[图 2-4-1a)]。按旋转规定,展开并去掉边框线后,即得到点的三面投影图,如图 2-4-1b)和 c)所示。

　　空间点用大写字母表示,如 A、B、$C\cdots$;H 面投影用相应的小写字母表示,如 a、b、$c\cdots$;V 面投影用相应的小写字母加一撇表示,如 a'、b'、$c'\cdots$;W 面投影用相应的小写字母加两撇表示,如 a''、b''、$c''\cdots$。

2.投影规律

　　(1)点的 V 面投影和 H 面投影的连线垂直于 OX 轴;点的 V 面投影和 W 面投影的连线垂直于 OZ 轴,也就是说,两投影的连线必垂直于相应的投影轴,即 $aa' \perp OX$、$a'a'' \perp OZ$。

　　如图 2-4-1a)所示,由投射线 Aa'、Aa 所构成的投射平面 $Aa'a_Xa$ 简称 P 面,与 OX 轴相交于 a_X 点,因 $P \perp V$、$P \perp H$,即 P、V、H 三面投影互相垂直。由立体几何可知,此三平面的交线必互相垂直,即 $a'a_X \perp OX$,$aa_X \perp OX$,$a'a_X \perp aa_X$,故 P 面为矩形。

　　当 H 面绕 OX 轴旋转至与 V 面重合时,a_X 不动,且 $aa_X \perp OX$ 的关系不变,所以 a'、a_X、a 三

点共线,即 $a'a \perp OX$。

同理,$a'a'' \perp OZ$。

(2)点的投影至投影轴的距离,反映点至相应投影面的距离,如图 2-4-1a)所示。

点的 H 面投影至 OX 轴的距离,等于其 W 面投影至 OZ 轴的距离(即宽相等),即 $aa_X = a''a_Z = Aa'$;

点的 V 面投影至 OZ 轴的距离,等于其 H 面投影至 OY 轴的距离(即长对正),即 $a'a_Z = aa_Y = Aa''$;

点的 V 面投影至 OX 轴的距离,等于其 W 面投影至 OY 轴的距离(即高平齐),即 $a'a_X = a''a_Y = Aa$。

$aa_X = a''a_Z = Aa'$,反映 A 点至 V 面的距离;

$a'a_Z = aa_Y = Aa''$,反映 A 点至 W 面的距离;

$a'a_X = a''a_Y = Aa$,反映 A 点至 H 面的距离。

此投影规律即**"长对正、高平齐、宽相等"**的根据所在。

为了能更直接地看到 a 和 a'' 之间的关系,经常用以点 O 为圆心的圆弧把 a_{YH} 和 a_{YW} 联系起来[图 2-4-1b)],也可以自 O 点作 45°的辅助线来实现 a 和 a'' 的联系。

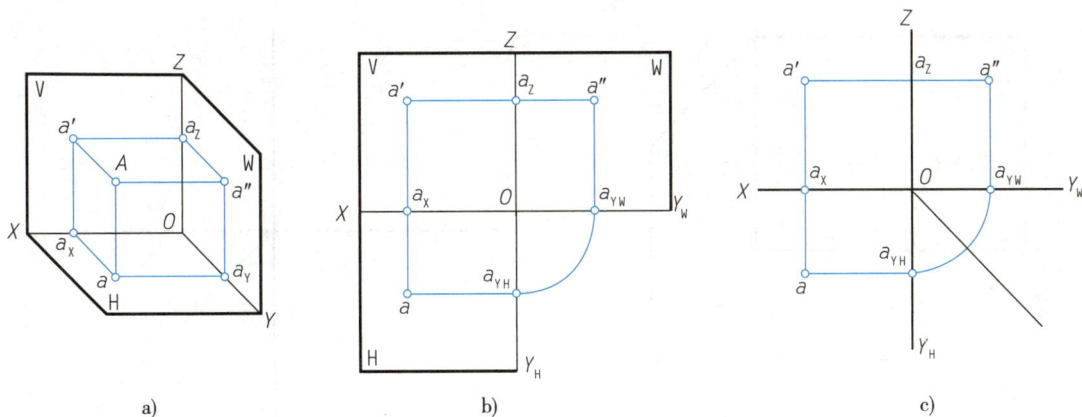

图 2-4-1　点的三面投影
a)立体图;b)投影图;c)去边框后的投影图

根据此投影规律,只要已知点的任意两投影,即可求其第三投影。

[**例 2-4-1**]　已知一点 B 的 V、H 面投影 b、b',求 b''(图 2-4-2)。

解　(1)按第一条规律,过点 b' 作垂线并与 OX 轴交于 b_X 点。

(2)按第二条规律,在所作垂线上量取 $b_X b = b_Z b''$ 得 b 点,即为所求。作图时,也可以借助于过 O 点所作 45°斜线 Ob_0,因为 $Ob_{YH}b_0b_{YW}$ 是正方形,所以 $Ob_{YH} = Ob_{YW}$。

3.投影面上的点

投影面上的点,一个投影与空间点重合,即就在投影面上;另两个投影在相应的投影轴上。它们的投影仍完全符合上述两条基本投影规律。如图 2-4-3 所示,F 点在 V 面上,M 点在 H 面上,G 点在 W 面上。

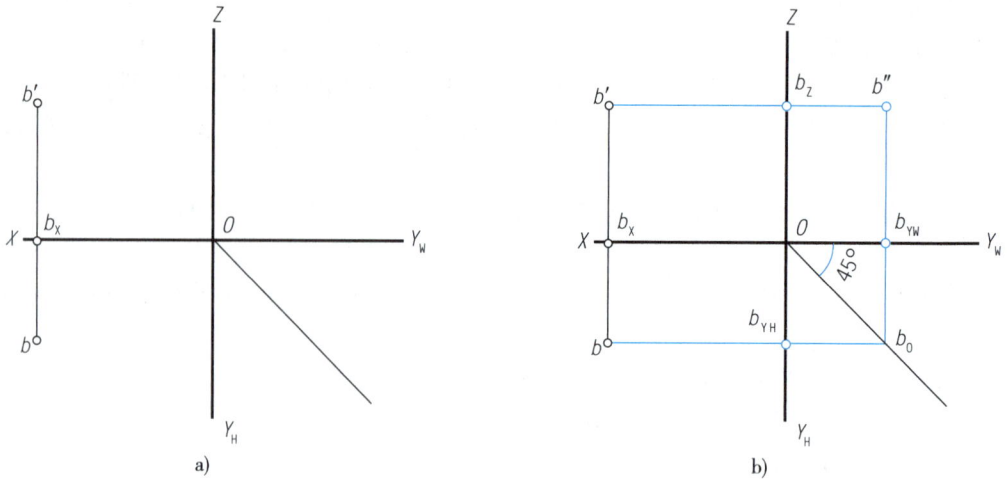

a)　　　　　　　　　　　b)

图 2-4-2　已知点的两投影,求第三投影
a)已知 B 点的 V、H 面投影;b)求 B 点的 W 面投影

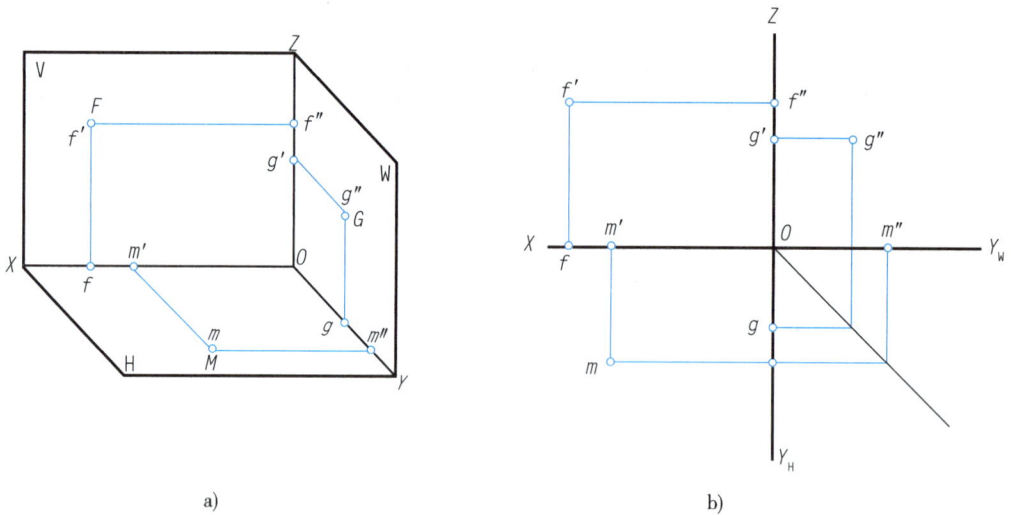

a)　　　　　　　　　　　b)

图 2-4-3　投影面上的点
a)立体图;b)投影图

4.投影轴上的点

投影轴上的点,其两个投影与空间点重合,即就在投影轴上;另一个投影在原点上。如图 2-4-4 所示,A 点在 OX 轴上,B 点在 OZ 轴上,C 点在 OY 轴上。

5.分角

设想将图 2-4-1a)中的 V 面、H 面和 W 面向后、向下、向右扩展而将整个空间划分为八个部分,称为八个分角,如图 2-4-5 所示。上面研究了点位于第一分角中的两条投影规律,这些规律完全适用于其他各个分角中的投影。

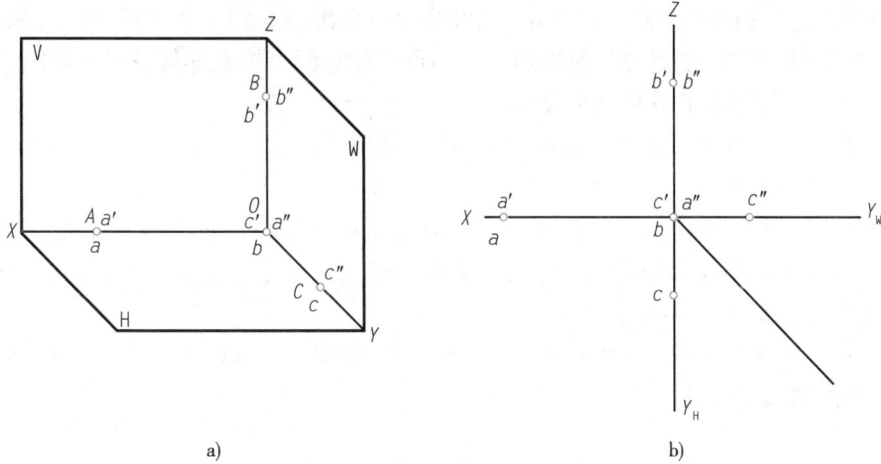

图 2-4-4　投影轴上的点

a)立体图;b)投影图

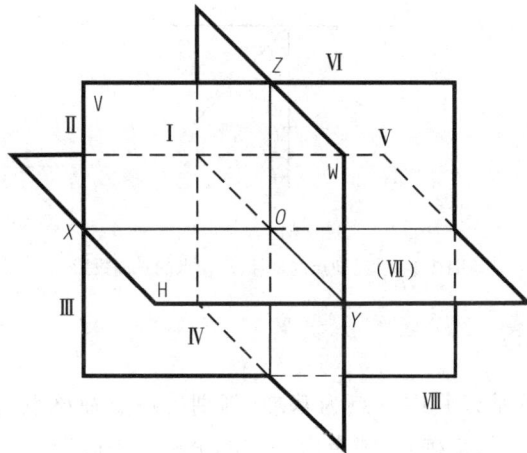

图 2-4-5　八个分角

二、点的投影与坐标

如果把三投影面体系看作直角坐标系,把三个投影面看作坐标面,把投影轴看作坐标轴,则点到三个投影面的距离,就是点的坐标。如图 2-4-1a)所示,A 点到 W 面的距离为 x 坐标,A 点到 V 面的距离为 y 坐标,A 点到 H 面的距离为 z 坐标。用三个坐标确定点 A,即 $A(x,y,z)$,则有:

$Aa'' = a'a_Z = aa_Y = x$;

$Aa' = aa_X = a''a_Z = y$;

$Aa = a'a_X = a''a_Y = z$。

点的每个投影反映两个坐标,点的三面投影与点的坐标关系为:

(1)A 点的 H 面投影 a 可反映该点的 x 和 y 坐标;

(2)A 点的 V 面投影 a' 可反映该点的 x 和 z 坐标;

(3)A 点的 W 面投影 a'' 可反映该点的 y 和 z 坐标。

如果已知一点 A 的三投影 a、a' 和 a'',就可从图中量出该点的三个坐标;反之,如果已知 A 点的三个坐标,就能作出该点的三面投影。空间点的任意两个投影都具备三个坐标,所以给出一个点的两个投影,即可求得第三个投影。

[例 2-4-2]　已知 $B(4,6,5)$,求作 B 点的三面投影。

解　作图步骤如图 2-4-6 所示。

(1)绘出三个投影轴及原点 O,在 OX 轴上自 O 点向左量取 $x=4$ 单位,得到 b_X 点[图 2-4-6a)];

(2)过 b_X 点作 OX 轴的垂线,由 b_X 向上量取 $z=5$ 单位,得 V 面投影 b',再向下量取 $y=6$ 单位,得 H 面投影 b[图 2-4-6b)];

(3)过 b' 作线平行于 OX 轴并与 OZ 轴相交于 b_z,量取 $b_z b''=y=b_X b$,得 W 面投影 b'',b、b' 和 b'' 即为所求[图 2-4-6c)]。

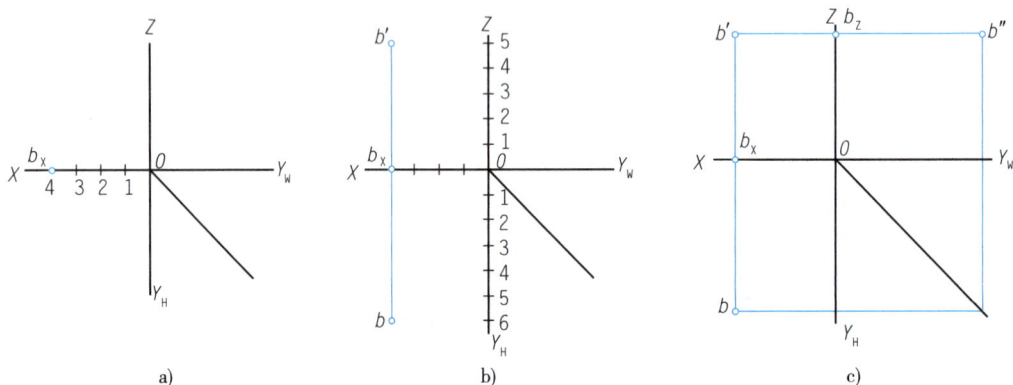

图 2-4-6　已知点的坐标,求作点的三面投影

三、两点的相对位置

空间两点的相对位置是以其中一点为基准,判别另一点在该点的前后、左右和上下的位置,这可从两点的三个坐标值来确定,或者由两点的坐标差来确定。

如图 2-4-7 所示,如以 B 点为基准,因为 $x_A<x_B$,$y_A<y_B$,$z_A>z_B$,所以 A 点在 B 点的右、后、上方。

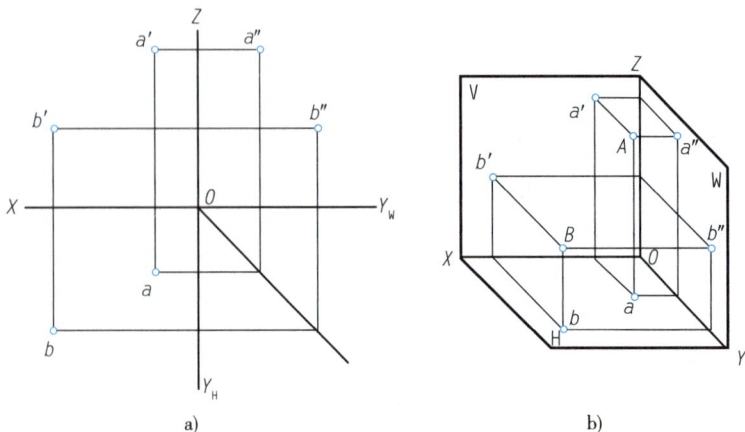

图 2-4-7　两点的相对位置

a)投影图;b)立体图

四、重影点及其可见性的判别

当空间两点位于某一投影面的同一投射线上时,则此两点在该投影面上的投影重合,此两点称为对该投影面的重影点。

如图 2-4-8 所示,A、B 两点在同一垂直于 H 面的投射线上,A 点在 B 点的正上方,则 $z_a > z_b$;a、b 两投影点重合,为 H 面的重影点,但其他两同面投影不重合。因 $z_a > z_b$,所以 a 为可见,b 为不可见。为区别起见,凡投影光线光通过点的字母先写,后通过点即不可见点的字母后写,并加括号表示。

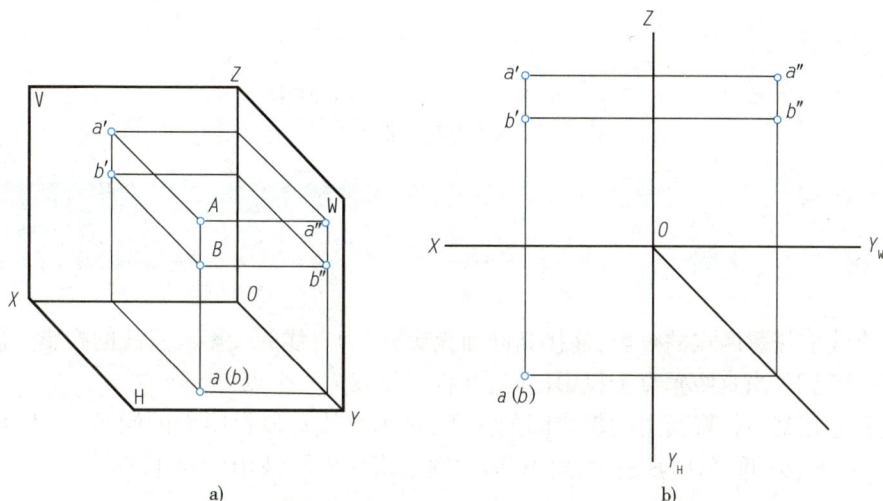

图 2-4-8 H 面重影点及其可见性的判别

a)立体图;b)投影图

同理,如图 2-4-9 所示,C 点在 D 点的正前方,位于 V 面的同一投射线上,c'、d' 两投影点重合,为 V 面的重影点,c' 可见,d' 不可见。如图 2-4-10 所示,F 点在 E 点的正右方,位于垂直 W 面的同一投射线上,e''、f'' 两投影点重合,为 W 面的重影点,e'' 可见,f'' 不可见。

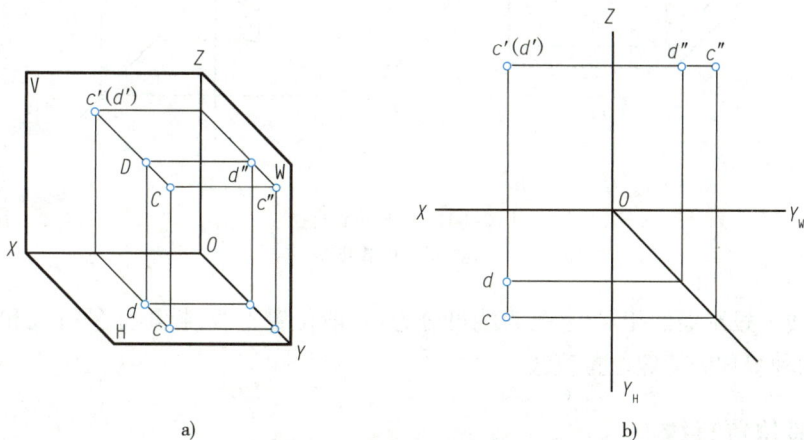

图 2-4-9 V 面重影点及其可见性的判别

a)立体图;b)投影图

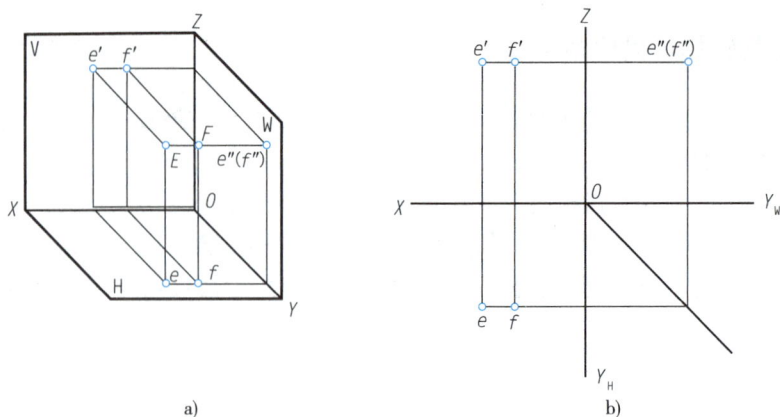

图 2-4-10　W 面重影点及其可见性的判别

a) 立体图; b) 投影图

第二节　直线的投影

画出直线上任意两点的投影, 连接其同面投影, 即为直线的投影。直线的投影一般仍为直线, 在特殊情况下, 当直线垂直于投影面时, 其投影积聚为一个点。

直线和它在某一投影面上的投影间的夹角, 称为直线对该投影面的倾角, 对 H 面的倾角用 α 表示, 对 V 面的倾角用 β 表示, 对 W 面的倾角用 γ 表示, 如图 2-4-11 所示。

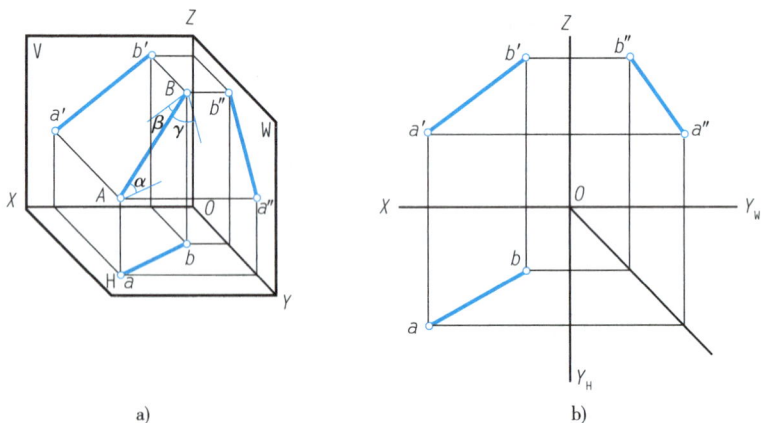

图 2-4-11　一般位置直线

a) 立体图; b) 投影图

根据直线与投影面的相对位置, 直线可分为: 一般位置直线、投影面平行线和投影面垂直线三种, 后两种统称为特殊位置直线。

一、一般位置直线

与三个投影面均不平行且不垂直的直线称为一般位置直线(简称一般线)。图 2-4-11 所示为一般位置直线的立体图和投影图。

一般位置直线的投影特性如下：

（1）从图 2-4-11a）可看出，$ab = AB\cos\alpha$，$a'b' = AB\cos\beta$，$a''b'' = AB\cos\gamma$，由于 α、β 和 γ 均介于 0°与 90°之间，故 $\cos\alpha$、$\cos\beta$ 和 $\cos\gamma$ 均小于 1，所以一般位置直线的三个投影都小于其实长。

（2）直线 AB 上各点对某一投影面的距离都不相等，所以其三面投影都倾斜于各投影轴，各投影与相应的投影轴所成的夹角，都不反映直线对各投影面的真实倾角，见图 2-4-11b）。

在图 2-4-12 中，DF 即为一般位置直线。

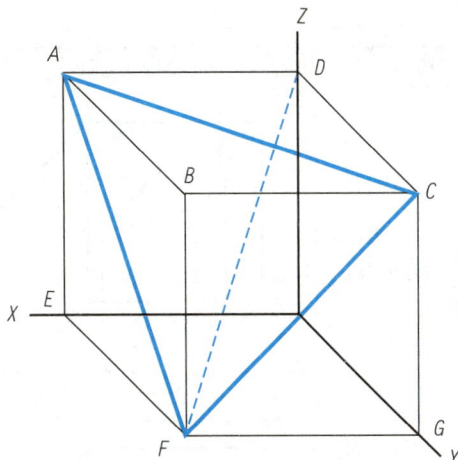

图 2-4-12 各种位置直线

二、投影面平行线

只平行于某个投影面，倾斜于另外两个投影面的直线，称为某投影面的平行线。

与 V 面平行的直线称为正面平行线，简称正平线，如表 2-4-1 中的 AB，图 2-4-12 中的 CF；

与 H 面平行的直线称为水平面平行线，简称水平线，如表 2-4-1 中的 CD，图 2-4-12 中的 AC；

与 W 面平行的直线称为侧面平行线，简称侧平线，如表 2-4-1 中的 EF，图 2-4-12 中的 AF。

现以正平线（表 2-4-1）为例讨论其投影特性：

（1）因为 AB∥V 面，正平线的正面投影反映实长，即 $a'b' = AB$，而且 $a'b'$ 与投影轴的夹角反映了直线与 H、W 面的真实倾角 α、γ。

（2）因为 AB 上各点到 V 面的距离都相等，所以正平线的水平投影平行于 OX 轴，即 ab∥OX 轴；同理，正平线的侧面投影平行于 OZ 轴，即 $a''b''$∥OZ 轴。

各种投影面平行线的投影图及其投影特性如表 2-4-1 所示。

投 影 面 平 行 线　　　　　表 2-4-1

投影面平行线	立 体 图	投 影 图	投 影 特 性
正面平行线（正平线）			1. ab∥OX 轴，$a''b''$∥OZ 轴； 2. $a'b' = AB$； 3. $a'b'$ 与投影轴的夹角，反映直线与 H、W 面的真实倾角 α、γ

投影面平行线	立 体 图	投 影 图	投 影 特 性
水平面平行线 （水平线）			1. $c'd'$ // OX 轴，$c''d''$ // OY_W 轴； 2. $cd = CD$； 3. cd 与投影轴的夹角，反映直线与 V、W 面的真实倾角 β、γ
侧面平行线 （侧平线）			1. $e'f'$ // OZ 轴，ef // OY_H 轴； 2. $e''f'' = EF$； 3. $e''f''$ 与投影轴的夹角，反映直线与 H、V 面的真实倾角 α、β

投影面平行线的共性如下：

(1)直线在与其平行的投影面上的投影反映其实长,且该投影与相应投影轴所成的夹角,反映直线与其他两投影面的倾角。

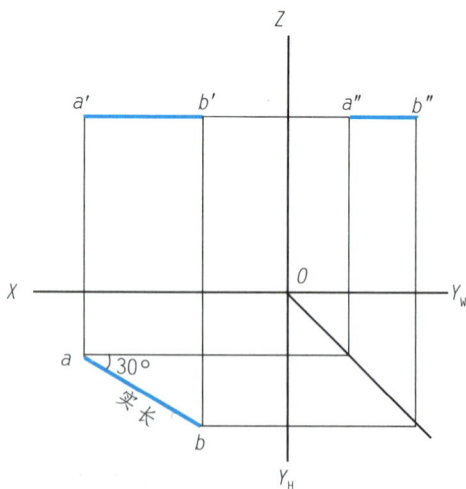

(2)直线其他两投影均小于实长,且平行于相应的投影轴。

[**例 2-4-3**]　如图 2-4-13 所示,已知水平线 AB 的长度为 25mm,$\beta = 30°$,A 点的 H 面、V 面投影为 a、a',试求 AB 的三面投影。

解　(1)过 a 点作直线 $ab = 25$mm,并与 OX 轴成 30°;

(2)过 a' 点作平行于 OX 轴的直线与过 b 点所作 OX 轴的垂线相交于 b' 点;

(3)根据 ab 和 $a'b'$,作出 $a''b''$;

(4)根据已知条件,B 点可以在 A 点的前、后、左、右四个位置。

本题有四种答案,其他三种略。

图 2-4-13　求水平线的三投影

三、投影面垂直线

与某一个投影面垂直的直线称为投影面垂直线。若直线垂直于一个投影面,则必平行于另两个投影面。投影面垂直线有三种情况。

与 V 面垂直的称为正面垂直线,简称正垂线,如表 2-4-2 中的 CE,图 2-4-12 中的 AB;

与 H 面垂直的称为水平面垂直线,简称铅垂线,如表 2-4-2 中的 AB,图 2-4-12 中的 AE;

与 W 面垂直的称为侧面垂直线,简称侧垂线,如表 2-4-2 中的 CD,图 2-4-12 中的 AD。

下面以表 2-4-2 中的铅垂线 AB 为例,讨论其投影特性。

(1)铅垂线 $AB \perp H$ 面,所以其 H 面投影 ab 积聚为一点。

(2)铅垂线 AB 平行于 V、W 面,其 V、W 面投影反映实长,即 $a'b' = a''b'' = AB$。

(3)$a'b' \perp OX$,$a''b'' \perp OY_W$。

投 影 面 垂 直 线　　　　　　　　　　　表 2-4-2

投影面垂直线	立 体 图	投 影 图	投 影 特 性
正面垂直线 (正垂线)			1. $c'e'$ 积聚为一点; 2. $ce \perp OX$ 轴且 $c''e'' \perp OZ$ 轴; 3. $ce = c''e'' = CE$
水平面垂直线 (铅垂线)			1. ab 积聚为一点; 2. $a'b' \perp OX$ 轴且 $a''b'' \perp OY_W$ 轴; 3. $a'b' = a''b'' = AB$
侧面垂直线 (侧垂线)			1. $c''d''$ 积聚为一点; 2. $c'd' \perp OZ$ 轴且 $cd \perp OY_H$ 轴; 3. $c'd' = cd = CD$

投影面垂直线的共性如下：

(1)在所垂直的投影面上的投影积聚成一点。

(2)其他两投影与相应的投影轴垂直，并都反映实长。

四、直线的实长及其与投影面的倾角

一般位置直线的三面投影图既不反映其实长，也不反映倾角，要想求得一般线的实长和倾角，可以采用直角三角形法。

如图2-4-14a)所示，在 $BEeb$ 所构成的投射平面内，延长 BE 和 be 交于点 M，则 $\angle BMb$ 就是 BE 直线与 H 面的倾角 α。过 E 点作 $EB_1 // eb$，则 $\angle BEB_1 = \alpha$，且 $EB_1 = eb$。所以，只要在投影图上作出直角三角形 BEB_1 的实形，即可求出 BE 直线的实长和倾角 α。

其中，直角边 $EB_1 = eb$，即为 EB_1 已知的 H 面投影；另一直角边 BB_1，是直线两端点的 z 坐标差，即 $BB_1 = z_b - z_e$，从 V 面投影图中可量得，也是已知的，其斜边 BE 即为实长。

作图步骤如图2-4-14b)所示。

(1)过 H 面的投影 eb 的端点 b 作直线垂直于 eb；

(2)在所作垂线上截取 $bk = z_b - z_e$，得 k 点；

(3)连直角三角形的斜边 ek，即为所求的实长，$\angle bek$ 即为倾角 α。

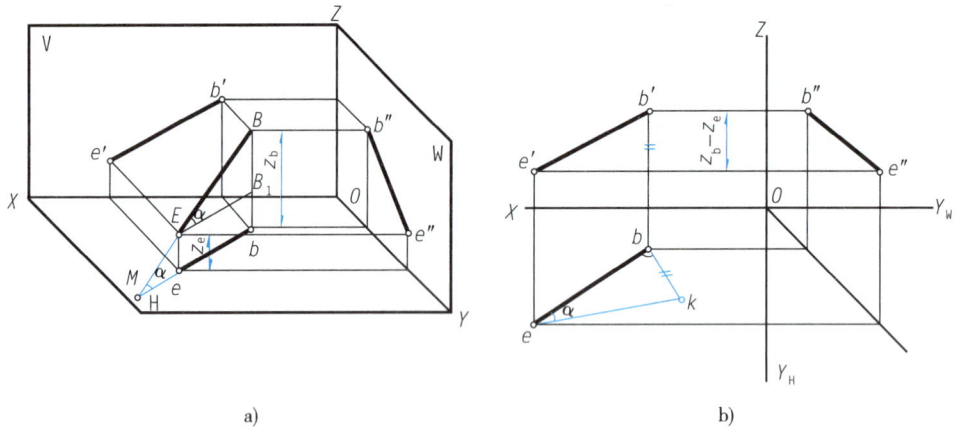

图2-4-14　求直线的实长及其与 H 面的倾角 α

a)立体图；b)投影图

求作图2-4-15中 BE 直线与 V 面的倾角 β 的立体图和投影图。以 BE 在 V 面投影为一条直角边，以两端点的 y 坐标差为另一直角边，组成一个直角三角形，就可求出直线的实长和直线对 V 面的倾角 β。如果求直线与 W 面的倾角 γ，则以 BE 在 W 面投影为一直角边，以两端点的 x 坐标差为另一直角边，组成一个直角三角形(图略)，即可求得直线与 W 面的倾角 γ。

这种利用直角三角形求一般位置直线的实长及倾角的方法称为直角三角形法。其要点是以线段的一个投影为一条直角边，以线段两端点相对于该投影面的坐标差为另一直角边，所构

成的直角三角形的斜边即为线段实长,斜边与线段投影之间的夹角即为直线对该投影面的倾角。

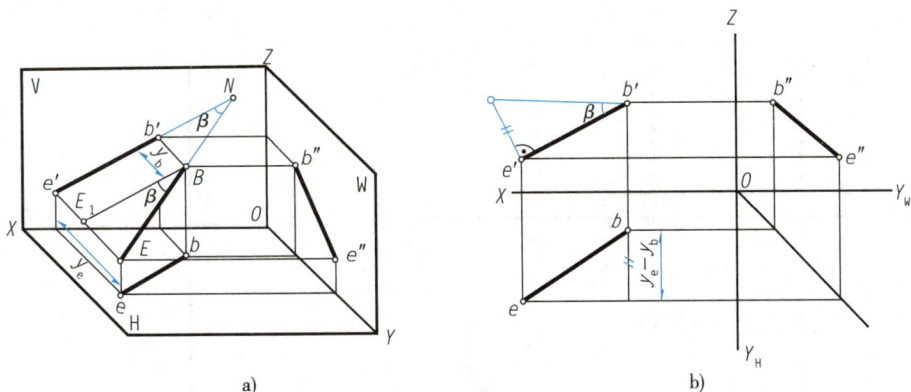

a)   b)

图 2-4-15　求线段的实长及其与 V 面的倾角 β

a)立体图;b)投影图

[例 2-4-4]　如图 2-4-16 所示,已知直线 AB 的实长为 20mm,并已知投影 a、a'、b',求 b。

解　(1)过 $a'b'$ 的一端点 a' 作 $a'b'$ 的垂线,以 b' 为圆心、$R = 20$mm 画圆弧,与垂线相交于 A_0 点,得直角三角形 $A_0a'b'$。

(2)过 b' 作 OX 轴的垂线,再过 a 作 OX 轴的平行线,两直线相交于 b_0,在 $b'b_0$ 线上截取 y 坐标差 $b_0b_1 = a'A_0$,得 b_1 点,边 ab_1 即为所求。

如果截取 $b_0b_2 = a'A_0$,连 ab_2 也为所求,所以本题有两解。

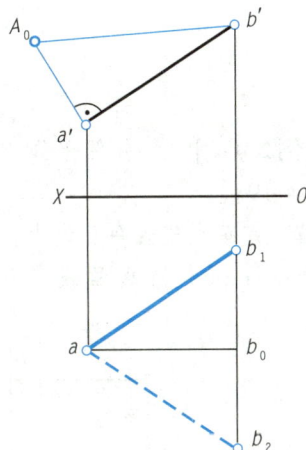

图 2-4-16　用直角三角形法补全直线的投影

五、直线上的点

点在直线上,则点的各个投影必在直线的同面投影上;若点分割线段成某比例,则其投影也把线段的投影分成相同的比例,即点的定比分割特性。

如图 2-4-17 所示,M 在直线 AB 上,则其投影 m、m'、m'' 必在 AB 的相应投影 ab、$a'b'$、$a''b''$ 上;且 $AM : MB = am : mb = a'm' : m'b' = a''m'' : m''b''$。

[例 2-4-5]　已知侧平线 AB 的两投影 ab 和 $a'b'$,并知 AB 线上一点 K 的 V 面投影 k',求 k(图 2-4-18)。

解　作法一:如图 2-4-18a)所示,由 ab 和 $a'b'$ 求出 $a''b''$;再求 k'',即可作出 k。

作法二:如图 2-4-18b)所示,用定比分割特性求作。因为 $AK : KB = a'k' : k'b' = ak : kb$,所以可在 H 面投影中过 a 作任一射线 aB_0,并使其长度等于

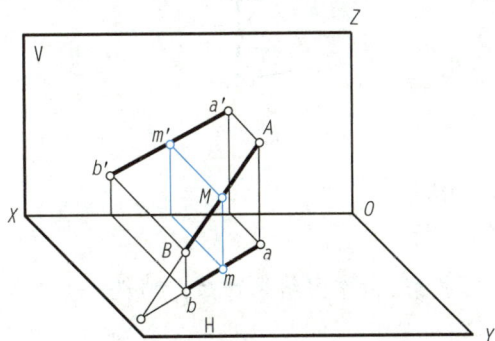

图 2-2-17　直线上的点

$a'b'$,再取 $aK_0 = a'k'$,连接 B_0b,并过 K_0 作 $K_0k/\!/B_0b$ 交 ab 于 k,即为所求。

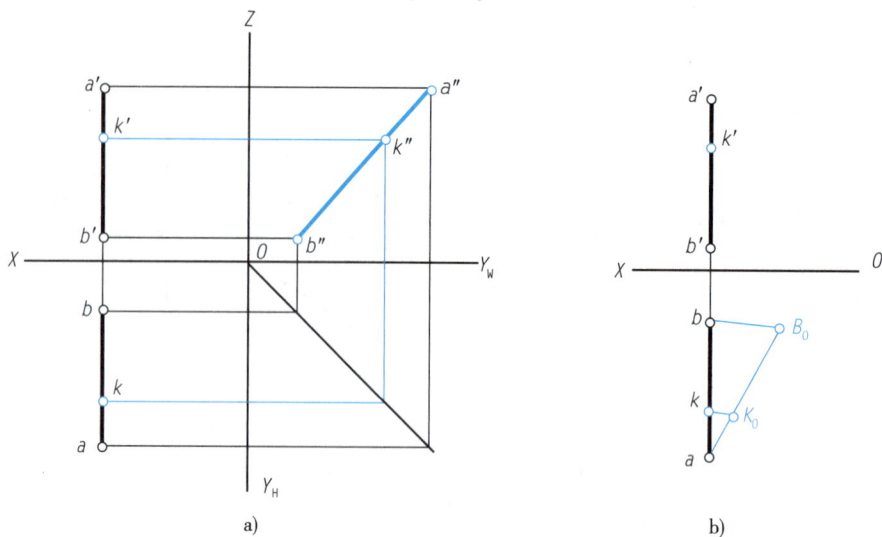

图 2-4-18 求直线上一点的投影
a)作法一;b)作法二

[**例2-4-6**] 已知侧平线 CD 及点 M 的 V、H 面投影,试判定 M 点是否在侧平线 CD 上(图 2-4-19)。

解 判定点是否在直线上,一般只要观察两面投影即可,但对于侧平线,只考虑 V、H 两面投影还不行,可作出 W 面投影来判定;或用定比分割特性来判定。

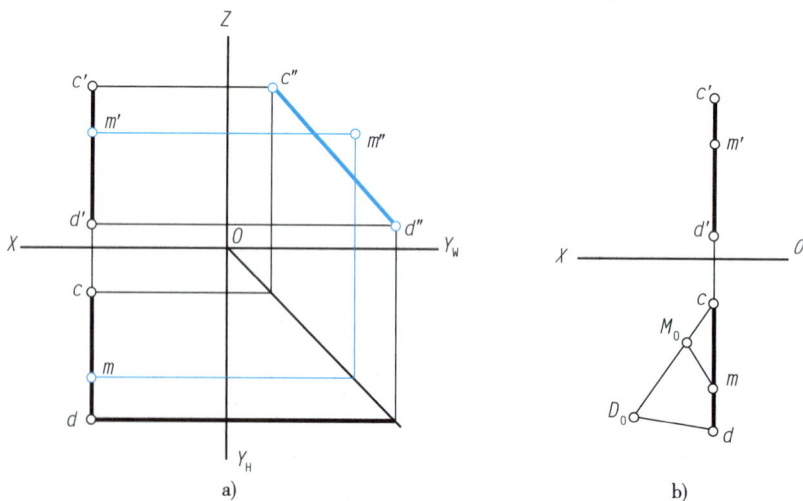

图 2-4-19 判定点是否在直线上
a)作法一;b)作法二

作法一:如图 2-4-19a)所示,作出 CD 和 M 的 W 面投影,由作图结果可知,点 m'' 未落在投影线 $c''d''$ 上,因此 K 点不在直线 CD 上。

作法二:用定比分割特性来判定。如图 2-4-19b)所示,在任一投影(如 H 面投影)中,过 c

任作一射线 cD_0，并在其上取长度 $cD_0 = c'd'$，$cM_0 = c'm'$，连 dD_0、mM_0。因 mM_0 不平行于 dD_0，说明 M 点不在直线 CD 上。

六、两直线的相对位置

空间两直线的相对位置分为三种情况：平行、相交和交叉，其中交叉位置的两直线称为异面直线。

1. 平行两直线

若空间两直线互相平行，则其同面投影互相平行且比值相等；反之，若两直线的同面投影互相平行且比值相等，则此空间两直线一定互相平行。

如图 2-4-20 所示，如果 $AB \parallel CD$，则 $ab \parallel cd$，$a'b' \parallel c'd'$，$a''b'' \parallel c''d''$；$AB : CD = ab : cd = a'b' : c'd' = a''b'' : c''d''$。

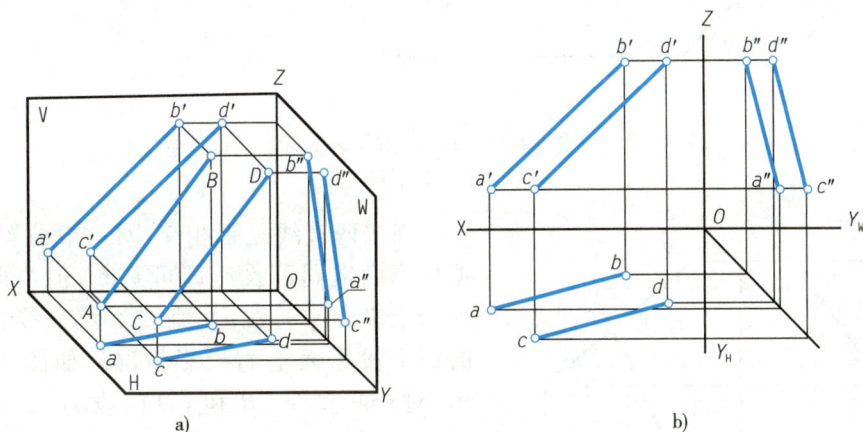

图 2-4-20　平行两直线的投影
a) 立体图；b) 投影图

一般情况下，只要直线的任意两同面投影互相平行，就可判定两直线是平行的，但与投影面平行的两直线不一定平行。例如图 2-4-21 给出了两条侧平线 CD 和 EF，它们的 V、H 面投影平行，但是还不能确定它们是否平行，必须求出它们的侧面投影或通过判断比值是否相等才能最后确定。如图 2-4-21 所示，其侧面投影 $c''d''$ 和 $e''f''$ 不平行，则 CD 和 EF 两直线不平行。

2. 相交两直线

相交两直线，其交点是两直线的共有点，因此各投影交点的连线必垂直于相应的投影轴。

如图 2-4-22 所示，AB 和 CD 为相交两直线，其交点 K 为两直线的共有点，它既是 AB 上的一点，又是 CD 上的一点。由于线上一点的投影必在该

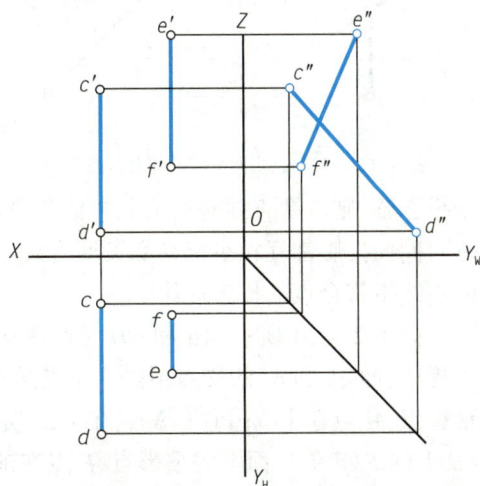

图 2-4-21　判定两直线的相对位置

直线的同面投影上,因此 K 点的 H 面投影 k 既在 ab 上,又应在 cd 上。这样 k 必然是 ab 和 cd 的交点;同理,k′ 必然是 a′b′ 和 c′d′ 的交点;k″ 必然是 a″b″ 和 c″d″ 的交点。

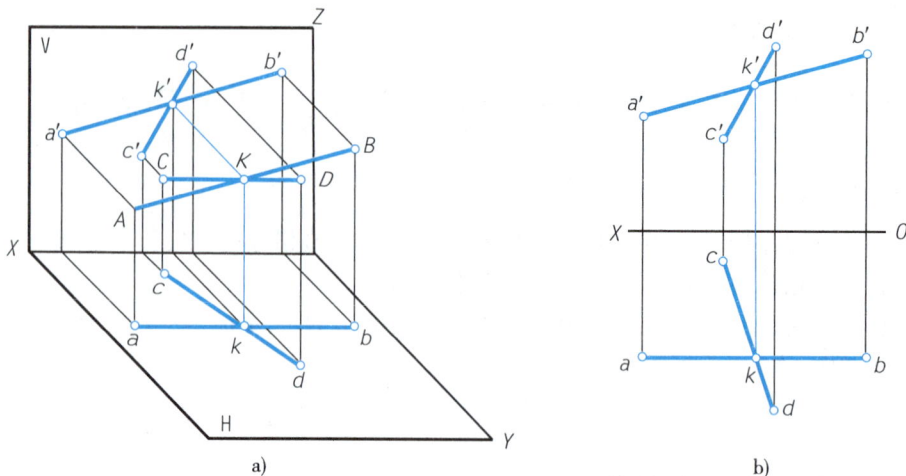

图 2-4-22　相交两直线的投影
a)立体图;b)投影图

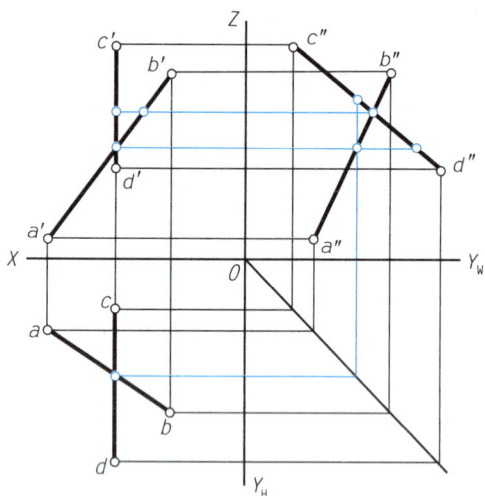

图 2-4-23　判定两直线的相对位置

判定两直线是否相交,对一般位置直线,根据任意两组同面投影即可判断,但当两直线之一为投影面平行线时,则要看该直线在所平行的那个投影面上的投影情况。如图 2-4-23 所示,对于两直线 AB 和 CD 的投影,因为 a″b″ 和 c″d″ 的投影交点与 a′b′ 和 c′d′ 的投影交点不符合点的投影规律,是重影点,所以两直线 AB 和 CD 不相交。

3. 交叉两直线

若交叉两直线既不平行也不相交,则其各面投影既不符合平行两直线的投影特性,也不符合相交两直线的投影特性。若两直线的同面投影不同时平行,或同面投影虽相交但交点连线不垂直于投影轴,则该两直线必交叉。它们的投影可能有一对或两对同面投影互相平行,但绝不可能三对同面投影都互相平行。交叉两直线也可表现为一对、两对或三对同面投影相交,但其交点的连线不符合点的投影规律。

如图 2-4-24 所示,AB 和 CD 是两条交叉直线,其三面投影都相交,但其交点不符合点的投影规律,即 ab 和 cd 的交点不是一个点的投影,而是 AB 上的 M 点和 CD 上的 N 点在 H 面上的重影点,M 点在上,m 可见,N 点在下,n 为不可见。同样 a′b′ 和 c′d′ 的交点是 CD 上的 E 点和 AB 上的 F 点在 V 面上的重影点,E 点在前,e′ 为可见,F 点在后,f′ 为不可见。W 面投影 a″b″ 和 c″d″ 的交点也是重影点。

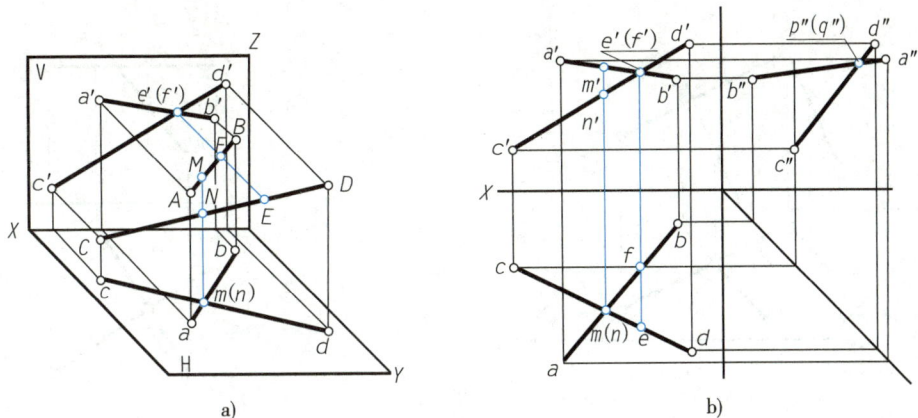

图 2-4-24　交叉两直线的投影
a)立体图;b)投影图

4. 直角投影

若两直线相交(或交叉)成直角,其中有一条直线与某一投影面平行,则两直线在该投影面上的投影仍反映为直角。

(1)相交垂直(图 2-4-25)

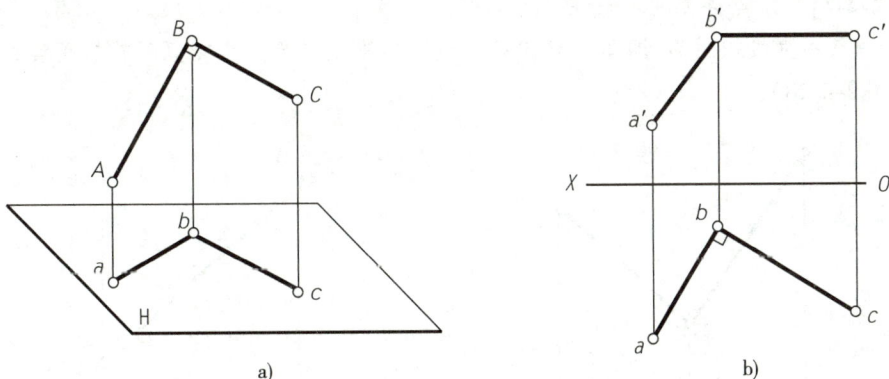

图 2-4-25　一边平行于一投影面的直角的投影
a)立体图;b)投影图

已知:$\angle ABC = 90°$,$BC /\!/ H$ 面,求证:$\angle abc = 90°$。

证明:$\because BC \perp AB$,$BC \perp Bb$;$\therefore BC \perp$ 平面 $ABba$;又 $bc /\!/ BC$,$\therefore bc \perp$ 平面 $ABba$。因此,bc 垂直平面 $ABba$ 上的一切直线,即 $bc \perp ab$,$\therefore \angle abc = 90°$。显然,其 V 面两直线 BC、AB 的投影则不反映为直角。

(2)交叉垂直(图 2-4-26)

已知:MN 与 BC 成交叉垂直,$BC /\!/ H$ 面。求证:$mn \perp bc$。

证明:过 B 点作 $BA /\!/ MN$,则 $AB \perp BC$。根据上述证明可知 $bc \perp ab$,现 $AB /\!/ MN$,故 $ab /\!/ mn$,$\therefore bc \perp mn$。

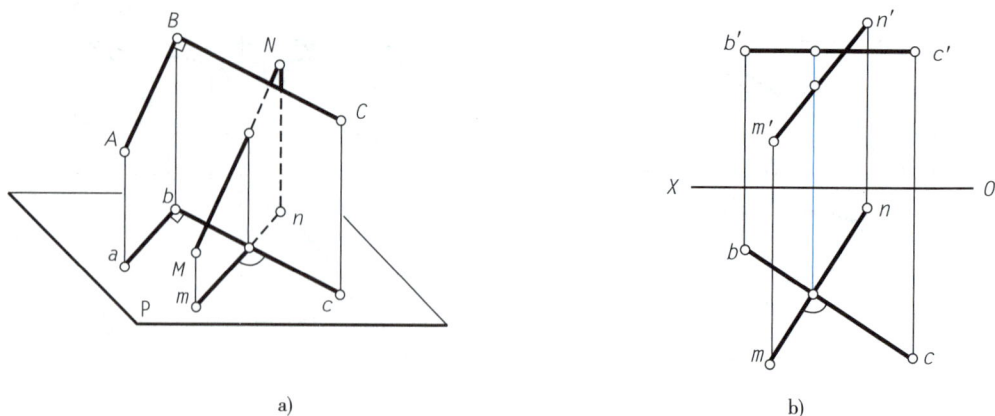

图 2-4-26　两直线成交叉垂直

a)立体图;b)投影图

　　反之,相交或交叉两直线的某一投影成直角,且有一条直线平行于该投影面,则此两直线的交角必然是直角。

　　图 2-4-27 中两条相交垂直的直线 DE 和 EF,其中 DE 为正平线,$de /\!/ OX$ 轴,则 $\angle d'e'f'$ 为直角。

　　[**例 2-4-7**]　求点 A 到正平线 BC 的距离。

　　解　一点到直线的距离,即为该点向该直线所引垂线之长。根据直角投影定理,其作图步骤如下(图 2-4-28):

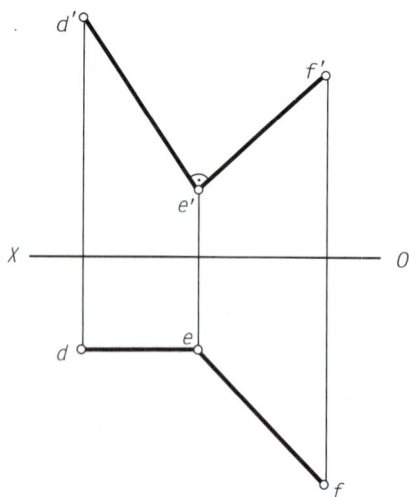

图 2-4-27　直角投影

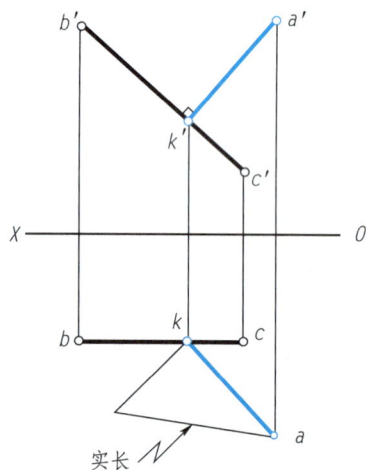

图 2-4-28　求点到直线的距离

　　(1)由 a' 向 $b'c'$ 作垂线,得垂足 k';

　　(2)过 k' 向 OX 轴作垂线与 bc 交于点 k;

　　(3)连 ak 即为所求垂线的 H 面投影。因 AK 是一般线,故可用直角三角形法求其实长。

第三节　平面的投影

一、平面的表示法

1. 平面的几何元素表示法

平面的空间位置可由下列任意一个几何元素组来确定：

(1) 不在同一直线上的三点，如图 2-4-29a) 所示；

(2) 一直线和直线外一点，如图 2-4-29b) 所示；

(3) 相交两直线，如图 2-4-29c) 所示；

(4) 平行两直线，如图 2-4-29d) 所示；

(5) 任意平面图形，如图 2-4-29e) 所示，即平面的有限部分，如三角形、圆形及其他封闭平面图形。

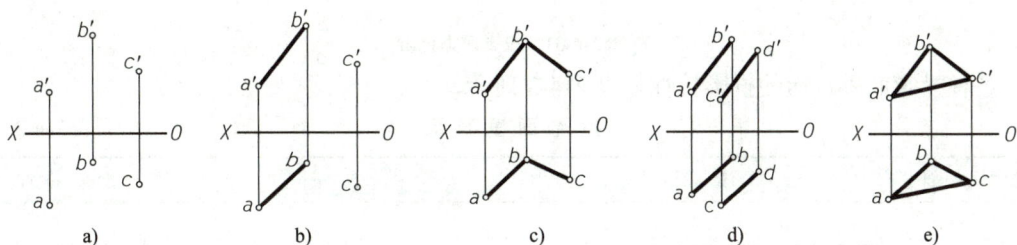

图 2-4-29　平面的几何元素表示方法

2. 平面的迹线表示法

平面可以用它与投影面的交线来表示，平面与投影面的交线，称为平面的迹线，如图 2-4-30 所示。

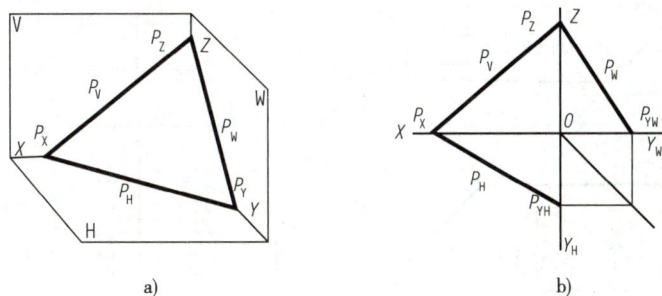

图 2-4-30　平面的迹线表示方法
a) 立体图；b) 投影图

二、各种位置平面投影特性

在三投影面体系中，平面与投影面的相对位置，归纳起来有投影面垂直面、投影面平行面和一般位置平面三种。前两种统称为特殊位置平面。

1. 投影面垂直面

垂直于一个投影面,倾斜于其他投影面的平面称投影面垂直面,简称垂直面。垂直面有以下三种情况:

垂直于 H 面的称为水平面垂直面,简称铅垂面,如图 2-4-31 中的平面 ACGE;

垂直于 V 面的称为正面垂直面,简称正垂面,如图 2-4-31 中的平面 EFCD;

垂直于 W 面的称为侧面垂直面,简称侧垂面,如图 2-4-31 中的平面 AFGD。

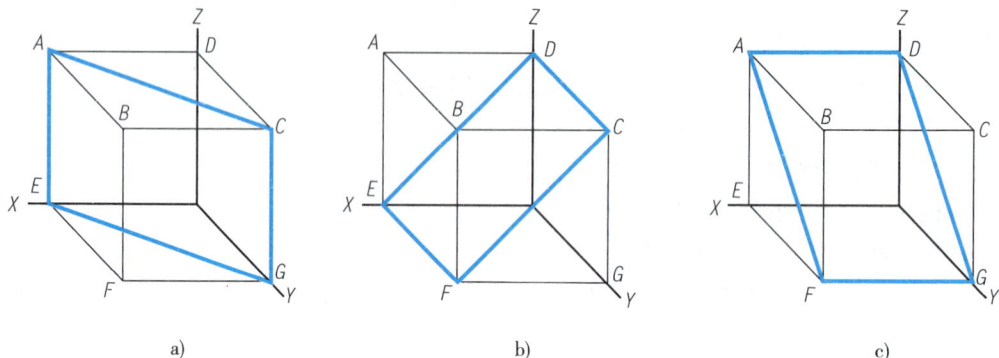

图 2-4-31　投影面垂直面

各种投影面垂直面的投影特性如表 2-4-3 所示。

投 影 面 垂 直 面

表 2-4-3

投影面垂直面	立 体 图	投 影 图	投 影 特 性
水平面垂直面 (铅垂面)			1. H 面投影积聚成一直线; 2. H 面投影与投影轴的夹角反映 β、γ 实角; 3. V、W 面投影仍为类似图形,但小于实形
正面垂直面 (正垂面)			1. V 面投影积聚成一直线; 2. V 面投影与投影轴的夹角反映 α、γ 实角; 3. H、W 面投影仍为类似图形,但小于实形

续上表

投影面垂直面	立 体 图	投 影 图	投 影 特 性
侧面垂直面（侧垂面）			1.W 面投影积聚成一直线； 2.W 面投影与投影轴的夹角反映 α、β 实角； 3.V、H 面投影仍为类似图形，但小于实形

投影面垂直面的共性如下：

（1）平面在所垂直的投影面上的投影积聚成一直线，它与相应投影轴所成的夹角，即为该平面与其他两个投影面的倾角。

（2）其他两投影是类似图形，并小于实形。

[**例 2-4-8**] 如图 2-4-32 所示，已知铅垂面 ABC 的 V 面投影 $a'b'c'$ 及平面内点 K 的投影 k'、k，该铅垂面与 V 面的倾角 $\beta = 30°$，求作铅垂面 ABC 的 H 面投影 abc。

解 （1）过 k 点作一条与 OX 轴成 30°的直线，这条直线就是所求作铅垂面的 H 面投影；

（2）所作平面的 V 面投影可以用任意图形表示，例如 $\triangle a'b'c'$。过 k 可以作两个方向与 OX 轴成 30°角的直线，所以本题有两解。

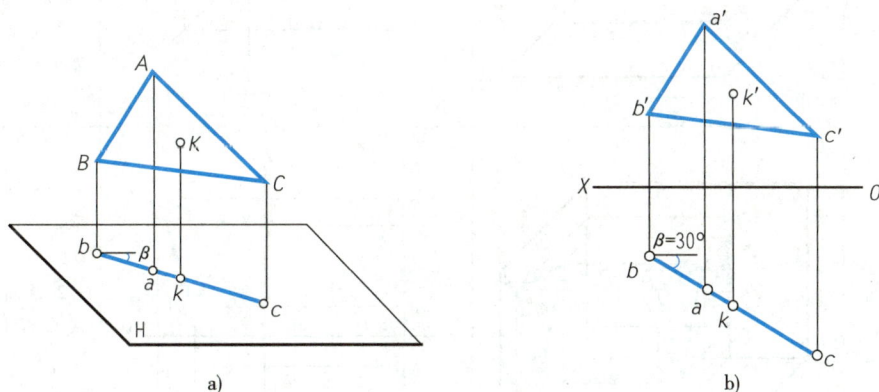

图 2-4-32 过已知点 K 作铅垂面
a）立体图；b）投影图

2. 投影面平行面

平行于某一投影面的平面，称为投影面平行面，简称平行面。投影面平行面与另外两个投影面垂直。它也有以下三种情况：

与 H 面平行的称为水平面平行面，简称水平面，如图 2-4-33 中的平面 $ABCD$；

与 V 面平行的称为正面平行面，简称正平面，如图 2-4-33 中的平面 $BCGF$；

与 W 面平行的称为侧面平行面,简称侧平面,如图 2-4-33 中的平面 *ABFE*。

投影面平行面的共性:平面在所平行的投影面上的投影反映实形,其他两投影都积聚成与相应投影轴平行的直线。

各种投影面平行面的投影特性见表 2-4-4。

投 影 面 平 行 面   表 2-4-4

投影面平行面	立 体 图	投 影 图	投 影 特 性
水平面平行面（水平面）	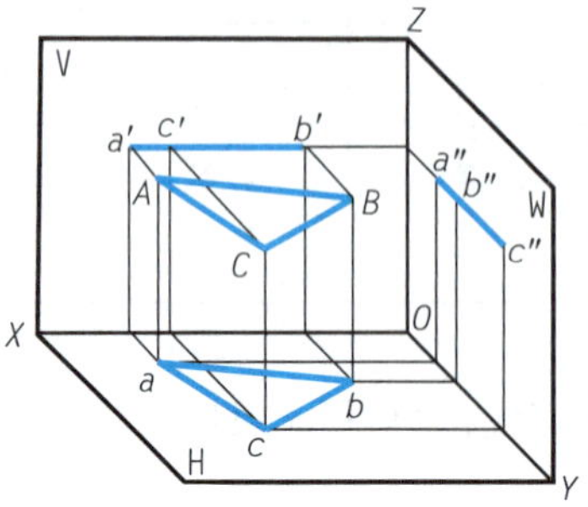	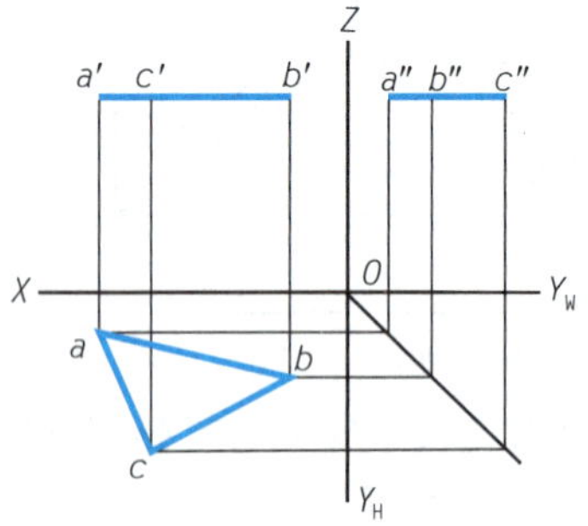	1. V 面投影积聚成直线且平行于 *OX* 轴； 2. W 面投影积聚成直线且平行于 *OY*$_W$ 轴； 3. H 面投影反映实形
正面平行面（正平面）	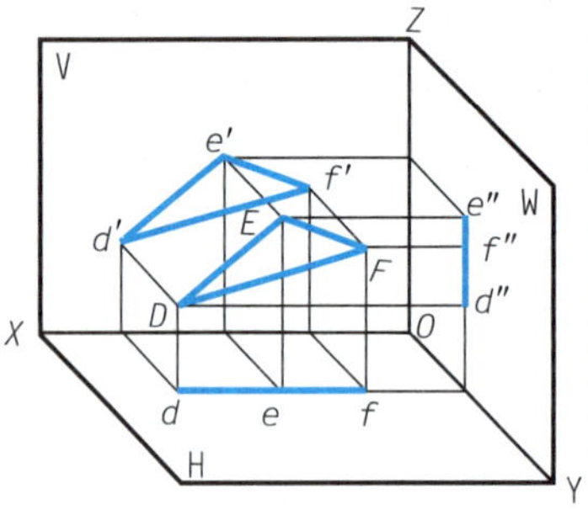	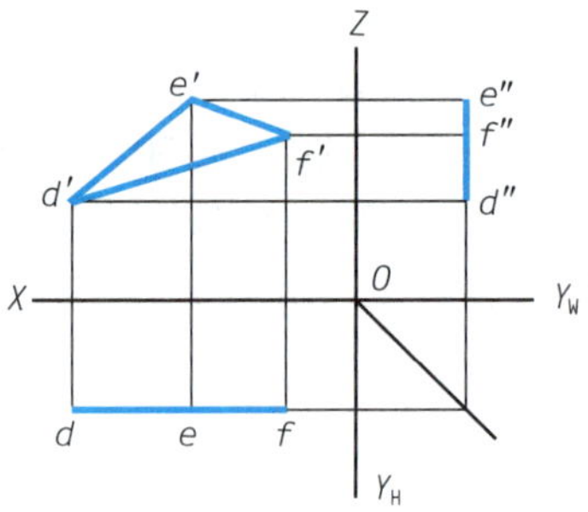	1. H 面投影积聚成直线且平行于 *OX* 轴； 2. W 面投影积聚成直线且平行于 *OZ* 轴； 3. V 面投影反映实形
侧面平行面（侧平面）	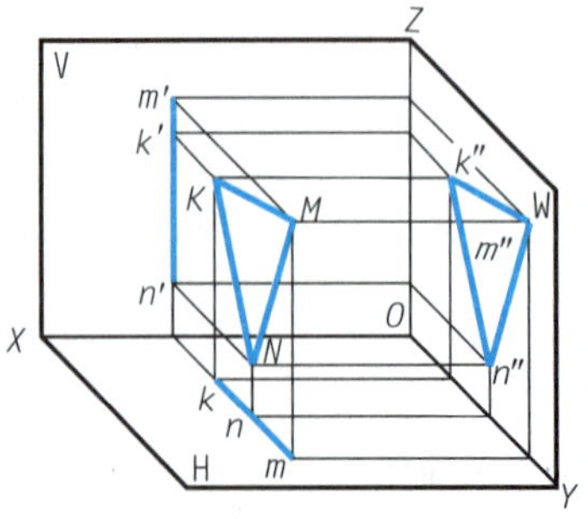	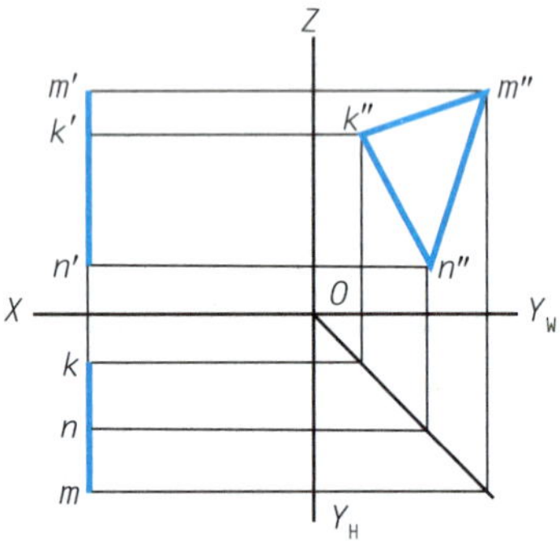	1. V 面投影积聚成直线且平行于 *OZ* 轴； 2. H 面投影积聚成直线且平行于 *OY*$_H$ 轴； 3. W 面投影反映实形

3. 一般位置平面

与三个投影面既不平行也不垂直的平面称为一般位置平面,简称一般面。图 2-4-34 中平面 *ACF* 即为一个一般位置平面。

根据平面的投影特点可知,一般面的各个投影都没有积聚性,且均小于实形,如图 2-4-35 所示。

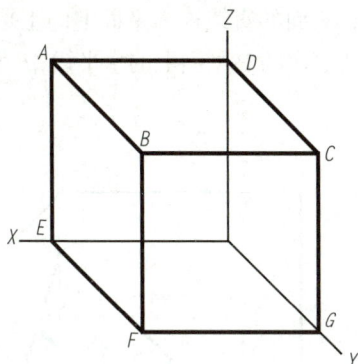

图 2-4-33 投影面平行面

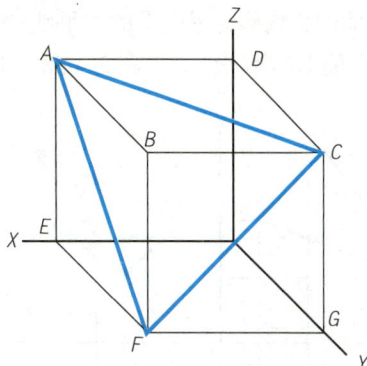

图 2-4-34 一般位置平面

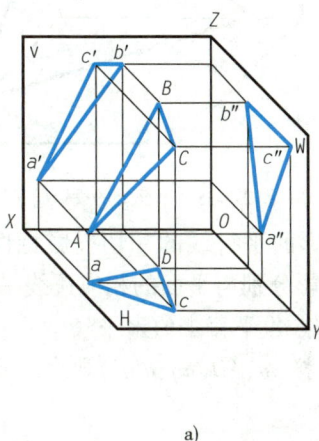

a)

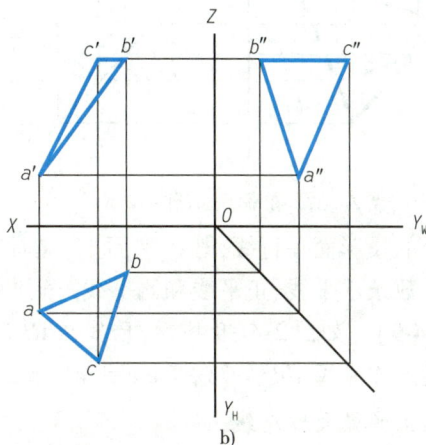

b)

图 2-4-35 一般位置平面及其投影

a) 立体图；b) 投影图

三、平面上的点和直线

直线在平面上必须具备下列两条件之一：

（1）直线通过平面上的两点。

如图 2-4-36 所示，在平面 P 上的两条直线 AB 和 BC 上各取一点 D 和 E，则过这两点的直线 DE 必在 P 面上。

（2）直线通过平面上的一点，且平行于该平面上的一直线。

如图 2-4-36 所示，过 P 面上的 C 点，作 CF∥AB，AB 是平面 P 内的一条直线，则直线 CF 必在 P 面上。

如图 2-4-37 所示，要在△ABC 上任作一条直线 MN，

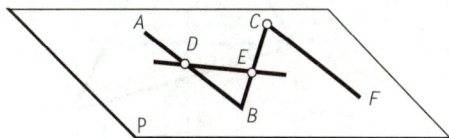

图 2-4-36 平面上的直线

则可在此平面上的两条直线 AB 和 CD 上各取点 $M(m,m',m'')$ 和 $N(n,n',n'')$，连接 M 和 N 的同面投影，则直线 MN 就是△ABC 上的一条直线。

1. 平面上的投影面平行线

平面上平行于投影面的直线称为平面上的投影面平行线。平面上的投影面平行线有三种：平

面上平行于 H 面的直线称为平面上的水平线;平行于 V 面的直线称为平面上的正平线;平行于 W 面的直线称为平面上的侧平线。如图 2-4-38 是用迹线表示的 P 平面上的水平线 AB 和正平线 CD。

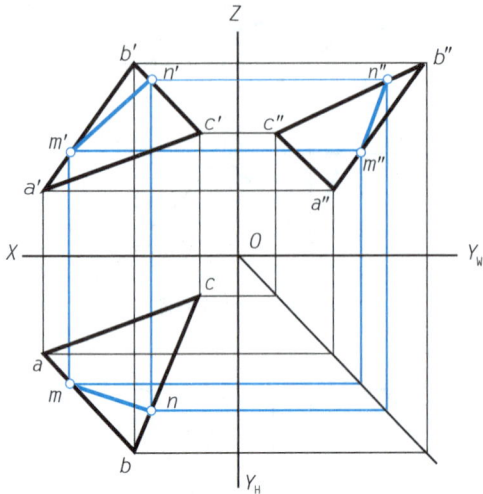

图 2-4-37 在平面上任作一直线

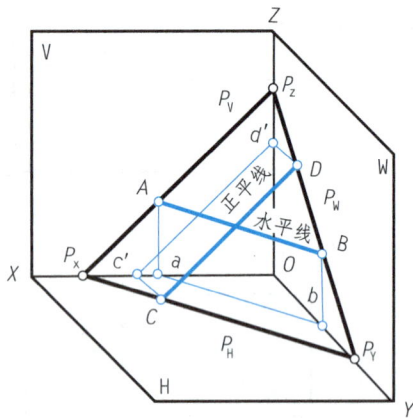

图 2-4-38 平面上的投影面平行线

平面上的投影面平行线,既在平面上,又具有投影面平行线的一切投影特性。在 P 平面上可作出无数条水平线、正平线和侧平线。它们的投影分别与平面的相应迹线平行。

[**例 2-4-9**] 如图 2-4-39 所示,已知△ABC,过 A 点作平面上的水平线。

解 过 a' 作直线 $a'd' // OX$,交 $b'c'$ 于 d',求出 d,连接 ad,$AD(ad,a'd')$ 即为平面上的水平线。

2. 平面上的最大坡度线

平面上与投影面倾角最大的直线称为平面上对投影面的最大坡度线,它必垂直于该平面上的同面平行线及迹线。最大坡度线有三种:垂直于水平线的称为 H 面的最大坡度线;垂直于正平线的称为 V 面的最大坡度线;垂直于侧平线的称为 W 面的最大坡度线。

如图 2-4-40 所示的△ABC,扩展成平面 P 后,它与 H 面的交线为 P_H,在△ABC 上作水平线 BG,则 $P_H // BG$。过 A 点作 $AD \perp P_H$,则 AD 对 H 面的倾角 α 为最大,证明如下:

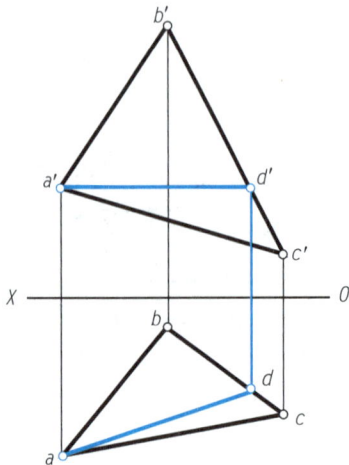

图 2-4-39 平面上的水平线

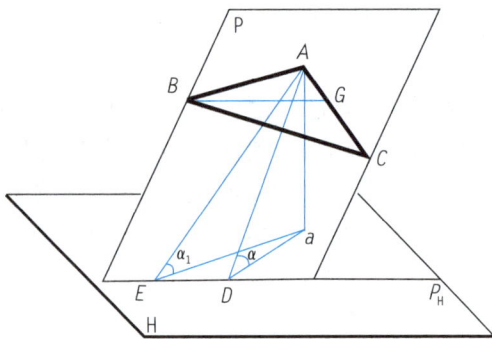

图 2-4-40 平面上的最大坡度线

（1）过 A 点任作一直线 AE，它与 H 面的倾角为 α_1；

（2）在直角 $\triangle ADa$ 中，$\sin\alpha = \dfrac{Aa}{AD}$；在直角 $\triangle AEa$ 中，$\sin\alpha_1 = \dfrac{Aa}{AE}$。又因为 $\triangle ADE$ 为直角三角形，$AD < AE$，所以 $\alpha > \alpha_1$。

所以，垂直于 P_H（或垂直于水平线 BG）的直线 AD 与 H 面的倾角为最大，因此称其为"最大坡度线"。从物理意义上讲，在坡面上，小球或雨滴必沿对 H 面的最大坡度线方向滚落。同理，平面上对 V、W 面的最大坡度线也分别垂直于平面上的正平线和侧平线。

由于 $AD \perp P_H$，$aD \perp P_H$（直角投影），则 $\angle ADa = \alpha$，它是 P、H 面的二面角，所以平面 P 与 H 面的倾角就是最大坡度线 AD 与 H 面的倾角。

综上所述，最大坡度线的投影特性是：平面内与 H 面的最大坡度线的水平投影垂直于面内水平线的水平投影，其倾角 α 代表了平面与 H 面的倾角 α；平面内与 V 面的最大坡度线的正面投影垂直于面内正平线的正平投影，其倾角 β 代表了平面与 V 面的倾角 β；平面内与 W 面的最大坡度线的侧面投影垂直于面内侧平线的侧平投影，其倾角 γ 代表了平面与 W 面的倾角 γ。

[例2-4-10]　如图 2-4-41 所示，求 $\triangle ABC$ 与 H 面的倾角 α。

解　要求 $\triangle ABC$ 与 H 面的倾角 α，必须首先作出对 H 面的最大坡度线，作法如下：

（1）在 $\triangle ABC$ 上任作一水平线 BG 的两面投影 $b'g'$、bg；

（2）根据直角投影规律，过 a 作 bg 的垂线 ad，即为所求最大坡度线的 H 面投影，并求出其 V 面投影 $a'd'$；

（3）用直角三角形法求 AD 与 H 面的倾角 α，即为所求 $\triangle ABC$ 对 H 面的倾角 α。

3. 平面上取点

如果点在一直线上，此直线在某一平面上，则此点一定在该平面上。因此，在平面上取点，必须先在平面上取辅助线，再在辅助线上取点。在平面上可作出无数条线，一般选取作图方便的辅助线为宜。

图 2-4-41　求 ABC 与 H 面的倾角

[例2-4-11]　如图 2-4-42 所示，已知 $\triangle ABC$ 的两面投影及其上一点 K 的 V 面投影 k'，求 K 点的 H 面投影 k。

解　过 k' 在平面 ABC 上作辅助线 BE 的 V 面投影 $b'e'$，据此再作出 be。因 K 点在 BE 上，k 必在 be 上，从而求得 k。

[例2-4-12]　如图 2-4-43 所示，已知 $\triangle ABC$ 和点 M 的 V、H 面投影，判别点 M 是否在平面 ABC 上。

解　如果能在 $\triangle ABC$ 上作出一条通过点 M 的直线，则点 M 在该平面上，否则不在该平面上。

连接 $a'm'$，交 $b'c'$ 于 d'，求出 d。若 m 在 ad 的延长线上，则点 M 是该平面上的点；否则不在平面上。

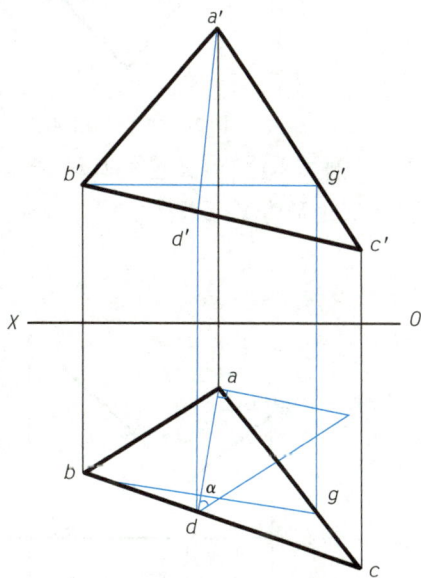

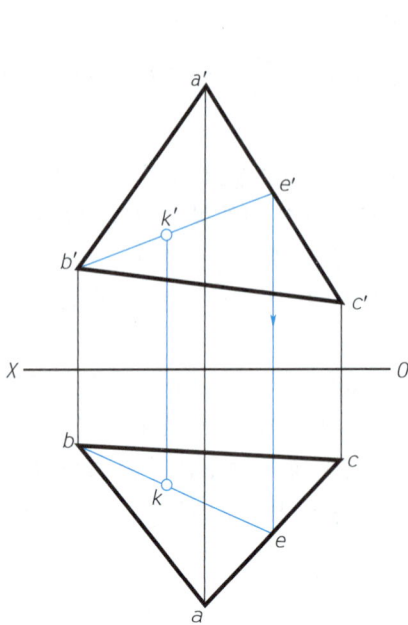

图 2-4-42　平面上取点

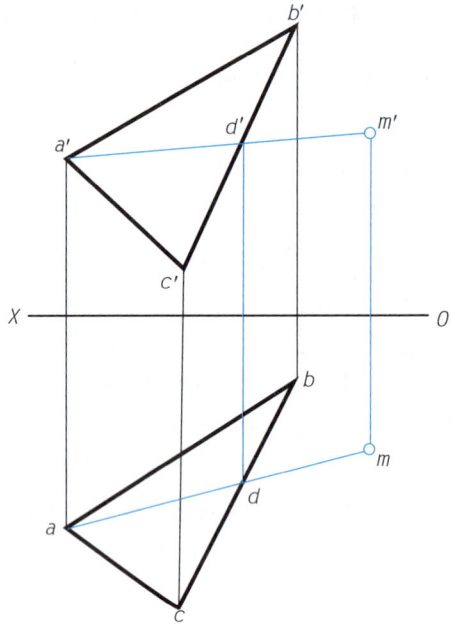

图 2-4-43　判别点是否在平面上

[**例 2-4-13**]　如图 2-4-44 所示,已知四边形 *ABCD* 的 H 面投影和其中两边的 V 面投影,完成四边形的 V 面投影。

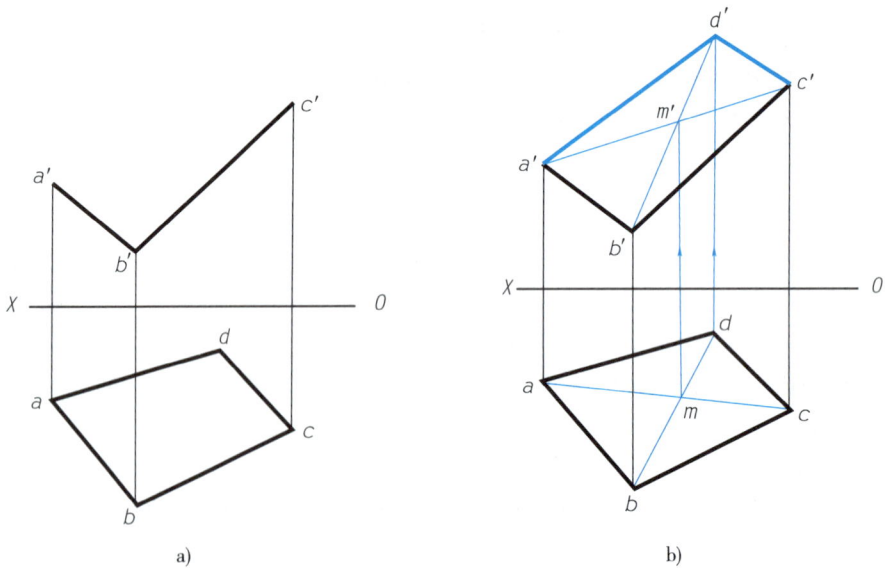

a)

b)

图 2-4-44　完成四边形的 V 面投影

a)已知条件;b)作图过程

解　已知 *A*、*B*、*C* 三点可确定一平面,而 *D* 点是该平面上的一点,已知 *D* 点的 H 面投影 *d*,求其 V 面投影,也就是在平面上取点的问题。

作图步骤:连接 *bd* 和 *ac* 交于 *m*,再连接 *a'c'*,根据 *m* 可在 *a'c'* 上作出 *m'*,连接 *b'm'*,过 *d* 向 *OX* 轴作垂线,与 *b'm'* 的延长线相交于 *d'*,连接 *a'd'* 和 *d'c'*,*a'b'c'd'* 即为四边形的 V 面投影。

第四节　直线与平面、平面与平面

直线与平面、平面与平面的相对位置有平行、相交和垂直三种情况（垂直属于相交的特殊情况）。

一、直线与平面、平面与平面平行

1.直线与平面平行

若直线平行于平面上的任一直线，则此直线与该平面平行。 如图 2-4-45 所示，直线 AB 与平面 H 上的任一直线 CD（或 EF）平行，则 $AB/\!/H$ 面。

[例 2-4-14]　如图 2-4-46 所示，过 $\triangle ABC$ 外一点 D，作一条水平线 DE 与 $\triangle ABC$ 平行。

解　求作水平线 DE 与 $\triangle ABC$ 平行，可以先在 $\triangle ABC$ 上作一条水平线，使 DE 与该直线平行，则 $DE/\!/\triangle ABC$，DE 与该水平线的同面投影必平行，其作法如下。

(1)在 $\triangle ABC$ 上作一水平线 $BF(bf,b'f')$；

(2)过 d' 作直线 $d'e'/\!/b'f'$；过 d 作 $de/\!/bf$，则 DE 即为所求。

判别直线是否与平面平行，可归结为在平面上能否作出一直线与该直线平行。

[例 2-4-15]　如图 2-4-47 所示，已知 $ABCD$ 平面外一直线 MN，判别 MN 是否与该平面平行。

解　在 $ABCD$ 平面的 V 面投影图上作直线 $b'e'/\!/m'n'$，并与 $c'd'$ 相交于 e'，由 e' 求得 e，连直线 be，因为 $be/\!/mn$，所以 MN 与平面 $ABCD$ 平行。

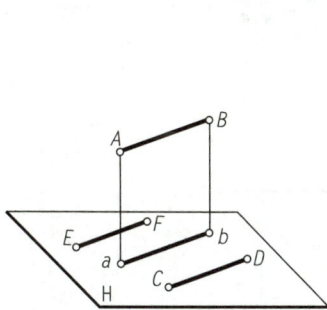

图 2-4-45　直线和平面平行的条件　　图 2-4-46　过已知点作水平线平行于已知平面　　图 2-4-47　判别直线与平面是否平行

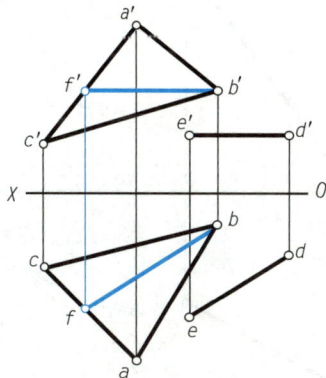

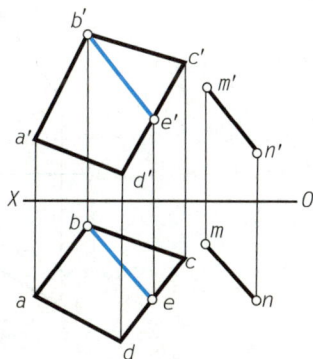

2.平面与平面平行

若一平面上的相交两直线与另一平面上的相交两直线对应平行，则这两平面互相平行。 如图 2-4-48 所示，P 平面内的两条相交直线 AB、AC 分别平行于 Q 平面内的两条相交直线

A_1B_1、A_1C_1，则 P 平面平行于 Q 平面。

[例 2-4-16] 如图 2-4-49 所示，判别 △ABC 和 △DEF 两平面是否相互平行。

解 在 △ABC 上的一点 A 作相交两直线 AG 和 AK，使它们的 V 面投影 $a'g'$ // $d'e'$，$a'k'$ // $d'f'$，由 $a'g'$ 和 $a'k'$ 可得 ag 和 ak，因为 ag // de，ak // df，所以 △ABC // △DEF。

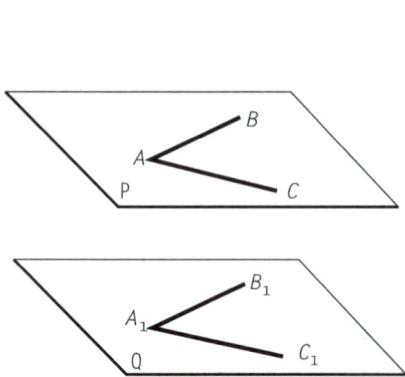

图 2-4-48 两平面平行的条件　　　　　　　　图 2-4-49 判别两平面是否平行

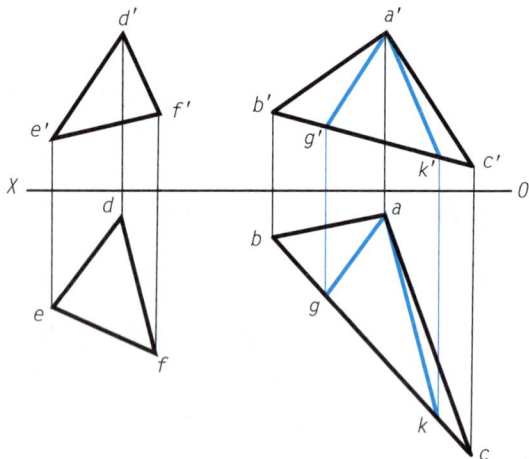

[例 2-4-17] 如图 2-4-50 所示，过点 K 作一平面与两平行直线 AB 和 CD 所确定的平面平行。

解 在已知平面上先连接 AC，使该平面转换为由相交两直线 AB 和 AC 所确定的平面，再过 k' 作 $k'e'$ // $a'b'$，$k'f'$ // $a'c'$，过 k 作 ke // ab、kf // ac，相交两直线 KE 和 KF 所确定的平面即为所求。

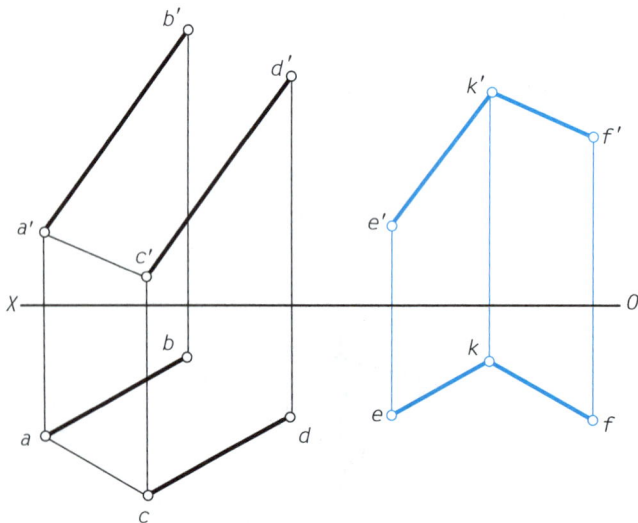

图 2-4-50 过已知点作平面与已知平面平行

二、直线与平面、平面与平面相交

直线与平面或平面与平面之间，若不平行则必相交。直线与平面相交产生交点；平面与平

面相交产生交线,交线是一条直线。

直线与平面相交的交点,是直线与平面的共有点,该点既在直线上又在平面上,求解交点的投影,则需利用直线和平面的共有点或在平面上取点的方法。平面与平面的交线是两平面的共有线,求交线时只要先求出交线上的两个共有点(或一个交点和交线的方向),连之即得。在投影图中,为增强图形的清晰感,必须判别直线与平面、平面与平面投影重叠的那一段(称重影段)的可见性。

1.投影面垂直线与一般位置平面相交

利用投影面垂直线的积聚性,可直接求出交点。

[**例2-4-18**]　如图2-4-51所示,求作铅垂线 EF 与一般位置平面 $\triangle ABC$ 的交点。

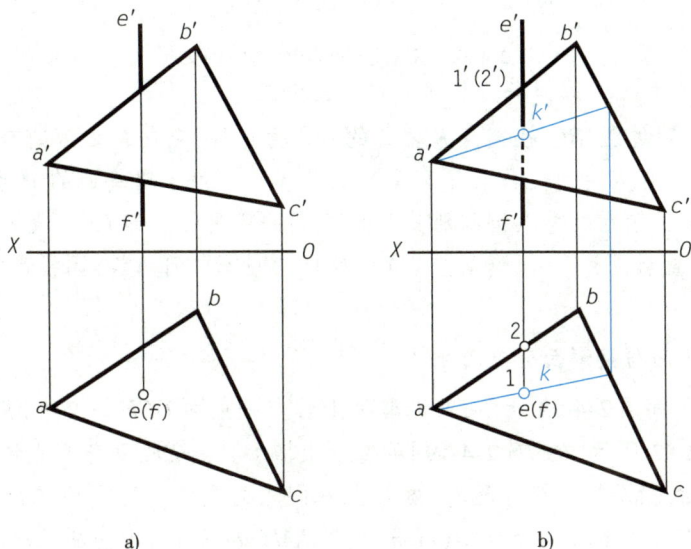

图2-4-51　铅垂线与一般面相交
a)已知条件;b)作图结果

解　利用直线的积聚性投影可直接找到交点 K 的 H 面投影 k,再利用面上取点的方法即可求出 k'。

对 V 面上线面投影重影段的可见性,必须利用交叉直线重影点的可见性来判别,如图2-4-51所示,投影 $a'b'$ 及 $a'c'$ 与 $e'f'$ 的交点均为重影点,可任选其中的一点如 $1'(2')$,它们是 AB 上的 Ⅱ点与 EF 上的 Ⅰ 点在 V 面上的重影,由其 H 面投影可知,Ⅰ 点在前,即 $e'k'$ 段可见,而穿过贯穿点 k' 后的线段则为不可见(画虚线)。

2.一般位置直线与投影面垂直面相交

利用投影面垂直面的积聚性投影,即可直接求出交点。

[**例2-4-19**]　如图2-4-52所示,求铅垂面 ABC 与一般位置直线 DE 的交点,并判别可见性。

解　因 K 在 DE 上,则 k 必在 de 上;又因 K 在 $\triangle ABC$ 上,故 k 必积聚在 $\triangle ABC$ 的 H 面投影 abc 上,即 k 必是 de 与 abc 的交点。由 k 作 OX 轴的垂线与 $d'e'$ 相交于 k',$K(k,k')$ 即为所求。

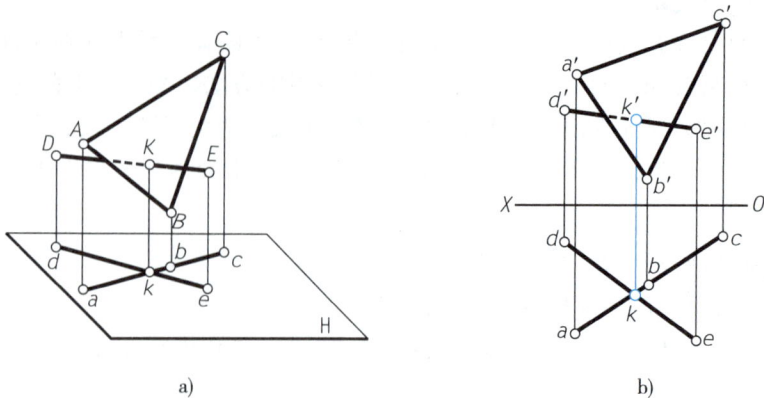

图 2-4-52 求直线与投影面垂直面的交点

a)立体图;b)投影图

又因直线 DE 穿过△ABC,在交点 K 之前的一段为可见,交点 K 之后则有一段被平面遮挡而为不可见,显然交点 K 为可见段与不可见段的分界点。由于铅垂面的 H 面投影有积聚性,故可根据它们之间的前后关系直接判别其 V 面投影的可见性。即 ke 一段均在 k 之前,k'e'为可见,而 k'之后的重影段为不可见(画虚线)。对 H 面投影的可见性,因投影具有积聚性,无须判别其可见性。

3. 一般位置平面与投影面垂直面相交

[例 2-4-20] 如图 2-4-53 所示,求铅垂面 ABC 与一般面 DEF 的交线,并判别其可见性。

解 如图 2-4-52 所示,在[例 2-4-19]的基础上增加直线 EF,两相交直线所构成的一般面与铅垂面△ABC 相交,求其交线。显然,这是上一问题的叠加。可同前求出交线上的一点 K(k,k')后,再求 EF 与△ABC 的交点 M(m,m'),连 KM(km,k'm')即为所求。

关于可见性的判别,是在上述的线面相交可见性的基础上进行的。显然,交线一般情况下属可见,而且是两平面投影重叠处可见与不可见的分界线,即两平面投影重叠处被分为两部分,交线一侧为可见,另一侧为不可见;又已知两平面周界边线之间均为交叉直线,且每一对交叉直线中,若一条边线为可见,另一条必为不可见。由此对 V 面可见性进行判别,因 ED、EF 两直线为同一平面,故交点 M(m,m')之后的一段也和 K(k,k')之后一样,均为不可见。又由于 e'k'可见,即 e'm'亦为可见,则与之交叉的重叠段 b'c'为不可见(画虚线)。同理,可判别其余部分的可见性。

4. 一般位置直线与一般位置平面相交

由于一般位置直线、平面的投影没有积聚性,故不能在投影图上直接定出其交点。如图 2-4-54 所示,求交点时,可采用辅助平面进行作图,作图步骤:①包含直线 DF 作辅助平面 R;②求平面 P 与辅助平面 R 的交线 MN;③求出交线 MN 与直线 DF 的交点 K,即为所求。为作图方便,常取投影面垂直面作为辅助平面。

[例 2-4-21] 如图 2-4-55 所示,求直线 DF 与△ABC 的交点,并判别其可见性。

解 (1)包含 DF 作一辅助铅垂面 R,这时 df 与 R_H 重合;

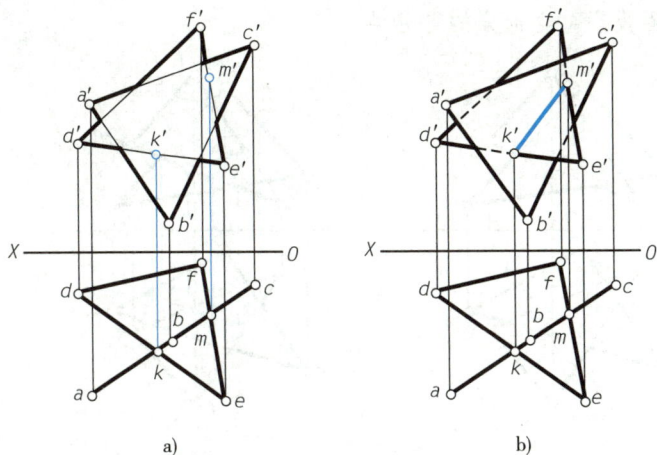

图 2-4-53　一般面与铅垂面相交
a)作图过程;b)作图结果

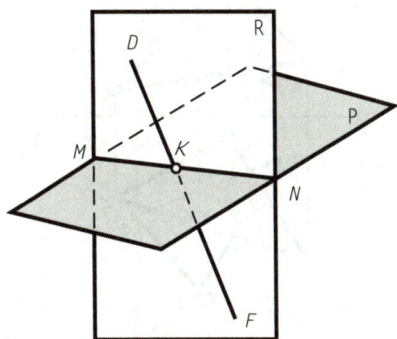

图 2-4-54　一般位置直线与一般位置平面
的交点求法

（2）求辅助平面 R 与 △ABC 的交线 MN(mn,m'n')；

（3）m'n' 与 d'f' 相交于 k'，即为所求交点 K(k,k') 的 V 面投影，可在 df 上定出 k，即为所求交点 K 的 H 面投影；

（4）利用重影点，判别其投影重合部分的可见性。

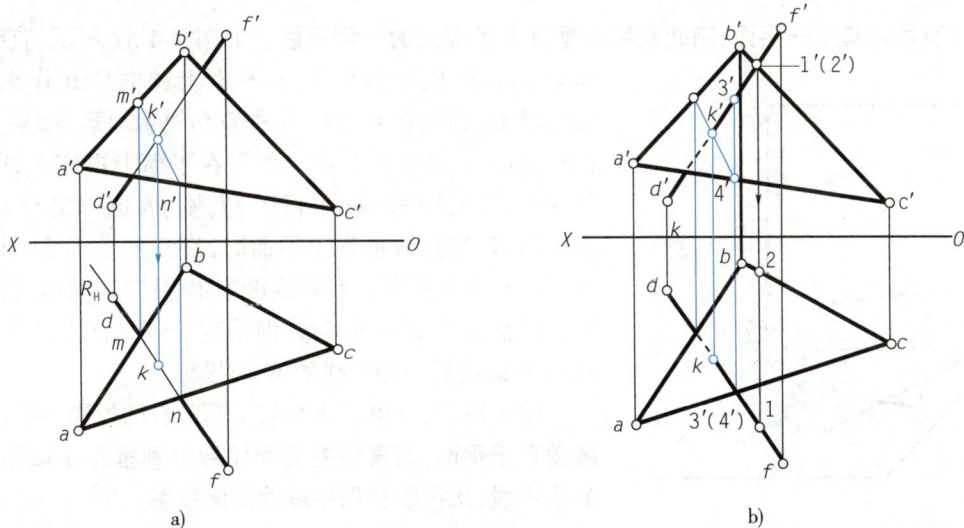

图 2-4-55　一般位置直线与一般位置平面相交
a)作图过程;b)作图结果

5.两个一般位置平面相交

[**例 2-4-22**]　如图 2-4-56 所示,求两一般面 △ABC 与 △DEF 的交线,并判别其可见性。

解　该题可看作是在[例 2-4-21]的基础上,添加一直线 DE 而形成相交两直线所表示的一般面与 △ABC 相交,求交点。可分别求出两个交点再连接成交线。交点 K(k,k') 的求作同上题,同理可求出 DE 与 △ABC 的交点 G(g,g'),连接 KG(kg,k'g'),即为所求的交线,交线是可见的线段。再根据重影点判别两平面投影重合部分的可见性。

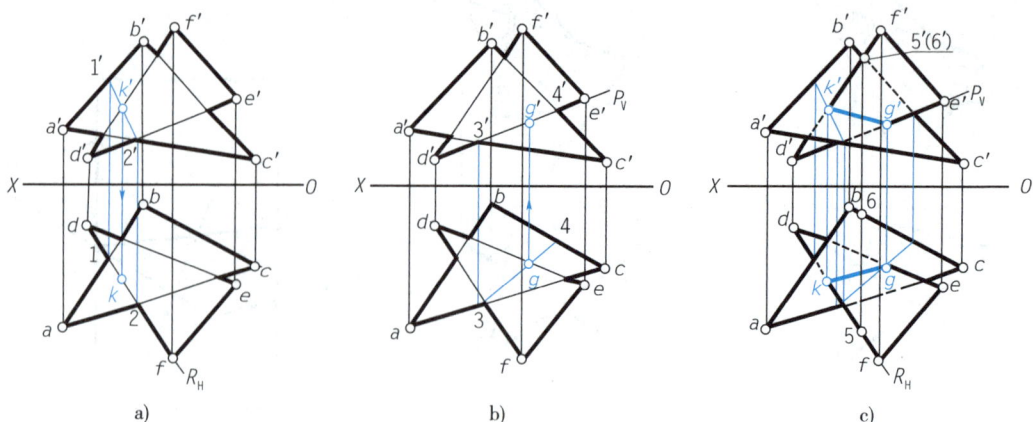

图 2-4-56 两个一般位置平面相交
a)、b)作图过程；c)作图结果

三、直线与平面、平面与平面垂直

直线与平面、平面与平面垂直是直线与平面、平面与平面相交的特殊情况。

1. 直线与平面垂直

若直线垂直于一平面,则此直线必垂直于平面上的一切直线。 如图 2-4-57 所示,直线 AB 垂直于平面 P,B 为垂足,在平面上过垂足 B 作水平线 CD,则 AB 必垂直于 CD。根据直角投影原理,如果 $AB \perp CD$,则 ab 一定垂直于 cd。如果在平面上再作一条水平线 $MN // CD$,因为 mn 平行于 cd,则 ab 也一定与 mn 垂直。所以,当直线垂直于平面时,直线的 H 面投影必垂直于该平面上的所有水平线的 H 面投影。同理,直线的 V 面投影和 W 面投影必分别垂直于该平面上所有正平线的 V 面投影和侧平线的 W 面投影。

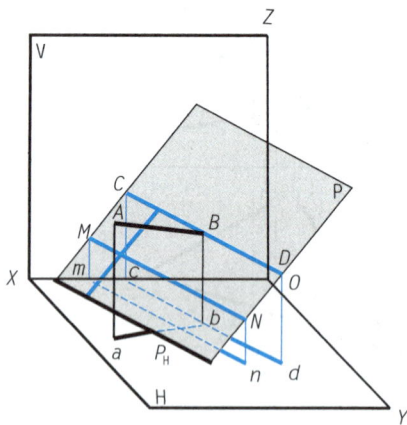

图 2-4-57 直线与平面垂直

综上所述,可得出直线与平面垂直的投影特性:**若直线垂直于平面,则直线的三面投影分别垂直于该平面上的水平线、正平线和侧平线的同面投影。**

由此可知,要作平面的垂线,应首先作出平面上的平行线。

[例 2-4-23] 如图 2-4-58 所示,已知 △BCD 平面外一点 A,求 A 点到平面的距离。

解 求 A 点到 △BCD 的距离,就是由 A 点向平面作垂线,求出 A 点与垂足之间的长度。作图步骤如下:

(1)在 △BCD 平面上任意作一条水平线 $DE(de,d'e')$ 和一条正平线 $BF(bf,b'f')$;

(2)过 a 作 $ag \perp de$、$a'g' \perp b'f'$;

(3)求出 AG 与 △BCD 的交点 $K(k,k')$;

（4）用直角三角形法求出 AK 的实长 A_0k'，即为所求。

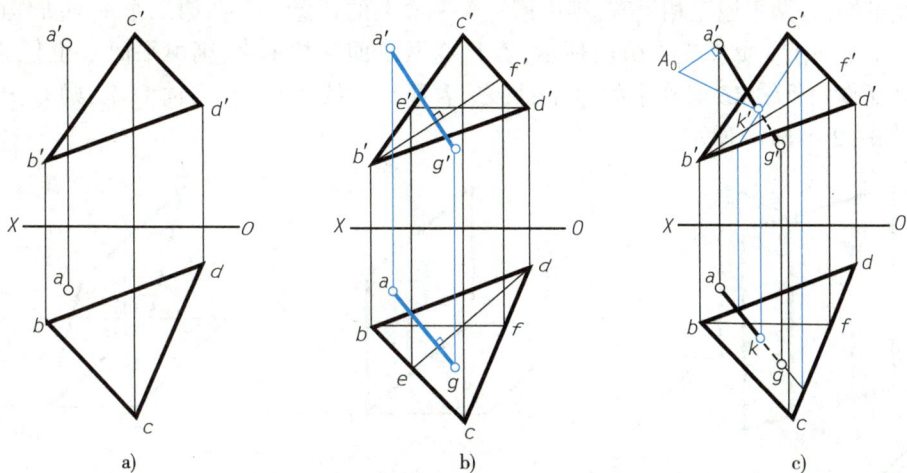

图 2-4-58　求点到平面的距离
a）已知条件；b）作图过程；c）作图结果

[**例 2-4-24**]　如图 2-4-59 所示，过点 K 作一直线与已知的一般线 AB 垂直并相交。

解　空间两互相垂直的一般线，其投影不反映垂直关系，不可能在投影图上直接作出，所以，可根据直线与平面垂直的原理，过 K 点作一平面 Q 垂直于 AB，如图 2-4-59a）所示，然后找出线面交点 M，连 KM 即为所求。作图步骤如下：

（1）过点 K 作辅助平面 Q 垂直于 AB，即作 $ke \perp ab$，$k'f' \perp a'b'$，Q 平面由水平线 KE 和正平线 KF 确定[图 2-4-59b）]；

（2）求辅助平面 Q 与直线 AB 的交点 $M(m,m')$[（图 2-4-59c）]；

（3）连接 km、$k'm'$，即为所求。

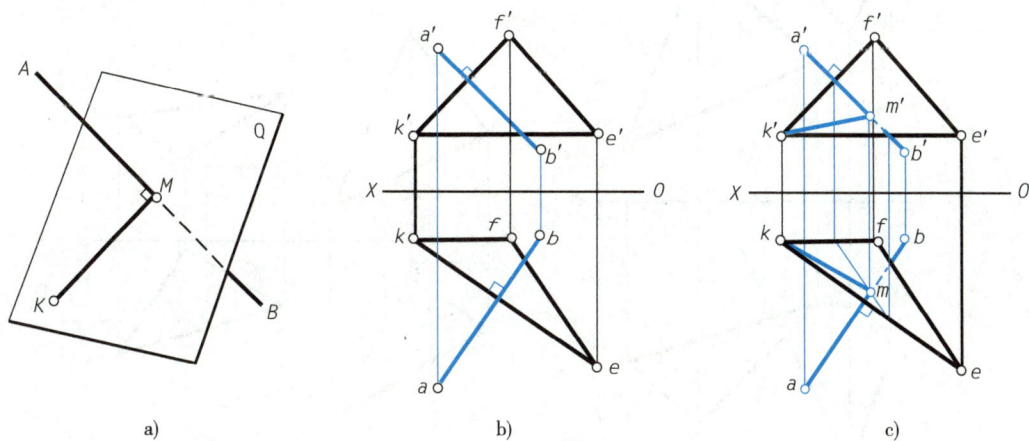

图 2-4-59　过点作直线垂直已知直线
a）立体图；b）作图过程；c）作图结果

2.两平面互相垂直

若直线垂直于一平面，则包含此直线所作的一切平面均垂直于该平面。如图 2-4-60 所示,$AB\perp$P面,包含AB所作的平面Q、R等都垂直于平面P。

　　由此可知,若两平面互相垂直,则由第一个平面上的任意一点向第二个平面所作的垂线,必在第一个平面上。如图2-4-61a)所示,若P、Q两平面互相垂直,则由平面Q上任意一点A向平面P所作的垂线AB必在平面Q上;反之,若所作垂线AB不在平面Q上,则Q、P两平面不垂直,如图2-4-61b)所示。

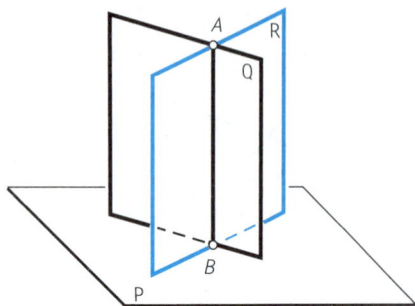

图2-4-60　两平面互相垂直的条件

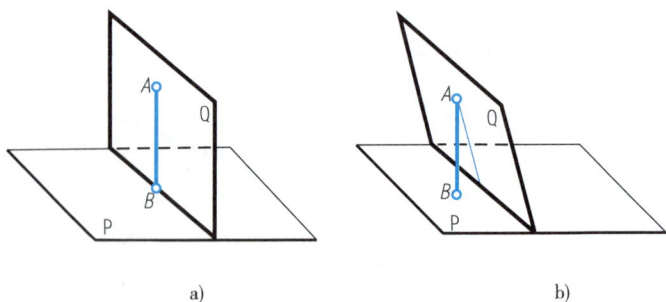

图2-4-61　判别两平面是否垂直的几何条件

　　[例2-4-25]　如图2-4-62所示,过直线AB作一平面垂直于$\triangle DEF$。

　　解　过直线AB作一平面垂直于$\triangle DEF$,即过AB上任一点如A作直线AK垂直于$\triangle DEF$,所以,可在$\triangle DEF$上任作一条水平线DM和正平线FN,使$a'k'\perp f'n'$、$ak\perp dm$,则$AK\perp\triangle DEF$,而由两条相交直线AK和AB所确定的平面BAK一定垂直于$\triangle DEF$。平面BAK即为所求。

　　[例2-4-26]　如图2-4-63所示,判别$\triangle ABC$和$\triangle DEF$是否互相垂直。

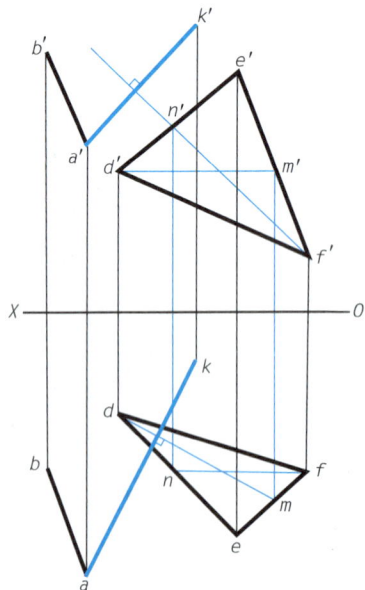

图2-4-62　过直线作平面垂直于已知平面

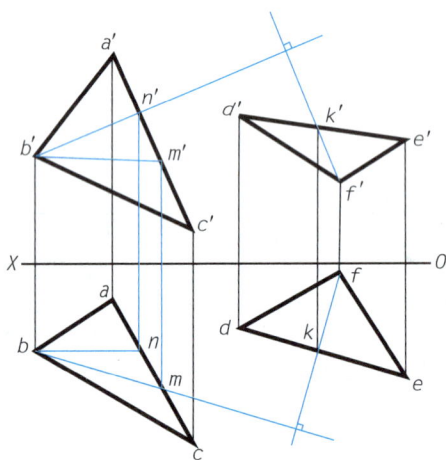

图2-4-63　判别两平面是否互相垂直

　　解　(1)过$\triangle DEF$上任一点如F,作一直线FK垂直于$\triangle ABC$;

　　(2)判别所作直线FK是否在$\triangle DEF$上:令$f'k'$与$d'e'$相交,fk与de相交,它们的交点k'、k

的连线垂直于 OX 轴,符合点的投影规律,故 FK 必在 $\triangle DEF$ 上,即 $\triangle ABC$ 和 $\triangle DEF$ 互相垂直。

1. 简述点在三面投影体系中的投影特性。

2. 点的投影和坐标有怎样的关系?

3. 如何判别两点的相对位置?

4. 什么是重影点? 如何判别重影点的可见性?

5. 直线对投影面的相对位置有哪几种? 各有什么投影特性?

6. 如何利用直角三角形法求一般位置直线的实长和倾角?

7. 平行、相交和交叉的两条直线,各有什么投影特性?

8. 直角投影的特性是什么?

9. 平面对投影面的相对位置有哪几种情况? 其各有什么投影特性?

10. 平面上取点、取线的几何条件是什么? 怎样进行投影作图?

11. 直线与平面、平面与平面平行的投影特性是什么?

12. 直线与平面相交、平面与平面相交时,如何求作交点、交线? 如何判别投影重叠部分的可见性?

第五章
CHAPTER FIVE
基本体的投影

　　本章主要介绍平面立体和曲面立体投影特性、表面取点的方法,以及截交线和相贯线的求作方法。

第一节　平面立体的投影

　　表面由平面所围成的几何体称为平面立体。所以平面立体的投影就是围成它的表面的所有平面图形的投影。工程上常用的平面立体有棱柱体和棱锥体(包括棱台)。

一、棱柱体

1.投影

　　图 2-5-1 所示为一正五棱柱的立体图和投影图(从本节开始,在投影图中去掉投影轴)。

　　正五棱柱的顶面和底面都是水平面;五条边中有四条边是水平线,一条是侧垂线;五个棱面有四个是铅垂面,一个是正平面;五条棱线均为铅垂线。

　　正五棱柱的 H 面投影是一正五边形,它既是上下底面的投影(而且反映实形),也是垂直于底面的五个棱面的投影。在 V 面投影中,因为五棱柱的上下底面平行于 H 面,所以其投影成为上、下两段平行于 OX 轴的线段;棱面平行于 V 面,投影成中间虚线部分围成的矩形(投影反映实形);其他四个棱面都倾斜于 V 面,投影成四个矩形(投影反映类似形)。在 W 面投影中,五棱柱上、下两底面投影成两段平行于 OY 的线段;棱面因垂直于 W 面,它的投影积聚成一竖直线;左右四个棱面投影成两个矩形(投影反映类似形)。

　　需要注意的是,三面投影遵循对应的三等关系及各投影之间的方位关系。

2.表面上取点

　　在平面立体表面上取点,也就是在它的各表面平面上取点,所以在棱柱表面上取点的方法应为:首先根据点的一个投影判断点在棱柱体表面的位置,再利用平面上找点的方法完成棱柱体表面上取点。

如图 2-5-1b)所示,已知在五棱柱的表面上 K 和 M 的正投影 k' 和 m',求作它们的水平投影和侧面投影。作图过程如下:

(1)根据 k' 和 m' 可判断出 K 和 M 分别位于五棱柱的 BB_0A_0A 和 DD_0E_0E 两棱面上。

(2)由于 K、M 所在的两个棱面水平投影均具有积聚性,因此由 k'、m' 分别向具有积聚性水平投影上作出 k、m。

(3)由于 M 所在棱面是一正平面,所以 m'' 直接在有积聚性的侧面上作出。

(4)由 k' 和 k 可求出 k'',如图 2-5-1b)所示。

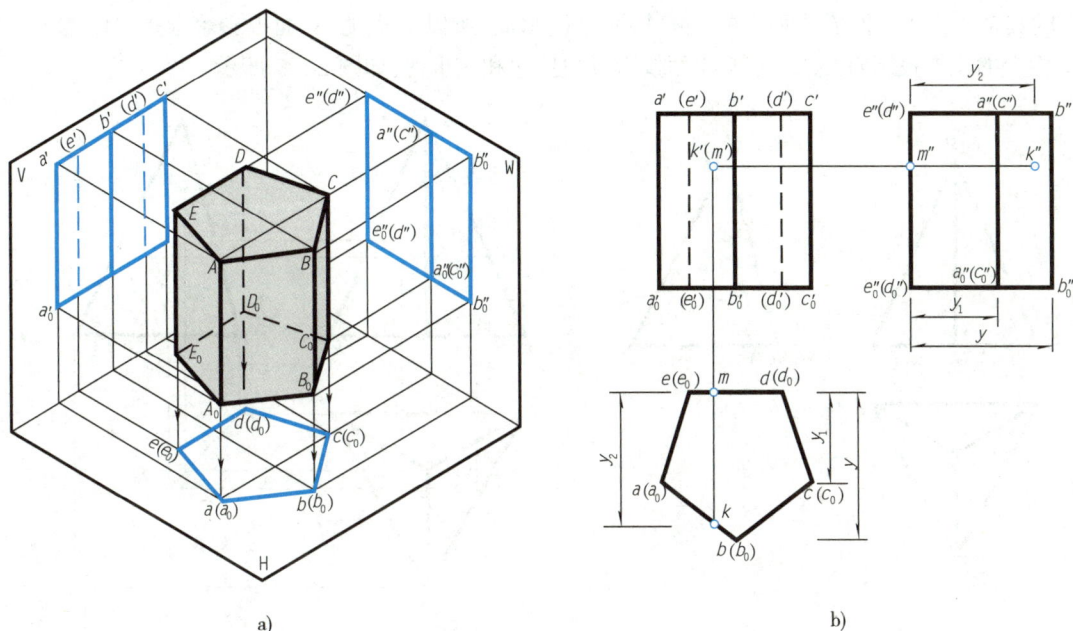

图 2-5-1　正五棱柱的投影
a)立体图;b)投影图

平面立体是由若干平面围成的,这些平面在各投影中可能是可见的,也可能是不可见的。凡是位于可见面上的点都是可见的,位于不可见面上的点都是不可见的。

二、棱锥体

一个平面立体,如果有一个面是多边形,其余各面是有一个公共顶点的三角形,叫做棱锥体,这个多边形叫做棱锥的底面,各个三角形就是棱锥的棱面。底面为正多边形,棱锥体的高通过底面多边形的中心,称为正棱锥。

1.投影

图 2-5-2 所示是一个三棱锥的三面投影图。从图中可知,底面三角形 ABC 平行于 H 面,它的水平投影 abc 反映实形,正面投影和侧面投影积聚成为水平直线段。棱面 SAC 是侧垂面,它

的 W 面投影 s″a″c″ 积聚成一条直线,V 面、H 面投影都成为小于实形的 △s′a′c′ 和 △sac。其余两个棱面均是一般位置平面,所以它们的三个投影均为小于实形的三角形,其中在 W 面投影中 s″a″b″ 与 s″b″c″ 重合。

2. 体表面上取点

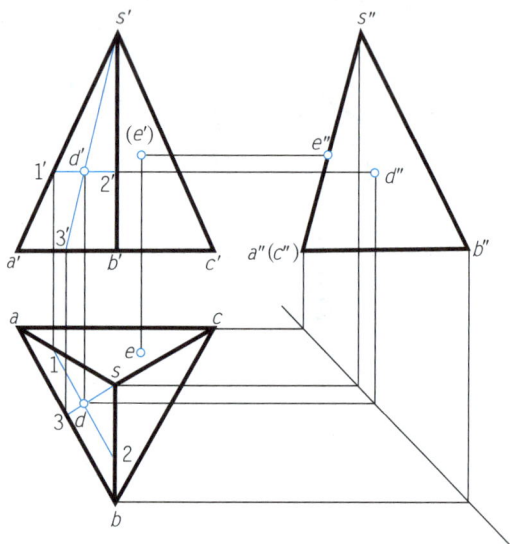

如图 2-5-3 所示,已知三棱锥表面上点 D 的 V 面投影和点 E 的 V 面投影,求作其余两投影。

因为 D 点在三棱锥的 SAB 棱面上,E 点在三棱锥的 SAC 棱面上,所以求作点 D 和点 E 的其余两投影,属于面上定点的问题。面上定点,首先面上定线,再在线上定点,即点、线、面的从属关系。因此,在 SAB 棱面上可过 D 点任作一条辅助直线来求它的其余两投影。如连 s′d′ 交底边 a′b′ 得一条辅助线 SⅢ,也可在 SAB 棱面上过 D 点作一直线 IⅡ∥AB,通过辅助线 SⅢ 或 IⅡ便可求出 D 点的其余两投影。而 E 点所在的 SAC 棱面是侧垂面,所以 E 点的 W 面投影可根据 SAC 棱面在 W 面上的积聚投影直接求得,其 H 面投影可根据 e′ 和 e″ 求得,如图 2-5-3 所示。

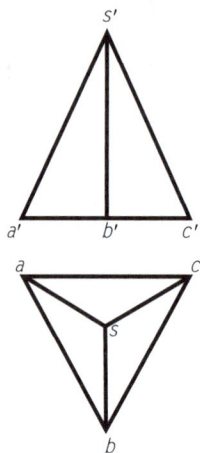

图 2-5-2　三棱锥投影图　　　　　　　　　图 2-5-3　三棱锥表面上取点

综上所述,在棱锥表面上取点,应按照点、线、面的从属关系,一般先在棱面上作辅助线(作辅助线一般有两种方法:一种是通过锥顶作辅助线;另一种是作底边的平行线),然后再根据点线的从属关系完成棱锥表面上取点。

第二节　曲面立体的投影

由曲面或曲面与平面所围成的几何体,称曲面立体。曲面立体的曲面是由运动的母线(直线或曲线),绕着固定的导线运动形成的。母线在曲面上的任一位置称素线。常见的曲面立体有圆柱体、圆锥体、球体等。

一、圆柱体

1. 圆柱面的形成

圆柱面是由直母线 AA_1 绕与母线平行的轴 OO_1 旋转一周而形成,如图 2-5-4 所示。

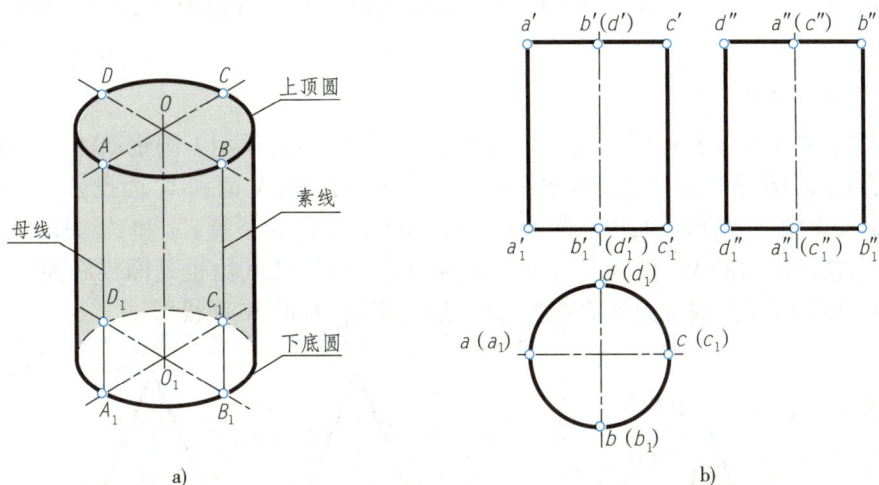

图 2-5-4 圆柱面
a) 立体图;b) 投影图

2. 圆柱的投影

当圆柱的轴线垂直于 H 面时,它的三个投影如图 2-5-4b) 所示,其 H 面投影为一圆周,该圆周是圆柱面上所有点和直线的积聚投影。圆柱的 V 面和 W 面都是矩形,是由圆柱上下底面的积聚和圆柱的轮廓素线的投影围成。V 面投影的 $a'a'_1$ 和 $c'c'_1$ 是圆柱的最左素线 AA_1 和最右素线 CC_1 的投影,同时 AA_1、CC_1 又是圆柱前半部分和后半部分的分界线,又称转向轮廓线。同理,W 面投影的 $d''d''_1$、$b''b''_1$ 分别是圆柱的最后素线 DD_1 和最前素线 BB_1 的投影,DD_1、BB_1 又是圆柱左半部分和右半部分的分界线。轴线的三面投影均用点划线画出。

3. 圆柱表面上取点

在圆柱表面上取点,可利用积聚性法来求解。

如图 2-5-5 所示,已知圆柱面上 A、B 两点的 V 面投影 $a'(b')$,求 A、B 两点的 H、W 面投影。

(1)由 a' 可见及 b' 不可见可知:A 点在前半圆柱面上,B 点在后半圆柱面上。利用圆柱面在 H 面的积聚投影可作出 a 和 b。

(2)由 A、B 的 V 面和 H 面投影即可作出 W 面的投影 a''、b'',由于 A、B 两点都位于圆柱的左半部分,因此 a''、b'' 都可见,如图 2-5-5 所示。

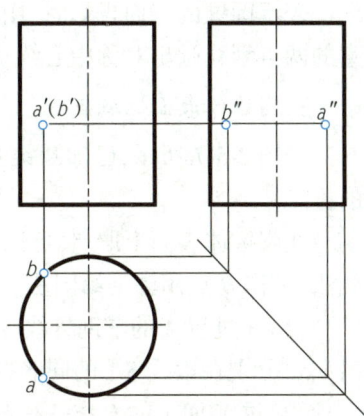

图 2-5-5 圆柱体表面上取点

二、圆锥体

1.圆锥面的形成

直母线 SA 绕与它相交于 S 点的轴线 SO 旋转一周而形成的曲面,称圆锥面。圆锥面上的素线都汇交于 S 点,圆锥面母线上任一点的运动轨迹是圆,此圆称为纬圆,如图 2-5-6a)所示。

2.圆锥面的投影

当正圆锥轴线垂直于 H 面时,它的三面投影如图 2-5-6b)所示。圆锥面的 H 面投影为一个圆周,是锥面的水平投影与底面的水平投影的重合;圆锥的 V 面和 W 面投影都是等腰三角形,在 V 面投影中,三角形的底边是圆锥底面圆的积聚投影,两条腰 $s'a'$ 和 $s'c'$ 是圆锥的最左素线 SA 和最右素线 SC 的 V 面投影;在 W 面投影中,三角形的底边也是圆锥底面圆的积聚投影,两条腰 $s''b''$ 和 $s''d''$ 是圆锥的最前素线 SB 和最后素线 SD 的 W 面投影。

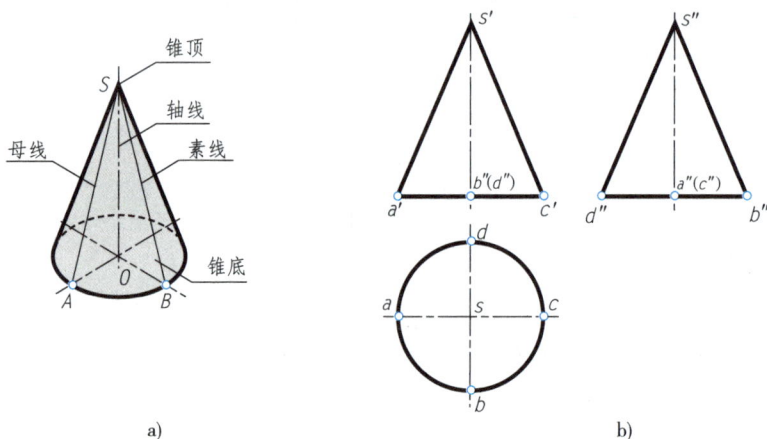

图 2-5-6 圆锥体
a)立体图;b)投影图

表示圆锥的三面投影时,用点划线画出轴线的 V 面和 W 面投影,在水平投影中用相互垂直的两点划线画出对称中心线,圆心既是轴线的水平投影,也是锥顶 S 的水平投影。

3.圆锥体表面上取点

如图 2-5-7 所示,已知圆锥体表面上的 A、B 两点的 V 面投影 a'、b',求 A、B 的 H 面和 W 面的投影。

在圆锥体表面上取点,可以通过辅助素线法或辅助纬圆法求解。本例求作 A 点用辅助素线法,求作 B 点用辅助纬圆法。

(1)作过点 A 的辅助素线 SⅠ 的 V 面投影、H 面投影和 W 面投影,利用点线的从属关系求出 a、a'' 分别在素线 SⅠ 的同名投影上,如图 2-5-7a)所示。

(2)过 V 面上的 b' 作一纬圆,纬圆在 V、W 面的投影分别积聚为直线;在 H 面上的投影则与底面圆是同心圆,圆心是锥顶 S 的 H 面投影 s,直径是纬圆在 V 面或 W 面积聚线的长度。

求出 b、b'' 在纬圆上的同名投影,如图 2-5-7b)所示。

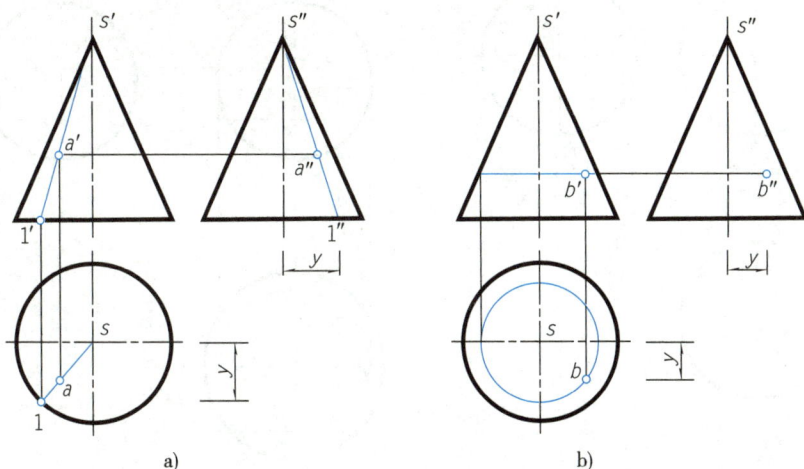

图 2-5-7　圆锥体表面取点

a)辅助素线法;b)辅助纬圆法

(3)判明可见性。由 V 面投影可知,点 A 在圆锥的前偏左部分,故 a、a'' 可见;点 B 在圆锥的前偏右部分,故 b 可见,b'' 不可见。

三、球体

1. 圆球面的形成

圆周母线绕它的一直径旋转一周而形成的曲面,称为圆球面,如图 2-5-8 所示。

2. 圆球体的投影

圆球体的三个投影均为与球面直径相等的三个圆周,如图 2-5-9 所示。V 面投影的圆周是圆球体上最大正平圆的 V 面投影;H 面投影的圆周是圆球体上最大水平圆的 H 面投影;W 面投影的圆周是圆球体上最大侧平圆的 W 面投影。

圆球面在各个投影图中,需用点划线画出圆的对称中心线,其交点是球心的投影。

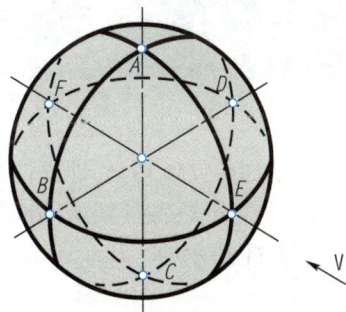

图 2-5-8　圆球面的形成

3. 球体表面上取点

在球体表面上取点时,一般采用辅助圆法,为了作图的方便,一般采用水平圆、侧平圆或正平圆作为辅助圆。

如图 2-5-10 所示,已知球面上点 A 的正面投影 a',求作它的水平投影 a 和侧面投影 a''。

球面上三个投影都没有积聚性,而且球面上也不存在直线,但在球面上可以作通过 A 点而平行投影面的圆。现过 A 点作水平圆为辅助线,实际此圆就是 A 点绕球的铅垂线旋转一周形成的。作图过程如下:

前后分界圆
正面投影

左右分界圆
侧面投影

上下分界圆
水平投影

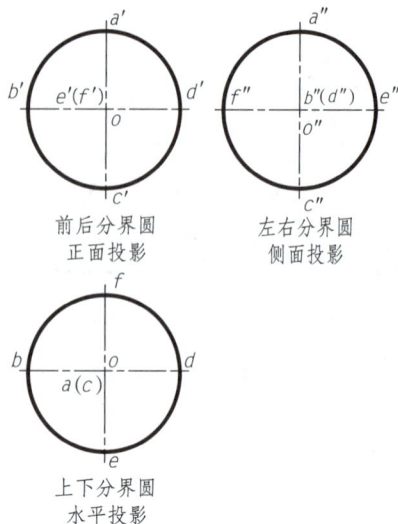

图 2-5-9 球体的三面投影

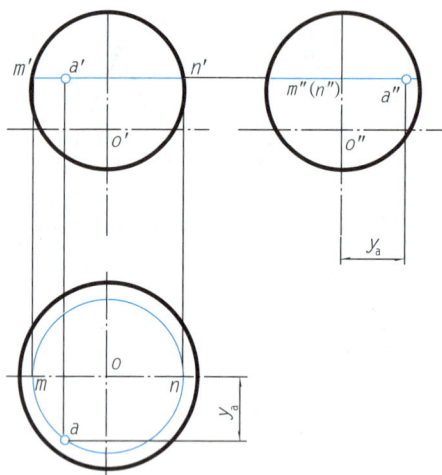

图 2-5-10 球面上取点

(1)过点 A 作辅助水平圆的投影。此圆在 V 面上积聚成一直线 $m'n'$,以 $m'n'$ 为直径在水平投影面上画出该圆的实形。

(2)由 a' 可知 A 点在球体的前半部分,从而在辅助水平圆的 H 面投影上可求出 a,且 a 可见。

(3)由 a' 可知 A 点在球体的左半部分,从而在辅助水平圆的 W 面投影上可求出 a'',且 a'' 可见。

第三节 截交线

平面与立体相交,即立体被平面所截;与立体相交的平面称截平面;截平面与立体表面的交线称截交线;截交线所围成的图形称断面;被平面切割后的立体称切割体(又称截切体),如图 2-5-11 所示。

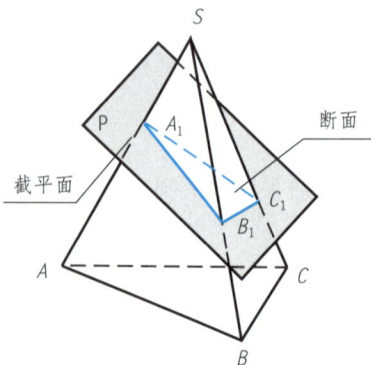

由于立体的形状不同,截平面的位置不同,因此,截交线的形式也不同,但它们都有下列性质:

(1)截交线是截平面与立体表面的共有线。

(2)截交线是封闭的平面图形。

求截交线的实质,可归结为求立体表面与截平面的交线问题。一般情况下,平面与平面立体相交的截交线是直线段(平面与曲面立体相交的情况在第六章介绍)。

平面与平面立体相交,截交线的求作方法与步骤:

(1)找截交点:即找截平面与立体表面的交点(平面立体的棱线与截平面相交的交点;截平面与截平面间交线的

图 2-5-11 平面与三棱锥相交

两个端点),求作方法与立体表面上取点一样。

(2)连截交线:连线时,位于同一棱面上的两点才能连线,且根据投影方向不同,可见的连成实线,不可见的连成虚线。

一、平面与平面立体相交

1. 平面与棱柱相交

[**例 2-5-1**]　如图 2-5-12 所示,一直四棱柱与一正垂面 P 相交,求其截交线。

(1)分析

①该立体为直四棱柱,因此截平面为一封闭的平面四边形 $KLMN$,K、L、M、N 四个点为 P 平面与四个棱线的交点。

②因为 $KLMN$ 在正垂面 P 上,其 V 面投影有积聚性,与 P 重合,其 H 面投影与四棱柱的 H 面投影重合,W 面投影可根据立体表面上求点的方法求得。

(2)作图

如图 2-5-12b) 所示。

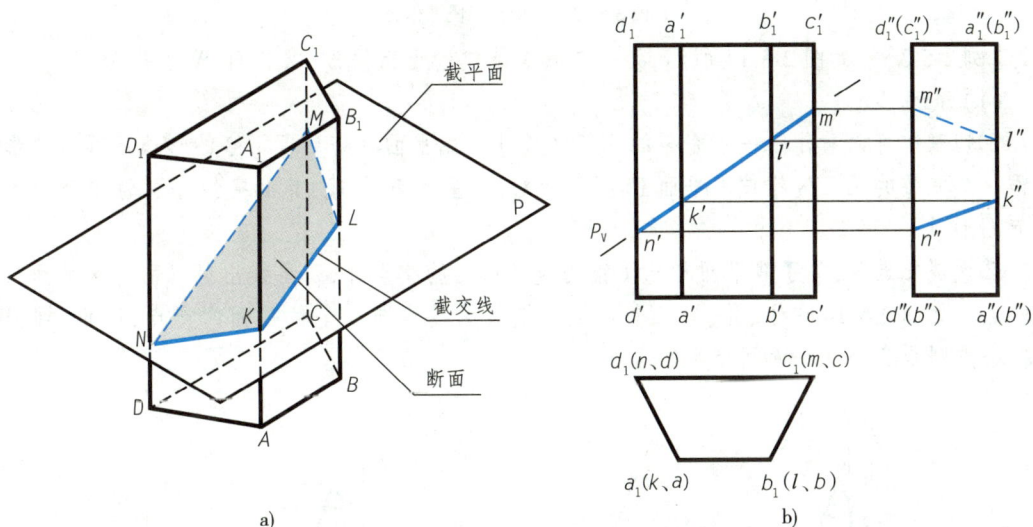

图 2-5-12　平面与直四棱柱相交

2. 平面与棱锥相交

[**例 2-5-2**]　如图 2-5-13 所示,三棱锥与正垂面 P 相交,求作其截交线。

(1)分析

①三棱锥被正垂面 P 所截,其截断面为三角形,三角形上的三个点是截平面与棱锥的三个棱线的交点。

②因为截断面 $A_1B_1C_1$ 在 P 平面上,其 V 面投影与 P 面的 V 面投影重合。可根据棱锥表面上取点的方法分别求出 A_1、B_1、C_1 的 H、W 面投影,然后连接各点,即可求出。

③可见性判别:因为棱面 SBC 的 W 面投影为不可见,故 $b_1''c_1''$ 不可见,应用虚线表示。

（2）作图

如图 2-5-13 所示。

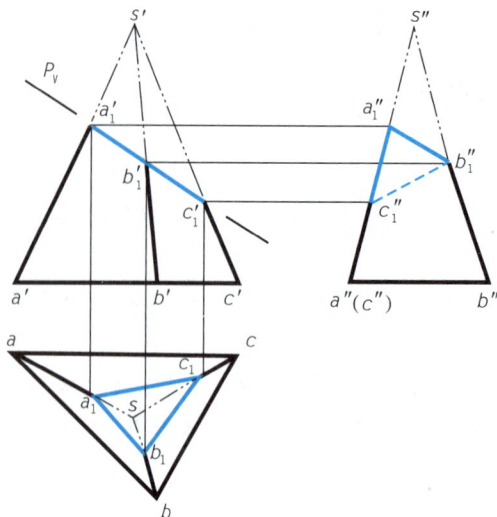

图 2-5-13 平面与三棱锥相交

[**例 2-5-3**] 如图 2-5-14 所示，为一个具有缺口的正三棱锥，求其 H、W 面投影。

（1）分析

①切割体可以看作是一个完整的几何体被几个截平面截切后留下来的形体。可将该形体看作一个完整的正三棱锥被水平面 P、侧平面 Q、正垂面 R 所截，其截交线分别为三个封闭的几何图形。

②找截交点时，除了截平面与三棱锥的棱线产生的交点外，还要找出截平面与截平面交线的端点。如图 2-5-14 中Ⅰ、Ⅱ、Ⅴ三个点是三棱锥的棱线与三个截平面的交点，而Ⅲ、Ⅶ、Ⅳ、Ⅵ四个点则是三个截平面间交线的端点。

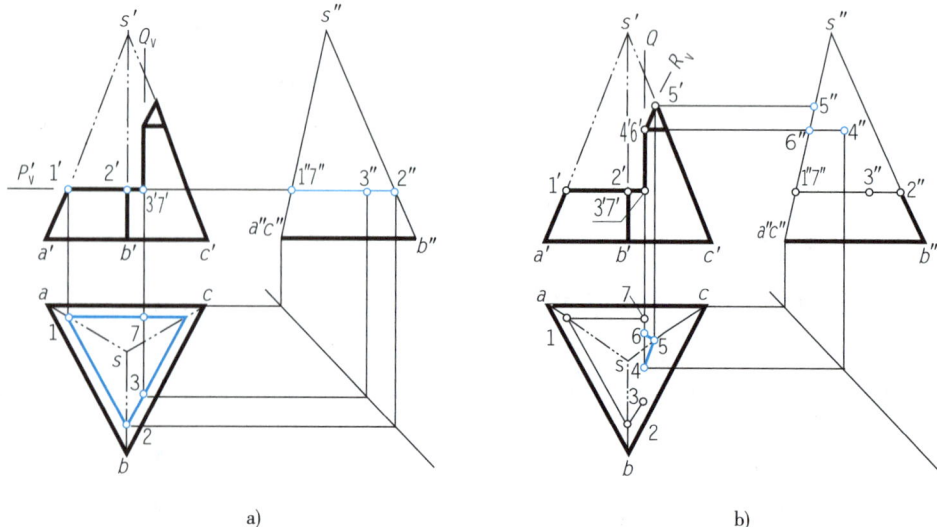

a)   b)

图 2-5-14

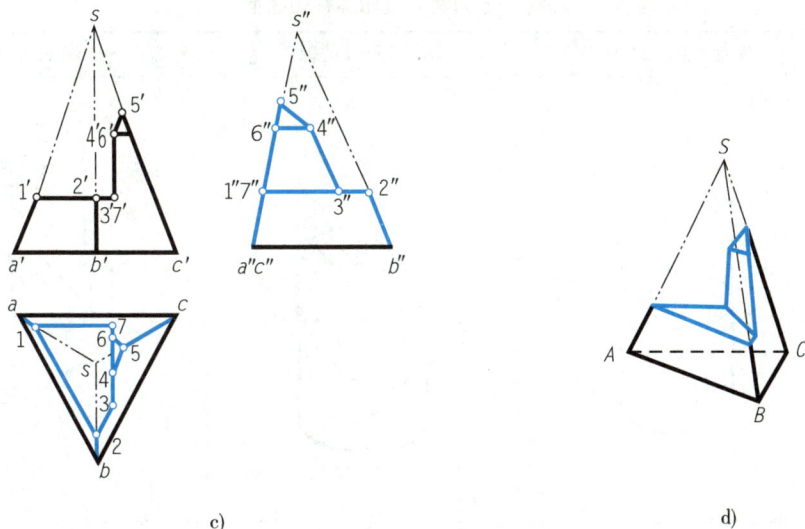

c)

d)

图 2-5-14　具有切口的正三棱锥的作图步骤

a)已知条件;b)、c)作图过程;d)立体图

③P 截面是水平面,其截断面在 H 面上反映实形;Q 截面是侧平面,其截断面在 W 面上反映实形;R 截面是正垂面,其截断面在 H、W 面上反映类似的几何图形。

(2)作图

①找点:先在反映切口的 V 面投影中找出截交点(1′、2′、3′、4′、5′、6′、7′),然后利用三棱锥表面上取点的方法求出截交点的 H、W 面投影。

②连线:依次连接同一棱面上的点,然后连接截平面间的交线。连线时应注意可见的连成实线,不可见的连成虚线。

③整理:平面立体切去的部分擦掉(或画成双点划线)。

二、平面与曲面立体相交

在一些工程构件中,常遇到平面与回转体表面相交的情况。如图 2-5-15 中涵洞洞口端墙与拱圈的交线,就是平面与圆柱的交线。

平面与曲面立体相交时,截交线是封闭的平面曲线,或是曲线和直线组成的平面图形,或是直线段多边形。其形状取决于曲面体表面是曲面还是平面及其与截平面的相对位置。求平面与曲面体交线的实质是如何定出属于曲面的截交线上点的问题。求截交线时,应首先求出特殊的点,如截交线上的最高、最低、最前、最后、最左、最右以及可见性的分界点等,以便控制曲线的形状。

1.平面与圆柱相交

表 2-5-1 所列为平面与圆柱体相交的三种情况。

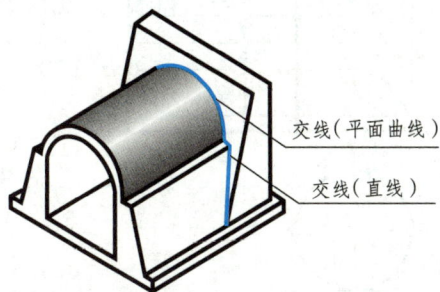

交线(平面曲线)

交线(直线)

图 2-5-15　涵洞洞口交线

圆柱面上的截交线和圆柱的断面　　　　　　　　　　　表 2-5-1

截平面位置	垂直于圆柱的轴线	倾斜于圆柱的轴线	平行于圆柱的轴线
示意图			
投影图			
截交线	圆	椭圆	两条直线
断面	圆	椭圆	矩形

[例 2-5-4]　如图 2-5-16 所示,圆柱被平面 P 切割,求截交线。

分析:

在作图之前,首先根据给定的条件,进行空间分析和投影分析。图为平面和圆柱轴线斜交,截交线为一椭圆。因圆柱面的 H 面投影有积聚性,因此截交线的 H 面投影就在此圆周上。又因为截平面 P 是正垂面,所以截交线的 V 面投影与 P 平面的 V 面积聚投影重合。在此就可利用截交线的已知两投影求截交线的 W 面投影。

作图步骤:

(1)求特征点:根据圆柱体表面取点的方法,求出截交线上的最高点 Ⅰ(1、1′、1″)、最低点 Ⅱ(2、2′、2″)、最前点Ⅲ(3、3′、3″)、最后点Ⅳ(4、4′、4″)。

(2)求一般位置点:Ⅴ、Ⅵ、Ⅶ、Ⅷ各点为一般位置点。先在 V 面投影中定出这些点的 V 面投影(5′、6′、7′、8′),再根据圆柱体表面上取点的方法求出它们的 H、W 面投影(5、6、7、8;

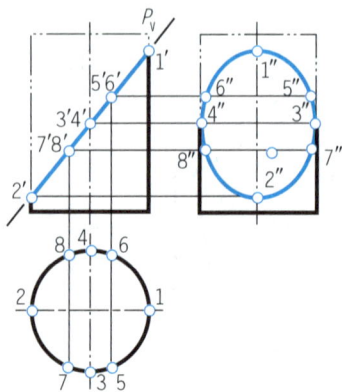

图 2-5-16　平面与圆柱相交

5″、6″、7″、8″)。

（3）光滑连点成截交线及可见性的判别。因圆柱左上半部分被切割掉，遗留切口在 W 面可见，故 1″、6″、4″、8″、2″、7″、3″、5″、1″可见。

[**例 2-5-5**]　如图 2-5-17 所示，一个轴线为侧垂线的开槽圆柱，已知它的 V 面投影及 H 面投影的轮廓、W 面投影的圆形轮廓，补全这个开槽圆柱的 H 面和 W 面投影。

分析：

这个开槽圆柱由一个侧平面和一个正垂面截割而成。在 V 面投影中，两个截平面都有积聚，所以截交线在 V 面投影中与两截平面的积聚投影重合，又因圆柱在 W 面上有积聚，所以截交线在 W 面上的投影与圆柱的积聚投影重合，故对于圆柱被两个截平面所截的截交线只需求作其 H 面投影。在 H 面投影中，一个截平面与圆柱的轴线垂直，且与 H 面也垂直，它与圆柱产生的截交线就由空间的一段圆弧线积聚成了一段直线，而另一个截平面与圆柱的轴线倾斜，它与圆柱产生的截交线是一段椭圆线。另外应注意两个截平面之间的交线在 W 面和 H 面上的投影。

作图步骤：

（1）求特征点：先在已知的 V 面投影图中判定出截交线上的最高点 a' 和 h'、最低点 b' 和 c'，b' 和 c' 也是截交线上的最前点和最后点，是两截平面交线上的两个端点。然后利用圆柱体表面上取点的方法求出 a、h、b、c 和 a''、h''、b''、c''。

（2）求一般位置点：如图 2-5-17a）中的 $E(e、e'、e'')$、$F(f、f'、f'')$ 点。

（3）连点为截交线：如图 2-5-17b）所示。

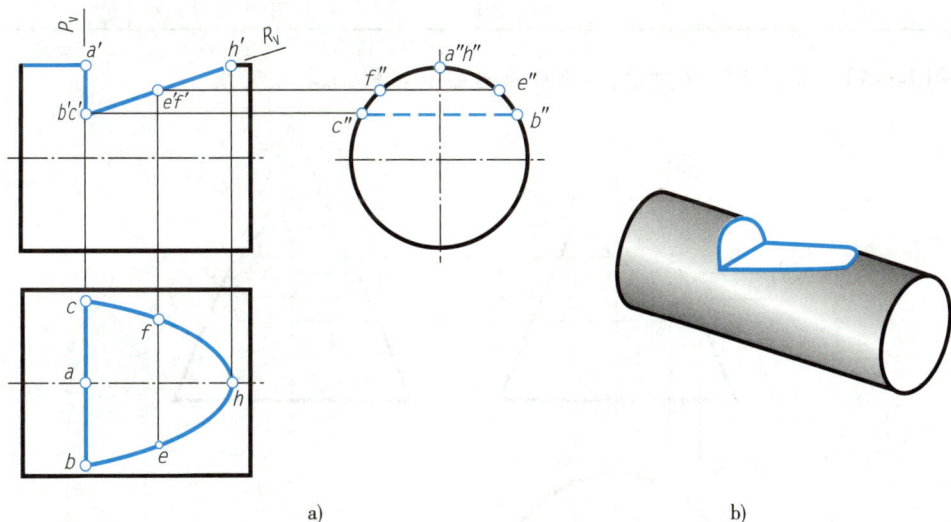

a)　　　　　　　　　　　　　　　　b)

图 2-5-17　求开槽圆柱的截交线
a)作图过程；b)立体图

2.平面与圆锥相交

当平面与圆锥相交时，由于截平面与圆锥的相对位置不同，截交线的形状也不同，如表 2-5-2 所示。

圆锥面上的截交线和圆锥的断面   表 2-5-2

截平面位置	垂直于圆锥的轴线	倾斜于圆锥的轴线,与素线都相交	平行于一条素线	平行于两条素线	通过锥顶
示意图					
投影图					
截交线	圆	椭圆	抛物线	双曲线	两条直线
断面	圆	椭圆	抛物线和直线组成的封闭的平面图形	双曲线和直线组成的封闭的平面图形	三角形

[例 2-5-6]　如图 2-5-18 所示,圆锥被正垂面 P 切割,求其截交线。

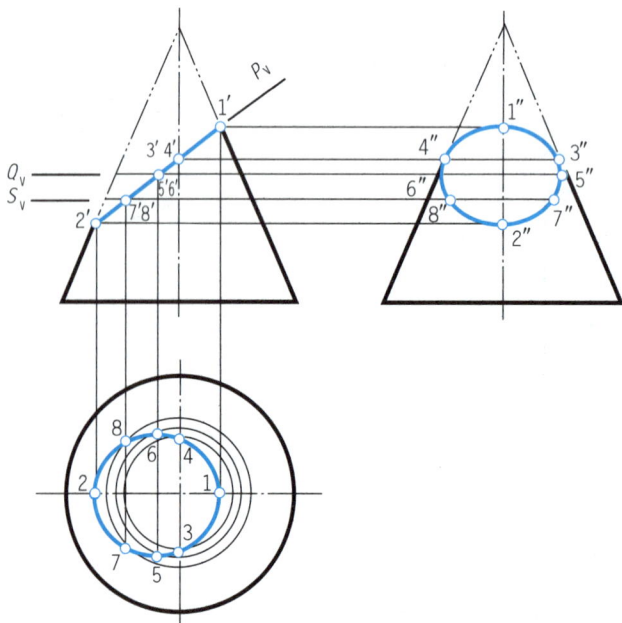

图 2-5-18　正垂面与圆锥相交

分析：

截平面P与圆锥相交的情况属表2-5-2中的第2种情况,所以产生的截交线在空间应为椭圆。由于截平面P是正垂面,所以椭圆截交线在V面上与截平面的积聚投影重合,而截交线在H面和W面上的投影为椭圆。

作图步骤：

(1)求特殊点:根据圆锥体表面上取点的方法(纬圆法),求截交线上的最高点Ⅰ(1、1′、1″),最低点Ⅱ(2、2′、2″),最前点Ⅴ(5、5′、5″),最后点Ⅵ(6、6′、6″),W面上可见与不可见的分界点Ⅲ(3、3′、3″)和Ⅳ(4、4′、4″)。

(2)求一般位置点:Ⅶ(7、7′、7″)和Ⅷ(8、8′、8″)。

(3)连点成截交线:H面、V面上椭圆截交线均为可见,连成实线。

[例2-5-7] 如图2-5-19所示,圆锥被三个平面所截,形成带缺口的圆锥体。

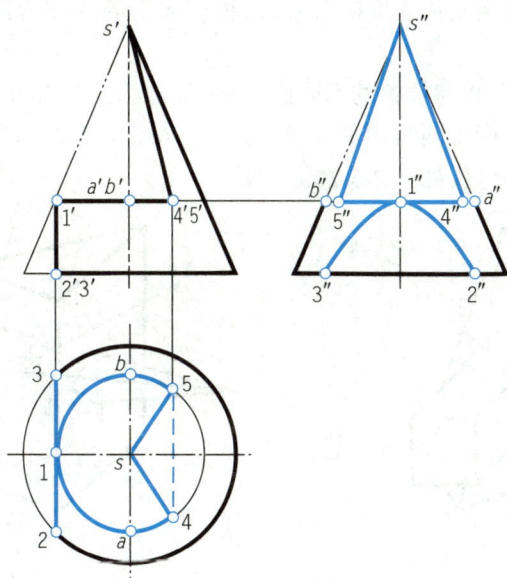

图2-5-19 圆锥被多面所截

分析：

这三个截平面(由下至上)与圆锥的位置分别属表2-5-2中的第4种、第1种、第5种情况。所以带缺口圆锥表面的截交线应由双曲线、部分圆曲线、三角形组成。由于三个截平面在V面投影中都有积聚,所以截交线在V面投影中全部与三个截平面的积聚投影重合且为已知,带缺口圆锥的截交线就只需求作H面和W面投影。

作图步骤：

(1)求特征点:由最下的截平面截得的双曲线上的最高点Ⅰ(1、1′、1″),最低点Ⅱ(2、2′、2″)和Ⅲ(3、3′、3″);最上的截平面截得的三角形上的最高点S(s、s′、s″),最低点Ⅳ(4、4′、4″)和Ⅴ(5、5′、5″),Ⅳ、Ⅴ两点也是两截平面间的交线;中间截平面截得的部分为圆曲线。

(2)求若干个一般位置点:如图2-5-19所示。

(3)连点成截交线:由于最下的截平面是侧平面,所以由Ⅰ、Ⅱ、Ⅲ点所组成的双曲线在H面上的投影积聚为一段直线,W面上的投影反映实形;中间截平面是水平面,由Ⅰ、Ⅳ和Ⅰ、Ⅴ

组成的两段圆曲线在 W 面投影中积聚成一段直线,在 H 面投影中反映实形;最上截平面是正垂面,所以由 S、Ⅳ、Ⅴ 组成的三角形在 H 面和 W 面投影中均为类似三角形。

(4)可见性的判别:除在 H 面投影中由 4、5 两点的连线为虚线外,其余截交线均为实线。

(5)去掉被截割部分:如图 2-5-19 所示。

第四节　相贯线

两立体相交又称为两立体相贯。相交的两立体成为一个整体,称为相贯体。它们表面的交线称为相贯线,相贯线是两立体表面的共有线,相贯线上的点称为贯穿点,它们是两立体表面的共有点。

相贯线的形状随立体形状和位置的不同而异,一般分为全贯和互贯两种类型。当一个立体全部穿过另一个立体时,产生两组相贯线,称为全贯,如图 2-5-20a)所示;如两个立体互相贯穿,产生一组相贯线,称为互贯,如图 2-5-20b)所示。

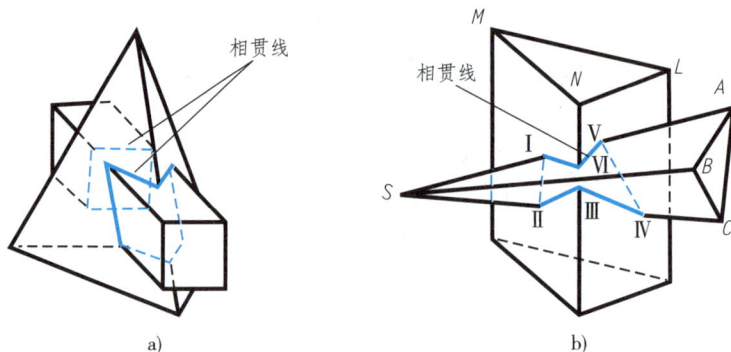

图 2-5-20　相贯线的类型
a)全贯——两组相贯线;b)互贯——一组相贯线

一、两平面立体相交

两平面立体的相贯线,在一般情况下是封闭的空间折线,每段折线是两个平面立体上有关表面的交线,折点(贯穿点)是一个立体上的轮廓线与另一个立体的交点。这些折线和折点控制了相贯线的形状、范围及空间位置,如图 2-5-20 所示。因此,求两个平面立体的相贯线,可归结为以下两种方法:

(1)棱面法:求参与相交的所有棱面彼此之间的交线,从而得到相贯线的投影。

(2)棱线法:求出相贯线上的全部折点(贯穿点)的投影,然后把既位于一个立体的同一表面上又位于另一立体同一表面的两点依次相连,形成相贯线。

相贯线投影的可见性判别原则是:只有位于两立体的投影都可见的表面上的相贯线段,它的投影才是可见的。另外还应注意,相贯体实际上是一个实心的整体,所以两平面立体相贯时,每一立体参加相贯的棱线要画到与另一立体的贯穿点为止。

[例2-5-8] 如图2-5-21所示,求三棱锥和四棱柱的相贯线。

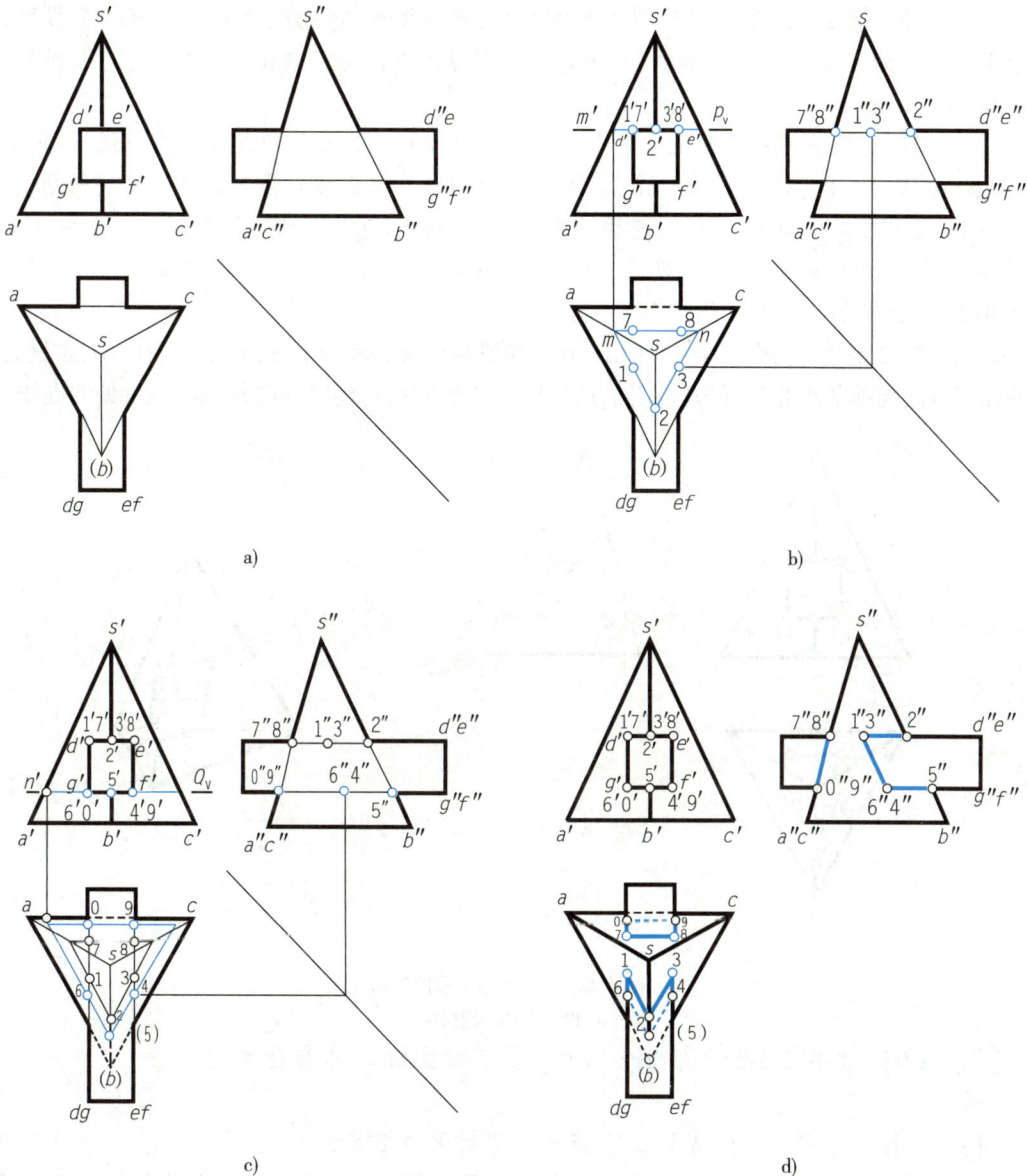

图 2-5-21 棱柱与棱锥的相贯线

a)已知条件;b)、c)、d)投影作图

（1）分析

①从 V 面投影可知,四棱柱的四条棱线 DD_1、EE_1、FF_1、GG_1 贯穿三棱锥的三个棱面,属全贯,有两组相贯线。

②四棱柱四个侧棱面的 V 面投影有积聚性,与两组相贯线重合。因此,相贯线在 V 面上的投影不必求作,只需求相贯线的 H、W 面投影。

③从投影图中得知,相贯线左右对称,前后不对称。

（2）作图（棱线法）

①找贯穿点：每一条参加相贯的棱线产生两个贯穿点。四棱柱的四条棱线都参加了相贯，共产生八个贯穿点；三棱锥有一条棱线参加相贯，产生两个贯穿点，所以一共有十个贯穿点。这十个贯穿点的 V 面投影是已知的，利用体表面取点的方法即可求出它们的 H、W 面投影，如图 2-5-21b）、c）所示。

②连相贯线：根据同一棱面上的两点才能连线的原则可连出两组封闭的相贯线，分别为 Ⅰ Ⅱ Ⅲ Ⅳ Ⅴ Ⅵ Ⅰ（1234561）和 Ⅶ Ⅷ Ⅸ 0 Ⅶ（78907）。根据相贯线可见性的判别原则，在 H 面投影中，相贯线 456 和 90 属于四棱柱的不可见面（棱线 GG_1 和 FF_1 所在棱面）上，故 456 和 90 为不可见，用虚线表示，其余画实线，如图 2-5-21d）所示。

③整理：把参加相贯的棱线连至贯穿点。

如图 2-5-22 所示，如果将四棱柱抽出，则三棱锥被四棱柱贯穿后而形成贯通孔。有贯通孔立体的作图方法与前述求相贯线方法相同，所不同的是贯通孔内还应画出其孔内不可见的虚线。

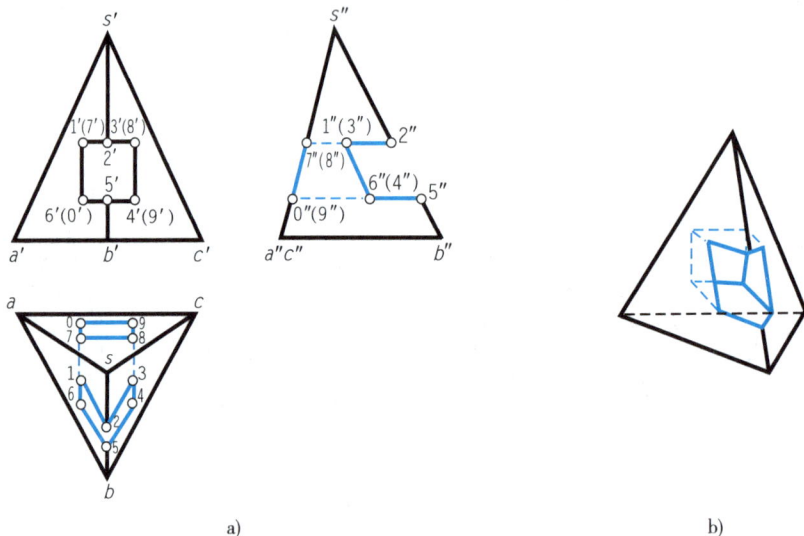

a)
b)

图 2-5-22　三棱锥内穿四棱柱孔
a)投影图；b)立体图

[例 2-5-9]　如图 2-5-23 所示斜三棱锥与直三棱柱相交，求相贯线。

分析：

（1）斜三棱锥与直三棱柱属于互贯，产生一组封闭的相贯线。

（2）三棱柱 DD_1、EE_1、FF_1 的三个棱面都垂直于 H 面，故相贯线的 H 面投影与三棱柱有积聚的三个棱面的 H 面投影重合，所以只需求相贯线的 V 面投影。

作图步骤：

（1）求贯穿点：由 H 面投影可知，三棱锥的两条棱线 SA、SC 参加相贯，产生 1、2、3、4 四个贯穿点；三棱柱有一条棱线参加相贯产生 5、6 两个贯穿点。利用平面立体表面取点的方法可求出这些贯穿点的 V 面投影，如图 2-5-23 所示。

（2）连相贯线：根据连相贯线的原则和相贯线可见性的判别原则作出相贯线。如 Ⅰ 和 Ⅱ 两点同位于三棱柱的 DD_1FF_1 棱面，同时又位于三棱锥的 SAC 棱面，可以连成相贯线；Ⅰ 和 Ⅳ

（1和4）两点，它们虽同属于三棱锥的 SAC 棱面，但它们又分别位于三棱柱的两个棱面（棱线 DF 组成棱面、棱线 FG 组成棱面），所以Ⅰ和Ⅳ不能相连。另外还应注意，相贯体是一个整体，一条棱线对另一立体贯进和贯出的两个贯穿点不能相连，如Ⅰ和Ⅲ、Ⅱ和Ⅳ以及Ⅴ和Ⅵ都不能相连。作图过程和结果见图 2-5-23。

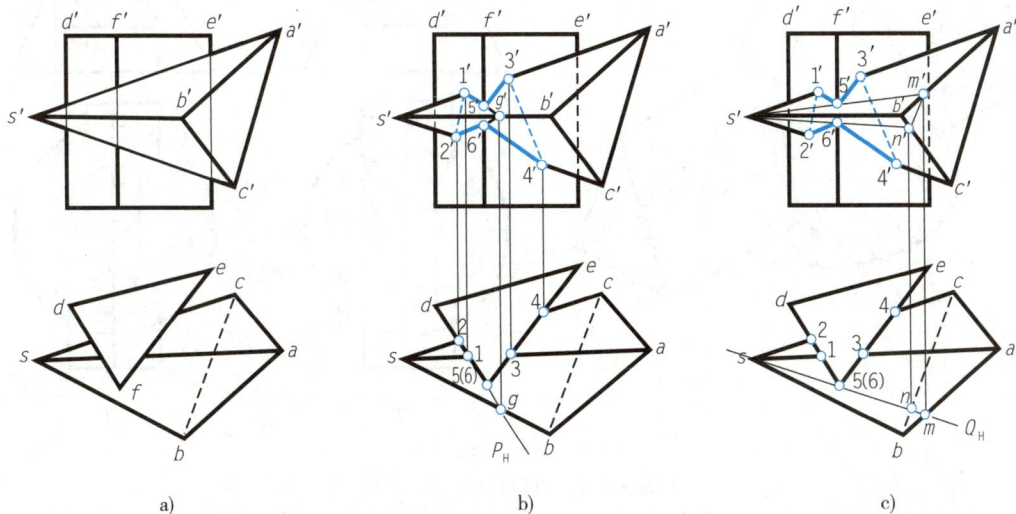

图 2-5-23　三棱锥与三棱柱相贯
a）已知条件；b）投影作图；c）作图结果

二、平面立体与曲面立体相交

平面立体与曲面立体相交，相贯线是平面立体上参与相交的棱面与曲面立体表面的截交线的总和。一般情况下，相贯线是空间闭合线框，如图 2-5-24a）所示。

由于相贯线上的折点是平面立体上参与相交的棱线与曲面立体表面的交点；构成相贯线的各条线段是平面立体的棱面与曲面立体表面的截交线。因此，求平面立体与曲面立体相交所产生的相贯线的作图问题，就归结为：

（1）求平面立体参与相贯的棱线与曲面立体表面的交点（贯穿点），再由贯穿点连成相贯线。

（2）求平面立体参与相贯的棱面与曲面立体产生的截交线，这些截交线的组合即为相贯线。

[例 2-5-10]　如图 2-5-24 所示，求三棱柱与圆锥相交的相贯线。

分析：

由图 2-5-24 可看出，这两个立体为全贯，产生前、后两组封闭的相贯线。这两组相贯线的 V 面投影均与三棱柱的 V 面投影重合，即在 V 面投影中相贯线为已知，只需求出其 H 面投影。因前、后两组相贯线的作图方法完全相同，下面以前面一组相贯线为例，说明其作图过程。

（1）求贯穿点：三棱柱的三条棱线都参加了相贯，一共产生 6 个贯穿点。与前半圆锥产生的三个贯穿点Ⅰ、Ⅱ、Ⅲ在 V 面的投影均为已知，即 1′、2′、3′已知，根据体表面上取点的方法求得 H 面的 1、2、3。

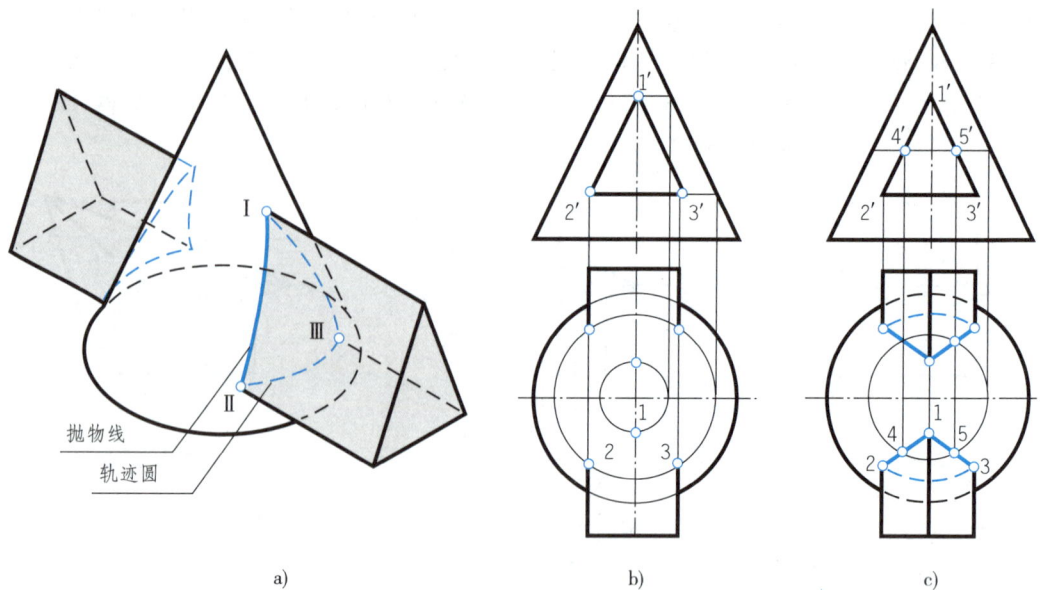

图 2-5-24 三棱柱与圆锥相交
a)立体图;b)作图过程;c)作图结果

(2)求平面立体上参与相贯的各棱面与曲面立体表面的截交线:三棱柱的三个棱面都参与了相贯,它们与圆锥会产生三段截交线。其中,三棱柱的水平棱面与圆锥产生的截交线为2、3连成的圆曲线;左、右两侧棱面与圆锥产生的截交线均为部分抛物线。为了作图准确,利用圆锥体表面上取点的方法作出两一般位置点Ⅳ、Ⅴ(4′、5′和4、5),然后在H面上将1、4、2及1、5、3顺次连接,便可得左、右两侧面与圆锥的截交线。

(3)判断可见性:因为三棱柱的水平棱面在H面上为不可见,所以它与圆锥产生的截交线23圆曲线在H面上不可见。其余均为可见。

(4)连平面体上参加相贯的棱线到贯穿点,如图2-5-24c)所示。

[例2-5-11] 如图2-5-25所示,补画圆柱内穿四棱柱孔的W面投影。

分析:

圆柱内穿四棱柱孔,即是圆柱与四棱柱相贯后拔出四棱柱而形成的。显然,其孔口线是分布在四棱柱表面的空间折线,实际上是四棱柱与圆柱的相贯线,因此求孔口线投影的作图方法也可用求相贯线的方法完成,只是圆柱穿四棱柱孔后内部还有轮廓线。

作图步骤:

下面以前面的一组相贯线为例,讨论其作图方法,后面一组相贯线的作图方法相同。

(1)求贯穿点:四棱柱的四条棱线都参加了相贯,在前面产生Ⅰ、Ⅱ、Ⅲ、Ⅳ四个贯穿点,利用体表面上取点的方法,可求得1、1′、1″;2、2′、2″;3、3′、3″;4、4′、4″。

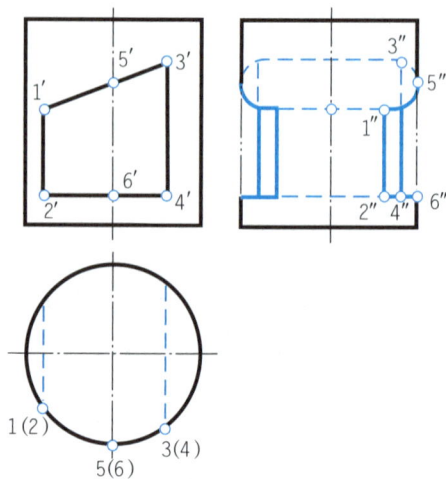

图 2-5-25 圆柱内穿四棱柱孔

（2）求特殊点和一般位置点：如图2-5-25中的Ⅴ、Ⅵ两点为相贯线上的最前点（也是W面上可见与不可见的分界点）。

（3）连点成相贯线：四棱柱的左、右棱面与圆的交线为两段素线，只需将W面上的1″、2″及3″、4″连接即可；四棱柱的水平棱面与圆柱的交线在W面上积聚为一段直线2″4″6″；四棱柱的正垂棱面与圆柱的交线为3″、5″、1″连成的部分椭圆线。

（4）可见性的判别：如图2-5-25所示。

三、曲面立体与曲面立体相交

两曲面立体相交，相贯线一般是光滑的、封闭的空间曲线，特殊情况下可能是直线或平面曲线。曲线上任意一点，是同时属于两个立体表面的公有点，相贯线是同时属于两个立体表面的公有点的集合，如图2-5-26所示。

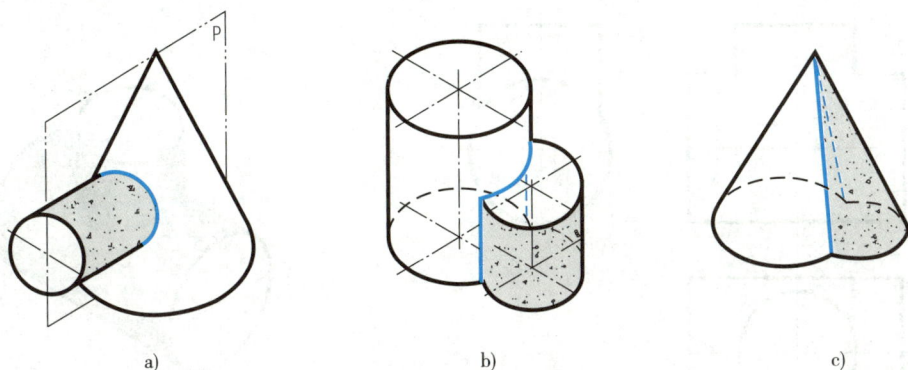

图2-5-26 两曲面立体相交

a) 相贯线为空间曲线；b) 相贯线为直线和平面曲线；c) 相贯线为直线

由于相贯线是两个立体表面一系列公有点的集合，所以求相贯线时，只需作出一系列公有点的投影，顺次连接即可。

在一系列公有点中，有些点是比较重要的特征点，如相贯线上的最高、最低、最左、最右、最前、最后、可见与不可见的分界点等，这些点控制了相贯线的形状、走向和范围，在具体作图时，首先应求这些特征点，其次再求一些必要的一般位置点，顺次光滑地连接这些公有点才能正确作出相贯线的投影。

当相贯线的某一投影面随立体表面的投影积聚时，相贯线在该投影面的投影便为已知。利用相贯线的一已知投影，再根据立体表面取点的作图，可求出相贯线上一系列公有点的其余投影，顺次连接这些公有点，便可求出相贯线的投影。

[例2-5-12] 如图2-5-27所示，求两正交圆柱的相贯线。

分析：

两圆柱的轴线垂直相交，有共同的前后对称面、左右对称面，因而相贯线和相贯体也前后对称、左右对称。由于小圆柱全部穿进大圆柱，但从上穿进后不再穿出，所以相贯线是一条封闭的空间曲线。

因为小圆柱的轴线垂直H面，小圆柱的投影在H面上积聚，所以相贯线的投影在H面上与小圆柱的积聚投影重合，为已知。又因为大圆柱的轴线与W面垂直，大圆柱的投影在W面上积聚,故相贯线的投影在 W 面上与大圆柱的投影重合,也为已知。由此,两正交圆柱相交,只需求作相贯线的 V 面投影。

作图步骤:

(1)求特征点:由 V 面投影可知,1′、2′是相贯线上最高(也是最左、最右)的 V 面投影,利用体表面上取点的方法,可求出 1、2 和 1″、2″;又由 W 面投影可知,3″、4″是相贯线上的最低点(也是最前、最后)的 W 面投影,利用体表面取点的方法,可求出 3、4 和 3′、4′。

(2)求一般位置点:如图 2-5-27c)所示,Ⅴ、Ⅵ两点为相贯线的两个一般位置点。

(3)连点成相贯线:在 V 面投影中顺次光滑连接 1′、5′、3′、6′、2′(1′4′2′与 1′5′3′6′2′重合),即为所求相贯线的 V 面投影。

(4)可见性的判别:由于相贯线是对称的,其前后两部分的 V 面投影重合,所以均用实线画出。

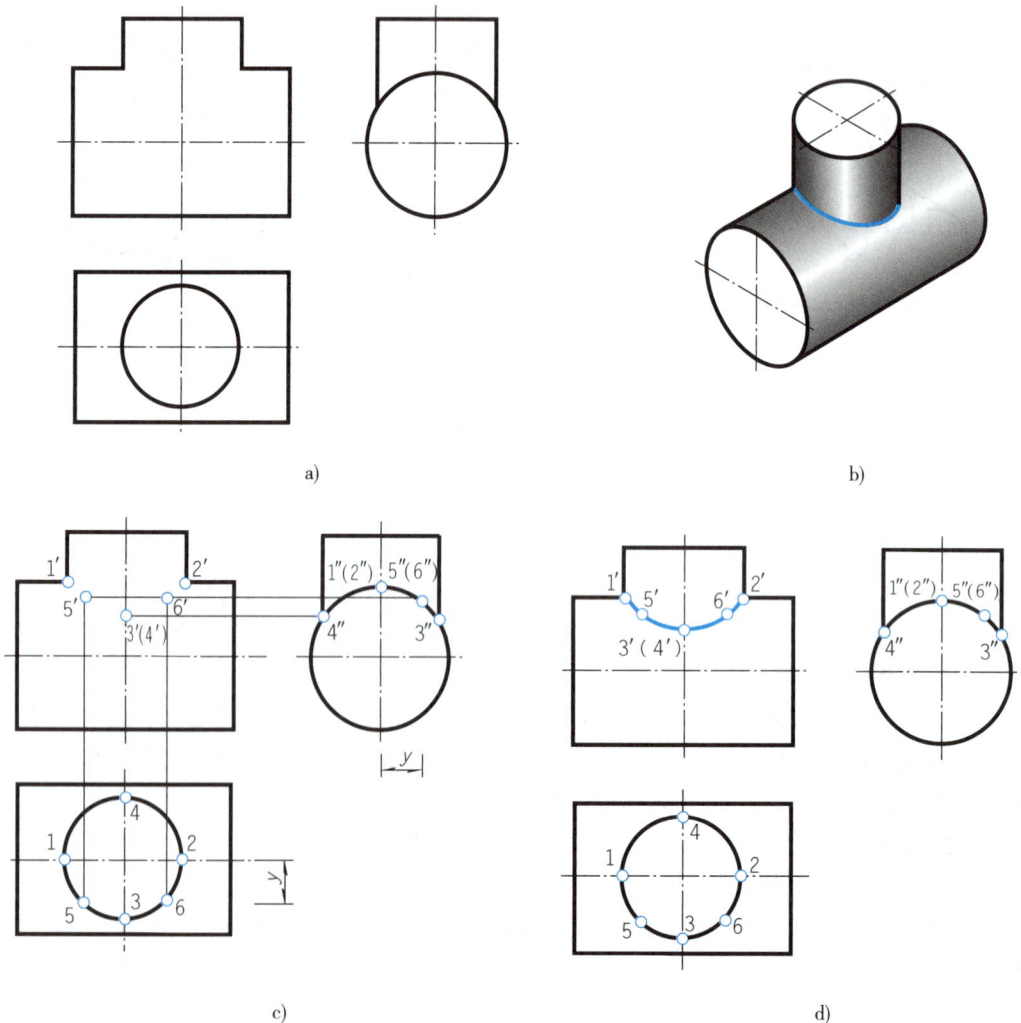

a)

b)

c)

d)

图 2-5-27　两正交圆柱相交

a)已知条件;b)立体图;c)作图过程;d)作图结果

**复习
思考题**

1. 怎样画平面立体的三面投影图？怎样在立体表面上取点？

2. 怎样求作平面与平面立体相交所产生的截交线？

3. 求作两个平面立体相交所产生的相贯线的方法有哪几种？怎样作图？

4. 怎样求作曲面立体的投影？在曲面立体表面上如何取点？

5. 平面与圆柱曲面相交，产生哪几种截交线？

6. 平面与圆锥曲面相交，产生哪几种截交线？

7. 如何求作平面立体与曲面立体相交、两曲面立体相交所产生的相贯线？

第六章
CHAPTER SIX
组合体的投影

由基本形体叠加或切割而成的形体称为组合体，如图 2-6-1 所示。组合体的组合形式主要有叠加式、切割式、综合式。叠加是指用若干个基本体类似于搭积木的方式按照它们之间的相对位置拼接组合成为组合形体。切割是从基本体上切除部分形状从而形成一个组合的形体。综合式是叠加与切割的综合。组合体的组合方式如图 2-6-2 所示。

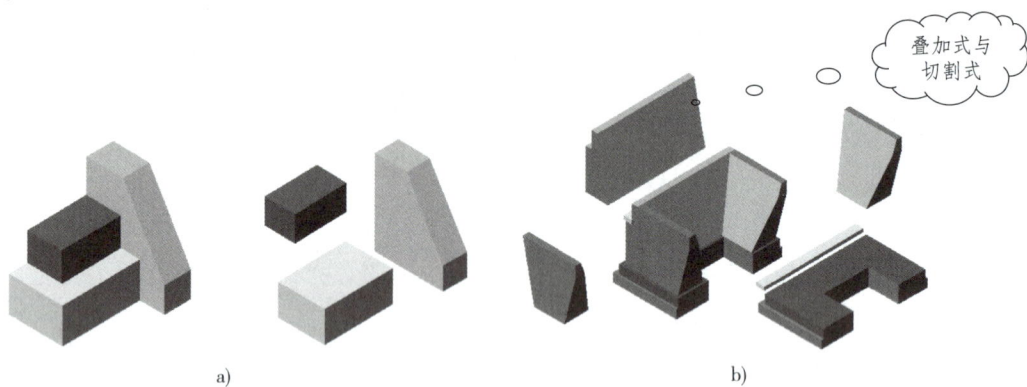

图 2-6-1　组合体

图 2-6-2　组合体的组合方式

第一节 组合体投影图的画法

　　组合体的形状是多种多样的,但从形体的角度来分析,任何复杂的组合体都可以分解为若干个简单的基本体。因此,画图时必须首先假想把组合体分解成若干部分,即若干个基本体的投影图,并根据它们的组合形式的不同,画出它们之间连接处的交线投影,以完成整个组合体的投影图。

一、形体分析

形体分析即分析:

(1)它们是由哪些简单的基本体组成的。

(2)各基本体之间是按什么形式组合的。

(3)它们各自投影的相对位置关系如何。

从形体分析中,可进一步认识组合体的结构特点,为正确地画组合体视图做好准备。

如图 2-6-3 所示为排架式墩组合体的投影图。

该排架式墩由桩基础、承台、支柱、墩帽等部分组成。

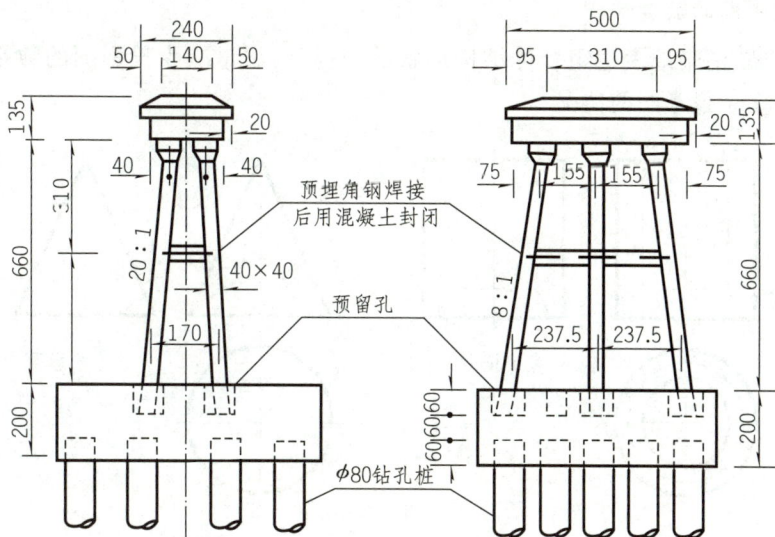

图 2-6-3 排架式墩的投影图(尺寸单位:cm)

二、选择投影图

为了能用较少的投影图清晰地表示出组合体的形状,在形体分析的基础上,还应选择合适的投影方向和投影图的数量。

1. 选择立面图

立面图是三视图中最重要的视图,立面图的选择恰当与否,直接影响组合体视图能否表达清晰。所谓选择立面图即怎样放置所表达的物体和如何选取立面图的投影方向。

选择立面图的原则:

(1)组合体应按自然位置放置,即保持组合体自然稳定的位置。

(2)立面图应较多地反映出组合体的结构形状特征,即把反映组合体的各基本体和它们之间相对位置关系最多的方向作为立面图的投影方向。

(3)使立面图中尽量产生较少的虚线,即在选择组合体的安放位置和投影方向时,要使各视图中不可见部分最少,以尽量减少各视图中的虚线(即不可见部分),如图2-6-4所示。

(4)选择时应尽量保证较合理地使用图纸。

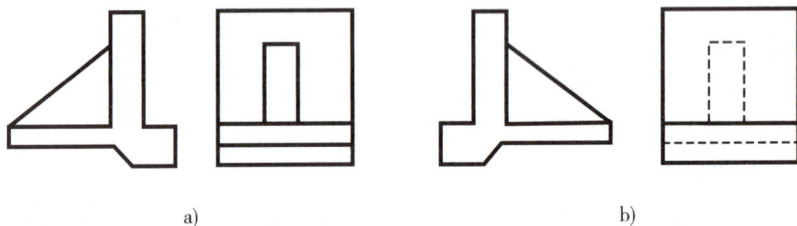

图2-6-4　挡土墙投影图的选择

a)合理方案;b)不合理方案

2. 选取投影图的数量

在保证完整、清晰地表达组合体结构形状的前提下,尽量减少投影图的数量,如图2-6-5所示为采用了多余投影图的情况。

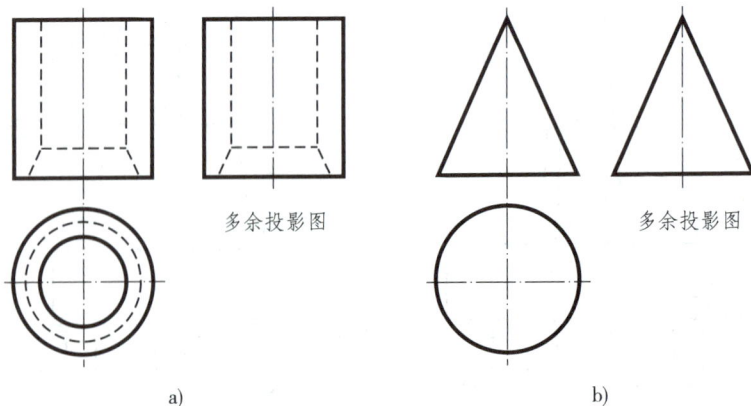

图2-6-5　投影图数量的选择

a)沉井;b)圆锥

3. 正确的画图方法和步骤

正确的画图方法和步骤是保证绘图质量和提高绘图效率的关键。具体如下:

（1）在画组合体的三面投影时，应分清组合体上结构体形状的主次，先画其主要部分，后画其次要部分。

（2）在画每一部分时，要先画反映该部分形状特性的投影图，后画其他投影图。

（3）要严格按照投影关系，三个视图配合起来逐一画出每一组成部分的投影，切忌画完一个投影图，再画另一个投影图。

当主视图确定后，则其他视图也就随之确定。以图 2-6-6 涵洞口为例，其具体作图步骤如下：

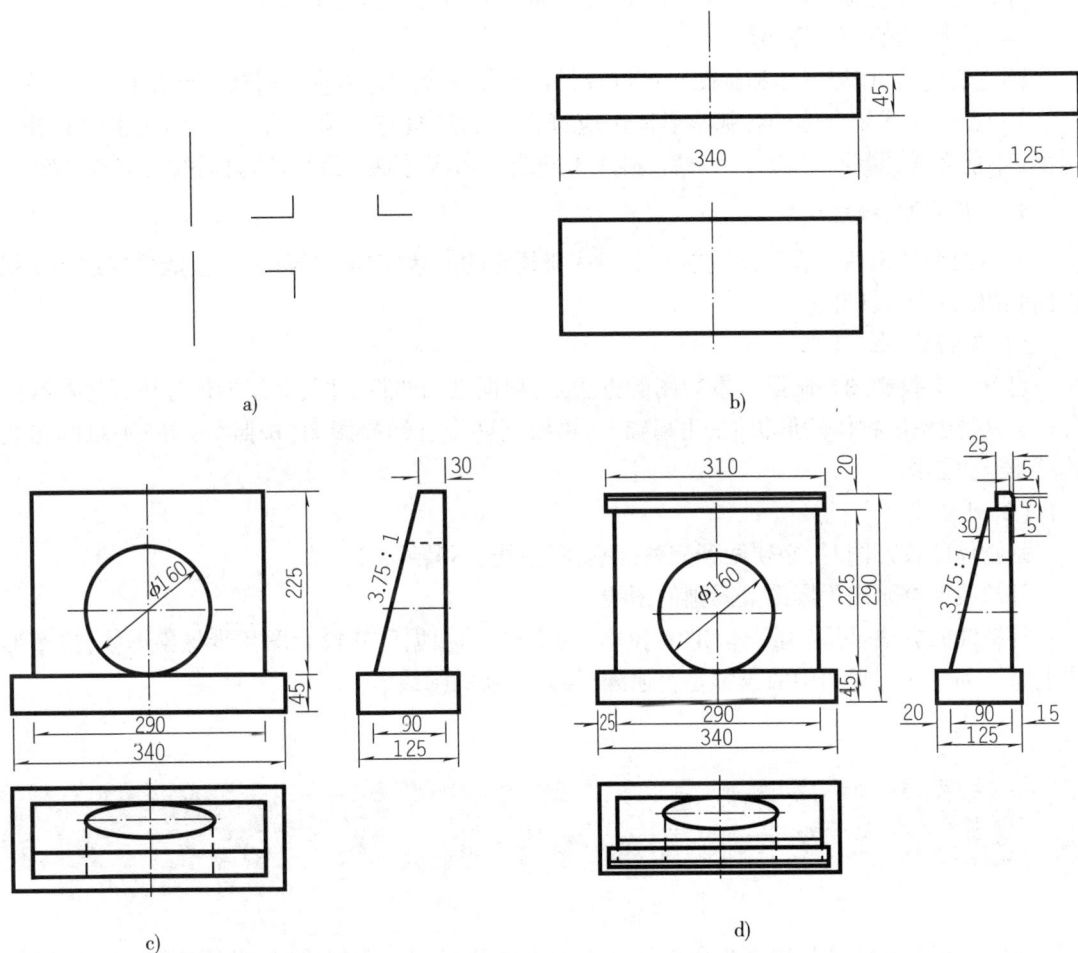

图 2-6-6　涵洞口的画图步骤(尺寸单位:cm)

a)画作图的基准线；b)画基础的投影；c)画墙身的投影；d)画帽石

（1）选比例、定图幅。

（2）布置投影图。

布置投影图是指确定各视图在图纸上的位置。布图前先把图纸的边框和标题的边框画出来。各视图的位置要匀称，并注意两视图之间要留出适当距离，用以标注尺寸。大致确定各视图的位置后，画作图基准线（基准线一般包括对称中心线和轴线，确定主要表面的基准线），基准线也是画图时测量尺寸的基准，每个视图应画出与相应坐标轴对应的两个方向的基准线。

（3）绘制底图（H~2H 铅笔）。

①画图的先后顺：一般应从形状特征明显的投影图入手，先画主要部分，后画次要部分；先画可见的轮廓线，后画不可见的轮廓线。

②对组合体每一组成部分的三面投影图，最好根据对应的投影关系同时画出，不要先把某一投影全部画好后，再画另外的投影，以免漏画线条。

③标注尺寸。画完底稿后，可标注出组合体的定形尺寸和定位尺寸。

（4）检查、描深、完成全图。

画完底稿后，按照形体和画图顺序以及投影规律逐个进行检查，不仅组合体的整体要符合"三等"规律，组成组合体的各基本形体也应符合"三等"规律。检查有误时，纠正错误和补充遗漏（不能多线、漏线）。检查无误后，再用不同线形加深、描粗，最后填写标题栏，完成全图。

4.补投影图、补缺线

有些组合体用两个投影图就能基本表达清楚它的形状，看懂投影图后，应能根据这两个投影图画出第三个投影图。

（1）补投影图。

已知两个投影图补画第三投影图的方法是：根据已知两投影图，运用形体分析方法和线面分析方法，想象出物体的形状，在此基础上，再根据两个已知投影图，按照"三等"关系画出物体的第三投影图。

（2）补缺线。

画物体的投影图时，必须做到完整准确，不多线、不漏线。

补缺线即补画出投影图上漏画的图线。

补缺线的方法：可采用形体和"对投影"的方法，即根据已知投影图初步想象形体，检查形体上每一部分在三视图中的投影是否遗漏，补画所缺的图线。

第二节　组合体投影图的阅读

读图是根据形体的投影图想象形体的空间形状的过程。在阅读时，必须熟练运用投影规律进行分析，并且必须注意：

（1）熟悉各种位置的直线、平面（或曲面）以及基本体的投影特性。

（2）读图时，要联系两个或两个以上的投影图来考虑，才可准确确定组合体的空间形状，如图 2-6-7 所示一个面的投影不能确定物体形状。

若 V、W 两面投影一样，但 H 面投影不同，所表示的物体则不同，如图 2-6-8 所示。

两个投影图有时也不能完全反映物体的确切形状，故读图时不可只凭两个视图就确定物体的形状，应将三个投影图对应着看，才可真正确定其形状。

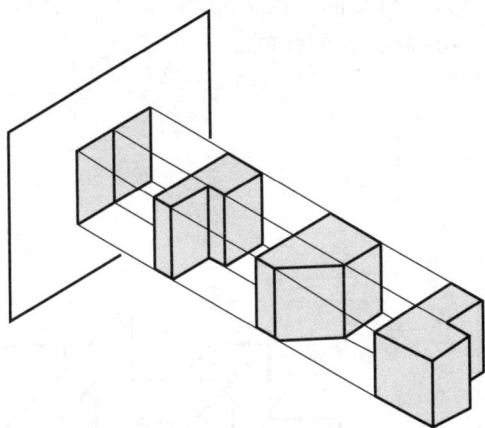

一个面的投影不能确定点的空间位置以及物体的形状，因此必须将几个投影图联系起来，互相对照分析，才能正确地想象该物体的形状

图 2-6-7　一个面的投影不能确定物体形状

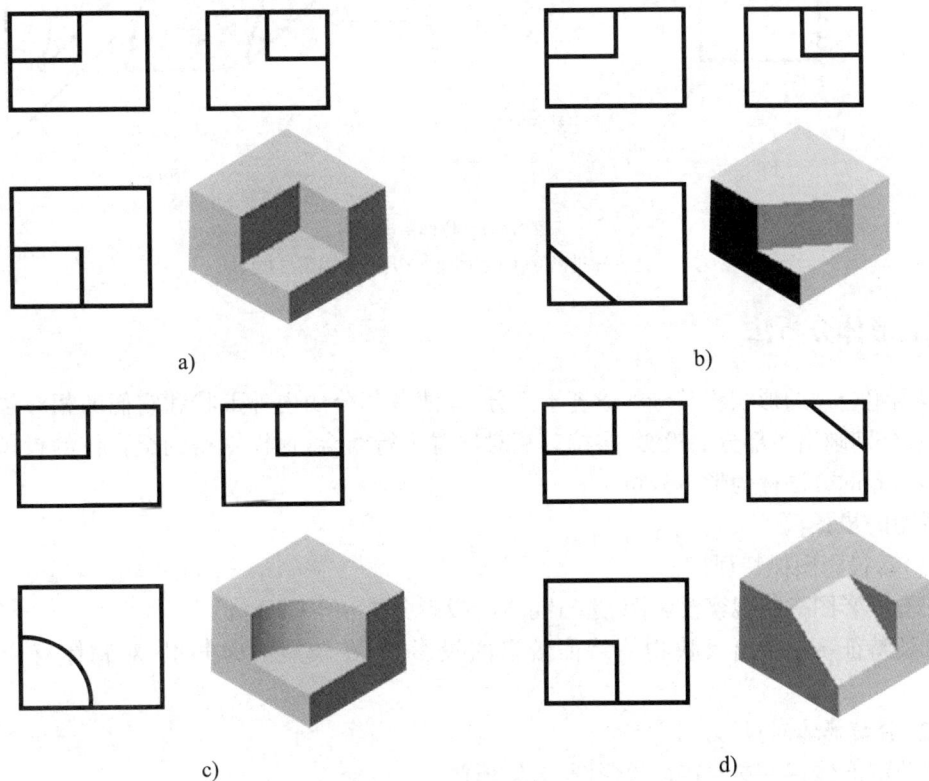

a)

b)

c)

d)

图 2-6-8　比较物体的形状

一、拉伸法

拉伸法一般用于柱体或由平面切割柱体而成的简单体，如图 2-6-9 所示。

该方法的关键是在给定投影图中找出反映立体特征的线框。一般来讲，当立体的三个投影图中有两个投影图中的线条互相平行,且都平行于同一投影轴,而另一投影图中的线条不平行,是一个几何线框,则该线框就是反映立体形状特征的线框。

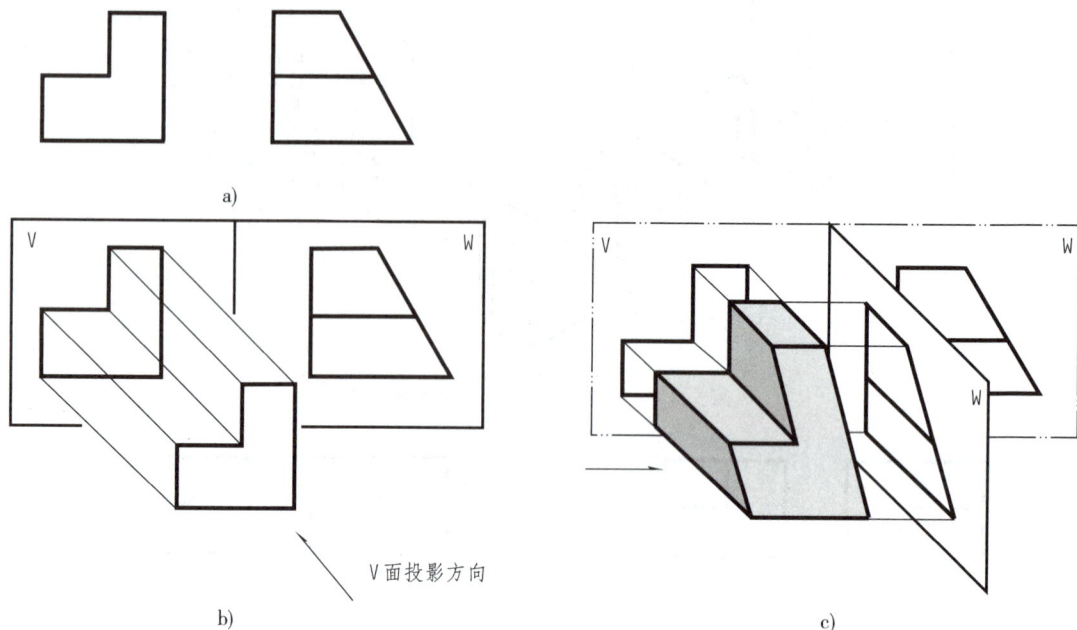

a)

V面投影方向

b)

c)

图 2-6-9　拉伸法读图
a)已知投影图;b)看图第一步;c)看图第二步

二、形体分析法

根据组合体的形状将其分解成若干部分,弄清各部分的内外形状和它们的相对位置及组合方式,分别画出各部分的投影,再按其相对位置进行组合,这样就得到组合体的投影图。这种化整为零的方法称为形体分析法。

看图的步骤:

(1)看投影图抓特征。

①看投影图——观察投影图,进行初步的投影分析和空间分析。

②抓特征——找出反映物体特征较多的投影图,在较短的时间里,对物体有个大概的了解。

(2)分解形体对投影。

①分解形体——参照特征投影图,分解形体。

②对投影——利用"三等"关系,找出每一部分的三个投影,想象出它们的形状。

(3)综合起来想整体。

在看懂每部分形体的基础上,进一步分析它们之间的组合方式和相对位置关系,从而想象出整体的形状。

桥台图的形体分析步骤如图 2-6-10 所示。

(1)分线框。

在组合体的三投影图线框明显的投影图中分线框(从组合体中分解基本体),根据 V 面投影分析该桥台主要由四部分组成:基础、前墙、侧墙、台帽。根据投影规律找出线框的对应关系(根据投影规律"长对正,高平齐,宽相等"分解组合体)。

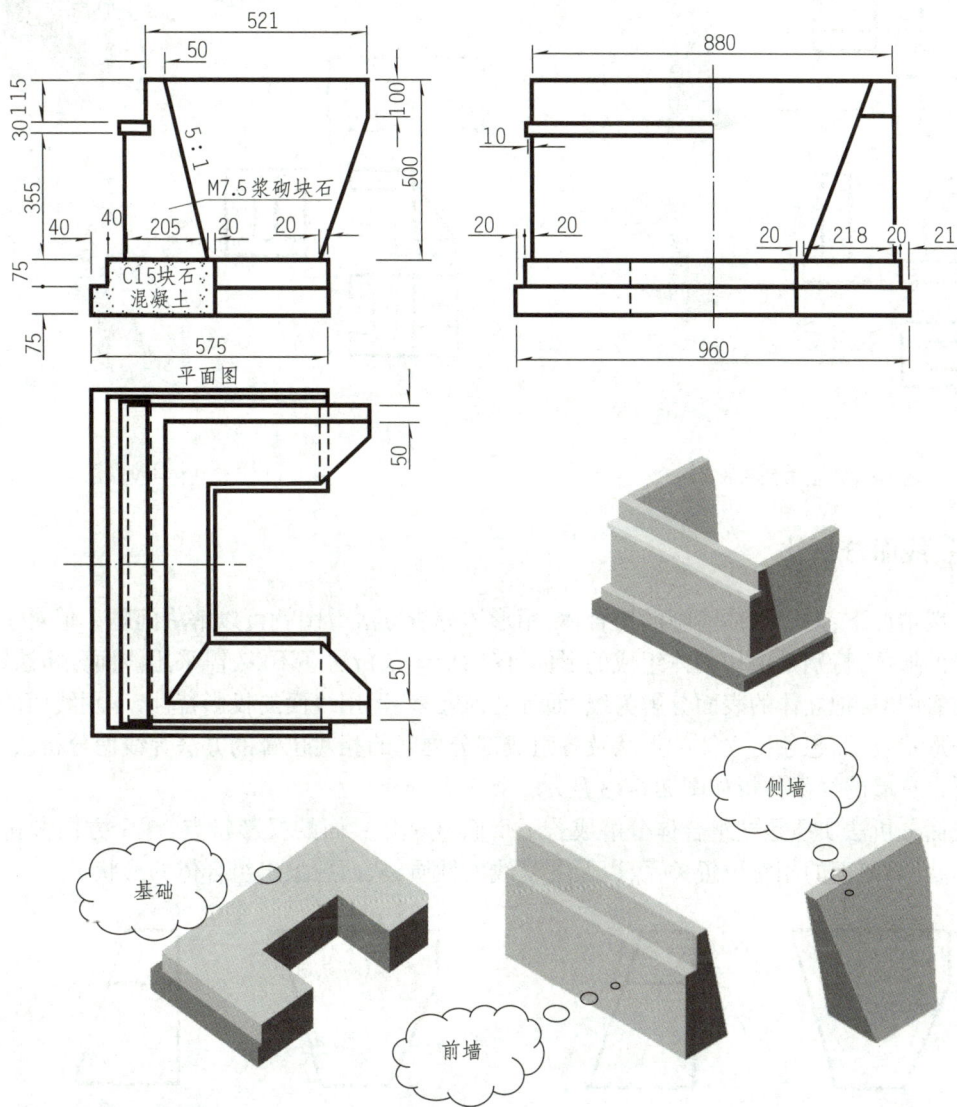

图 2-6-10 桥台的组成分析图(尺寸单位:cm)

(2)读线框(各线框所代表的基本体)。

(3)组合线框。

根据各线框(即各基本体)之间的相对位置,综合想象出组合体的形状。

在分析投影图时,需要注意以下情况:

如图 2-6-11 所示,若相邻表面平齐,无分界线;若相邻表面不平齐,则应在结合处画出分界线。

分析图 2-6-12 的特点,找到能够反映形状特征的投影图,将反映形体特征的投影线框,沿其投影方向并结合其他投影图拉伸为柱状体。

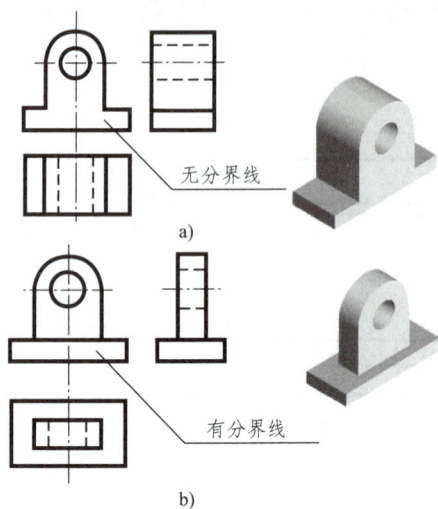

图 2-6-11　比较两图的区别

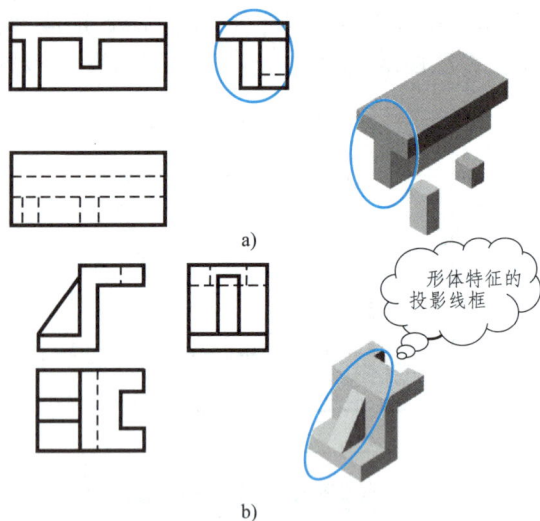

图 2-6-12　形状特征投影

三、线面分析法

一般情况下,对于形体清晰的组合体,用形体分析方法看图就可以解决问题。但对于一些较复杂的形体,特别是由切割体组成的形体,仅用形体分析法还不够,需采用线面分析法。

在看图时,把立体的表面分解为线、面等几何元素,运用线面的投影特性,识别线面的空间位置和形状,从而想象出立体的形状及各组成部分之间的相对位置的方法为线面分析法。

桥台翼墙的线面分析如图 2-6-13 所示。

线面分析法实质是把组合体分解成若干个面,根据线、面的投影特点,逐个方向分析各个面的形状、面与面的相对位置关系,以及各交线的性质,从而想象出组合体的形状。

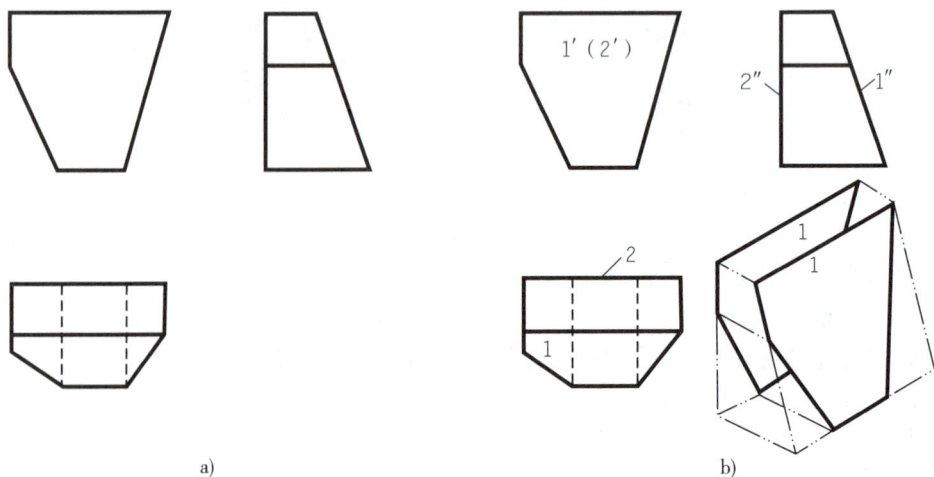

图　2-6-13

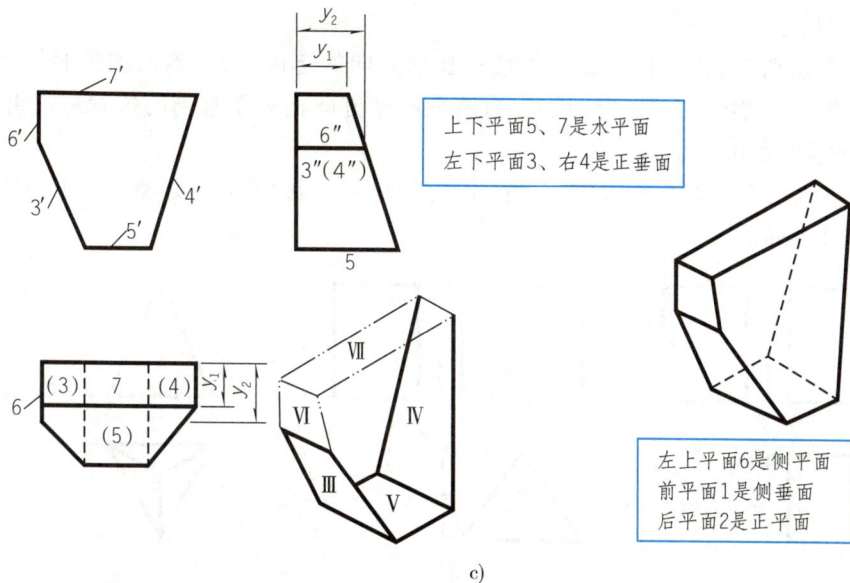

上下平面5、7是水平面
左下平面3、右4是正垂面

左上平面6是侧平面
前平面1是侧垂面
后平面2是正平面

c)

图 2-6-13 桥台翼墙的线面分析

第三节　组合体的尺寸标注

组合体的投影图只能表示物体的形状,要想表示其大小,还应注出尺寸。在图样上标注尺寸是表示物体的重要手段。

一、常见的基本体的尺寸标注

基本体的尺寸标注方法如图 2-6-14 所示。

二、组合体尺寸的分类

定形尺寸:决定组合体各组成部分形状大小的尺寸。

定位尺寸:决定各组成部分相对位置的尺寸,要标注定位尺寸,必须先选定尺寸基准(标注和测量尺寸的起点),组合体有长、宽、高三个方向的尺寸,每个方向至少要有一个基准。

总体尺寸:确定组合体外形的总长、总宽、总高的尺寸称为总体尺寸。

标注扶壁式挡土墙的尺寸如图 2-6-15 所示。

步骤:

(1)形体分析:扶壁式挡土墙由基础、直墙、三棱柱支撑墙组成。

(2)定形尺寸:分别标注基础、直墙、三棱柱支撑墙的定形尺寸,图 2-6-16 为扶壁式挡土墙的基础、立墙、三棱柱支板的定形尺寸。

(3)定位尺寸:标注直墙与基础、三棱柱支撑墙与立墙之间的定位尺寸。

（4）总体尺寸。

立面图中基础右上方的50cm为直墙在长度方向的定位尺寸,侧面图中的尺寸50cm和100cm为支撑墙在宽度方向的定位尺寸,直墙在高度方向相对于基础的位置通过组合体的叠加而确定,不需要定位尺寸。

总体尺寸:决定组合体的总长、总宽、总高的尺寸。扶壁式挡土墙的总长340cm、总宽320cm、总高480cm。

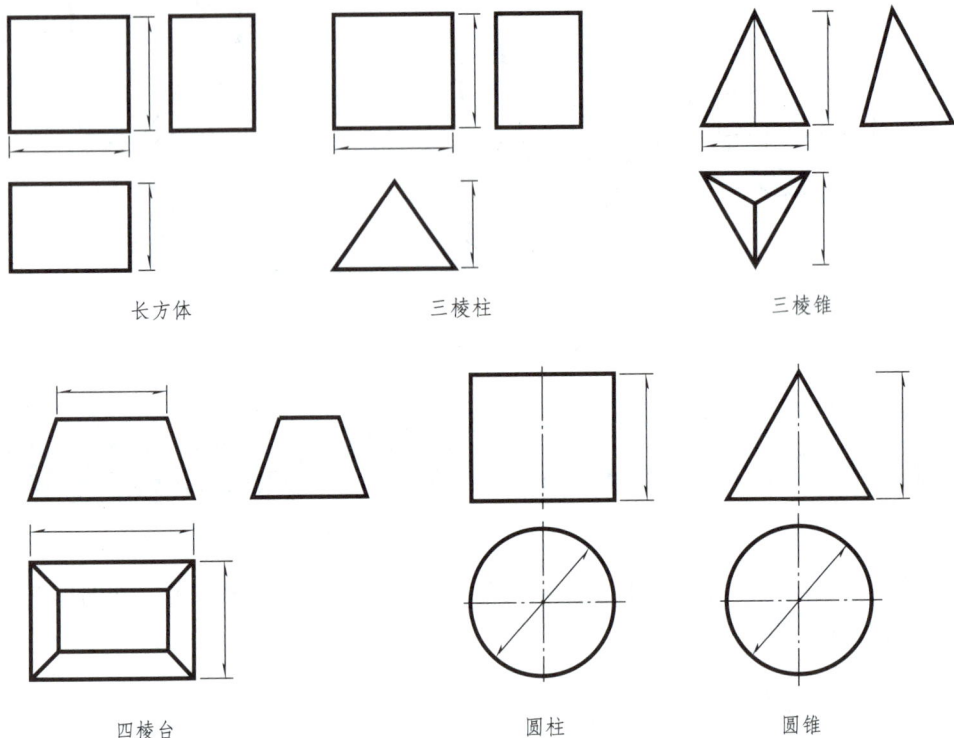

图2-6-14　基本体的尺寸标注

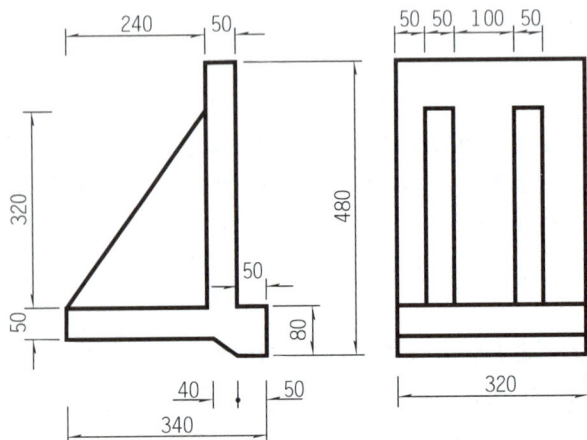

图2-6-15　扶壁式挡土墙的尺寸(尺寸单位:cm)

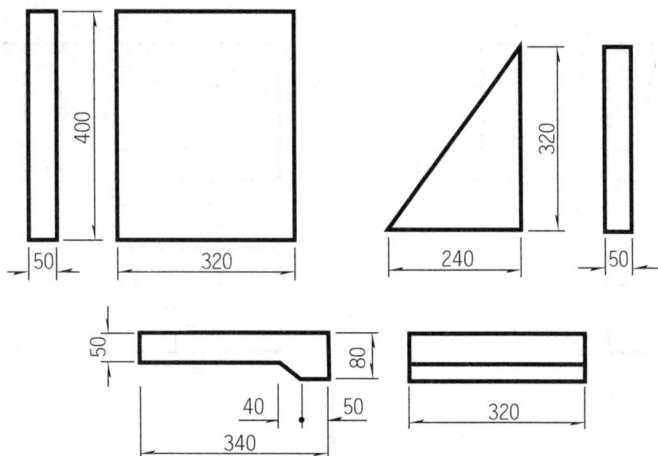

图 2-6-16 扶壁式挡土墙的定形尺寸(尺寸单位:cm)

三、标注尺寸的基本要求

投影图只能表达立体的形状,而要确定立体的大小,则需标注立体尺寸。对组合体进行尺寸标注时,尺寸布置应该完整、清晰,便于阅读。

所谓完整指所注尺寸能完全确定组合体的形状和大小。即组合体尺寸标注中定形尺寸、定位尺寸、总体尺寸都必须完整。

为了保证所注尺寸清晰,应满足以下基本要求:

(1)尺寸应尽量注在投影图形之外,与两投影图相关的尺寸,最好注在两投影图之间,如图 2-6-17 所示。

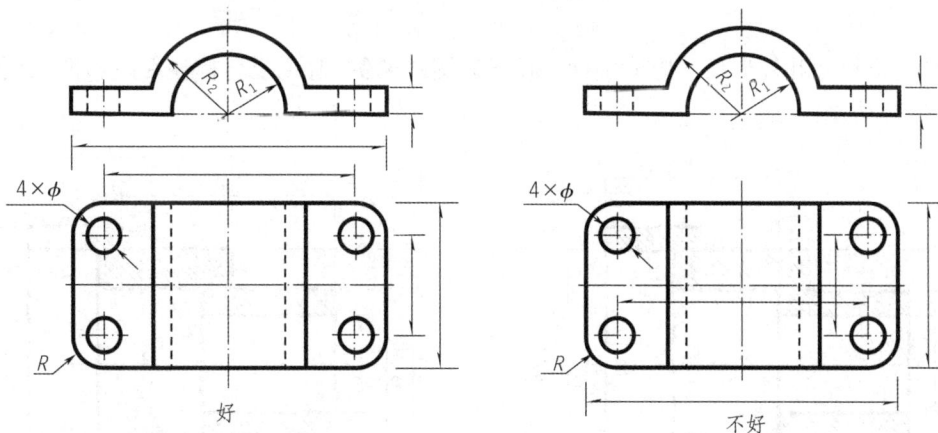

图 2-6-17 尺寸标注效果比较

(2)各基本体的定形尺寸、定位尺寸尽可能不要分散,要集中在形状特征和位置特征明显的投影图上,如图 2-6-18 所示。

(3)同向尺寸应尽可能排列整齐,尺寸线对齐,小尺寸在内,大尺寸在外,如图 2-6-19 所示。

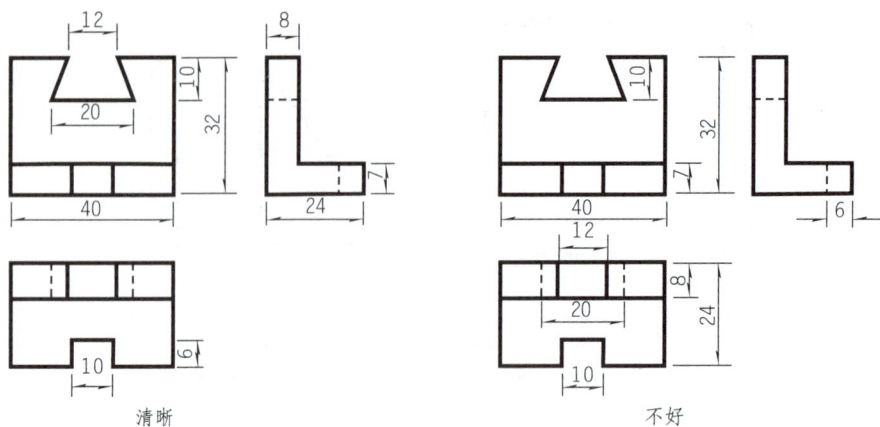

清晰　　　　　　　　　　　　　不好

图 2-6-18　尺寸标注效果比较

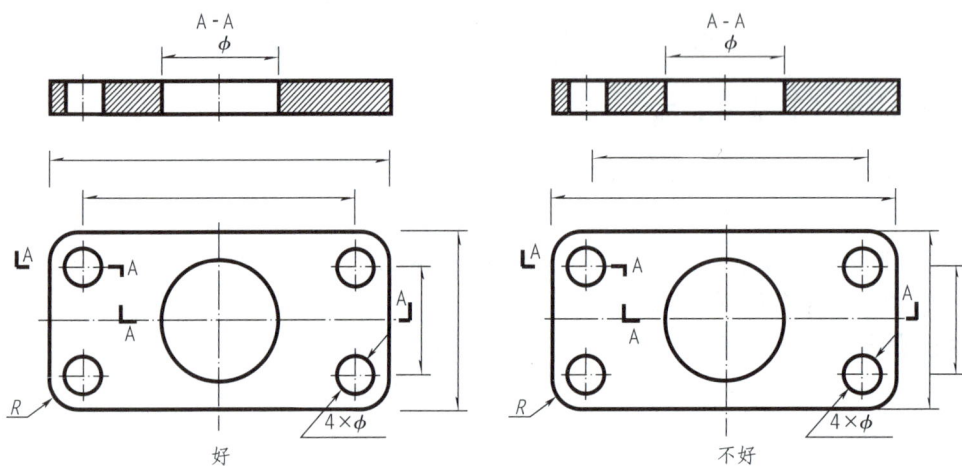

好　　　　　　　　　　　　　不好

图 2-6-19　尺寸标注效果比较

(4)内形尺寸和外形尺寸应分别标注在投影图的两侧,避免混合标注在投影图的同一侧,如图 2-6-20 所示。

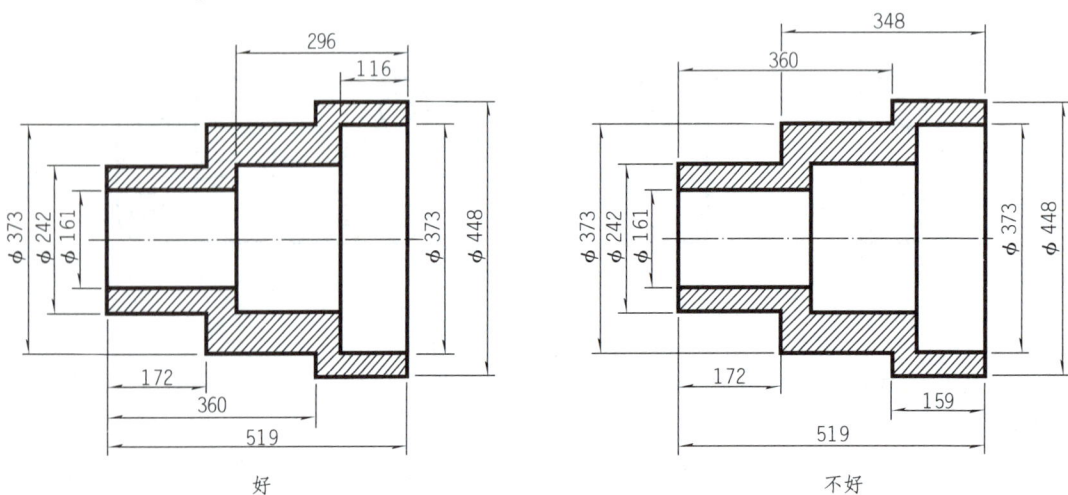

好　　　　　　　　　　　　　不好

图 2-6-20　尺寸标注效果比较

（5）曲面立体的直径,最好标注在非圆的投影图上。即避免在同心圆较多投影图上标注过多的直径尺寸,也避免用回转体的界限素线作为尺寸基准。

（6）为了避免计算,便于加工制作,尺寸可采用封闭式,不得产生误差。

四、尺寸标注举例

[**例 2-6-1**]　窨井图的尺寸标注如图 2-6-21 所示。

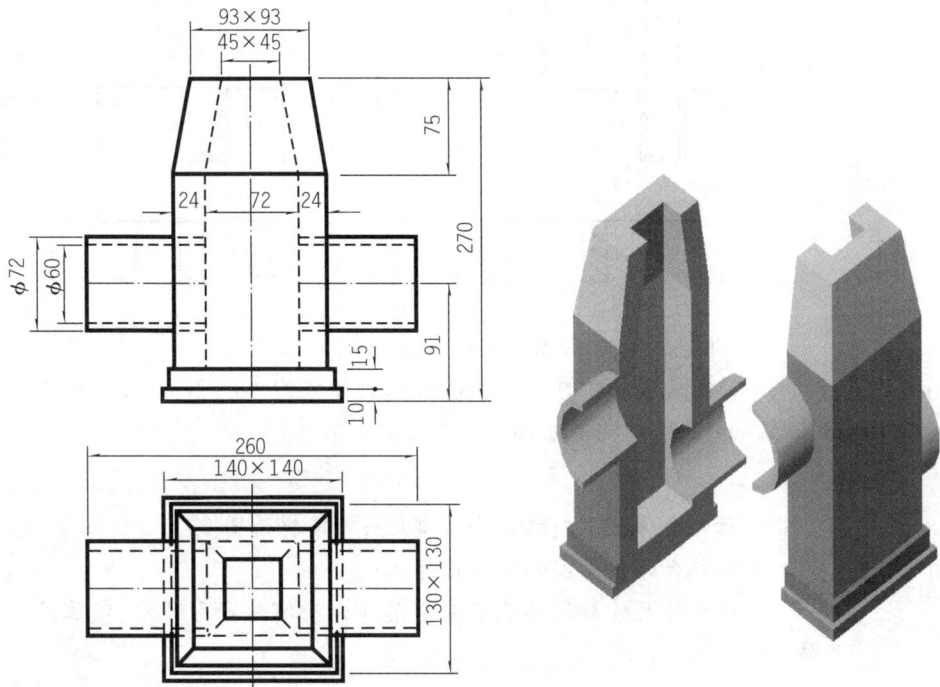

图 2-6-21　窨井的尺寸标注(尺寸单位:cm)

尺寸标注的步骤:

（1）形体分析:该窨井从下往上包含六部分:三个长方体、一个四棱台、两个圆柱;从上往下切去一个四棱台和长方体。

（2）标注定形尺寸:根据形体分析过程标注三个长方体、一个四棱台、两个圆柱的定形尺寸;从上往下切去一个四棱台和长方体的定形尺寸。

（3）标注定位尺寸:比如左侧圆柱的定位尺寸为 140cm。

（4）标注总体尺寸:标注总体尺寸的总长、总宽、总高。

（5）曲面立体的直径,最好标注在非圆的视图上。即避免在同心圆较多视图上标注过多的直径尺寸。

[**例 2-6-2**]　标注双柱式拼装墩的尺寸,如图 2-6-22 所示。

尺寸标注步骤如图 2-6-22 所示。

（1）形体分析:该双柱式拼装墩由桩、承台、立柱、盖梁组成。

（2）标注定形尺寸:承台（500cm×380cm×250cm）、立柱（70cm×120cm×430cm）、盖梁（460cm×170cm×80cm）。

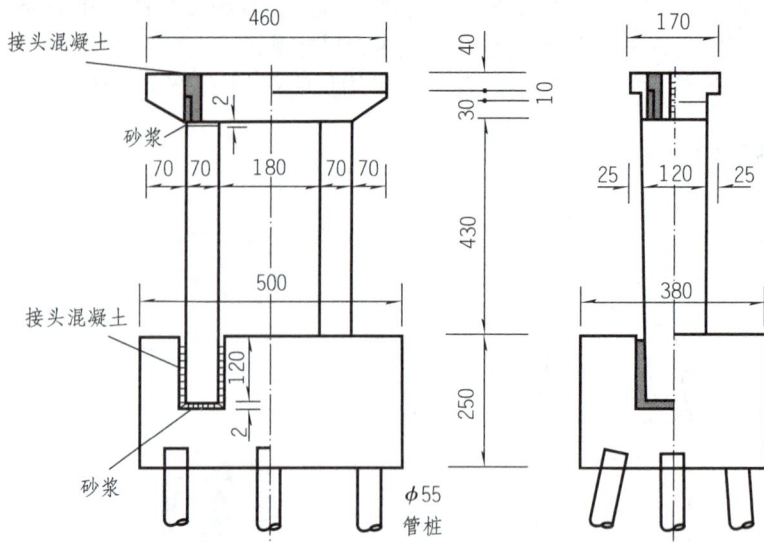

图 2-6-22　双柱式拼装墩的尺寸标注(尺寸单位:cm)

（3）标注定位尺寸：立柱伸入承台的长度 120cm 以及砂浆的厚度 2cm、立柱长度 70cm 与宽度方向的定位尺寸 25cm 以及立柱之间 180cm 的尺寸。

复习
思考题

1．读组合体投影图的方法有哪几种？怎样读图？

2．画组合体投影图的步骤是什么？

3．组合体尺寸标注的基本要求是什么？何为定形尺寸、定位尺寸和总体尺寸？

第七章
CHAPTER SEVEN
轴测投影

本章要点

　　本章主要介绍了轴测投影的形成、投影特性、分类及其画法,还介绍了坐标法、端面法、叠加法、切割法、综合法等绘制形体正等测图、斜二测图的方法。

第一节　轴测投影的基本知识

　　工程视图中,主要用三面正投影图来表示物体的形状和大小。三面投影图能完整、准确地表示空间形体的形状与大小,且作图简便,度量性好,是工程上常用的视图,如图2-7-1a)所示。但是其每一个投影只能反映二维尺度,缺乏立体感,读图时需结合三个投影,才能想象出形体的空间形状。为了便于识读出形体的空间形状,工程图样中还常用一种富有立体感的投影图作为辅助图样,这种较直观的图形称为轴测投影图,简称轴测图。轴测图是采用平行投影方法绘制的一种能同时反映物体三个方向形状的单面投影图,具有较强的立体感。轴测图度量性较差,作图复杂,所以在工程上只作为辅助图样,如图2-7-1b)所示。同时,依据三视图绘制轴测图也是发展空间思维能力的手段之一。通过轴测图的绘制练习,能增强空间感,从而能对识读、复核或完善组合体三面投影图有所帮助。

一、轴测投影的形成及其有关概念

1.轴测投影的形成

　　采用平行投影的方法,选用一个不平行于任一坐标面的方向为投射方向,将形体连同确定其长、宽、高的空间直角坐标系一起投影到同一个投影面上,所得到的图形称为轴测投影图(简称轴测图),这种投影的方法称为轴测投影,如图2-7-2所示。

2.轴测投影的有关概念

　　(1)轴测投影面:P。

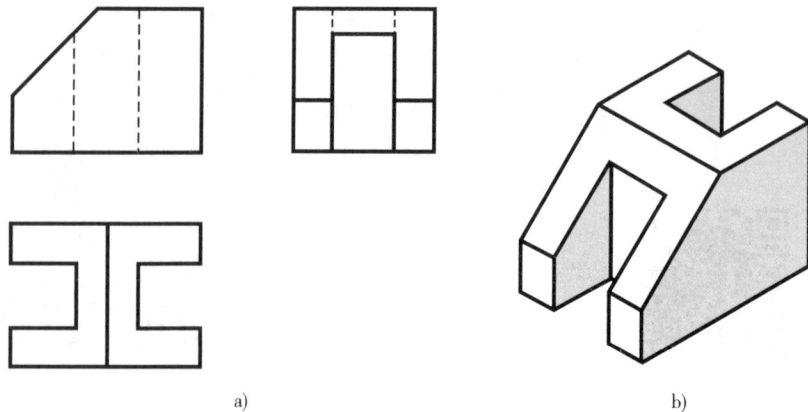

图 2-7-1　正投影图和轴测投影图

a) 正投影图;b) 轴测投影图

(2)轴测投影轴:空间直角坐标轴 OX、OY、OZ 在轴测投影面上的投影 O_1X_1、O_1Y_1、O_1Z_1 称为轴测投影轴,简称轴测轴。

(3)轴间角:轴测投影轴之间的夹角 $\angle X_1O_1Y_1$、$\angle Y_1O_1Z_1$、$\angle Z_1O_1X_1$ 称为轴间角。

(4)轴向伸缩系数:平行于空间坐标轴的线段,其轴测投影长度与实际长度之比,称为 X、Y、Z 轴的轴向变形系数,也称轴向变化率、轴向变化系数、轴向伸缩系数、轴向缩短系数等。分别用 p、q、r 表示,即 $p = O_1X_1/OX$;$q = O_1Y_1/OY$;$r = OZ/O_1Z_1$。

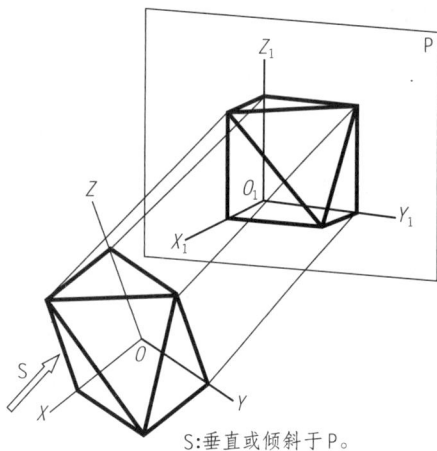

S:垂直或倾斜于 P。

图 2-7-2　轴测图的形成

二、轴测投影的分类

根据投射方向是否垂直于轴测投影面,轴测投影可分为两类:正轴测投影(正等测、正二测等)和斜轴测投影(斜等测、斜二测等)。其中,正等测图和斜二测图较为常用。

1. 正轴测投影图(主要介绍正等测图和正二测图)

将形体放置为使其三个坐标轴均倾斜于轴测投影面的位置,然后用正投影法向轴测投影面投影,这种方法称为正轴测投影,得到的投影图称为正轴测投影图,简称正轴测图,如图 2-7-3 所示。

(1)正等测图。

形体的三个坐标轴与轴测投影面的倾角相同时,获得的投影图称为正等测图。

正等测图的轴测轴、轴间角、轴向伸缩系数,如图 2-7-4 所示。正等测图的三个轴间角相等,均为 120°。画图时通常把 O_1Z_1 轴画成竖直的,O_1X_1、O_1Y_1 轴与水平方向成 30°。

由于空间直角坐标轴与轴测投影面的倾角相同,所以坐标轴轴测投影的缩短程度也相同,其三个坐标轴的轴向伸缩系数均为 0.82,为了作图方便,一般采用简化为 $p = q = r \approx 1$,称为简化系数。

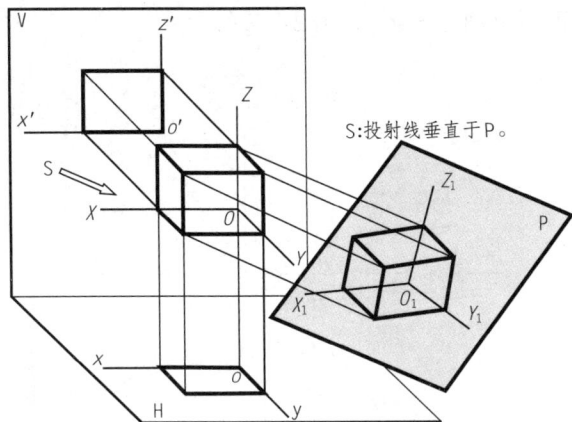

图 2-7-3 正轴测投影图的形成

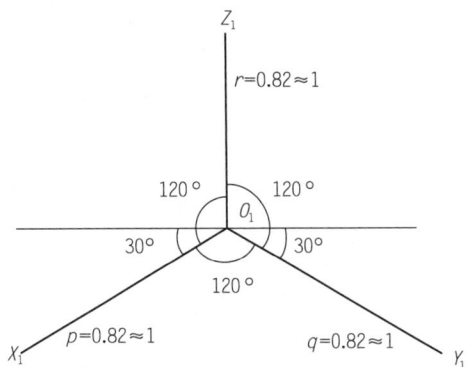

图2-7-4 正等测图的轴测轴、轴间角、轴向伸缩系数

用 1 代替 0.82 画出的正等轴测图,每一轴向尺寸都放大 $1/0.82 = 1.22$ 倍,如图 2-7-5 所示。

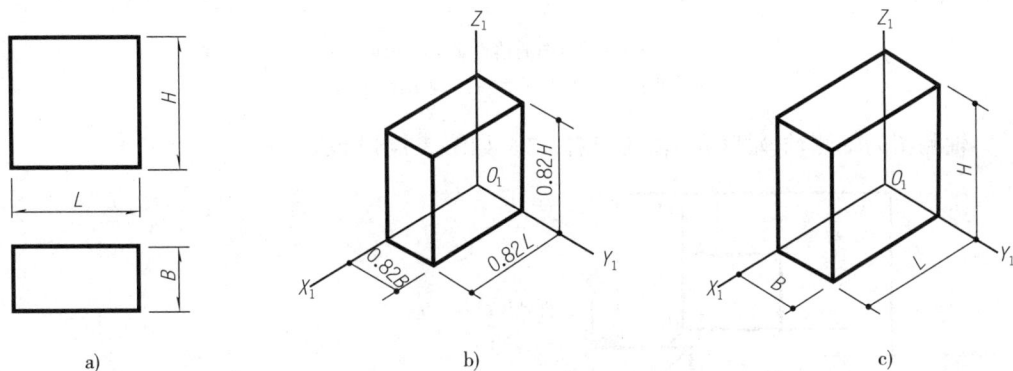

图 2-7-5 采用真实变形系数与简化系数绘出正等测图的比较

a)正投影图;b)按真实变形系数画;c)按简化系数画

(2)正二测图。

形体的两个坐标轴对轴测投影面的倾角相同,一般取 X 和 Z 坐标轴对轴测投影面的倾角相等(即 X 轴和 Z 轴的轴向伸缩系数相等),Y 轴的轴向伸缩系数常采用 X 轴(或 Z 轴)的一半,获得的投影图称为正二测图。

正二测图的轴测轴、轴间角、轴向伸缩系数,如图 2-7-6 所示。

正二测图的轴间角 $\angle X_1O_1Y_1 = \angle Y_1O_1Z_1 = 131°25'$;$\angle X_1O_1Z_1 = 97°10'$。画图时,通常把 O_1Z_1 轴画成竖直的,O_1X_1 轴与水平方向成 $7°10'$,O_1Y_1 轴与水平方向成 $41°25'$。这两个角可根据 $\tan7°10' = 1/8$,$\tan41°25' = 7/8$ 来作图。

轴向伸缩系数为 $p = r \approx 0.94$,$q = p/2 \approx 0.47$。实际作图时,常采用简化的轴向伸缩系数 1 代替 0.94,1/2 代替 0.47。这样正二测图每一轴向尺寸都放大了 $1/0.94 = 1.06$ 倍。

2.斜轴测投影图

使形体的 X 轴和 Z 轴均平行于轴测投影面 P,用斜投影法向轴测投影面投影,这种方法称为斜轴测投影,得到的投影图称为斜轴测投影图,简称斜轴测图。因物体上凡是平行于 *XOZ*

坐标面的表面,其轴测投影反映实形,故也称正面斜轴测投影,如图 2-7-7 所示。

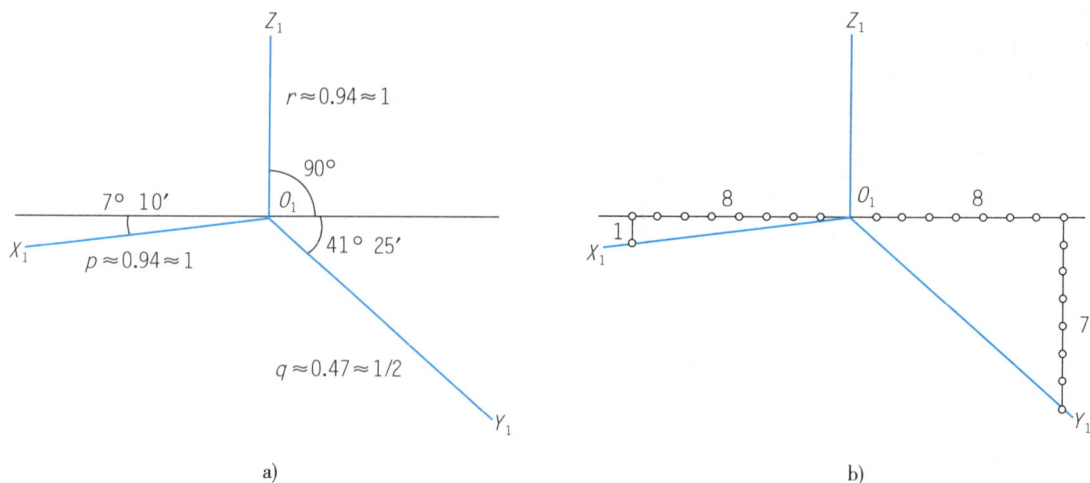

图 2-7-6　正二测图的轴测轴及轴向伸缩系数
a)轴间角及轴向伸缩系数;b)轴测轴的画法

斜轴测图的轴测轴、轴间角、轴向伸缩系数,如图 2-7-8 所示。

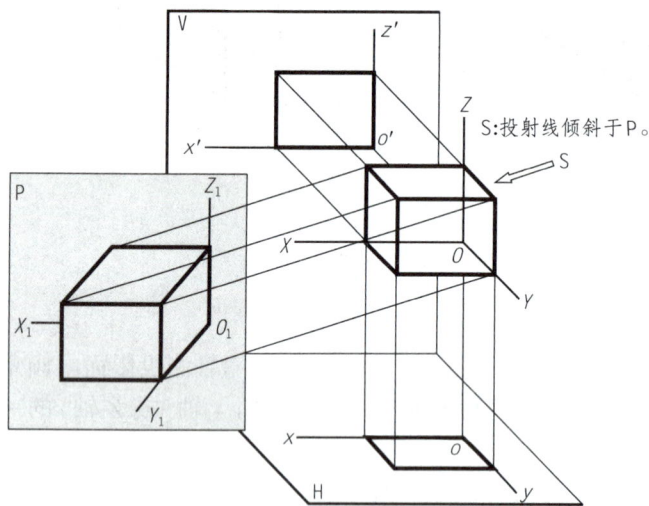

图 2-7-7　斜轴测投影图的形成

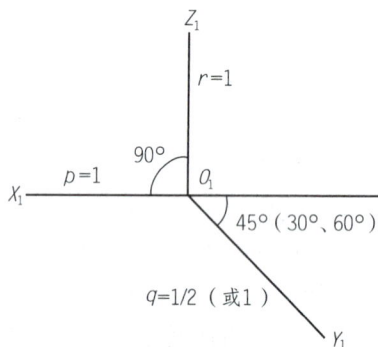

图 2-7-8　斜二(等)轴测轴及轴向伸缩系数

由于 XOZ 坐标面与轴测投影面平行,这样 OX、OZ 就是轴测轴 O_1X_1、O_1Z_1,它们之间的夹角为 $90°$,轴向伸缩系数 p、r 都等于 1。而轴测轴 O_1Y_1 的方向和轴向伸缩系数则由投射方向确定,一般其与水平方向取 $30°$、$45°$、$60°$,以 $45°$ 最为常用,轴向伸缩系数取 1 或 $1/2$。当 $q=1$ 时,称为斜等测图,$q=1/2$ 时,称为斜二测图。

通常将轴测轴 O_1X_1 画成水平,O_1Z_1 画成竖直,O_1Y_1 画成与水平方向成 $45°$,各轴向变形系数为 $p=r=1$,$q=1/2$(或 1)。

斜二(等)测图常用的 Y_1 轴方向,如图 2-7-9 所示。

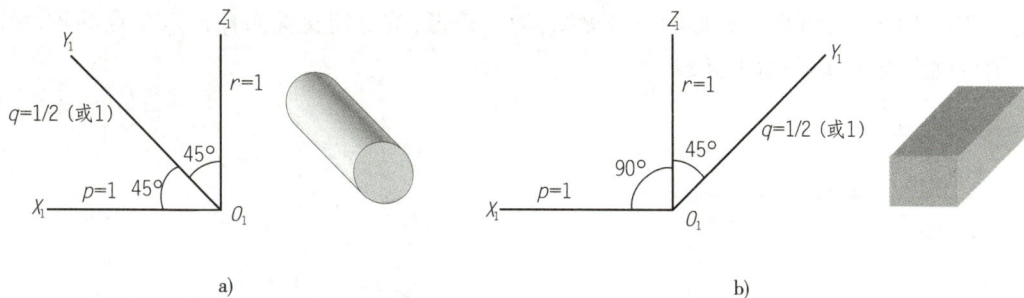

图 2-7-9 斜二（等）测图常用的 Y_1 轴方向

三、轴测投影的性质

轴测投影图是用平行投影法绘制的，所以它必然具有平行投影的基本性质：

（1）形体上互相平行的直线，其轴测投影仍互相平行。

（2）形体上平行于坐标轴的直线，其轴测投影与相应的轴测轴平行。

（3）空间平行于坐标轴的直线，其轴测投影长度等于该坐标轴的轴向伸缩系数与线段长度的乘积。"轴测图"中的"轴测"即指沿轴测轴或平行于轴测轴的方向按一定的轴向变形系数度量尺寸。

（4）对于形体上不平行于坐标轴的线段，则应作出其两端点的轴测投影，然后相连。

（5）平行于坐标面的圆的轴测投影，如图 2-7-10 所示。在正等轴测投影中，平行于坐标面的圆，其投影总是椭圆；在斜二等轴测投影中，平行于 XOZ 坐标面的圆，其投影仍是圆，而平行于其他坐标面的圆，其投影是椭圆。

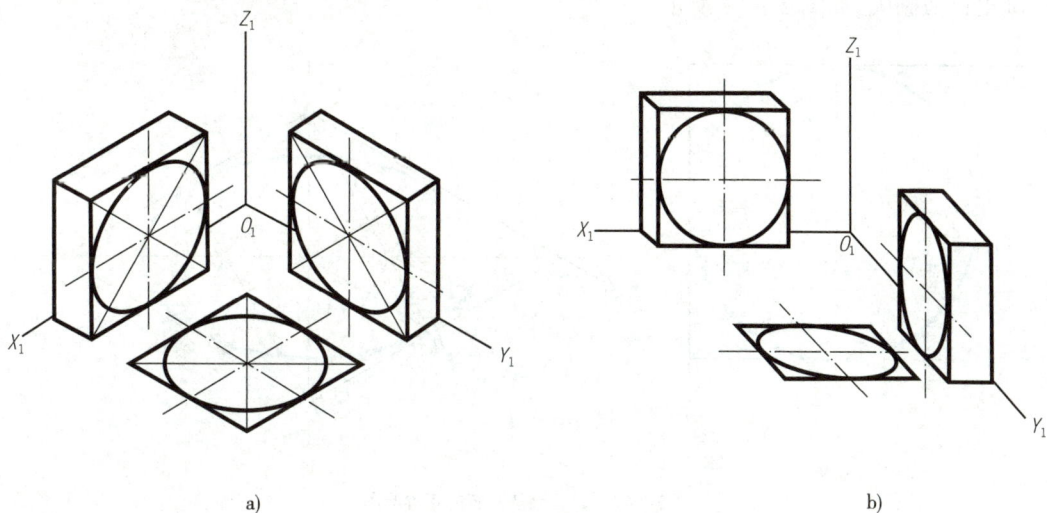

图 2-7-10 圆的轴测投影

画轴测椭圆的方法（以平行于 XOY 面的圆为例）：

（1）八点法——这一方法对于正等测图和斜二测图都适用。

如图 2-7-11 所示，作圆的外切正方形及对角线，得八个点，四个是正方形各边的中点，四个是对角线上的点。画出正方形的正等测图,为一菱形,按照定比关系作出八个点的轴测图,将八个点顺滑连接,即为所求椭圆。

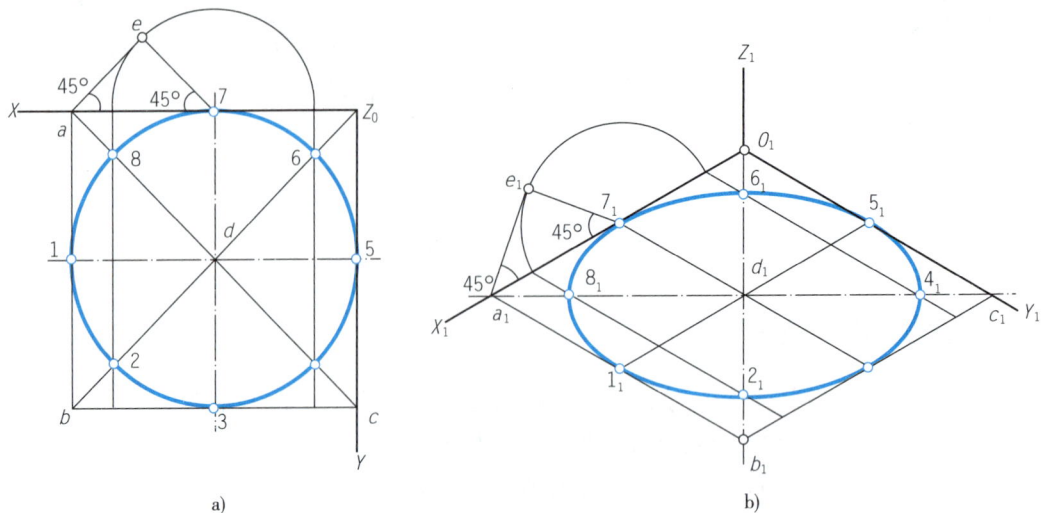

图 2-7-11　八点法画圆的正等测图
a)水平圆;b)圆的正等测图

(2)四心圆法——该方法只对正等测图有效,而对于斜轴测图不能使用。

如图 2-7-12 所示,对于正等测图,可先画出外切正方形的轴测菱形,以图中标明的 O_1、O_2、O_3、O_4 四个点为圆心,画四段圆弧,即拼接成一个近似的椭圆。

圆角是圆的四分之一,其正等测图画法与圆的正等测图相同,即作出对应的四分之一菱形,画出近似圆弧,如图 2-7-13 所示。

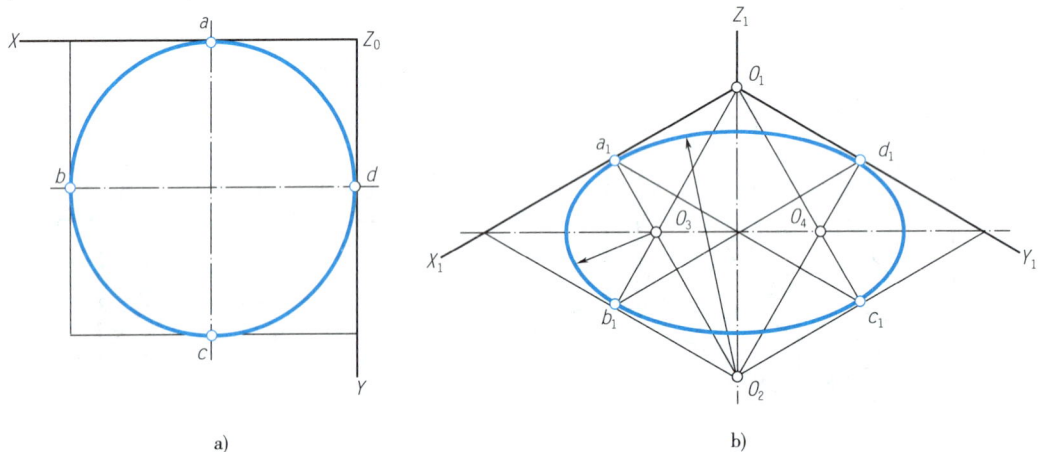

图 2-7-12　四心圆法画圆的正等测图
a)水平圆;b)圆的正等测图

其具体作图步骤如下:
①已知投影图[图 2-7-13a)];
②在投影图上作切线(即方角),标出切点[图 2-7-13b)];

③画出方角的正等测图,沿着角的两边分别截取半径,得到切点[图 2-7-13c)];

④过切点分别作相应边的垂线,交点为近似圆弧的圆心,分别以各自的圆心到切点的距离为半径画弧[图 2-7-13d)];

⑤向下将圆心平移 H 的长度再画弧,作小圆弧的外公切线[图 2-7-13e)];

⑥擦除不可见线,整理加深图线[图 2-7-13f)]。

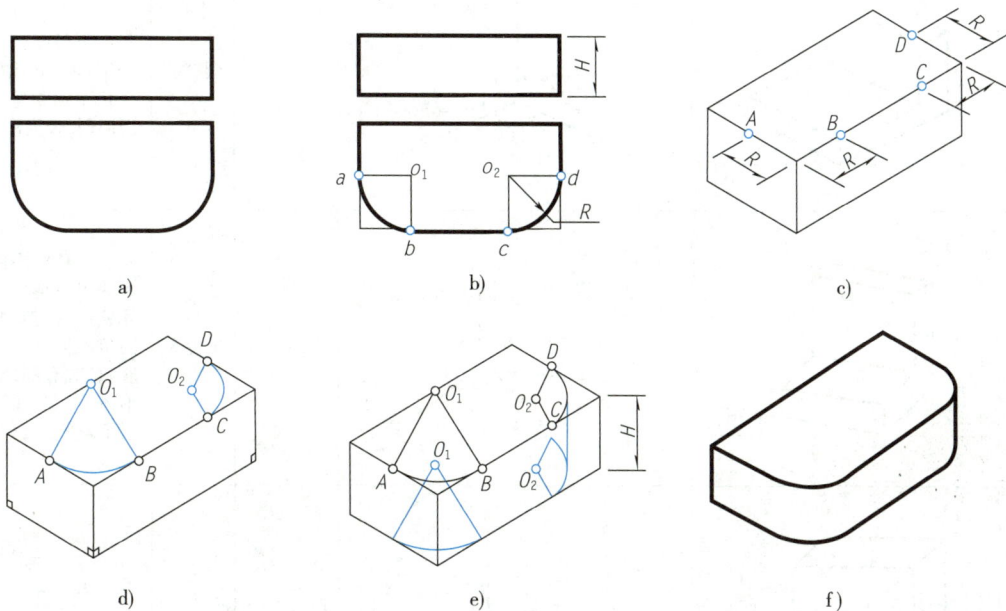

图 2-7-13　圆角的正等测图

第二节　轴测图的选择

绘制轴测图时,首先要考虑的是选用哪种轴测图。在选择轴测投影的种类时,可根据画出的轴测图的立体直观感是否强、视图是否表达完整清晰、作图是否简便等原则来进行选择。同时还要考虑从哪个方向去观察形体,才能使形体最复杂的部分显示出来。总之,要求图形明显、自然,作图方法力求简便。

一、轴测类型的选择

1. 选择轴测类型应遵循的原则

(1)直观性要好。也就是画出的轴测图立体感强,要尽可能完整清晰地表达清楚物体各部分的形状,尤其是要把物体的主要形状和特征表达清楚。

(2)作图方法应简便。也就是能够较为简捷地画出形体的轴测图。

2. 常用的几种轴测投影的比较

究竟选用哪种轴测图,应根据各种轴测图的特点及物体的具体形状进行综合分析,然后作出决定。表 2-7-1 为常用的几种轴测投影的比较。

常用的几种轴测投影比较　　　　　　　　　　表 2-7-1

类型	参考形体的轴测图	轴间角和轴向伸缩系数	直观性和立体感	作图的简便性	适 用 范 围
正等测图	30° 30°	Z_1 $r=0.82\approx1$ 120° 120° O_1 120° $p=0.82\approx1$ $q=0.82\approx1$ X_1 Y_1	其次	其次	正等测图接近于视觉效果,其三个轴间角及轴向变化率均相等,作图简便,较为常用
正二测图	41°25′ 7°10′	Z_1 $r=0.94\approx1$ 97°10′ 131°25′ X_1 $p=0.94\approx1$ O_1 131°25′ $q=0.47\approx1/2$ Y_1	最好	最复杂	正二测图更接近人的视觉印象,立体感最好,但因轴间角不同,作图较麻烦,对有圆线的形体不宜采用,常用于画平面立体
斜等测图	45°	Z_1 $r=1$ $p=1$ 90° 135° X_1 O_1 135° $q=1$ Y_1	最差	最简捷	斜轴测图的优点是物体上凡是平行于投影面的平面在图上都反映实形,因此,特别适用于正面形状复杂或有圆或曲线多的形体。当形体宽度值较大时宜采用斜二测图;当宽度值较小时,则适合采用斜等测图
斜二测图	45°	Z_1 90° $r=1$ $p=1$ 135° X_1 O_1 135° $q=1/2$ Y_1	再次	其次	

二、投影方向的选择

投影方向的选择,即观察者从哪个方向去观察形体。影响轴测图表达效果的因素,除了选择合适的轴测图类型外,还应考虑选择有利的观察方向,使需要表达的部分更为明显,形体被遮挡的线条越少越好。图 2-7-14 为四种不同投影方向的正等测图。

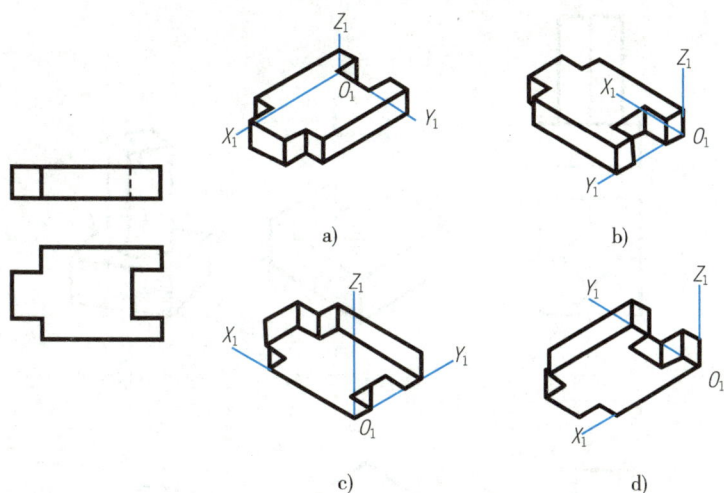

图 2-7-14　四种不同投影方向的正等测图

a)左前上→右后下；b)右前上→左后下；c)右后下→左前上；d)右前下→左后上

课堂练习

试分析图 2-7-15 中的拱桥与柱头的轴测投影是什么类型？所选投影方向是什么方向？为什么？

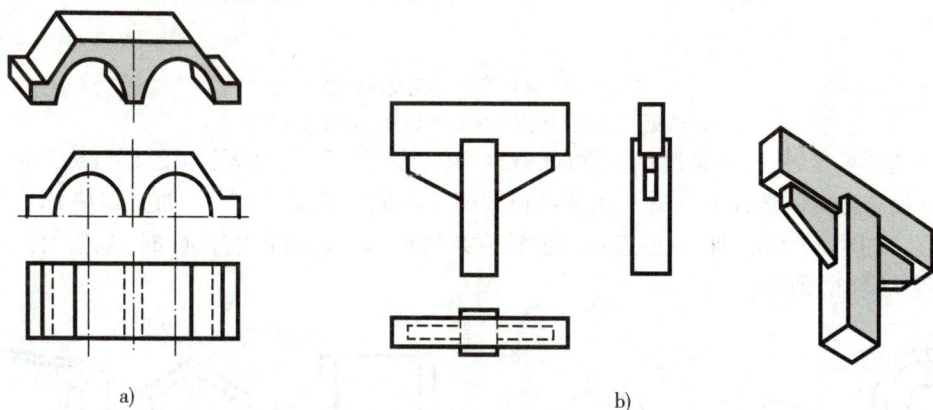

图 2-7-15　形体轴测投影方向的选择

a)拱桥；b)柱头

三、选择轴测图时应注意的问题

（1）当形体的棱面或棱线与轴测投影面成 45°角时，则不宜选用正等测图，而应选用正二测图，以避免形体转角交线及面成直线，致使轴测图左右对称，呆板、失真，影响直观效果，如

图 2-7-16 所示。

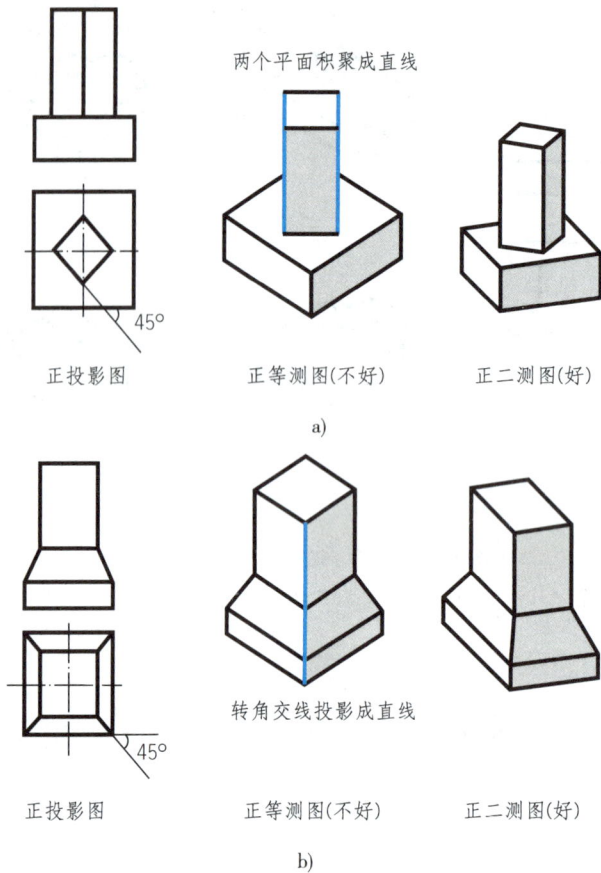

两个平面积聚成直线

正投影图　　　　正等测图(不好)　　　　正二测图(好)

a)

转角交线投影成直线

正投影图　　　　正等测图(不好)　　　　正二测图(好)

b)

图 2-7-16　避免平面、转角交线成直线
a)避免平面积聚成直线;b)避免转角交线投影成直线

(2)选择类型时,应避免遮挡,尽可能看全物体上的通孔、通槽等,如图 2-7-17 所示。

(3)投影方向的选择要合适。在表示顶面简单而底面复杂的形体(如梁或柱)时,采用仰视轴测图,如图 2-7-18a)所示;而表示顶面较复杂的形体(如基础或台阶)时,常选用俯视轴测图,如图 2-7-18b)所示。

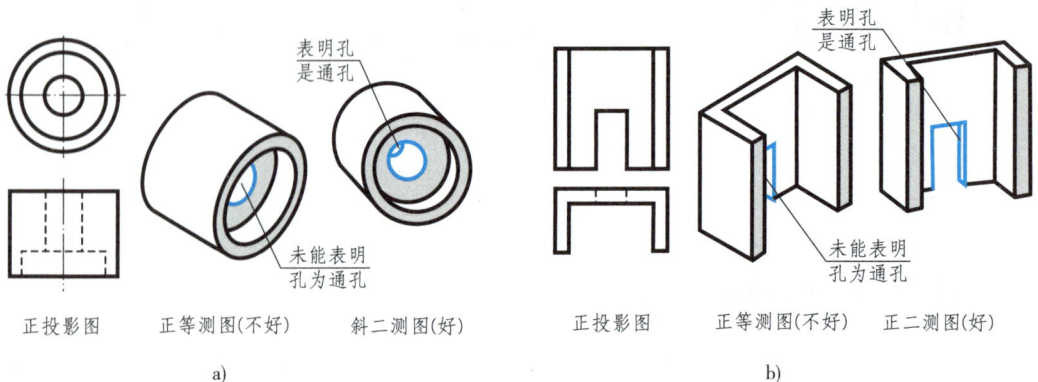

表明孔是通孔　　　未能表明孔为通孔

正投影图　　正等测图(不好)　　斜二测图(好)

a)

表明孔是通孔　　　未能表明孔为通孔

正投影图　　正等测图(不好)　　正二测图(好)

b)

图　2-7-17

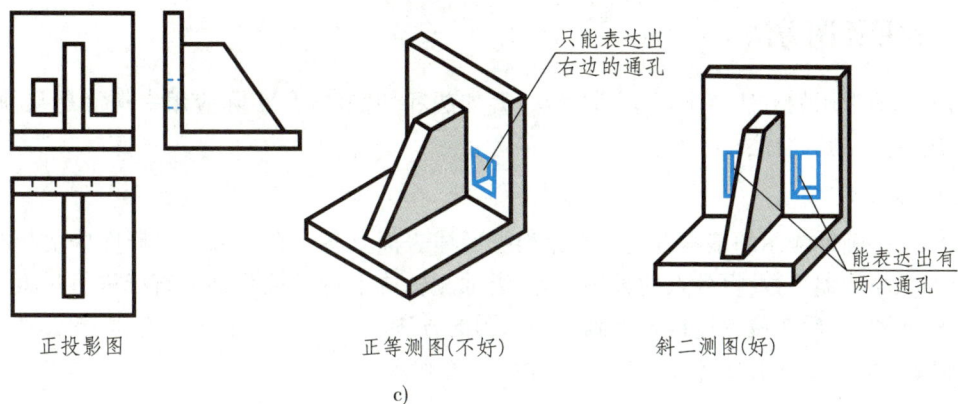

只能表达出
右边的通孔

能表达出有
两个通孔

正投影图　　　　　　正等测图(不好)　　　　　斜二测图(好)

c)

图 2-7-17　尽可能看全物体示例

仰视效果好　　　俯视效果差　　　　　　　　　　俯视效果好

a)　　　　　　　　　　　　　　　　　　　　b)

图 2-7-18　投影方向的选择要合适

a)顶面简单而底面复杂的形体;b)顶面复杂而底面简单的形体

第三节　轴测投影图的画法

一、基本作图步骤

通常依据形体三面投影图绘制轴测图,基本步骤如下:

(1)首先应依据三面正投影,了解所画形体的实际形状和特征。

(2)在正投影上确定空间直角坐标系 O-XYZ,原点 O 的位置应便于作图。确定坐标轴 OX、OY、OZ 的方向,这些方向通常应与形体的长、宽、高三个主要方向一致。

(3)选择轴测图类型,确定投影方向,并按轴间角画出轴测轴。为了便于作图:对方正、平直的形体宜采用正轴测投影法;对形状复杂或带有曲线的形体宜采用斜轴测投影法。

(4)根据形体特征,按轴测投影的性质,以坐标法为基础,配合端面法、叠加法和切割法等方法作图。

(5)检查底稿,加深轮廓线(一般情况下仅画可见轮廓线),擦去辅助线,完成轴测图。

二、常用作图方法

画轴测图常用的方法有坐标法、端面法、叠加法和切割法等,实际应用中常常是几种方法混合使用,称之为综合法。

1. 坐标法

坐标法是画轴测图的基本方法。它是根据形体表面上各点在三面正投影图中的坐标,乘以相应的轴向伸缩系数,得各点的轴测尺寸,沿轴测轴或平行于轴测轴的直线进行量度,画出各点的轴测图,然后按位置连接各点画出轴测图的方法。

[例2-7-1]　四棱柱正等测图[图2-7-19a)]的画法。

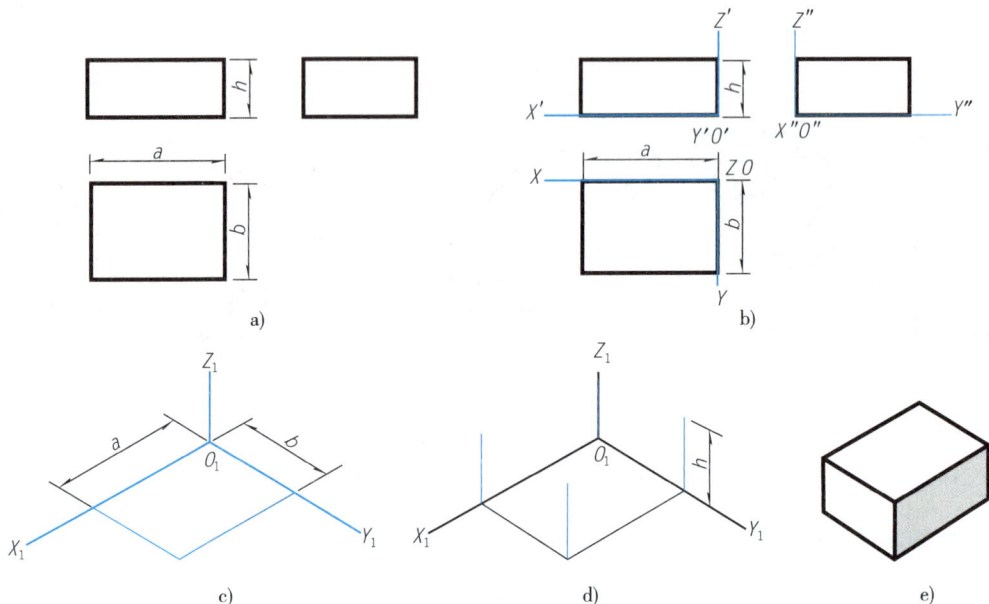

图2-7-19　长方体正等测图的画法

a)已知条件;b)在投影图上建立坐标系;c)绘制轴测轴,先画出四棱柱的下底面;d)再画四棱柱的侧棱;e)连接各顶点,整理,加深可见轮廓线

分析:绘制平面立体的正等测图,应先选好恰当的直角坐标轴,然后画出相应的轴测轴,根据平面立体各个顶点的坐标绘制出相应点的轴测投影,最后依次连接即可。

作图步骤:如图2-7-19b)、c)、d)、e)所示。

[例2-7-2]　根据图2-7-20a)所示三棱锥,绘制其正等测图。

分析:

(1)分析已知条件可知,该三棱锥有四个控制点,即底面"A、B、C"三点,锥顶"S"点,如图2-7-20a)所示。

(2)将三棱锥引入坐标系(X,Y,Z),根据轴测类型(正等测图轴间角120°),立轴测轴X_1、Y_1、Z_1。

(3)在正投影图上量出四个"控制点"的"坐标",分别乘以相应的轴向伸缩系数(正等测图三个坐标轴的轴向伸缩系数均简化为1),再沿轴测轴截取这些尺寸,即得"控制点"轴测图,如图 2-7-20b)和图 2-7-20c)所示。

(4)将控制点"A、B、C"及"S"两两相连,得线、得面、进而得体,如图 2-7-20d)所示。

(5)整理图形,去除多余线条,加深可见轮廓线,如图 2-7-20e)所示。

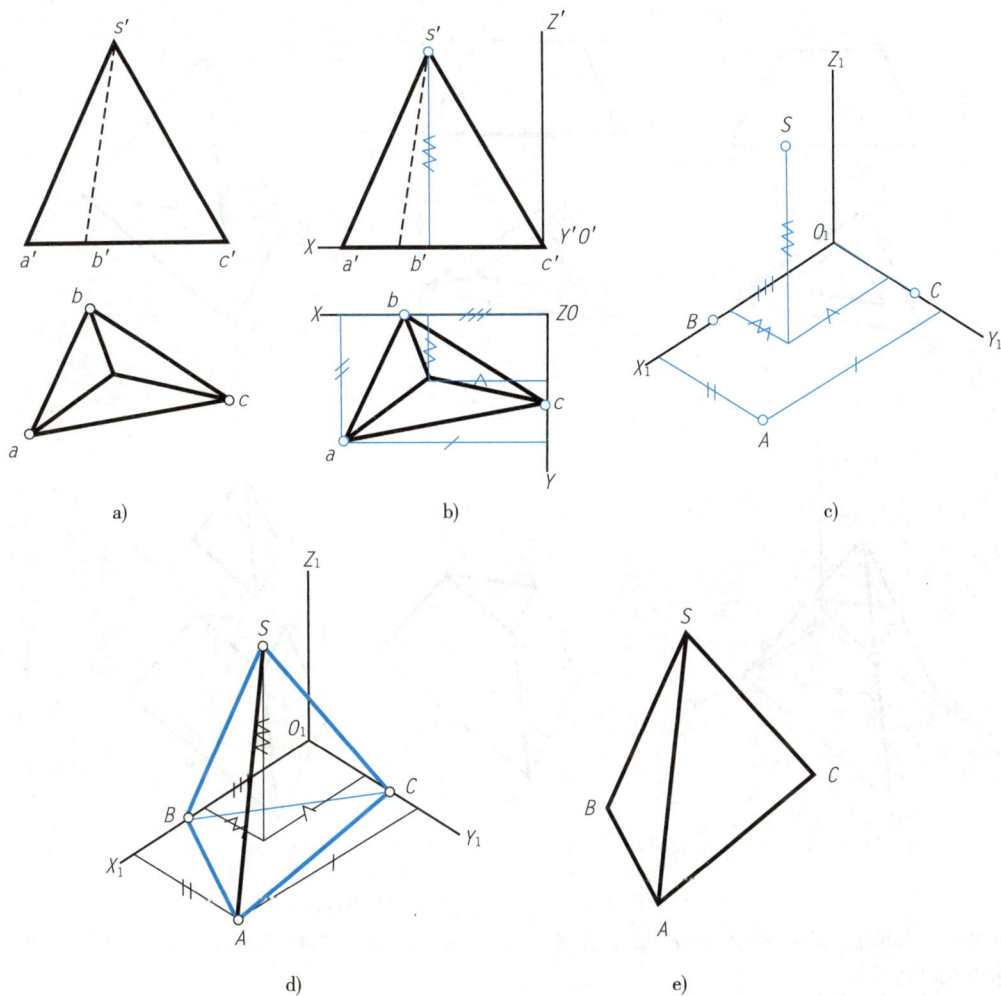

图 2-7-20　三棱锥正等测图作图过程

[例 2-7-3]　如图 2-7-21a)所示,三棱锥被一水平面截割,绘其正等测图。

分析:

如图 2-7-21b)和图 2-7-21c)所示,水平面"P"截割三棱锥,得"三角形 123"。先由三视图量取"1 的坐标",再沿轴测轴由"1 的坐标"得"1 的轴测图"。如图 2-7-21d)和图 2-7-21e)所示,过"1"作"12"直线与三棱锥底边"AB"平行,即得"2",同理可得"3",从而得"截去的三棱锥"和"截余的三棱台"。

[例 2-7-4]　正六棱柱的正等测图画法。

作图步骤:

(1)选择正六棱柱的底面中心为坐标系的原点,建立坐标系,标定出六棱柱底面八个控制点,如图 2-7-22a)所示。

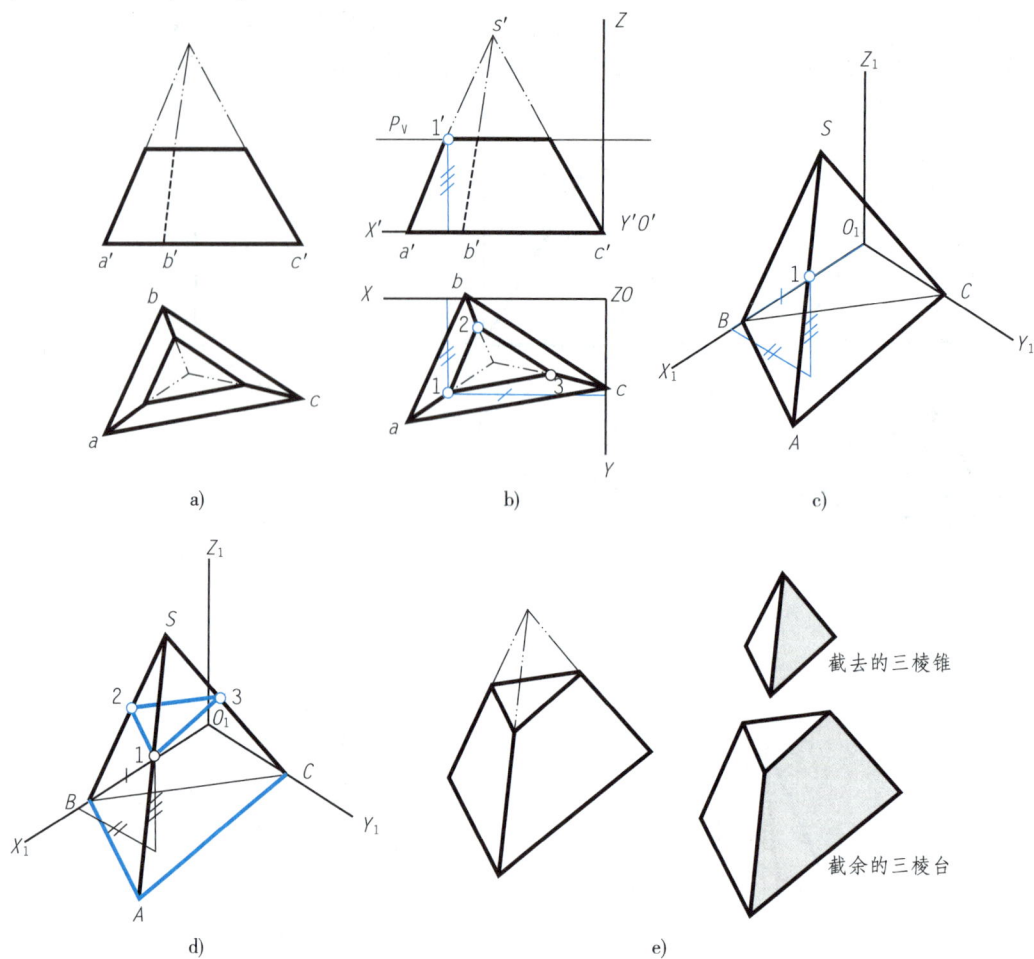

图 2-7-21　切割后的三棱锥正等测图作图过程

a)已知条件;b)量出截交点"1"的"坐标";c)由"坐标"得"1";d)由"1",进而得"2"和"3",将"1、2、3"两两相连;e)校核,去除多余线条并加粗成型

　　(2)画正等测图的轴测轴,如图 2-7-22b)所示。

　　(3)据坐标,定出 1、4、7、8 四个点,如图 2-7-22c)所示。

　　(4)过 7、8 点作平行于轴测轴的直线,根据实际尺寸定出 2、3、5、6 四个点,将各点两两相连,如图 2-7-22d)所示。

　　(5)过底面各点,向上截取棱高,得对应各顶点,顺次连接各点,即得顶面,如图 2-7-22e)所示。

　　(6)去除多余线条,加深可见轮廓线,如图 2-7-22f)所示。

　　2.端面法(也称特征面法)

　　当形体的某一端面能够反映形体的形状特征时,可利用先画出该特征面的方法绘制轴测图。

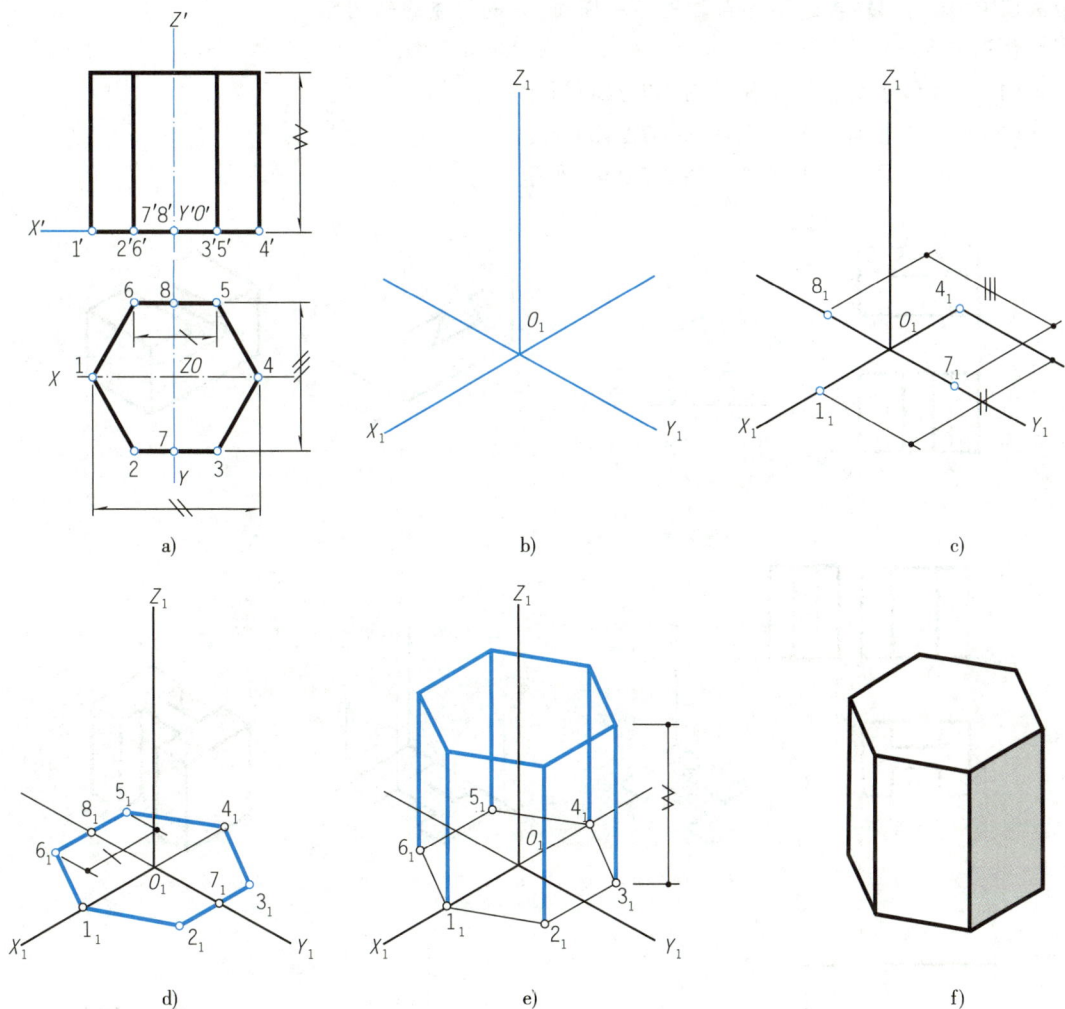

图 2-7-22　正六棱柱的正等测图

[**例 2-7-5**]　画出图 2-7-23 所示棱柱体的轴测图。

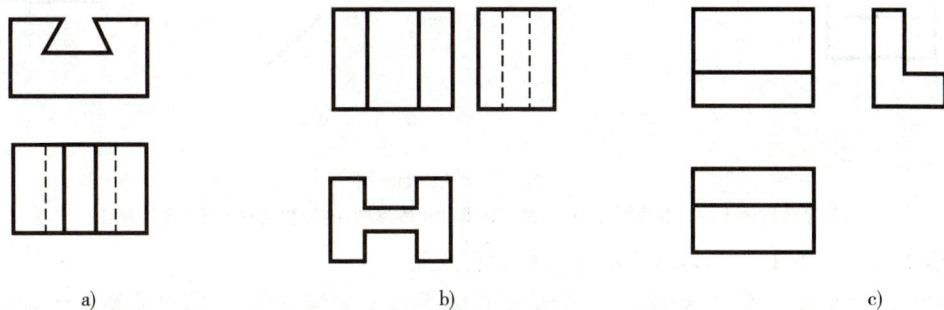

图 2-7-23　已知条件

a)棱柱体Ⅰ;b)棱柱体Ⅱ;c)棱柱体Ⅲ

分析:先画出能反映棱柱体形状特征的一个可见底面(即特征面),然后画出平行于轴测轴的所有可见侧棱,再连接各点画出另一底面,完成物体的轴测图。

作图步骤:

(1)棱柱体Ⅰ的作图步骤如图2-7-24a)所示。

(2)棱柱体Ⅱ的作图步骤如图2-7-24b)所示。

(3)棱柱体Ⅲ的作图步骤如图2-7-24c)所示。

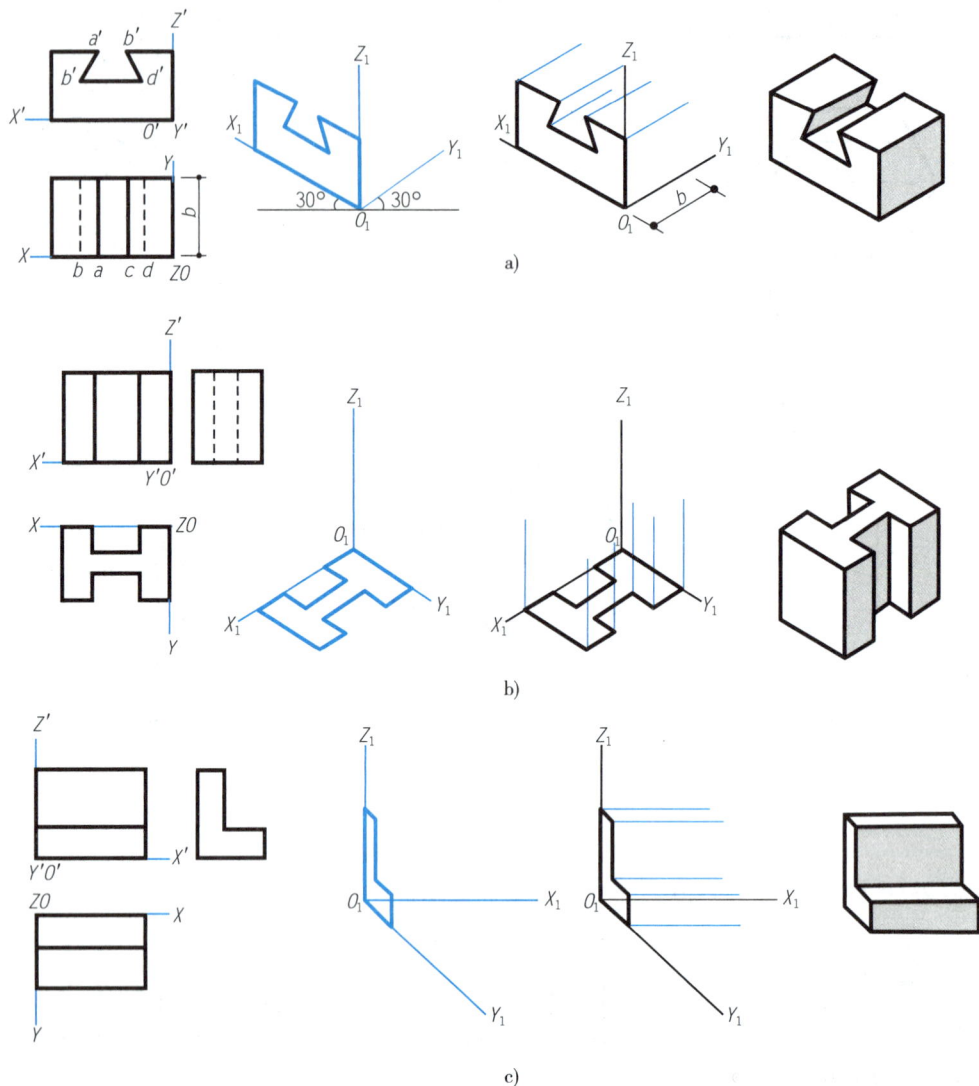

a)

b)

c)

图2-7-24 端面法绘轴测图

a)绘制棱柱体Ⅰ的正等测图;b)绘制棱柱体Ⅱ的正等测图;c)绘制棱柱体Ⅲ的斜二测图

[例2-7-6] 绘制图2-7-25a)所示圆台的斜二测图。

分析:绘制斜二测图时,由于一个坐标面 XOZ 平行于轴测投影面,轴向伸缩系数 $p=r=1$,故 XOZ 方向上的前后端面圆在轴测图上的投影均反映实形,$q=0.5$,故 Y 向长度在轴测图上绘制时应缩短一半。

作图步骤:如图2-7-25b)~图2-7-25g)所示。

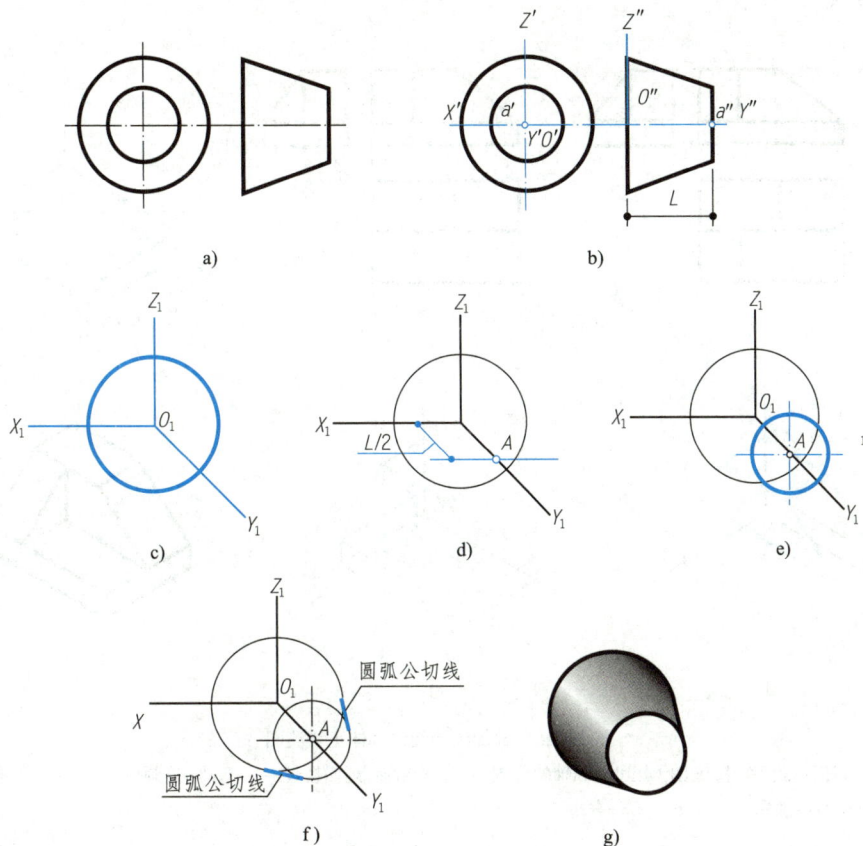

图 2-7-25　圆台的斜二测图

a)已知条件;b)确定坐标原点及坐标系;c)立轴测轴,定圆心,画后端面;d)在 Y_1 方向 $L/2$ 处找出前端面圆心;e)过 A 点绘制前端面实形;f)作 Y_1 方向圆弧公切线;g)整理,加深可见轮廓线

3.叠加法

由基本体经叠加而形成的组合体,画轴测图时可以分块绘制,但要保持各部分之间正确的位置关系。

[例 2-7-7]　画图 2-7-26a)所示组合体的正等测图。

作图步骤:如图 2-7-26b)～图 2-7-26f)所示。

[例 2-7-8]　画图 2-7-27a)所示台阶的正等测图。

作图步骤:如图 2-7-27b)～图 2-7-27f)所示。

4.切割法

由基本体切割而成的组合体,宜先画出原始基本体的轴测图,然后再画切割处(按截平面的位置逐个切去被切部分),得出该物体的轴测图,这种方法称切割法。

[例 2-7-9]　绘制图 2-7-28a)所示组合体的正等测图。

作图步骤:如图 2-7-28b)～图 2-7-28e)所示。

[例 2-7-10]　绘制图 2-7-29a)所示组合体的正等测图。

作图步骤:如图 2-7-29b)～图 2-7-29e)所示。

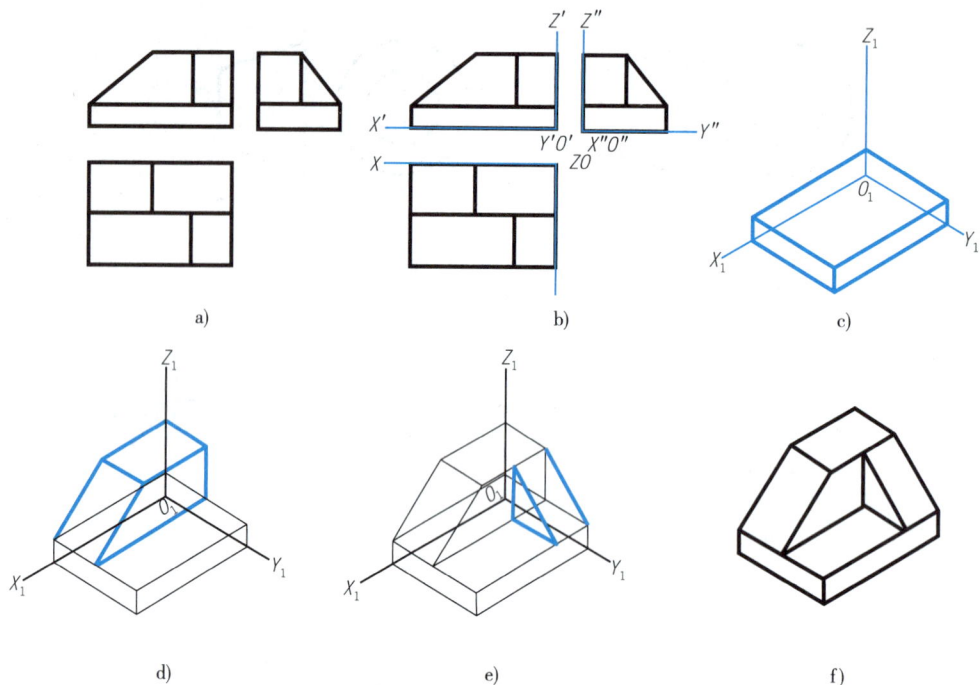

图 2-7-26　叠加法绘制组合体正等测图

a)已知条件;b)在正投影图中定出原点和坐标轴的位置;c)立轴测轴,画四棱柱——基础;d)画四棱柱——墙身;e)画三棱柱——墙身;f)检查,加深

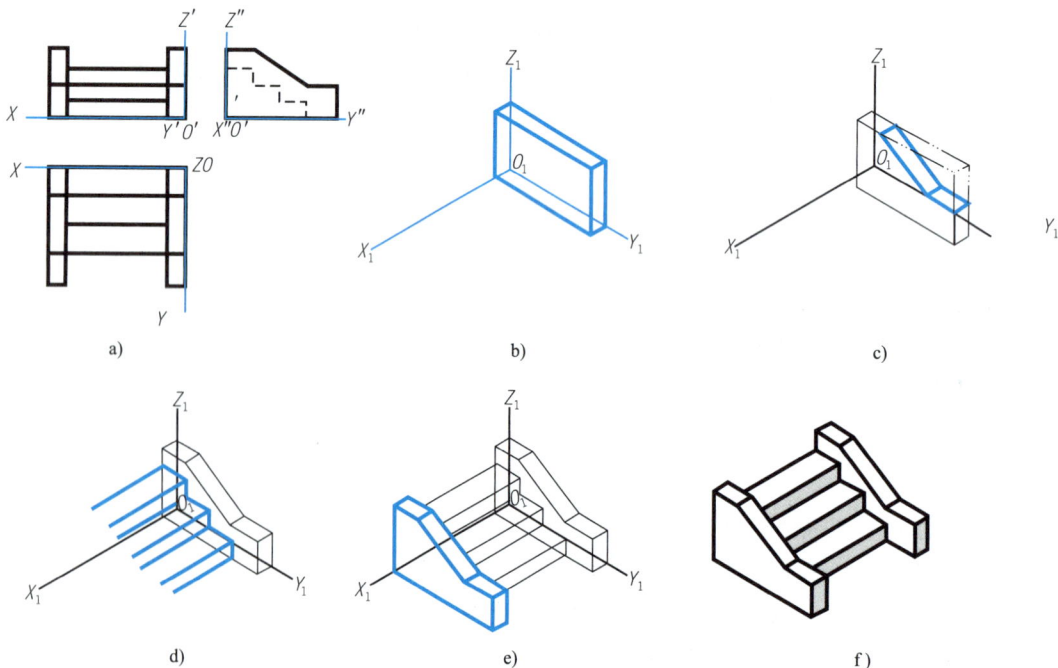

图 2-7-27　台阶正等测图

a)已知条件;b)画出四棱柱;c)以水平面和侧垂面切割;d)画踏步;e)画另一侧栏板;f)检查,加深

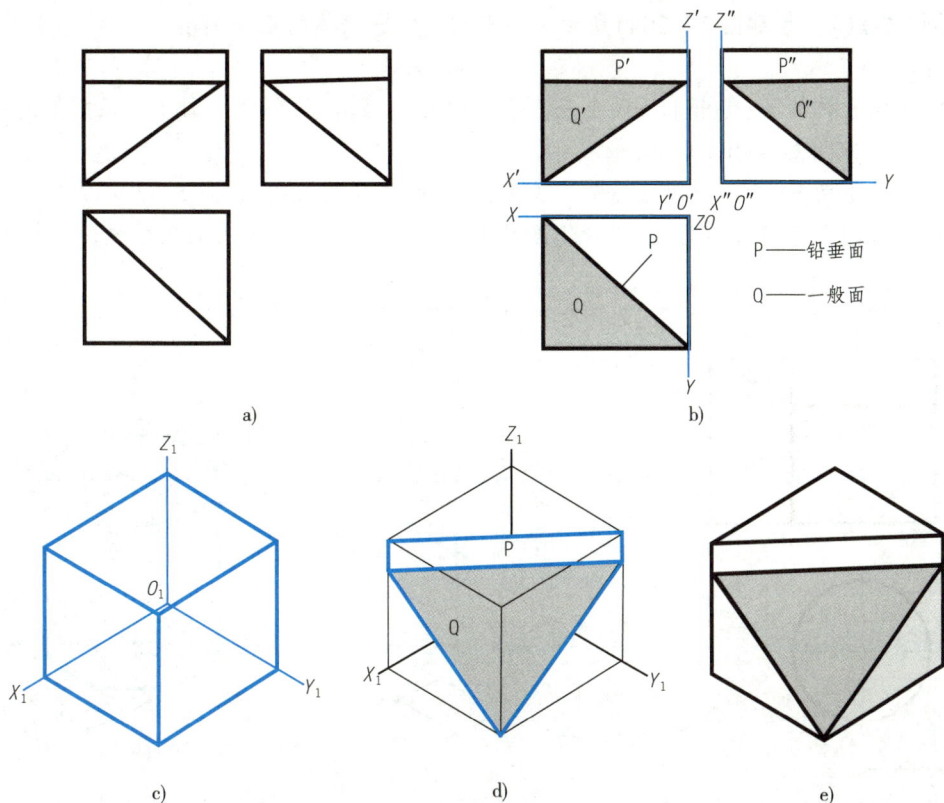

图 2-7-28　切割法绘制组合体正等测图

a)已知投影图;b)进行形体分析,并将形体引入坐标系;c)立轴测轴,画出原始基本体;d)沿铅垂面 P 和一般面 Q 切割;
e)去除多余线条,加粗成型

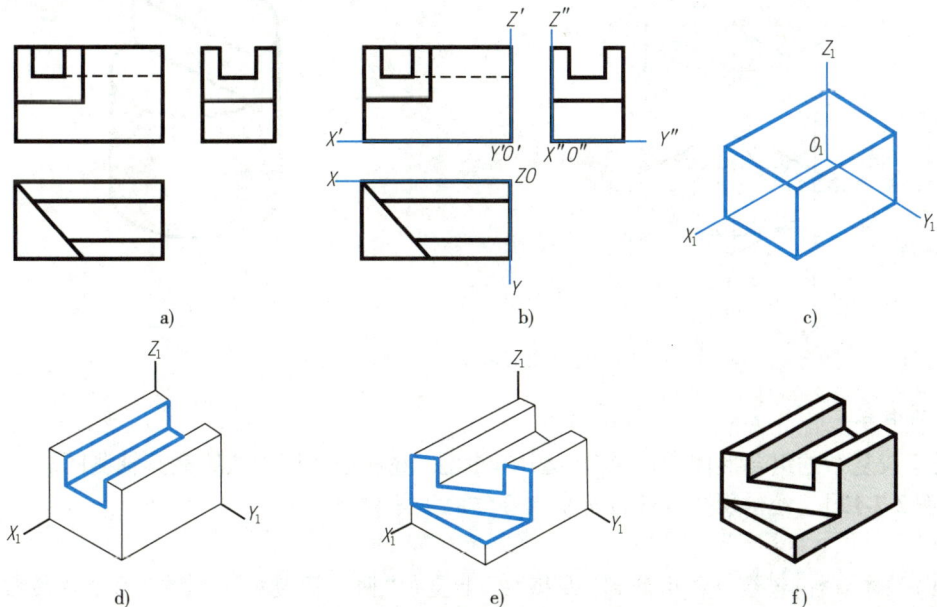

图 2-7-29　切割法画轴测图

a)已知条件;b)确定原点及坐标;c)立轴测轴,画四棱柱;d)上方开长槽;e)左前方切斜角;f)整理描深,完成全图

[例2-7-11]   绘制图2-7-30a)所示上部有切口的圆柱体的正等测图。

作图步骤:

(1)以圆柱体的高,定出上下两个底面圆的中心,分别作两个底面圆外切正方形的正等测图(即菱形),如图2-7-30b)所示。

(2)在上下两菱形内,用四心椭圆法画椭圆,并画两椭圆切线,如图2-7-30c)所示。

(3)自上向下取切口高度,在切口处画半圆的正等测,并画出有关的轮廓线,如图2-5-30d)所示。

(4)检查,擦去辅助线,加深,如图2-7-30e)所示。

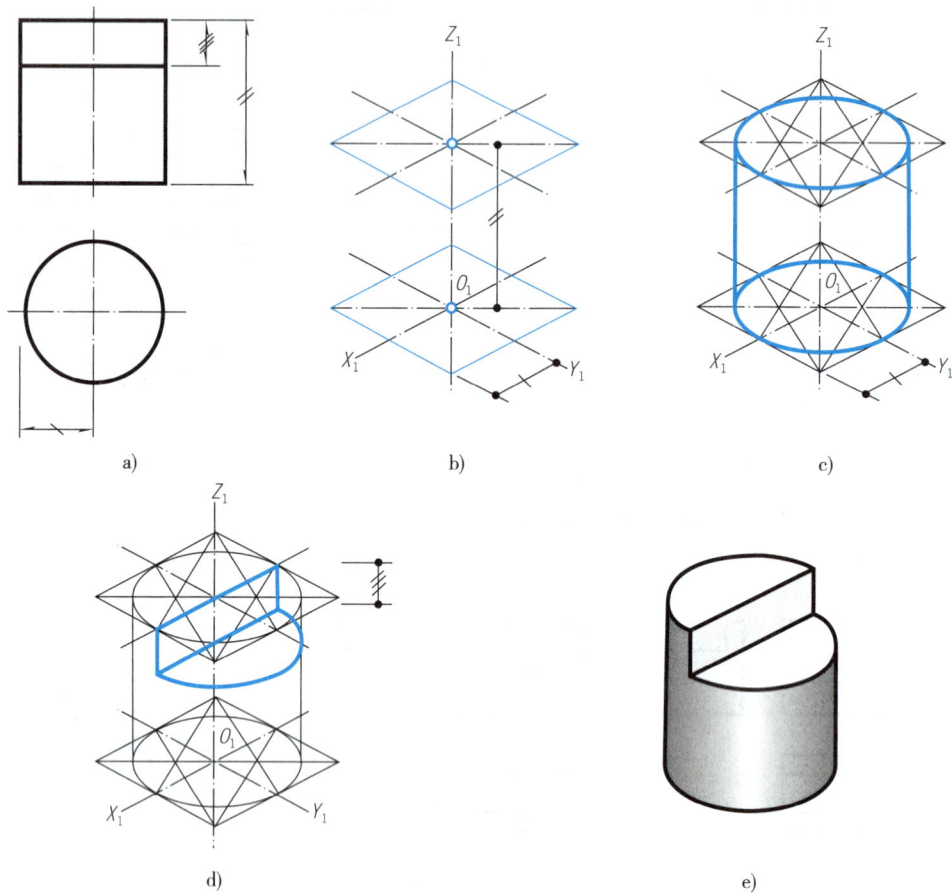

图2-7-30   上部有切口的圆柱体的正等测图

5.综合法

对于较复杂的组合形体,可以综合运用坐标法、叠加法与切割法绘制其轴测图。

[例2-7-12]   绘制图2-7-31a)所示组合体的正等测图。

分析:

(1)形体分析:该组合体由底部"四棱柱"上叠加"两个四棱柱",再在"两个四棱柱"上用水平面、正垂面、一般面三个截平面切割组合而成。

(2)将形体引入坐标系,据轴测类型,立轴测轴。

（3）先用坐标法画底部"四棱柱"，再叠加其上的"两个四棱柱"，如图 2-7-31b）和图 2-7-31c）所示。

（4）再在"两个四棱柱"上按水平面 P、正垂面 Q、一般面 R 逐个切割，如图 2-7-31d）所示。

（5）去除多余线条，加粗轮廓线，如图 2-7-31e）所示。

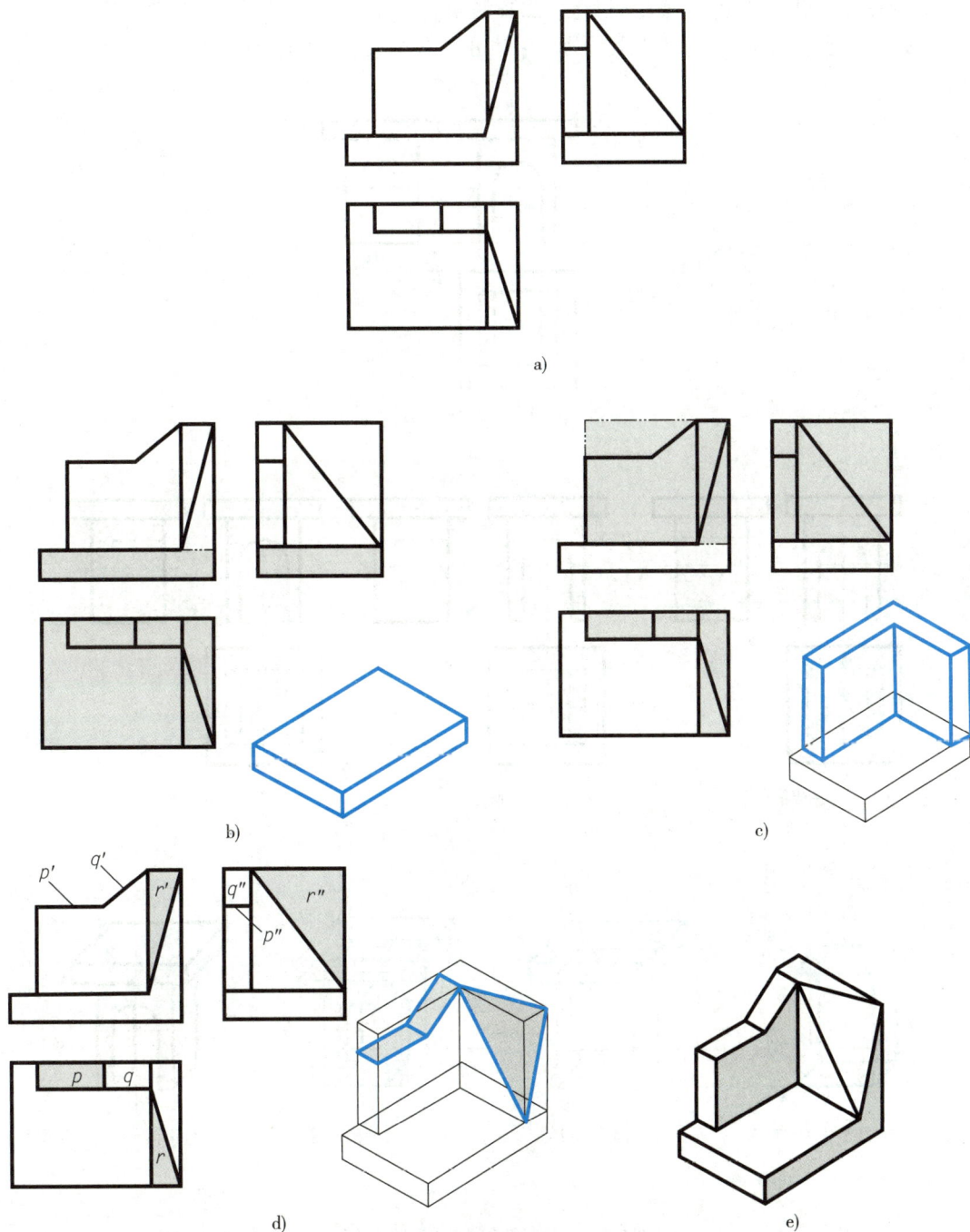

a)

b)

c)

d)

e)

图 2-7-31　综合法绘制组合体正等测图

[**例2-7-13**]　绘制图2-7-32a)所示组合体的斜二测图。

作图步骤：

(1)形体分析：该组合体由"形体Ⅰ"和"形体Ⅱ"两部分叠加,再在"形体Ⅰ"上切去"形体Ⅲ"而成,如图2-7-32b)所示。

(2)将形体引入坐标系,据轴测类型,立轴测轴。

(3)先用坐标法画"形体Ⅰ",再叠加"形体Ⅱ",最后切去"形体Ⅲ"。

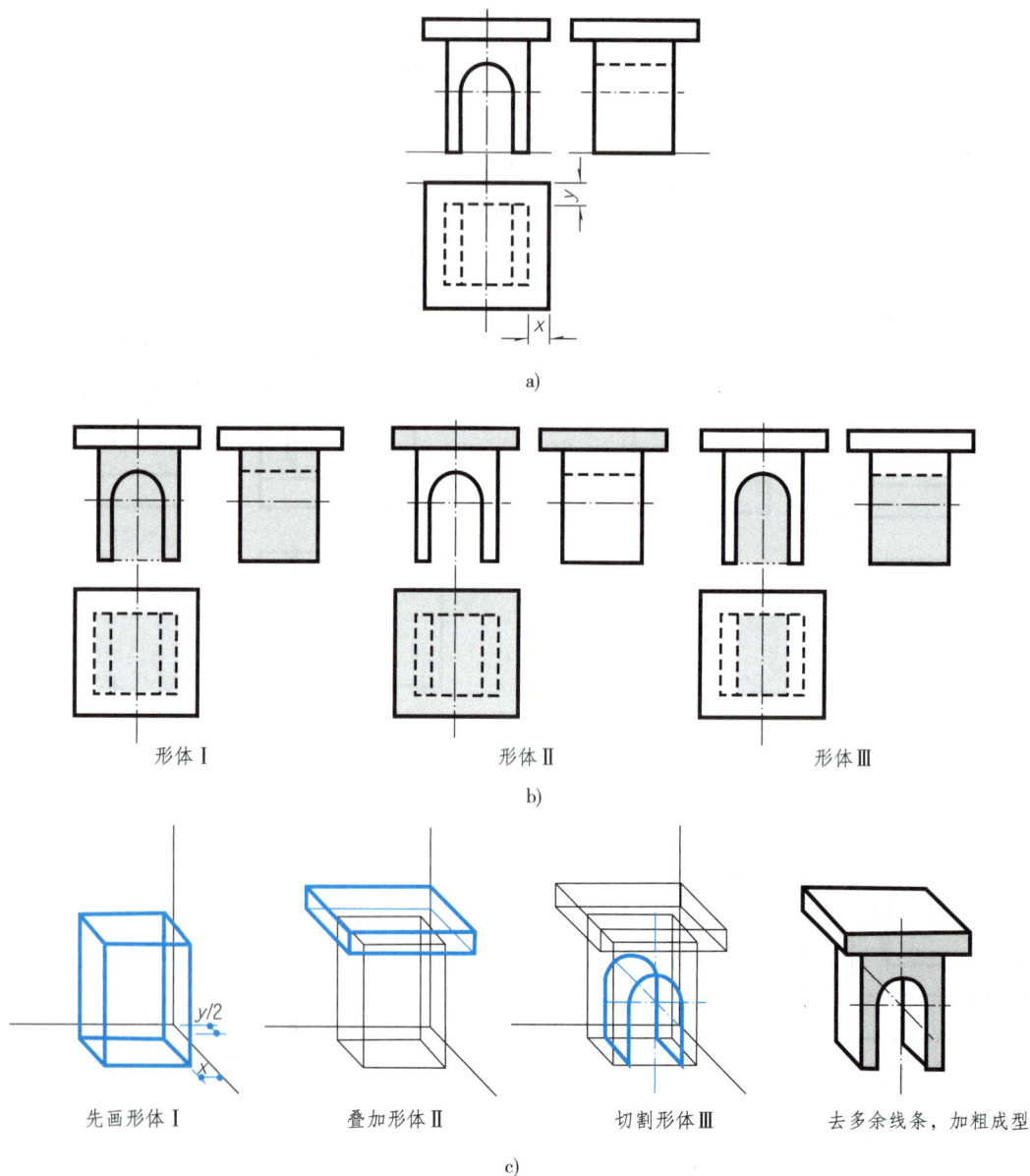

a)

b)

形体Ⅰ　　　　　　　　形体Ⅱ　　　　　　　　形体Ⅲ

c)

先画形体Ⅰ　　　叠加形体Ⅱ　　　切割形体Ⅲ　　　去多余线条,加粗成型

图2-7-32　绘制组合体斜二测图的过程

a)已知条件;b)形体分析;c)绘制斜二测图

[例2-7-14]　图2-7-33b)是根据图2-7-33a)绘制的斜二测图,找出图2-7-33b)中的错误并改正。

分析：

(1)由图2-7-33a)可知,物体上的圆孔和下边的槽都是前后贯通的,而图2-7-33b)中没有画出。

(2)图2-7-33b)中上半圆柱的外轮廓,应有一条与前后半圆公切的轮廓素线。

(3)图2-7-33b)中物体的前端面应与图2-7-33a)中的正面投影相同,同一个平面中间不应有分割线。

作图步骤：如图2-7-33c)所示。

(1)过前端面圆的圆心沿斜轴的方向量取物体的厚度的后端面圆心 A,过 A 补画与前端圆半径相等的可见圆弧;将通槽中可见的部分补出。

(2)补画圆柱的轮廓素线,画出前后圆的公切线。

(3)擦去前端面上的分割线。

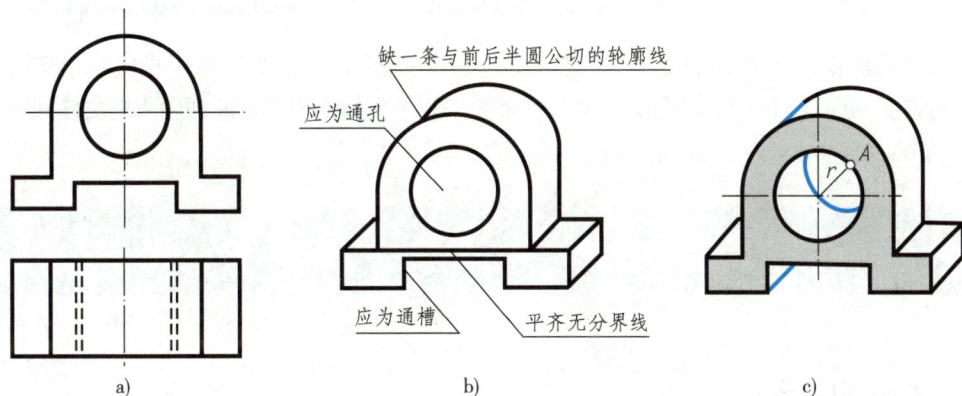

图2-7-33　找出轴测图中存在的错误

复习
思考题

1. 简述轴测投影的形成及其特性。

2. 简述轴测投影图的分类。

3. 正等轴测图和斜二轴测图各有何特点?

4. 如何选择轴测投影图?

5. 轴测图与多面正投影图相比有哪些优缺点?

6. 什么是轴间角、轴向伸缩系数? 正等测图的简化轴向伸缩系数是多少?

7. 简述绘制轴测投影图的基本步骤与基本方法。

第八章
CHAPTER EIGHT
剖面图和断面图

本章要点

本章主要介绍剖面图和断面图的形成原理、分类及绘制方法。

形体结构越复杂,在形体的投影中看不见的轮廓线就会越多,虚线就越多,虚实密集交错,影响视图的清晰度,更不利于了解空间形状和尺寸标注,工程上采用剖面图和断面图来解决该问题。

第一节　剖面图

一、剖面图的形成

剖面图是用假想剖切平面将形体切开后,移去观察者与剖切平面之间的部分,画出剩余部分,按垂直于剖切平面方向的投影,并在剖切到的实体部分画上相应的剖面材料图例或剖面线,这样所画的图形称为剖面图。如图 2-8-1 所示,用与 V 面平行的剖切平面 P 沿形体前后对称面将其剖开,由于将形体假想剖开,使内部结构显露出来,在剖面图上,原来不可见的线变成了可见线,剖切后被去掉的外轮廓线不再画出。图 2-8-2 为用与 W 面平行的剖切平面 Q 将形体剖开,将 W 面改画成剖面图。

二、剖面图的标注

(1)剖切位置:作剖面图时,一般使剖切平面平行于基本投影面,从而使断面的投影反映实形。剖切平面即为投影面平行面,与之垂直的投影面上的投影则积聚成一直线,该直线表示剖切位置,称为剖切位置线,简称剖切线。投影图中用断开的一对**短粗实线**表示剖切线,长度为 5～10mm。

(2)投影方向:为表明剖切后剩余形体的投影方向,在剖切线两端的同侧各画一段单边箭头,用来指明投影方向。

(3)剖面图的编号:为了区分清楚,对每一次剖切要进行编号,《国标》规定,剖切位置用一对英文字母(如 A)或阿拉伯数字(如 1)表示,写在表示投影方向的单边箭头一侧,并在所得相应的剖面图的上方居中写上对应的剖面编号名称。

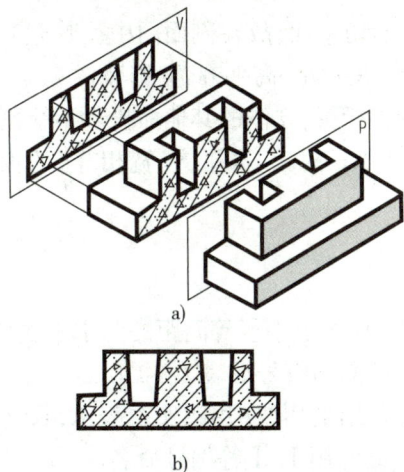

图 2-8-1　V 向剖面图的产生
a)假想用剖切平面 P 将基础剖开并向 V 面
进行投影;b)基础的 V 向剖面图

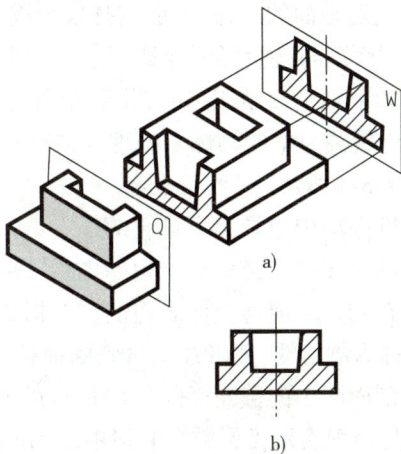

图 2-8-2　W 向剖面图的产生
a)假想用剖切平面 Q 将基础剖开并向 W 面进行投影;
b)基础的 W 向剖面图

(4)材料图例:剖面图中包含了形体的断面,在断面图上必须画出表示材料的图例,如果没有指明材料时,可在断面处画上互相平行且间距相等的 45°细实线,称为剖面线。常用材料断面图例如表 2-8-1 所示。

常用材料断面图例　　　　　　表 2-8-1

材料名称	断面代号	画法说明	材料名称	断面代号	画法说明
天然土、混凝土		斜线为 45°细线,石子有棱角	夯实土壤、钢筋混凝土		斜线为 45°细线,在剖面图上画钢筋时,不画图例线,若断面较窄,可涂黑
砂、灰土、石材		靠近轮廓线的点较密,斜线为 45°细线,用尺画(包括岩层及贴画、铺地等石材)	砂砾石、碎砖、三合土、毛石		石子有棱角,徒手画
普通砖、焦砟、矿渣		斜线为 45°细线,当断面较窄,不易画出图例线时,可涂红。包括水泥、石灰等材料	金属、多孔材料		斜线为 45°细线
水		为等腰直角三角形,用尺画	纵断面木材、横断面		徒手画
松散材料、网状材料		底线用尺画,其余徒手画	防水材料、橡胶、塑料		用尺画

三、画剖面图时应注意的几个问题

(1)剖切平面的选择：一般选择投影面的平行面作剖切平面,故在剖面图中反映截断面的实形,且剖面图与各投影图保持正投影应有的对应关系(长对正、高平齐、宽相等)。

(2)因剖切平面是假想的,除剖面图是剩余"体"的正投影,立体的其他面投影不受剖面图的影响,仍然按完整的物体来处理,各投影图之间仍满足"长对正、高平齐、宽相等"的投影规律,如图 2-8-3 所示。

(3)剖面图中应画出可见轮廓线。

(4)剖面图中已经表达清楚的虚线一般可省去。

(5)在剖切平面与立体表面的交线形成的截断面上,应画上平行等间距的与水平线成45°的细线,称为剖切线,或者注上材料断面符号,常用材料的断面符号如表 2-8-1 所示。

(6)剖面图中的截断面随剖面位置的不同而异,必须用剖切线(用粗实线表示,长划表示剖切位置,短划表示投影方向)注明剖切位置和投影方向,并用Ⅰ-Ⅰ等编号命名。

(7)在剖切平面后面的可见轮廓线,应全部用实线画出,不要出现漏线或多画线的现象。凡不可见的,如果通过其投影视图可以表达清楚,均可省略,否则仍应画出。

四、剖面图的分类

1. 全剖面图

(1)形成：假想用一个剖切平面将形体全部剖开,而后画出的剖面图。如图 2-8-3 所示为涵洞口全剖面图。

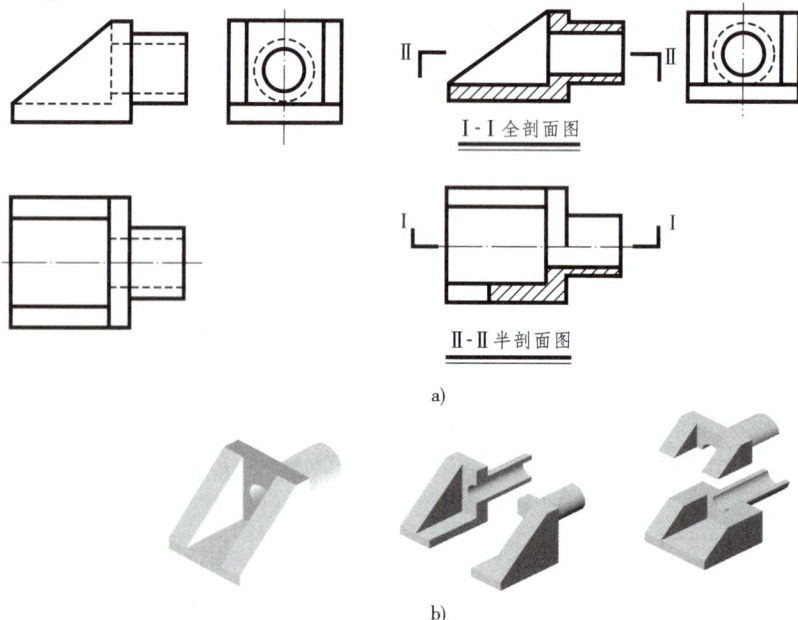

图 2-8-3　涵洞口立体图、剖面图及各投影图

a)投影图与剖面图；b)涵洞口立体图与剖切示意图

（2）适用范围：外形结构比较简单而内部结构比较复杂的形体或非对称结构的形体。

（3）注意事项：全剖面图一般都要标注剖切线，只有当剖切平面与形体的对称平面重合，且全剖面图又在基本投影图的位置时，可以省去标注。

2. 半剖面图

（1）形成：当形体的内、外形均为左右对称或前后对称，而外形又比较复杂时，以对称中心线为界，可将其投影的一半画成表示形体外部形状的正投影，另一半画成表示内部结构的剖面图，中间用点划线分界。这种由半个投影图和半个剖面图合成的图形叫半剖面图，如图2-8-4所示。

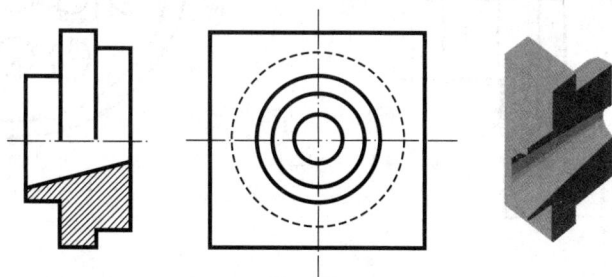

图2-8-4　半剖面图

（2）注意事项：

①半个表示外形投影图和半个表示内部结构的剖面图的分界线应画成点划线，而不画实线。若作为分界线的点划线刚好与轮廓线重合，则应避免用半剖面图。

②在立体的半个剖面图中，内部结构已表达清楚时，对称分布在半个投影图中的虚线可省略不画。

③习惯上将半个剖面图画于分界线的右侧或下方。

3. 局部剖面图

用剖切平面局部地剖开形体来表达结构内部形状所得到的剖面图，称为局部剖面图。局部剖切的位置与范围用波浪线来表示。

（1）适用范围：

①外形复杂且分层次，内部厚度很小，而且需要保留大部分外形，只需表达局部内形的形体。

②形体轮廓与对称轴线重合，不宜采用半剖面或全剖面的形体，可采用局部剖面图。

（2）注意事项：

①局部剖切比较灵活，但应尽量使看图方便，不应过于零碎。

②用波浪线表示形体断裂痕迹，应画在实体部分，不能超过视图轮廓线或画在中空部位，且不能与图上其他线条重合。

③局部剖面图只是形体整个外形投影中的一部分，不需标注。

图2-8-5为黄石长江大桥2~5号主墩基础构造局部剖面图，图中表达了各部分的材料情况。

4. 阶梯剖面图

（1）形成：当形体内部结构的层次较多，采用一个剖切平面不能将形体内部结构全部表达清楚时，可以假想用两个或两个以上互相平行的剖切平面来剖开形体，所得到的剖面图，称为阶梯剖面图，如图2-8-6所示。

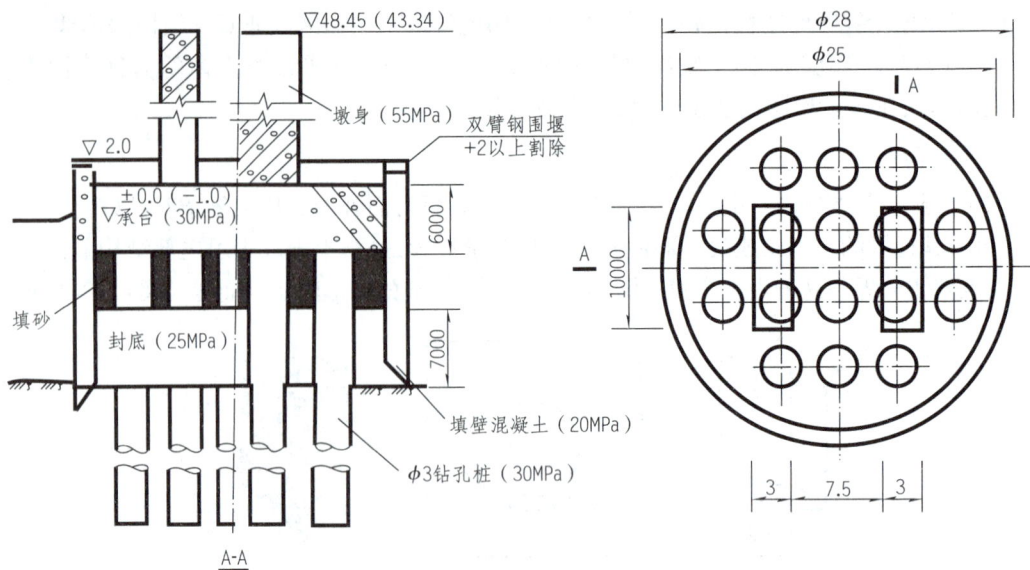

图 2-8-5　黄石长江大桥 2 ~ 5 号主墩基础构造(尺寸单位:mm;高程单位:m)

（2）适用范围:阶梯剖面图适合于表达内部结构不在同一平面的形体。

（3）注意事项:

①阶梯剖面图必须加以标注,如图 2-8-6 所示,为使转折处的剖切位置不与其他图线发生混淆,应在转角处标注转角符号"┑"。

②转折位置不应与图形轮廓线重合,也要避免出现不完整的要素。如不应出现孔、槽的不完整投影。

③在剖面图上,由于剖切平面是假想的,不要画出两个剖切平面转折处交线的投影。

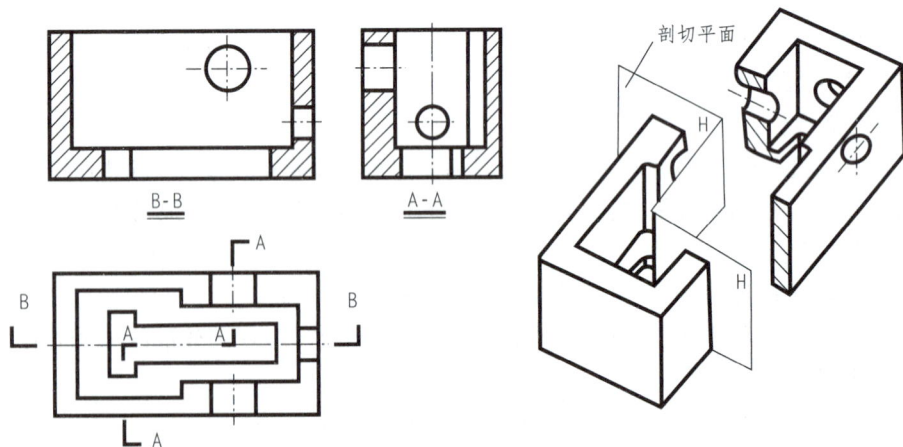

图 2-8-6　阶梯剖面图

工程实例:如何用剖面图来表达沉井图,如图 2-8-7 所示。

如图 2-8-7 所示:立面图用半剖面图表示,侧面用阶梯剖面图表示。

5. 旋转剖面图

（1）形成:用两相交的剖切面(交线垂直于一基本投影面)剖切形体后,将被剖切的倾斜部分旋转到与选定的基本投影面平行,再进行投影,使剖面图既得到实形又便于画图,这样的剖面图叫旋转剖面图,如图2-8-8所示。

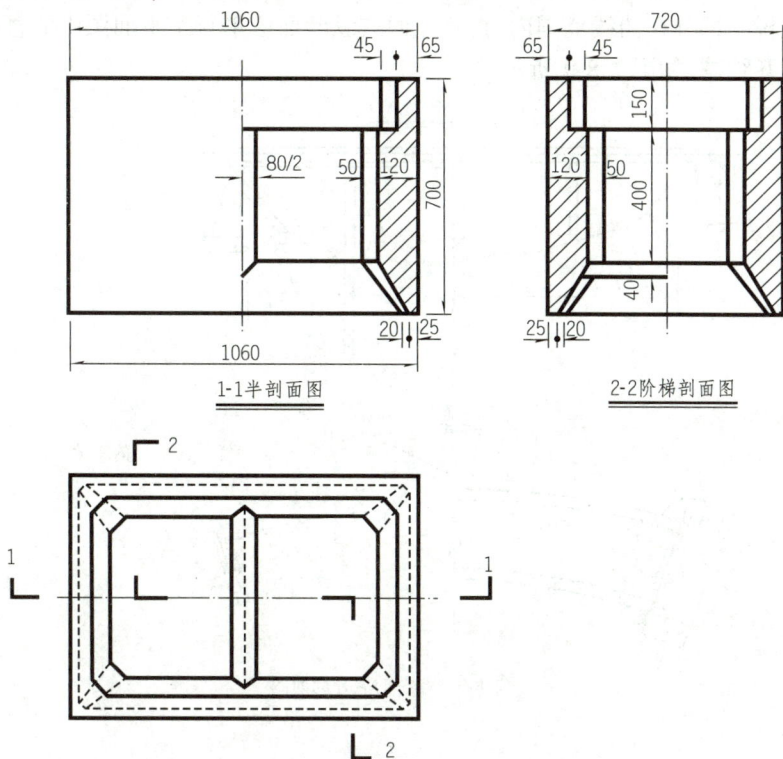

1-1半剖面图

2-2阶梯剖面图

图 2-8-7 沉井结构图

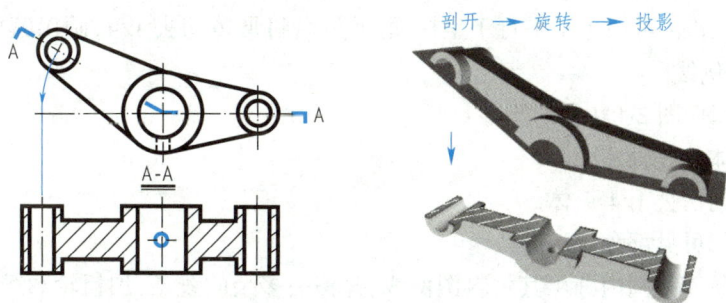

剖开 → 旋转 → 投影

图 2-8-8 旋转剖面图

(2)适用范围:内形不在同一平面上,且具有回转轴的形体。

(3)注意事项:

①两剖切平面交线一般应与所剖切的形体回转轴重合,且必须标注。

②在画旋转剖面图时,应当先剖切、后旋转、再投影。

6. 展开剖面图

(1)形成:剖切平面是用曲面或平面与曲面组合而成的铅垂面,沿构造物的中心线剖切,再将剖切平面展开(或拉直),使之与投影面平行,再进行投影,这样所画出的剖面图称为展开剖面图。

(2)适用范围:适用道路路线、纵断面及带有弯曲结构的工程形体,如弯梁桥的展开剖面图。

(3)弯桥的展开剖面图:其立面图以桥面中心线展开后进行绘制,由于对称,采用了半剖的画法。当全桥一部分在曲线范围内时,其立面或纵断面应平行于平面图中的直线部分,并以桥面中心线展开绘制,如图 2-8-9 所示。

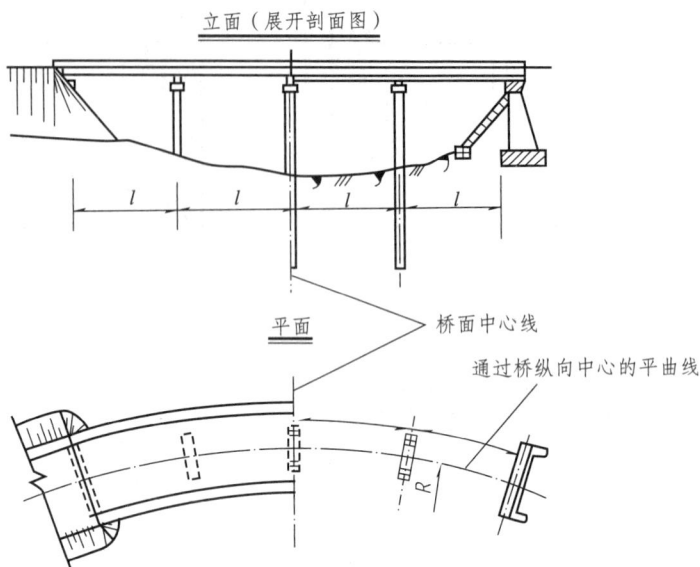

图 2-8-9　弯桥的展开剖面图

五、剖切轴测图

画剖切轴测图时,可假想用平行于坐标面的平面,将形体切去 1/4,画出其内部形状,同时应画出其材料图例线。

画剖切轴测图(图 2-8-10)的步骤:

(1)画出形体外表轴测图。

(2)沿轴测轴切去 1/4 形体。

(3)画出内部可见部分。

(4)在剖切断面范围内画出其材料图例线,并擦去多余的线条,加粗轮廓线。

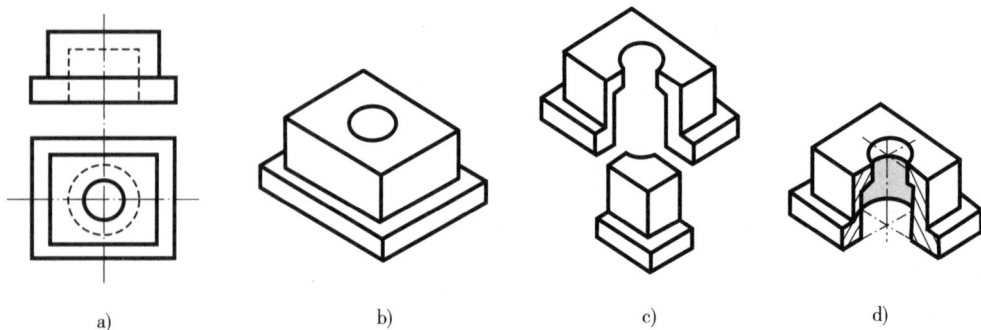

a)　　　　　　b)　　　　　　c)　　　　　　d)

图 2-8-10　轴测图的剖切

第二节　断面图

一、断面图的形成

当用假想的剖切平面将形体剖开后,仅画出被剖切处断面的形状(即截面),同时在断面内画上材料图例或剖面线,这种图形为断面图。装配式预应力混凝土墩的断面图如图 2-8-11 所示。

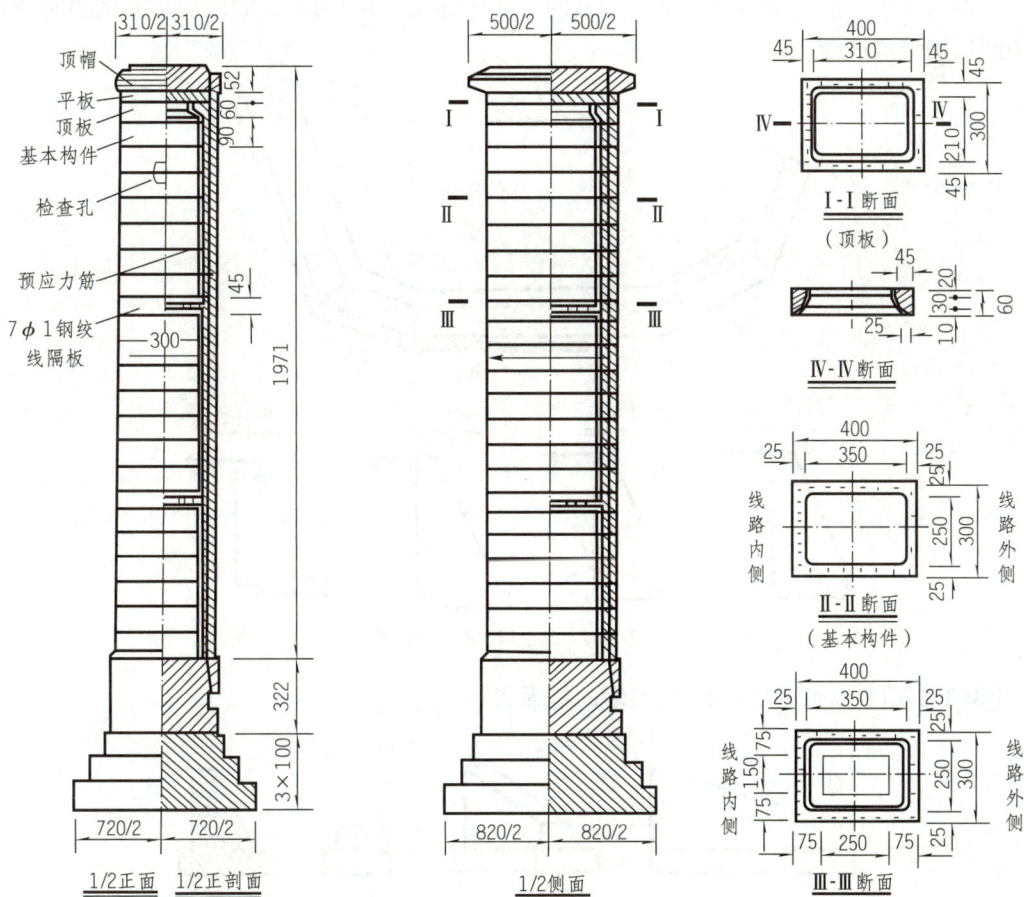

图 2-8-11　装配式预应力混凝土墩的构造图的断面图(尺寸单位:cm)

二、断面图的特点

(1)断面图只画出剖切平面剖切到的截交线围成的图形的投影,它只是面的投影。而剖面图除了画出断面形状外,还要画出形体被剖开后沿投影方向看到的整个剩余部分形体的投影,它是体的投影。

(2)断面图的标注与剖面图的标注有所不同,断面图也用粗实短划线表示剖切位置,但不再画表示投影方向的单边箭头,而是用表示编号的字母或数字注写位置来表明投影方向。编号写在剖切线下方,表示向下投影,编号写在剖切线右方,表示向右投影。

三、断面图的分类

(1)移出断面图:所画断面图位于投影图的外面。如图 2-8-12 所示为挡土墙的移出断面图。

移出断面图画法:

①移出断面图的轮廓线用粗实线绘制。

②当剖切平面通过由回转面形成的孔或凹坑等结构的轴线时,这些结构应按剖面图绘制。

③剖切平面一般应垂直于被剖切部分的主要轮廓线,当用两相交的剖切平面剖切时,断面图中间应用波浪线断开。

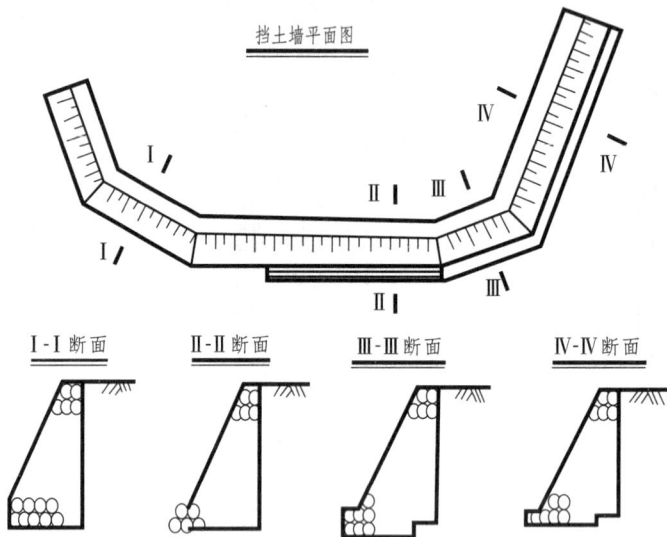

图 2-8-12 挡土墙的移出断面图

[例 2-8-1] 绘制图 2-8-13 八字墙的断面图。

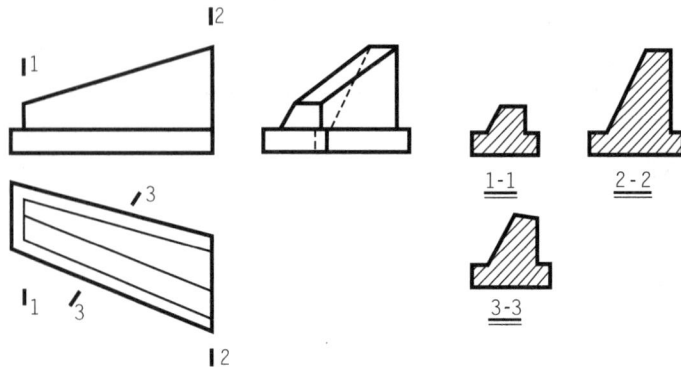

图 2-6-13

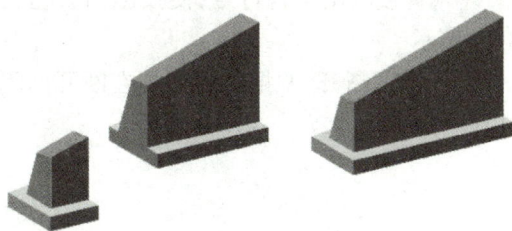

图 2-8-13　八字墙的断面图

（2）重合断面图：重叠在基本投影图轮廓之内的断面图，其比例应与基本投影图一致。角钢重合断面图如图 2-8-14 所示。

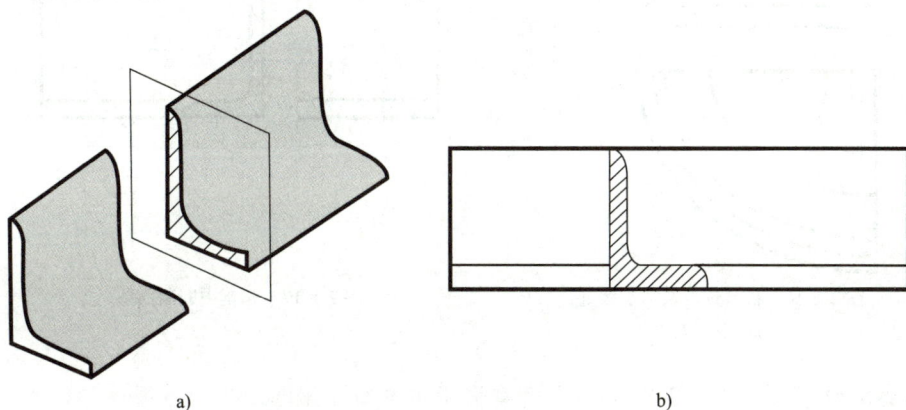

a)   b)

图 2-8-14　角钢重合断面图
a）立体图；b）投影图

重合断面图画法：

①轮廓线用细实线绘制。

②重合断面图不得影响视图中的轮廓线。

③对称的重合断面图不需标注，若不对称应按要求做出标注。

在土木工程中，重合断面图常用于表示路面结构坡度、屋面坡度或构件及墙面的雕饰等，如图 2-8-15 所示。

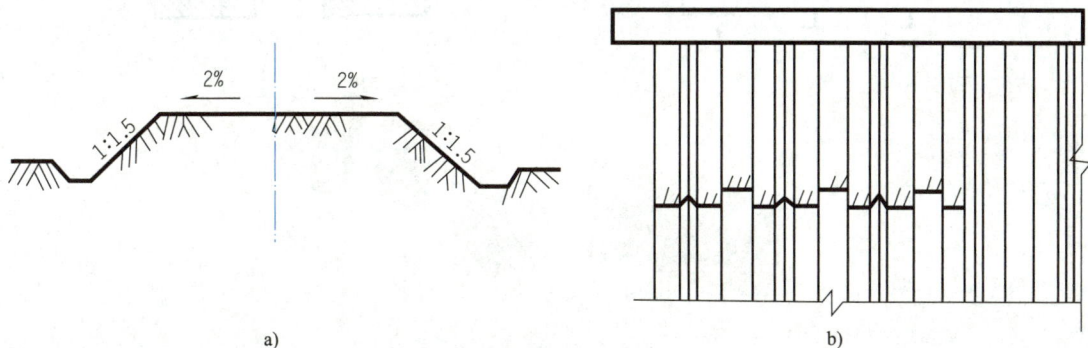

a)   b)

图 2-8-15　路面坡度及墙面花饰重合断面图

有时需在重合断面轮廓线内直接画出材料符号,使投影图表达更清晰。如桥台锥坡及挡土墙重合断面图,如图 2-8-16 所示。

(3)中断断面图:将形体的投影图断开,并把断面图画在断开间隔处。角钢中断断面图如图 2-8-17 所示。

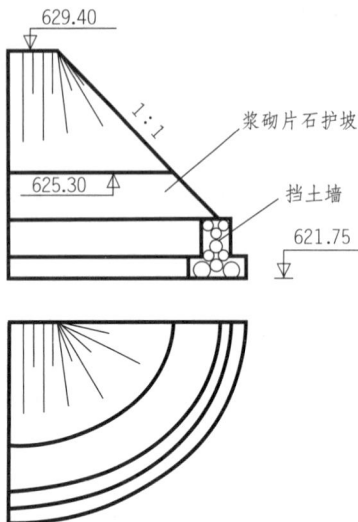

图 2-8-16　桥台锥坡及挡土墙重合断
面图(高程单位:m)

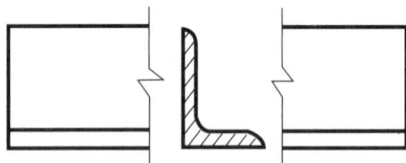

图 2-8-17　角钢中断断面图

[例 2-8-2]　绘制如图 2-8-18 所示变截面 T 梁的断面图。

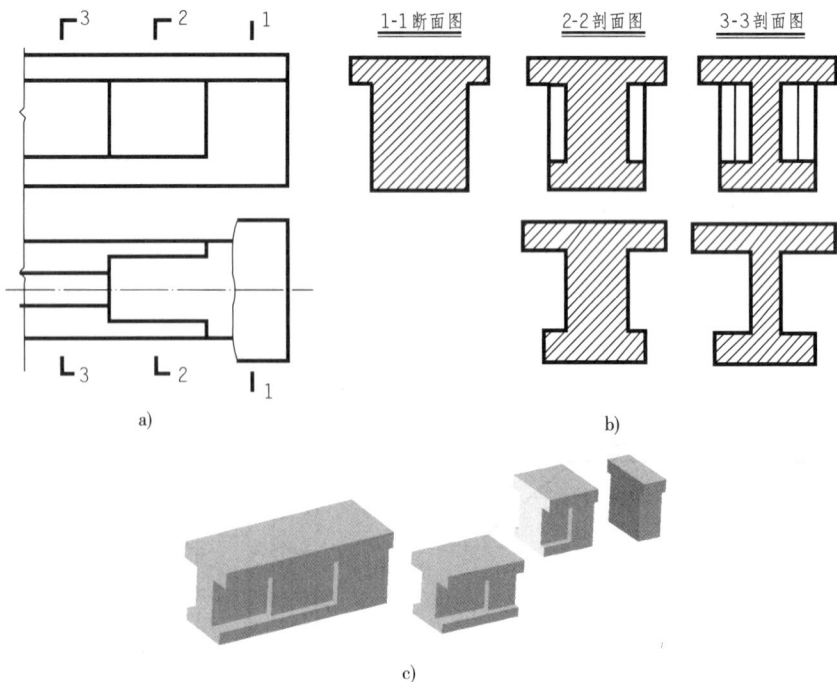

a)

b)

c)

图 2-8-18　变截面 T 梁
a)变截面 T 梁的投影图;b)变截面 T 梁剖面图与断面图;c)变截面 T 梁三维效果图

一、剖面图、断面图的画图要点

（1）剖面图是物体被剖切以后，画出剩余体的投影，是"体"的投影，断面图则只画出物体和剖切平面相接触的部分，是"面"的投影。断面图和剖面图的区别即"面与体"的区别。立柱断面图如图 2-8-19 所示。

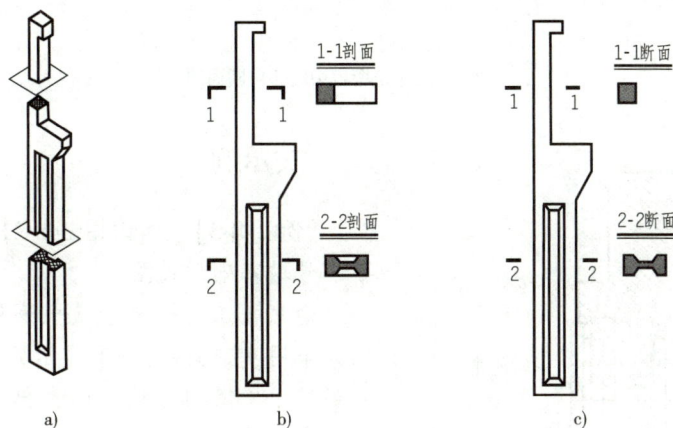

图 2-8-19　立柱断面图
a）立体图；b）剖面图；c）断面图

（2）剖切是假设的，当物体的一个投影图用剖面图、断面图表达后，其余的投影图不受影响，仍按完整的物体画出；当其余投影图再被剖切时，还是把物体作为完整的来剖切。即处理"剩余与完整"的关系。

（3）通常采用与投影面平行的面作剖切平面，按具体情况，可采用正平面、水平面或侧平面作为剖切平面；或采用投影面作剖切平面。

（4）为了便于读图，一般需要注出剖面图和断面图的名称、剖切线和投影方向，但以下情况则可省略：

①在全剖面或半剖面图中，剖切线和投影图的对称轴线重合，而且图形又按投影图规定位置排列时，剖切线可以省略。

②移出断面图位于剖切线的延长线上，且图形的对称轴线又和剖切线重合，如图 2-8-20 所示。

③重合断面图。

④中断断面图。

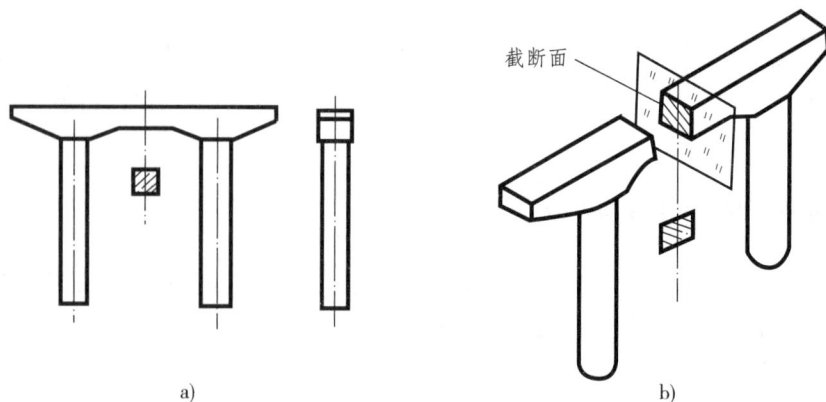

a)　　　　　　　　　　　　　　　　　　b)

图 2-8-20　桥墩盖梁的移出断面图

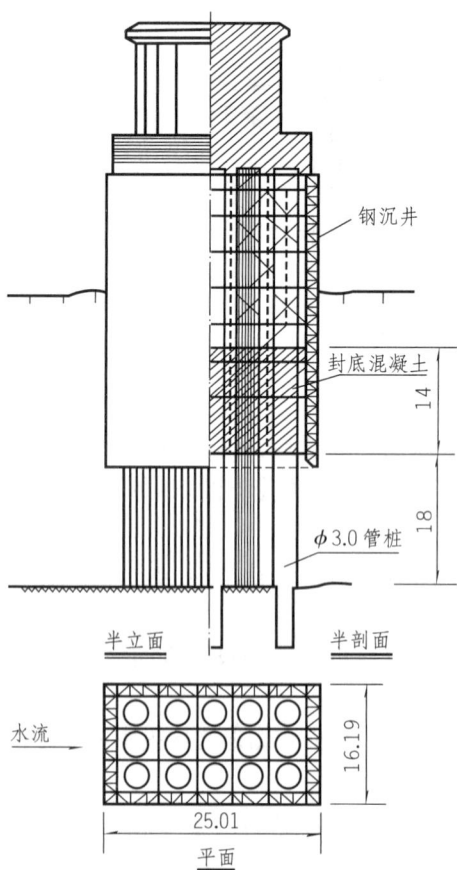

钢沉井

封底混凝土

14

ϕ3.0 管桩

18

半立面　　　半剖面

水流

16.19

25.01

平面

图 2-8-21　南京长江大桥 3 号墩基础形式图
（尺寸单位：m）

二、示例

[**例 2-8-3**]　阅读图 2-8-21 所示南京长江大桥 3 号墩基础形式图。

南京长江大桥 3 号墩立面图是左右对称的，因此采用半剖面图，一半显示外形的半立面图，另一半显示桥墩内部构造的半剖面图，反映了该桥墩的上下结构的具体构造情况。

管柱下端嵌入基岩，上端嵌固在承台混凝土中，沉井的封底封顶混凝土将管柱群连接成整体。

本方案的特点是：

（1）钢沉井能减少管柱所要穿过的覆盖层厚度，兼作下沉管柱的导向架，灌注上下封底、封顶混凝土及承台混凝土时，作防水围堰。

（2）钢沉井同时又是永久结构的组成部分，可增加桥墩基础的刚度。

[**例 2-8-4**]　图 2-8-22 所示的行车道板图。

该图为一桥梁上部结构的行车道板的三面图。三个投影图分别被剖切，各剖切面之间彼此独立，都是对完整形体进行剖切。

平面图：采用半平面图和 I-I 剖面合并而成，I-I 剖面平行于 H 面，显示了行车道板的纵横梁布置情况。

立面图:采用半立面图和显示行车道板的半个纵向构造的Ⅱ-Ⅱ半纵剖面图合并而成(Ⅱ-Ⅱ剖面平行于 V 面)。

侧面图:采用Ⅲ-Ⅲ阶梯剖面图,由于Ⅲ-Ⅲ剖面平行于 W 面,把行车道板横向剖切,故为横剖面图。

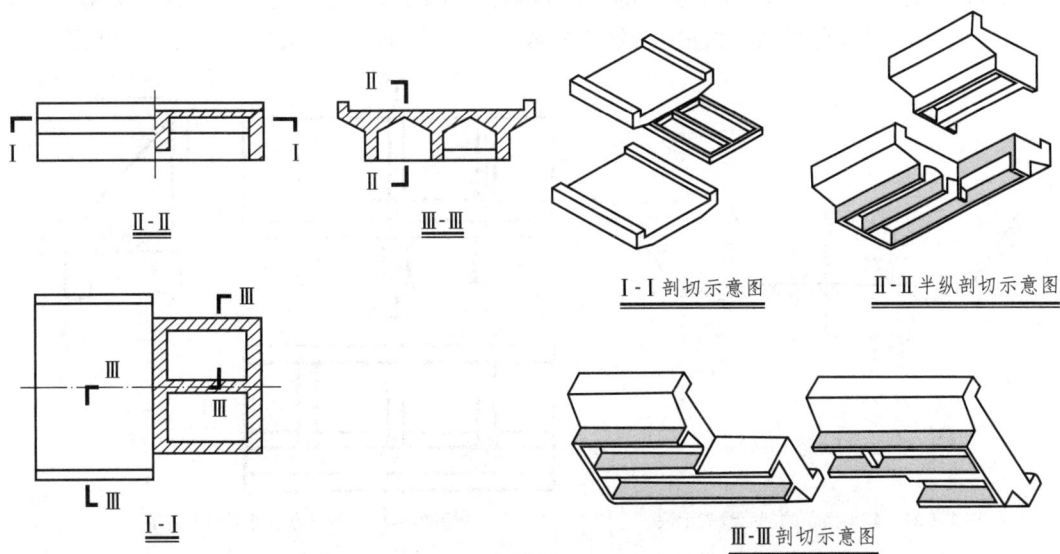

图 2-8-22　行车道板图

[**例 2-8-5**]　悬臂梁的投影图以及各断面图如图 2-8-23 所示。

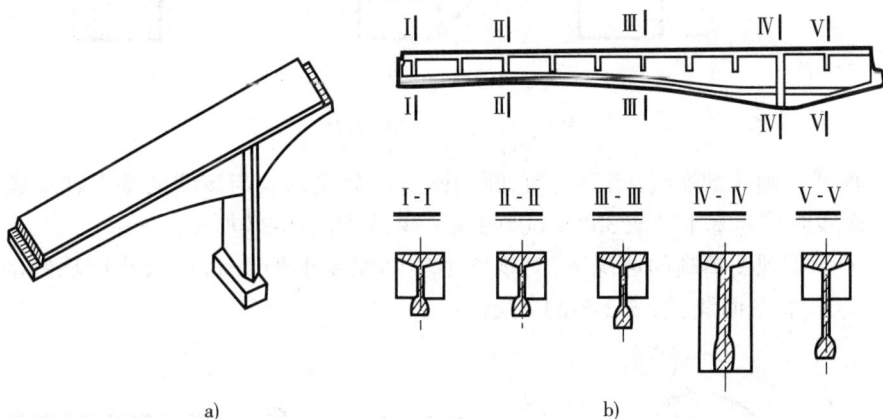

图 2-8-23　装配式悬臂梁断面图

三、剖面图、断面图的规定画法

在画剖面图、断面图时,为了使图形表达更为清晰,除了严格按照投影方法画图外,还需要注意以下几点：

（1）画较大面积的断面图时，符号可以简化，如图2-8-24所示。

（2）薄板、圆柱等的构件（如梁的隔板、柱、桩、轴等），凡是剖切平面通过其对称中心线或轴线的，均不画出剖面线，但可以画上材料图例，如图2-8-25所示。

（3）在工程图中，为了表示构造物的不同材料（如不同强度等级的混凝土或砂浆等），在同一断面上应画出材料分界线，并注明材料符号或文字说明，如图2-8-26所示挡土墙断面。

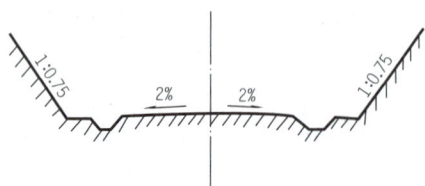

图2-8-24 较大面积的剖面线表示法

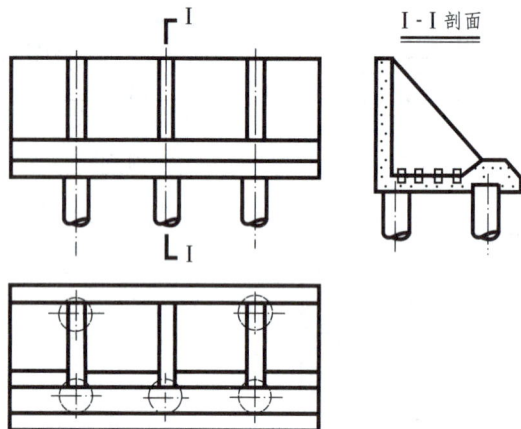

图2-8-25 桩作为不可剖切来表示

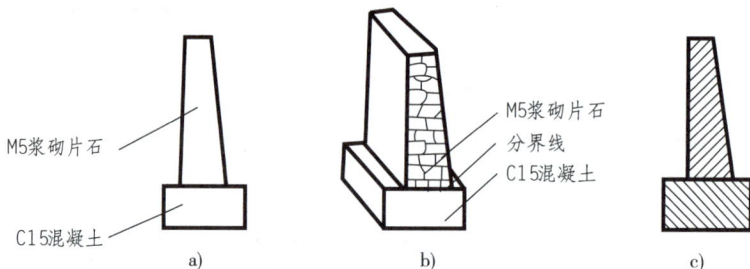

图2-8-26 挡土墙材料分界线

（4）剖面线应画成细实线，当剖面图、断面图有部分轮廓线与该图的基本轴线成45°倾角时，可将剖面线画成与基本轴成30°或60°的倾斜线，如图2-8-27所示。

（5）在不影响视图清晰的情况下，对视图上实际宽度小于2mm的狭小面积的剖面，允许用涂色的办法代替剖面线，如图2-8-28所示。

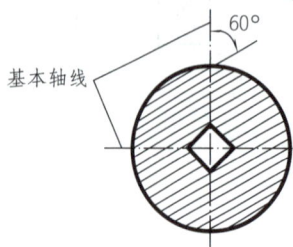

图2-8-27 有45°倾斜方向的轮廓线时的剖面线画法

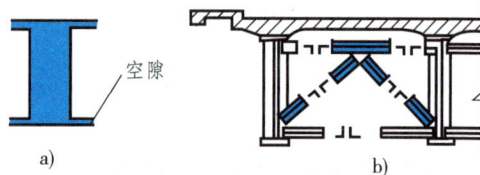

图2-8-28 以涂色代替剖面线

（6）道路工程制图中，有"画近不画远"的习惯。对剖面图被切断图形以外的可见部分，可以根据需要决定取舍，这种图仍称为断面图，但不注明"断面"，仅注剖切编号字母，如图 2-8-29 所示。理论上，其 I-I 剖面应画成图 2-8-29a）的形式，但专业图常用图 2-8-29b）的形式来表示，不把端隔板画出来，如图 2-8-29 所示。

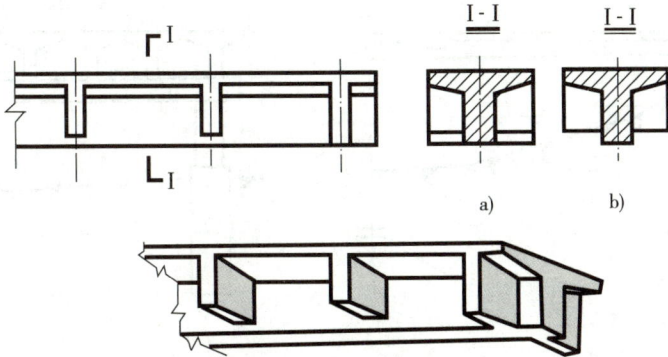

图 2-8-29　习惯画法

（7）当用虚线表示被遮挡的复杂结构图时，应只绘制主要结构或离视图较近的不可见的图线，U 形桥台的侧面图由从桥台的前、后两个方向投影所得的台前、台后两个图合并而成，为表示主要结构，避免重叠不清，虚线未画出，如图 2-8-30 所示。

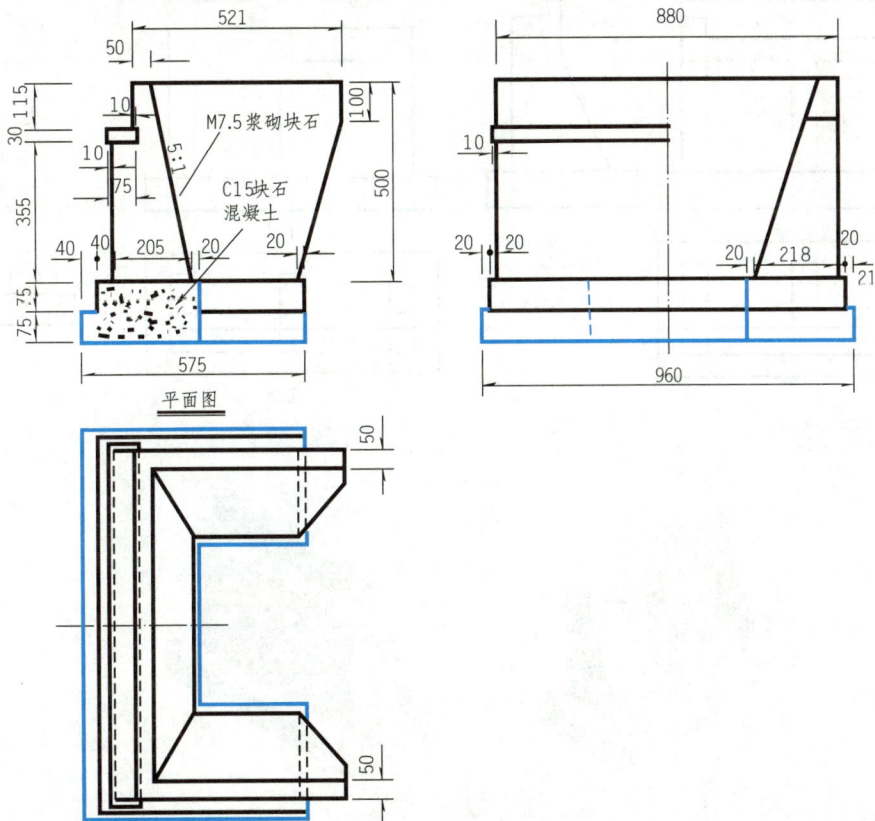

图 2-8-30　U 形桥台画法

（8）当土体或锥坡遮挡视线时，可将土体看成透明体，使土体遮挡部分成为可见体，以实线表示。如地面以下的部分桩段按可见画出，如图2-8-31所示。

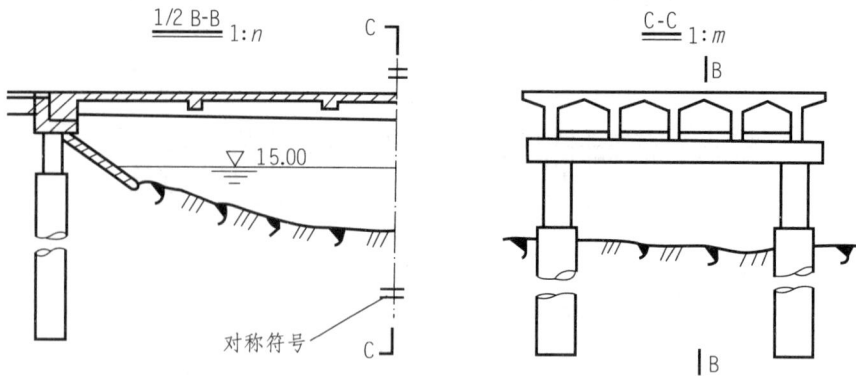

图2-8-31　地面以下桩段画法

[**例2-8-6**]　识读桥台的投影图，按照剖面图、断面图的规定画法，选择正确表达桥台的投影方式，如图2-8-32所示。

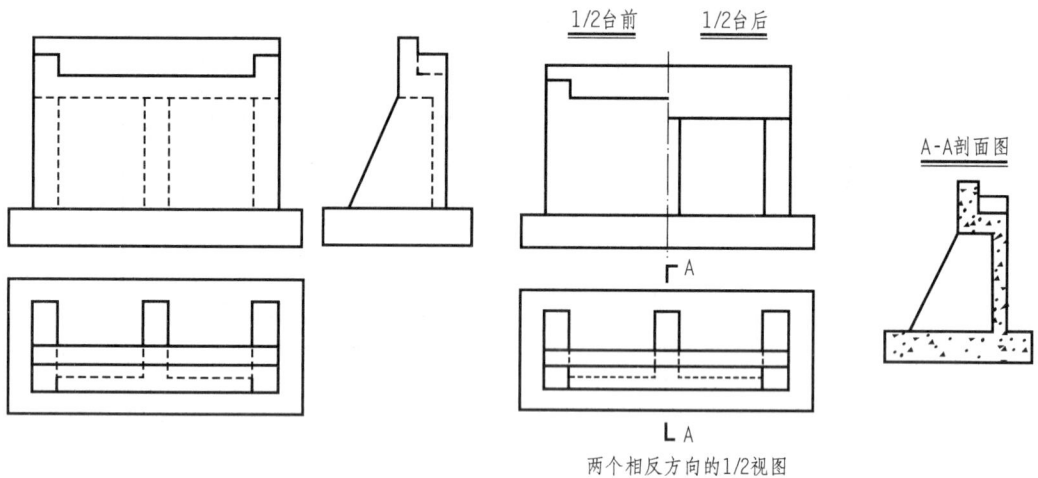

图2-8-32　桥台的投影方式

[**例 2-8-7**]　绘制图 2-8-33 不同位置的断面图。

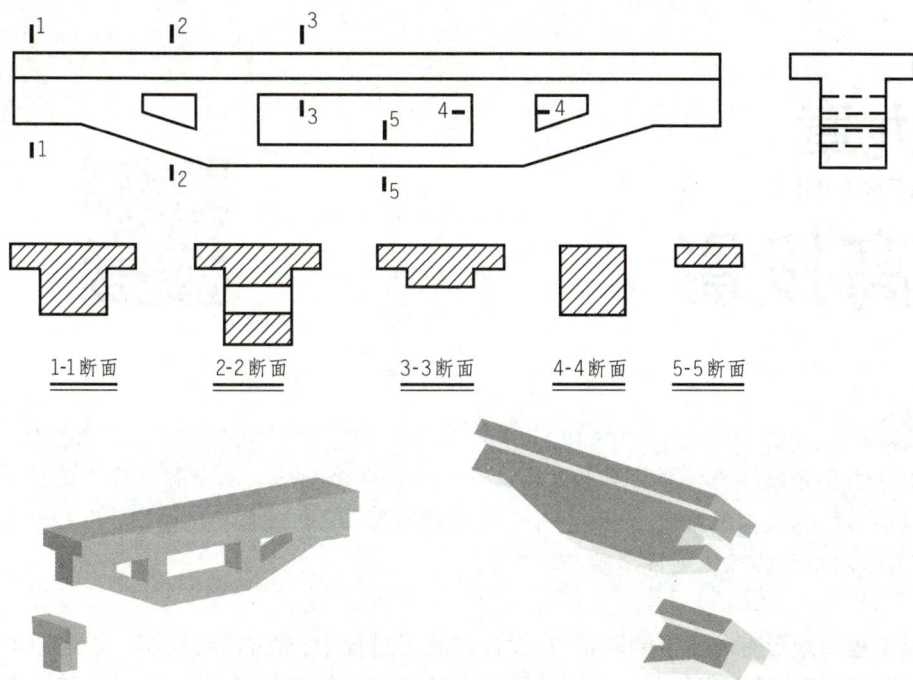

图 2-8-33　不同位置的断面图

1-1断面　　2-2断面　　3-3断面　　4-4断面　　5-5断面

1. 剖面图、断面图是如何形成的？如何对剖面图、断面图进行标注？
2. 剖面图和断面图的种类有哪些？分别适用于什么样的形体？
3. 剖面图和断面图有什么区别？
4. 剖面图和断面图有哪些规定画法？
5. 剖面图、断面图与三面正投影图在表达形体形状上有哪些异同点？怎样才能清楚完整地表达一个形体？

复习思考题

第九章
CHAPTER NINE
标高投影

本章要点

　　本章主要介绍标高投影的基本概念及点、直线、平面、曲面、地形面的高程投影。针对高程投影的特性及工程应用,介绍如何正确识读地形图、绘制地形断面图,以及如何对平面、曲面与地形面的交线进行求解与绘制。

　　道路工程与地形有着紧密的联系,在设计和施工过程中,常常需要绘制反映地形地貌的地形图,以便解决相关的工程问题。由于地面的形状往往比较复杂,长度方向尺寸和高度方向尺寸相差很大,如果仍采用前面学习的三面正投影法表示,作图困难,且不易表达清楚。因此,在工程实践中常采用画水平投影并标注高度表示形体形状的标高投影法来表示地形图。标高投影是单面正投影。标高投影即标出高程的形体的水平视图。

　　所谓标高投影法,指在物体的水平投影上加注某些特征面、线及控制点的高程数值和绘图比例来表示空间物体形状的方法。

　　标高投影以水平投影面 H 为投影面,称为基准面。

　　高程就是空间点到基准面 H 的距离。一般规定:H 面的高程为零,H 面上方点的高程为正值;H 面下方点的高程为负值。高程的单位为米,在图上一般不需注明。

第一节　　点和直线的标高投影

一、点的标高投影

　　在点的水平投影旁,标注出该点距离水平投影面的高程数字,即可得到该点的标高投影。

　　如图 2-9-1a)所示,选水平投影面 H 为基准面,其高程为零,点 A 在 H 面上方 5m,点 B 在 H 面下方 6m,若在 A、B 两点的水平投影 a、b 的右下角标出其高度数值 5 和 −6,就可得到 A、B 两点的标高投影图,如图 2-9-1b)所示。高度数值 5 和 −6 称为高程。注意,在 A、B 两点的标高投影图上要标注绘图比例尺。

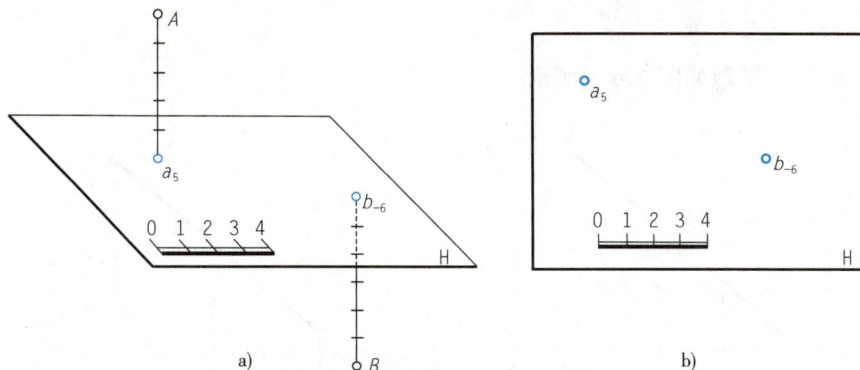

图 2-9-1 点的标高投影
a)空间情况;b)标高投影

二、直线的标高投影

1.直线的标高投影表示法

(1)直线的标高投影可用直线的水平投影并加注直线上两个端点的高程来表示,如图 2-9-2a)所示。

(2)直线的标高投影可用直线上一个点的标高投影并加注直线的坡度和方向来表示,如图 2-9-2b)所示。图中直线的方向用箭头表示,箭头指向下坡,1:2表示该直线的坡度。

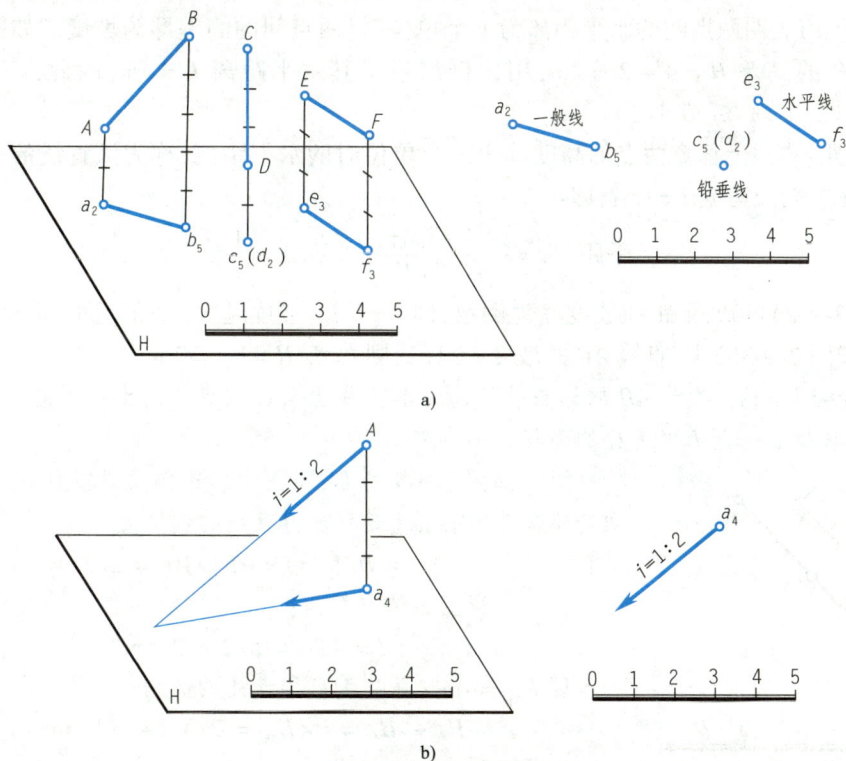

a)

b)

图 2-9-2 直线的标高投影
a)直线的标高投影表示法一;b)直线的标高投影表示法二

2. 直线的坡度与平距

直线的坡度与平距如图 2-9-3 所示。

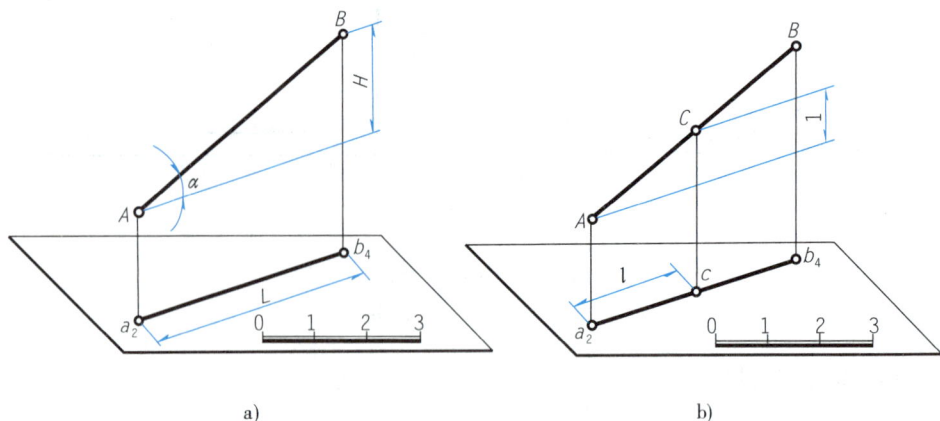

图 2-9-3   直线的坡度与平距

a)直线的坡度 i;b)直线的平距 l

(1)坡度:直线上任意两点的高度差 H 与其水平距离 L 之比称为坡度,用符号 i 表示,α 为直线对水平面的倾角。

$$坡度(i) = \frac{高差(H)}{水平距离(L)} = \tan\alpha \tag{2-9-1}$$

式(2-9-1)表明两点间的水平距离为 1 个单位时,两点间的高差即为坡度。如图 2-9-3a)中,直线 AB 的高差 $H = 4 - 2 = 2\text{m}$,用比例尺量得其水平距离 $L = 4\text{m}$,因此,该直线的坡度 $i = H/L = 2/4 = 1/2$(或 1:2)。

(2)平距:直线上任意两点的高度差为 1 个单位时的水平距离,称为该直线的平距,记为 l。$l = L/H = 1/i$,或写成 $i = 1/l$,即:

$$平距(l) = \frac{水平距离(L)}{高差(H)} = \cot\alpha = \frac{1}{i} \tag{2-9-2}$$

由式(2-9-2)可知,平距和坡度互为倒数,即 $i = 1/l$。坡度越大,平距越小,坡度大则表明直线陡。如图 2-9-3b)中,直线 AB 的坡度 $i = 1/2$,则 $l = L/H = 1/i = 2\text{m}$。

[例 2-9-1]   已知直线 AB 的标高投影 $a_9 b_5$ 和直线上点 C 到点 A 的水平距离 $L = 4\text{m}$,试求直线 AB 的坡度 i、平距 l 和点 C 的高程。

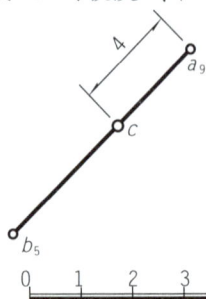

图 2-9-4   求直线的坡度、平距及 C 点高程

解   如图 2-9-4 所示,用图中的比例尺量得点 a_9 和点 b_5 之间的距离为 10m,于是可求得直线的坡度为:

$$i = H/L = (9-5)/10 = 2/5$$

由此求得直线的平距为:

$$l = 1/i = 5/2 = 2.5\text{m}$$

因 $L_{AC} = 4\text{m}$,所以点 C 和点 A 的高差:

$$H_A - H_C = i \times L_{AC} = 2/5 \times 4 = 1.6\text{m}$$

由此求得点 C 的高程:

$$H_C = H_A - 1.6 = 9 - 1.6 = 7.4\text{m}$$

3. 直线的实长和整数高程点

（1）直线的实长和倾角

在标高投影中，求直线的实长可采用正投影中的直角三角形法。

如图 2-9-5 所示，以直线的标高投影作为直角三角形的一条直角边，以直线两端点的高差作为另一直角边，用给定的比例尺作出后，斜边即为直线的实长。斜边和标高投影的夹角为直线与水平面的倾角 α。

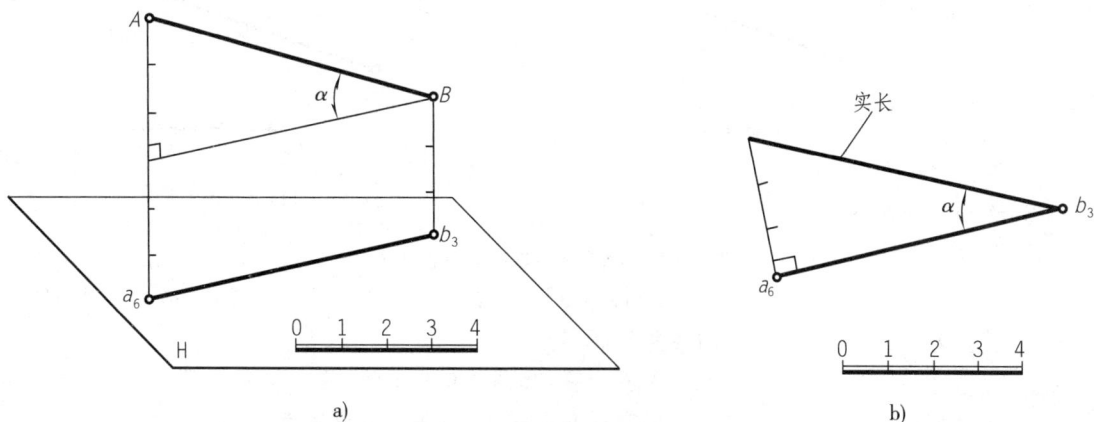

图 2-9-5　求直线的实长和倾角

a) 空间情况；b) 用直角三角形法求直线的实长和倾角

（2）直线上的整数高程点

在实际工作中，常遇到直线两端的标高投影的高程并非整数，需要在直线的标高投影上作出各整数高程点。解决这类问题，可以利用图解或计算的方法得到。

[例 2-9-2]　如图 2-9-6 所示，已知直线 AB 的标高投影 $a_{4.3}b_{7.8}$，求直线上各整数高程点。

分析：

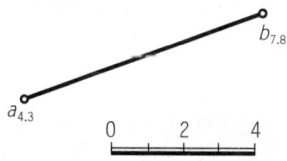

图 2-9-6　已知条件

假想在过直线 $a_{4.3}b_{7.8}$ 的铅垂面上，平行于 $a_{4.3}b_{7.8}$ 作五条任意等距的平行线，最高一条为 8，最低一条为 4。通过 $a_{4.3}$、$b_{7.8}$ 作直线垂直于 $a_{4.3}b_{7.8}$，在其垂线上分别按其高程数字 4.3 和 7.8 定出 A、B 两点；连接 A、B，它与各平行线的交点 C、D、E 即为直线上的整数高程点；再把它们投影到 $a_{4.3}b_{7.8}$ 上去，就得到直线上各整数高程点的投影。

如平行线组的间距采用比例尺的单位长度，还可同时求出 AB 的实长及其对 H 面的倾角 α。

作图步骤：

（1）平行于 $a_{4.3}b_{7.8}$ 作互相平行且间距相等的五条等高线，令其高程为 8、7、6、5、4，如图 2-9-7a）所示。

（2）从 C、D、E 向直线的标高投影 $a_{4.3}b_{7.8}$ 上作垂线，得到的垂足即为直线上的各整数高程点 c_5、d_6、e_7，如图 2-9-7b）所示。

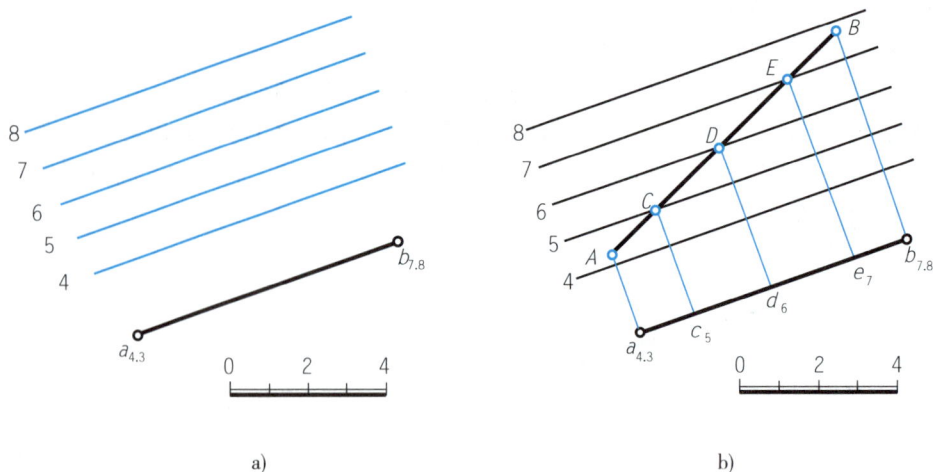

a)

b)

图 2-9-7 求直线的整数高程点(图解法)

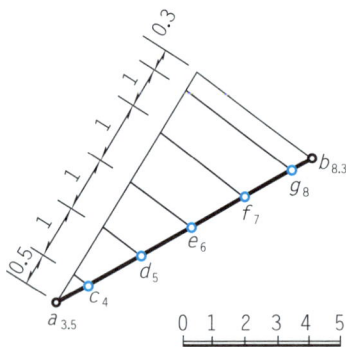

图 2-9-8 求直线的整数高程点(计算法)

[例 2-9-3] 已知直线 AB 的标高投影 $a_{3.5}b_{8.3}$,求作 AB 上的各整数高程点。

作图步骤:如图 2-9-8 所示。

用比例尺量得 $L_{AB} = 9\text{m}$,算得坡度:

$$i = H_{AB}/L_{AB} = (8.3 - 3.5)/9 = 0.5333$$

由此算出平距:

$$l = 1/i = 1.875\text{m}$$

点 $a_{3.5}$ 到第一个整数高程点 c_4 的水平距离为:

$$L_{AC} = H_{AC}/i = (4 - 3.5)/0.5333 = 0.9375\text{m}$$

d_5 、e_6 、f_7 、g_8 各点间的间隔均为平距尺寸 1.875m 。

第二节 平面的标高投影

一、平面上的等高线和坡度比例尺

1. 平面上的等高线和坡度线

如图 2-9-9 所示,平面上的水平线就是平面的等高线,也可看成是水平面与该平面的交线,在实际应用中常取整数高程的等高线,相邻等高线的高差一般取整数,如 1m、3m、5m 等,并且把平面与基准面的交线作为高程为零的等高线。平面上的等高线具有以下特性:

(1)等高线是一组直线。

(2)等高线相互平行。

（3）平距相等。

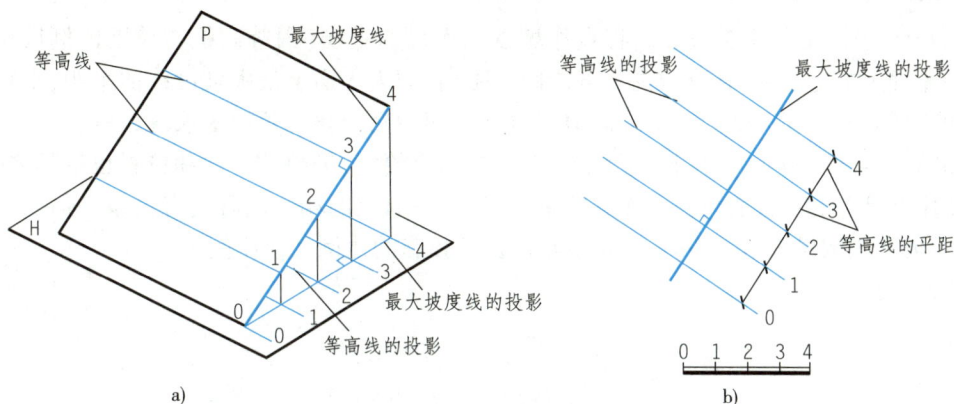

图 2-9-9　平面上的等高线和坡度线
a）空间情况；b）标高投影

与平面上的等高线（即水平线）垂直的直线即为平面上基准面 H 的最大坡度线，其与H 面的坡度代表了该平面的坡度。平面的最大坡度线与等高线互相垂直，最大坡度线的投影与等高线的投影也互相垂直（即直角投影特性）。最大坡度线的平距即等高线的平距。

2. 平面的坡度比例尺

最大坡度线的投影附以整数高程，并画成一粗一细的双线，称为平面的坡度比例尺。P 平面的坡度比例尺用字母 P_i 表示，如图 2-9-10 所示。

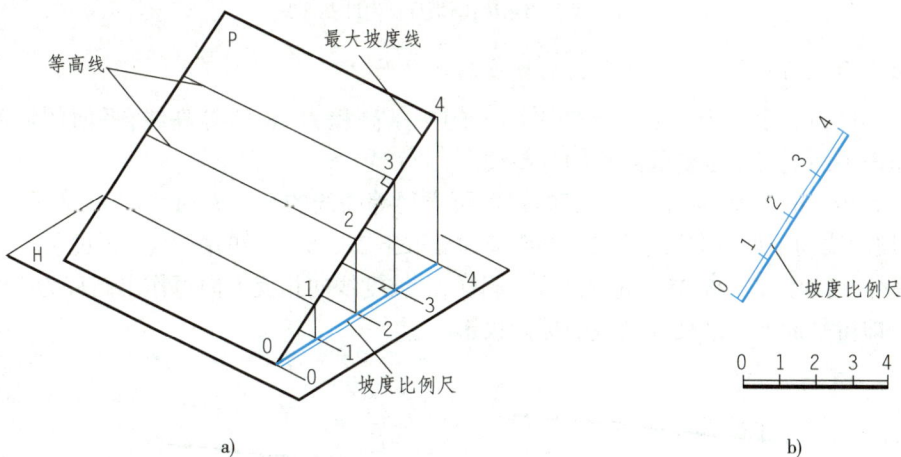

图 2-9-10　平面上的坡度比例尺
a）空间情况；b）标高投影

二、平面的表示法

1. 等高线表示法

在实际应用中常采用高差相等、高程为整数的一组等高线来表示平面，这是表示平面的基本形式。基准面 H 上的等高线，其高程为零。如图 2-9-11a）所示，据图示可知该平面的等高线的平距为2，也为平面上最大坡度线的平距，即平面的平距，进而推算出该平面的坡度为1/2。

2.坡度比例尺表示法

已知坡度比例尺,由各整数高程点作坡度比例尺的垂线(因等高线与坡度比例尺相互垂直),得平面上的等高线,各整数高程点之间的距离,即为平面上最大坡度线的平距,平距的倒数即为该平面的坡度。平面对基准面 H 的倾角也可以用直角三角形法求得。

如图 2-9-11b)所示,坡度比例尺的位置和方向已给定,平面的方向和位置也就随之确定。过坡度比例尺上的各整数高程点作它的垂线,就是平面上的相应高程的等高线。但要注意的是,在用坡度比例尺表示平面时,一定要给出标高投影的比例尺或比例。

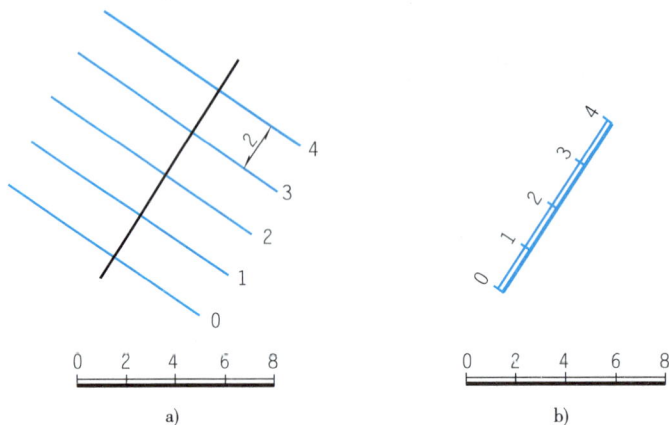

图 2-9-11　用等高线、坡度比例尺表示平面
a)等高线表示法;b)坡度比例尺表示法

3.用平面上的一条等高线和平面的坡度表示平面

图 2-9-12a)表示一个平面。已知平面上的一条高程为 28 的等高线,平面的坡度为 $i = 1/2$,试作该平面上若干条整数高程的等高线。

如图 2-9-12b)所示,由平面的已知坡度,可求得等高线的平距 $l = 1/i = 2m$,按图中所给比例尺,沿坡度线向下坡方向按平距 2m 等距离地截取出 27、26、25…的高程点,再过它们作与已知等高线平行、高程为 27、26、25…的等高线。同样,沿坡度线向相反方向可作出高程为 29、30…的等高线。即得平面上一系列等高线的标高投影。

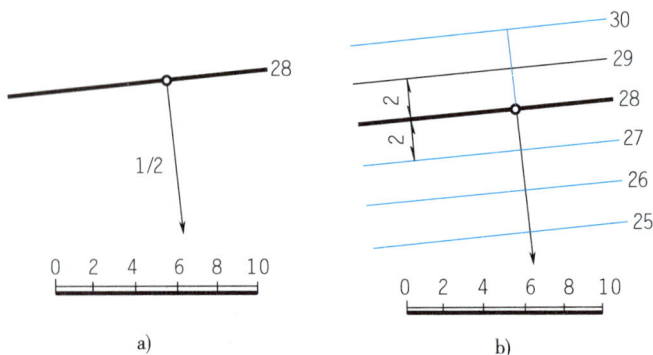

图 2-9-12　用一条等高线和平面的坡度表示平面
a)已知等高线和坡度;b)变换成一组等高线

4. 用平面上的一条非等高线和该平面的坡度与倾向表示平面

图 2-9-13 为一高程为 5m 的水平场地及一坡度为 1:3 的斜坡道路, 斜坡道路两侧的倾斜平面 ABC 和 DEF 的坡度均为 1:2, 这种倾斜平面可由平面内一条倾斜直线的标高投影加上该平面的坡度及倾向来表示, 如图 2-9-13b) 所示。图中 a_2b_5 旁边的细虚线箭头只是表明该平面向直线的某一侧倾斜, 并不代表平面的坡度线方向, 坡度线的准确方向需作出平面上的等高线后才能确定。

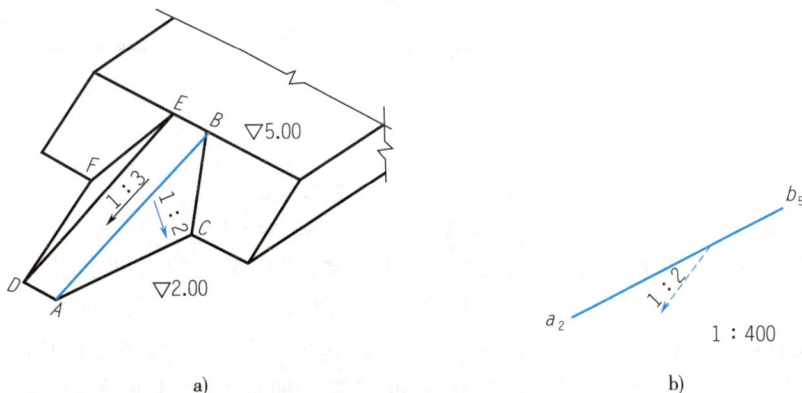

图 2-9-13 用一条非等高线和平面的坡度与倾向表示平面
a) 空间情况; b) 标高投影

[例 2-9-4] 如图 2-9-14a) 所示, 已知平面上一条倾斜直线 AB 的高程投影 a_3b_{10}, 平面的坡度 $i=1:0.5$, 试作该平面的等高线和坡度线。

分析:

过直线上 A 点有一条高程为 3m 的等高线, 过 B 点有一条高程为 10m 的等高线, 这两条等高线之间的水平距离为 $L=1/i \times H=0.5 \times 7m=3.5m$。过点 B, 以 $R=3.5m$ 为半径, 高度为 7m, 坡度为 1:0.5 作一圆锥, 与包含 AB 直线且坡度为 1:0.5 的平面 ABC 相切, 其坡度线为 BC, 如图 2-9-14b) 所示。

作图步骤:

过 a_3 有一条高程为 3 的等高线, 过 b_{10} 有一条高程为 10 的等高线。这两条等高线之间的水平距离, 也就是 b_{10} 到等高线 3 的距离。以 b_{10} 为圆心, $R=3.5m$ 为半径 (按图中所给比例尺量取), 在平面的倾斜方向画圆弧, 再过 a_3 向圆弧作切线, 就得到高程为 3m 的等高线。七等分 a_3b_{10}, 即得到直线上高程为 4、5、6、7、8、9 等分点。过各等分点作直线与等高线 3 平行, 就得到 4、5、6、7、8、9 六条等高线。过 b_{10} 作等高线的垂线, 并加上箭头, 此即为所求的坡度线。

三、两平面的相对位置

两平面在空间的相对位置可分为平行与相交两种情况。

(1) 平行: 如果两平面平行, 则它们的坡度比例尺和等高线互相平行、平距相等、高程数字的增减方向一致, 如图 2-9-15a) 所示。

(2) 相交: 在标高投影中, 两平面的交线, 就是两平面上两对相同高程的等高线相交后所得交点的连线。

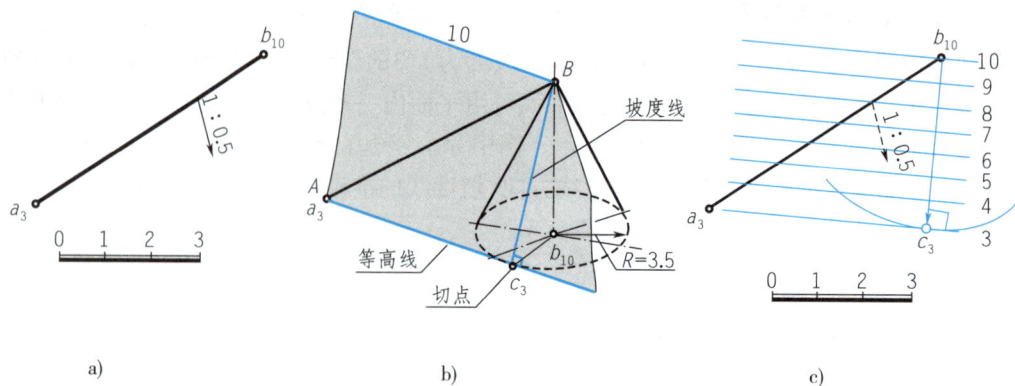

图 2-9-14　平面的等高线和坡度线

a)已知条件;b)空间分析;c)等高线的做法

在标高投影中,求两平面的交线,是利用辅助平面法在相交两平面上求得两个共有点,其连线即为两平面的交线。通常采用水平面作为辅助面。如图 2-9-15b)所示,水平辅助面与 P、Q 两平面的截交线是两条相同高程的等高线,这两条等高线的交点就是两平面的共有点,分别求出两个共有点并连接两点,就可求得交线。即从 P、Q 平面各引出一条高程为 2 的等高线,得交点 a_2,再各引出一条高程为 4 的等高线,得交点 b_4,连接 a_2、b_4,即得两平面的交线。

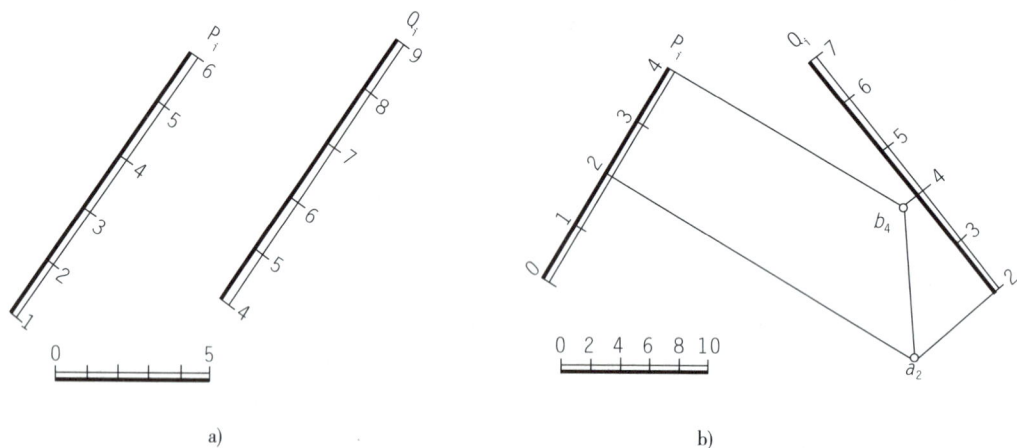

图 2-9-15　两平面相对位置

a)平行;b)相交

[**例 2-9-5**]　已知两平面,求它们的交线,如图 2-9-16a)所示。

分析:

如图 2-9-16b)所示,分别在两平面内作出相同高程的等高线 20m 和 25m(或其他相同高程),分别得到 A、B 两个交点,连接 A、B 点,则 AB 即为所求两平面交线。

作图步骤:

如图 2-9-16c)所示,将两平面同高程的等高线 20m 和 25m 的交点 a、b 连接,则 ab 即为所求两平面交线的标高投影。

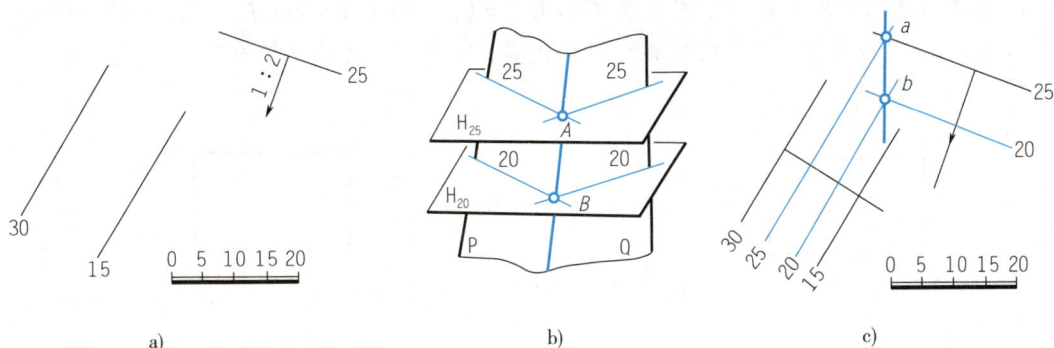

图 2-9-16 两平面相交
a)已知条件;b)空间分析;c)求交线

四、求坡面交线、坡脚线或开挖线

在工程中,把建筑物相邻两坡面的交线称为坡面交线,坡面与地面的交线称为坡脚线(填方)或开挖线(挖方)。

在工程中,坡面倾斜情况可用示坡线表示,如图 2-9-17d)所示,图中长短相间的细实线叫示坡线,其与等高线垂直,用来表示坡面,示坡线画在高的一侧。

[例 2-9-6] 已知坑底的高程为 −2m,坑底的大小和各坡面的坡度如图 2-9-17a)所示,地面高程为 2m,求作开挖线和坡面交线。

分析:求基坑的开挖线的水平距离,并绘出开挖线;然后作坡面与坡面的交线;最后加深并画示坡线。

作图步骤:如图 2-9-17b) ~ 图 2-9-17d)所示。

(1)求开挖线,如图 2-9-17b)所示。地面高程为 2m,因此开挖线就是各坡面上高程为 2m 的等高线,它们分别与坑底的相应底边线平行,水平距离 $L_1 = 1.5 \times 4m = 6m$,$L_2 = 1 \times 4m = 4m$,$L_3 = 2 \times 4m = 8m$。

(2)求坡面交线,如图 2-9-17c)所示。相邻两坡面高程相同的两条等高线的交点即两坡面的公有点,分别连接相应的两个公有点,可得四条坡面交线。

(3)将结果加深,画出各坡面的示坡线,如图 2-9-17d)所示。

[例 2-9-7] 已知主路堤和支路堤相交,顶面高程分别为 3m 和 2m,地面高程为 0m,各坡面坡度如图 2-9-18a)所示,试作相交两路堤的标高投影图。

分析:如图 2-9-18b)所示。

作相交两路堤的标高投影图,需求三种线:各坡面与地面交线,即坡脚线;支路堤顶面与主路堤坡面的交线;主路堤坡面与支路堤坡面的交线。

作图步骤:如图 2-9-19a) ~ 图 2-9-19e)所示。

(1)求坡脚线,如图 2-9-19a)所示。

主路堤堤顶边缘到坡脚线的水平距离 $L_1 = H/i = (3-0)m/1 = 3m$,再沿两侧坡面坡度线方向按比例量取,过零点作顶面边缘的平行线,即得两侧坡面的坡脚线。

支路堤顶边缘到坡脚线的水平距离 $L_2 = H/i = (2-0)\,\text{m}/1 = 2\text{m}$,$L_3 = H/i = (2-0)\,\text{m} \times 0.75 = 1.5\text{m}$。主路堤与支路堤的坡脚线交于 a_0、b_0,支路堤自身的坡脚线交于 c_0、d_0。

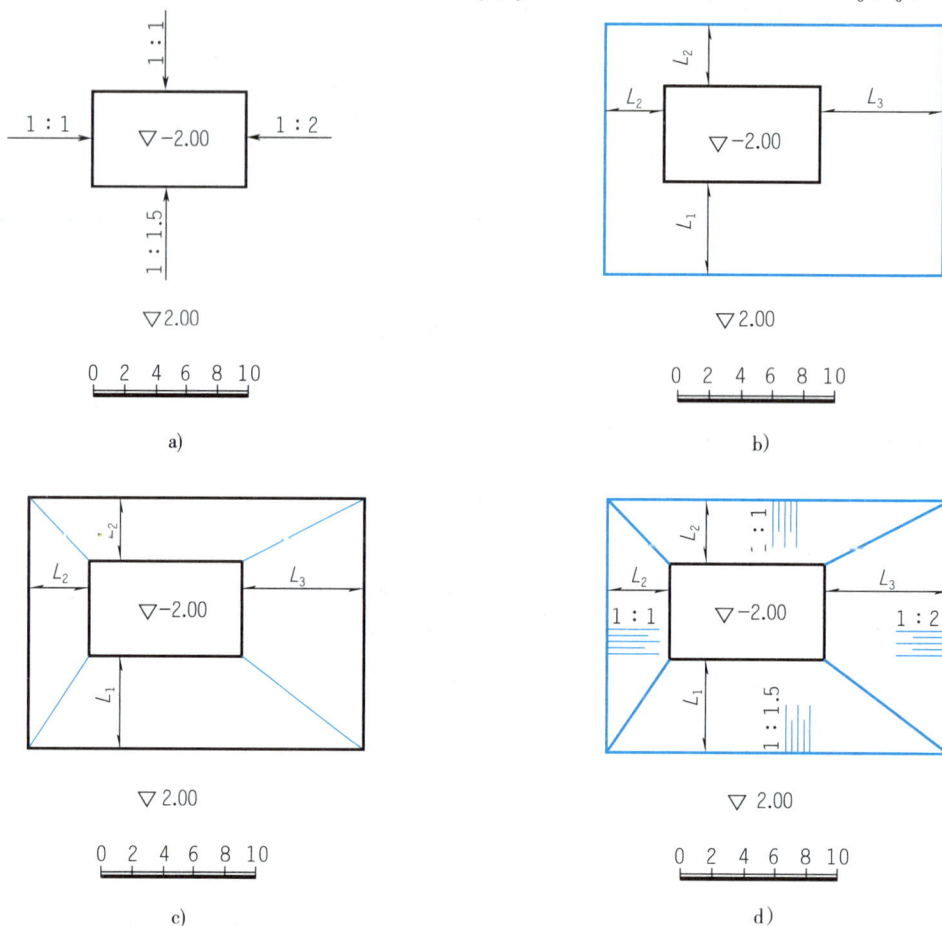

图 2-9-17 求基坑的标高投影图

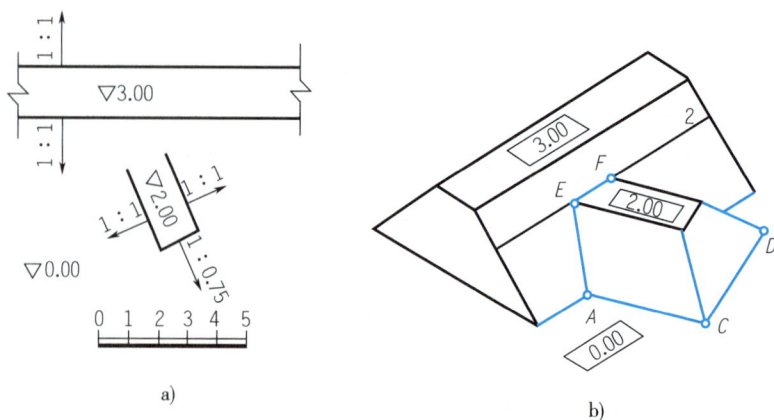

图 2-9-18 支路堤与主路堤相交的已知条件与作图分析

（2）求支路堤顶面与主路堤坡面的交线，如图 2-9-19b）所示。

支路堤顶面高程为 2m，与主路堤坡面交线就是主路堤坡面上高程为 2m 的等高线中的 e_2 f_2 一段，$L_4 = H/i = (3-2)\text{m}/1 = 1\text{m}$。

（3）求主路堤坡面与支路堤坡面的交线，如图 2-9-19c）所示。

主路堤与支路堤的坡脚线交于 a_0、b_0，连接 a_0e_2、b_0f_2，即得坡面交线。

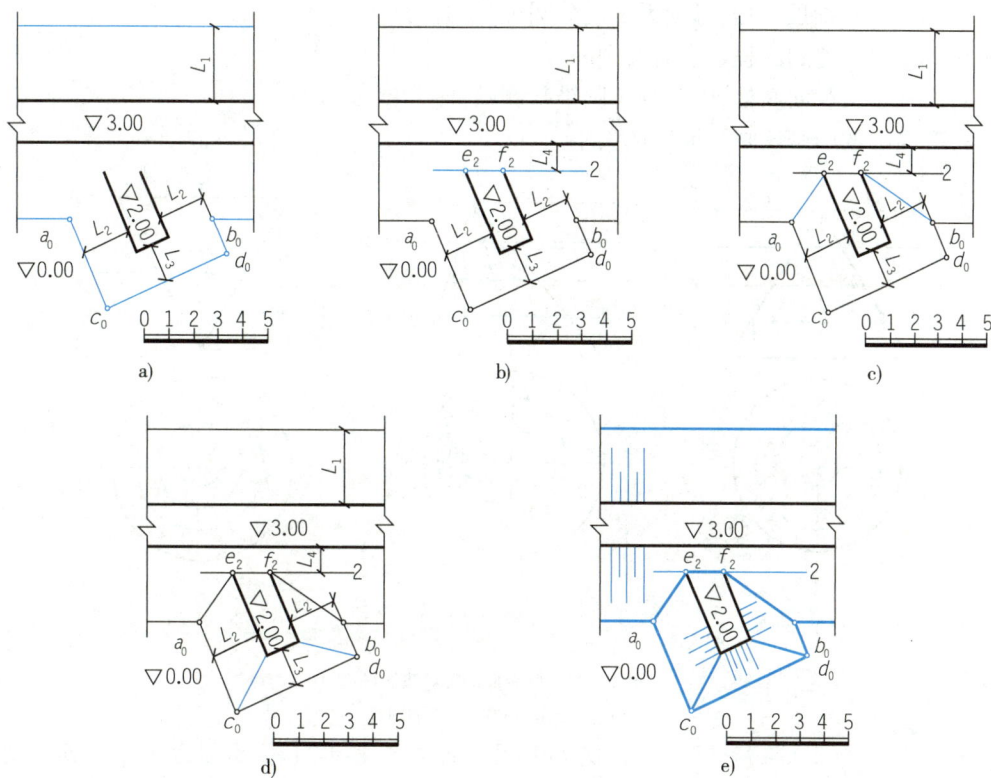

图 2-9-19　支路堤与主路堤相交的标高投影图

a）求主路堤、支路堤的坡脚线；b）求支路堤顶面与主路堤坡面的交线；c）求主路堤坡面与支路堤坡面的交线；d）画支路堤坡面与坡面的交线；e）加深，画出各坡面的示坡线

第三节　曲面的标高投影

工程上常见的曲面有锥面、同坡曲面和地形面等。在标高投影中表示曲面，就是用一系列高差相等的水平面与曲面相截，画出这些截交线（即等高线）的投影。

一、圆锥面的标高投影

如图 2-9-20 所示，圆锥的底圆置于水平面上，用一组等间隔的水平面截割圆锥面，得锥面上的一组等高线圆，这些圆的水平投影加注上高程数字，可以表示圆锥面。对于正圆锥，这些圆是同心的;对于斜圆锥,这些圆是偏心的,当圆锥正放时,等高线的高程越大,则圆的直径越小;而当圆锥倒放时,高程越大,圆的直径也越大。

如图 2-9-20a)所示,正圆锥面的等高线都是同心圆,当高差相等时,等高线间的水平距离相等。当锥面正立时,等高线越靠近圆心,其高程数字越大;当锥面倒立时,等高线越靠近圆心,其高程数字越小。圆锥面示坡线的方向应指向锥顶。需要注意的是:

（1）必须注明锥顶高程,否则无法区分圆锥与圆台;

（2）等高线在遇到高程数字时必须断开;

（3）高程字头朝向高处,以区分正圆锥与倒圆锥;

（4）等高线的疏密反映了坡度的大小。

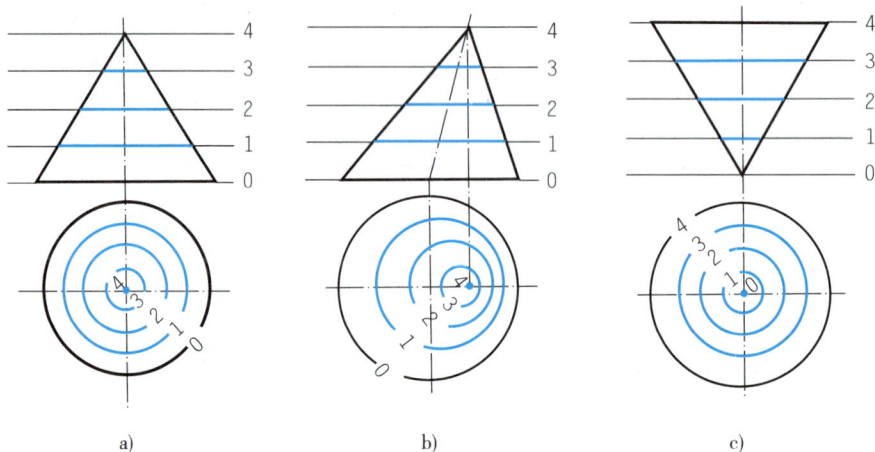

a)   b)   c)

图 2-9-20　圆锥面的标高投影图

a)正圆锥;b)斜圆锥;c)倒圆锥

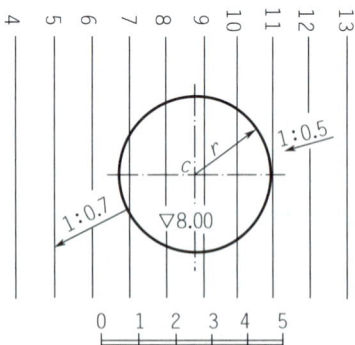

图 2-9-21　已知条件

[例 2-9-8] 已知图 2-9-21 所示圆形平台的高程为 8,建在一斜坡上,斜坡平面用一组等高线表示。平台的填筑边坡为 $i_1 = 1:0.7$,开挖边坡为 $i_2 = 1:0.5$,试作填挖边界线。

分析:以斜坡平面上等高线 8 为界,左侧为填筑区,填筑坡面为正圆锥面;右侧为开挖区,开挖坡面为倒圆锥面。a_8 和 b_8 是填挖的分界点。填筑和开挖圆锥的锥顶在图中重合于 c 点。

填筑平距为 $L_1 = 1:(1/0.7) = 0.7\text{m}$;

开挖平距为 $L_2 = 1:(1/0.5) = 0.5\text{m}$。

以 c 为圆心,分别以 0.7m 和 0.5m 的级差调整半径画圆,找到圆锥面的等高线与斜坡平面上同高程等高线的交点,用光滑曲线连接这些交点,即为填挖边界线。

作图步骤:如图 2-9-22a)~图 2-9-22d)所示。

（1）定填挖分界点 a_8、b_8,得填挖分界线,如图 2-9-22a)所示;

（2）以填筑平距 0.7m 和开挖平距 0.5m 的级差调整半径画圆,作填筑和开挖坡面上的等

高线,如图2-9-22b)所示;

(3)找到圆锥面的等高线与斜坡平面上同高程等高线的交点,如图2-9-22c)所示;

(4)用光滑曲线连接各交点,得填挖边界线。并作示坡线,如图2-9-22d)所示。

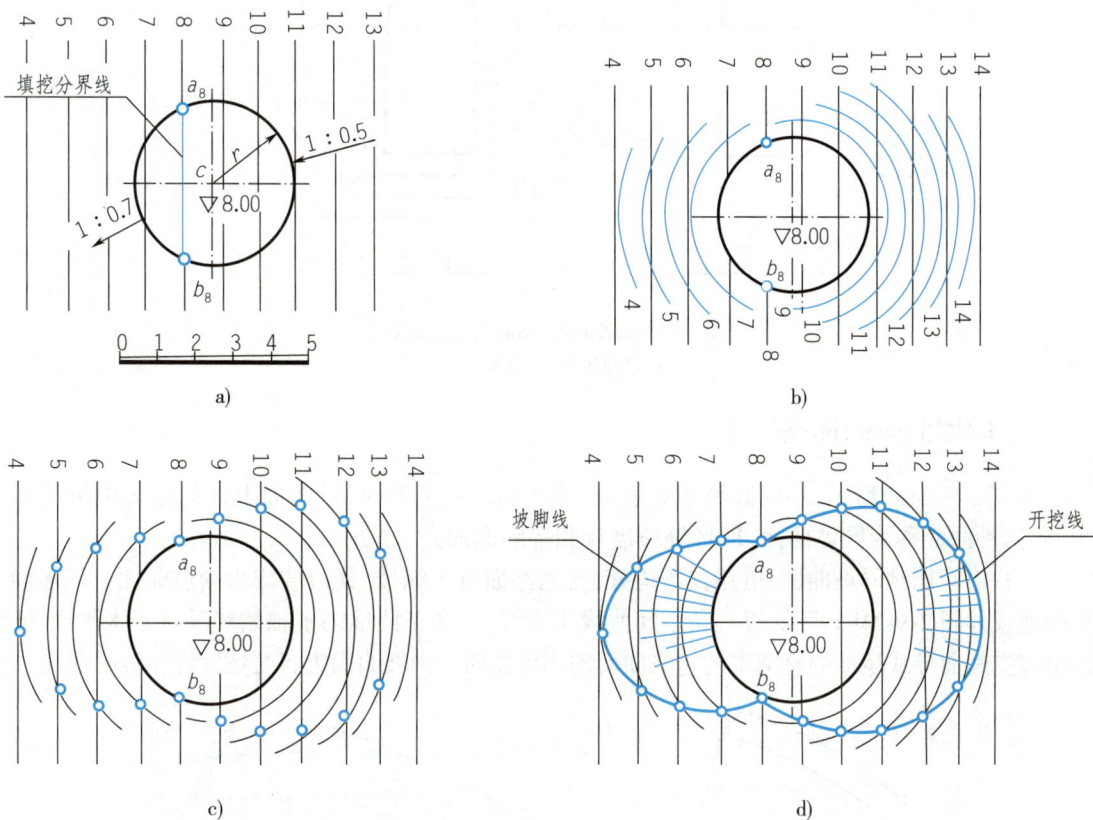

a)

b)

c)

d)

图2-9-22 求建在斜坡上的圆形平台的填挖边界线

[**例2-9-9**] 某半圆形场地,其各坡面的坡度如图2-9-23a)所示。假定地面是高程为零的水平面,求作各坡面的交线和坡面与地面的交线。

分析:半圆形处的坡面是直圆锥面,其余的坡面均为平面。根据圆锥面和斜坡面的相对位置,可知它们的交线是双曲线,圆锥面和地面的交线是圆弧。

作图步骤:如图2-9-23b)所示。

(1)锥面的坡度 $i = 1/2$,则 $l = 2m$。以平距2为半径的增量作同心圆弧,得圆锥面的等高线。

(2)由于各坡面的坡度为 $i = 1:1$,则平距为1m,以1个单位为平距,画各坡面等高线的平行线。

(3)顺次连接锥面与坡面同高程等高线的交点,并画出坡面与地面、圆锥面与地面以及各相邻面间的交线。

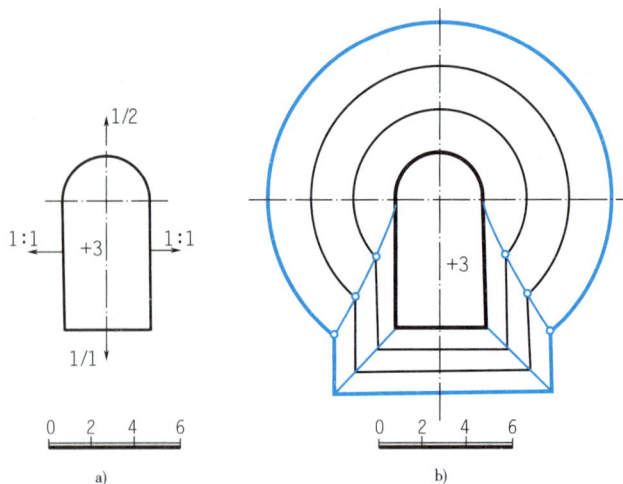

图 2-9-23   求坡面间及坡面与地面的交线

a) 已知条件；b) 作图过程

二、同坡曲面的标高投影

如图 2-9-24a) 所示，一段倾斜的弯道，它的两侧边坡是曲面，且曲面上任何地方的坡度都相同，这种曲面称为同坡曲面，即各处坡度皆相等的曲面。

工程上常用到同坡曲面，道路在弯道处，无论路面有无纵坡，其边坡均为同坡曲面。同坡曲面的形成如图 2-9-24b) 所示，以一条空间曲线作导线，一个正圆锥的锥轴始终垂直于水平面，锥顶沿着空间曲导线运动的直圆锥的包络曲面即同坡曲面。同坡曲面为各处坡度皆相等的曲面。

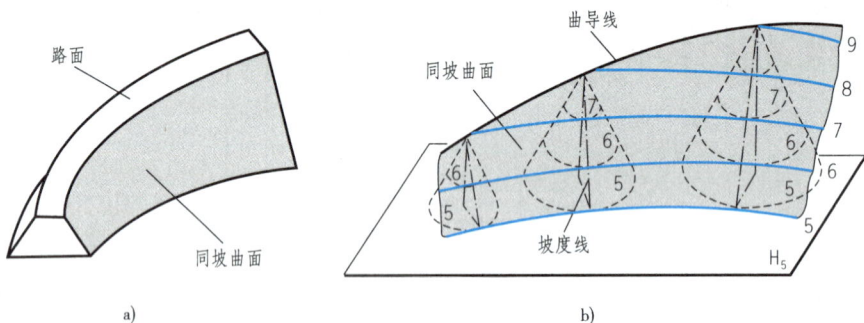

图 2-9-24   同坡曲面

a) 弯道；b) 同坡曲面的形成

要作出同坡曲面的等高线，应明确以下几点：

(1) 运动的正圆锥与同坡曲面处处相切。

(2) 同坡曲面与圆锥面的切线为同坡曲面上的坡度线。

(3) 用水平面截割同坡曲面及圆锥面，所得的交线相切，即同坡曲面上的等高线与圆锥面上同高程的等高线相切。

[例 2-9-10]   如图 2-9-25a) 所示，已知同坡曲面上一条空间曲线的标高投影，曲线上 A 点的标高投影 a_6，曲线的坡度 $i_0 = 1:5$。又知同坡曲面的坡度 $i = 1:2.5$ 和坡面的倾斜方向，试作同坡曲面上整数高程的等高线。

作图步骤:如图 2-9-25b)所示。

算出曲线上高差为 1m 的整数高程点的平距 $l_0 = 1 : (1/5) = 5m$,从而可作出曲线上的点 b_5、c_4、d_3,再算出同坡曲面上高差为 1m 的整数高程等高线间的平距 $l_1 = 1 : (1/2.5) = 2.5m$。

以点 c_4、b_5、a_6 为圆心,以 l_1 为级差调整半径画同心圆,即为各圆锥面的等高线。作各圆锥面上同高程等高线的公切线,即得同坡曲面上相应高程的等高线 3、4、5、6。

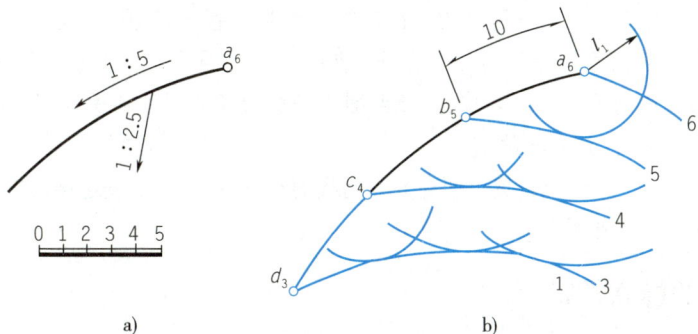

图 2-9-25　作同坡曲面上整数高程的等高线
a)已知条件;b)解题过程

[例 2-9-11]　　如图 2-9-26a)所示为一弯曲倾斜道路与主干道路相连,干道顶面高程为 9.00m,地面高程为 5.00m,弯曲引道由地面逐渐升高与干道相连,画出坡脚线与坡面的交线。

分析及作图步骤:如图 2-9-26b)~图 2-9-26e)所示。

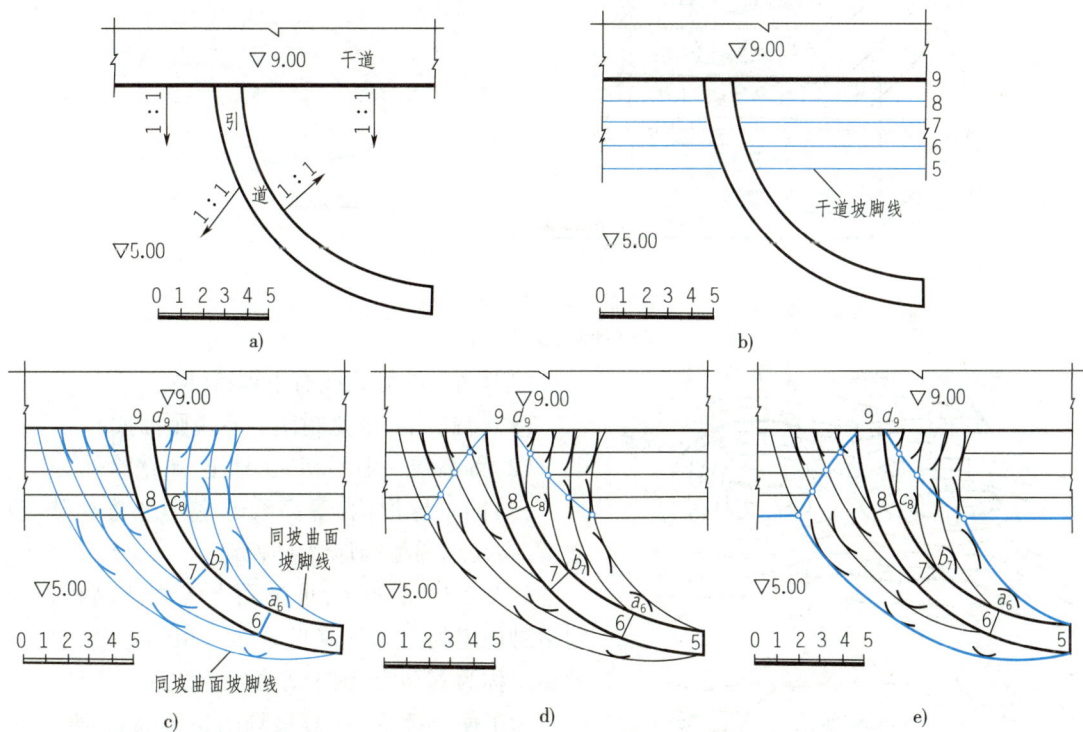

图 2-9-26　求道路与弯曲引道的标高投影图

a)已知条件;b)求干道边坡等高线及坡脚线;c)求引道两侧同坡曲面上的等高线及坡脚线;d)求同坡曲面与干道边坡的交线;e)加深坡脚线与坡面交线

(1)求干道边坡等高线及坡脚线。

算出边坡平距,作干道坡面上高程为 8、7、6、5 的等高线,其中坡面上高程为 5 的等高线即为干道坡脚线。

(2)求引道两侧同坡曲面上的等高线及坡脚线。

①四等分引道顶面的曲导线,定出曲导线上各整数高程点 a_6、b_7、c_8、d_9。

②以 a_6、b_7、c_8、d_9 为圆心,分别以 $R=1$、2、3、4 为半径画同心圆,即为各正圆锥的等高线。

③作正圆锥上相同高程等高线的公切曲线(包络线),即得引道边坡(即同坡曲面)的等高线。同样可作出另一侧边坡的等高线。其中,同坡曲面上高程为 5 的同坡曲面等高线即为干道坡脚线。

(3)求同坡曲面与干道边坡的交线。

将引道两个同坡曲面与干道边坡上同高程等高线的交点,用光滑曲线连接起来,即得坡面交线。

(4)将结果加深,完成作图。

三、地形面的标高投影

地形面是一个不规则曲面,标高投影中仍然用一系列等高线表示。假想用一组高差相等的水平面切割地形面,截交线即为一组不同高程的等高线,如图 2-9-27 所示,画出等高线的水平投影,并标注其高程值,即为地形面的标高投影,通常也叫地形图。

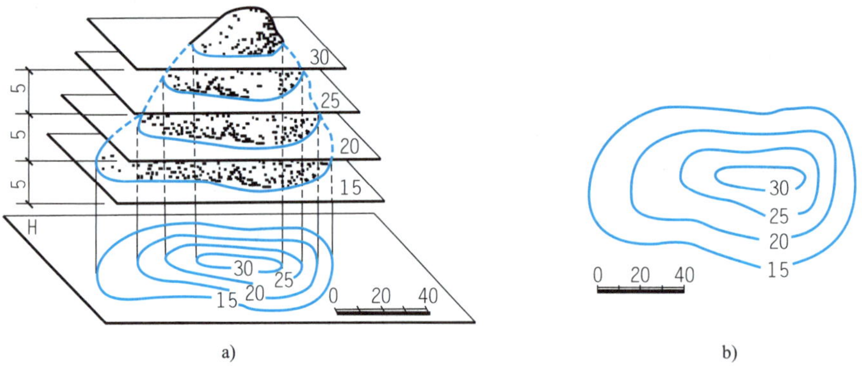

图 2-9-27　地形面的标高投影
a)空间情况;b)标高投影

图 2-9-28　地形图

地形面上的等高线有下列特性:

(1)等高线一般是封闭的不规则曲线。

(2)等高线一般不相交(悬崖、峭壁除外)。

(3)同一地形内,等高线越密则地势愈陡;反之,等高线越稀疏则地势愈平坦。

如图 2-9-28 所示,地形图上等高线高程数字的字脚规定朝向高程降低方向。相邻等高线之间的高差称为等高距,图中等高距为 20m。

为了便于读图,一般每隔四条等高线,要加粗一条等高线,这样的中粗等高线称为计曲线。其余不加粗的等高线称为首曲线。

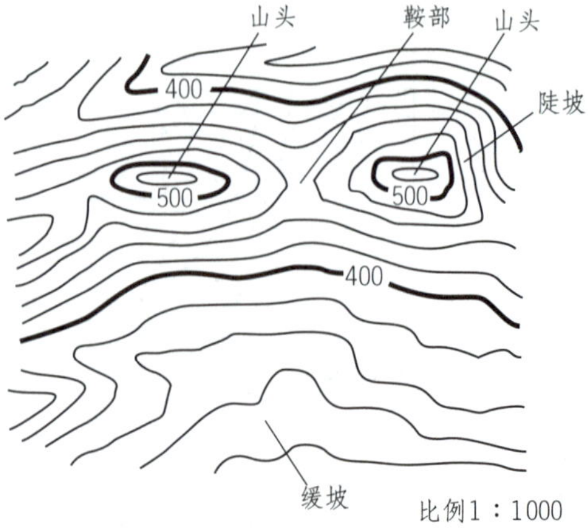

从图 2-9-28 还可以看出,图的上方 500m 高程附近有两处环状等高线,表明这两个地方是山头,两个山头中间是鞍部。图右上角的等高线密集,表明此处地面坡度大;图的下半部等高线稀疏,表明地势平坦。

地形图上典型地貌的特征,如图 2-9-29 所示。

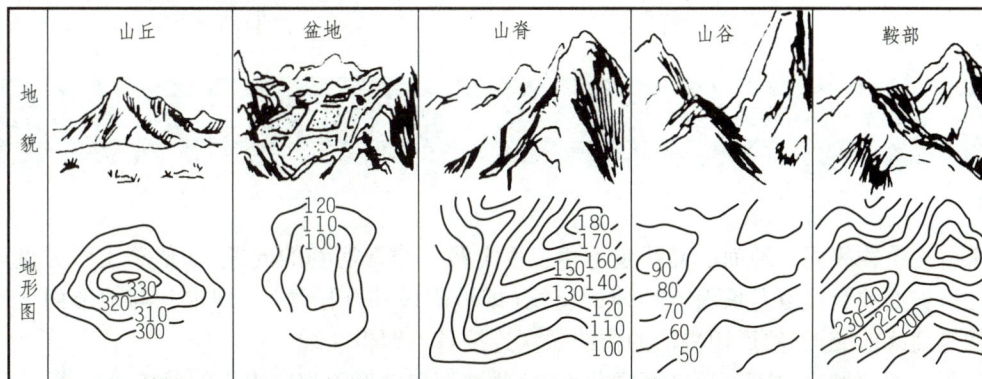

图 2-9-29　典型地貌在地形图上的特征

(1)山丘:等高线闭合圈由小到大高程依次递减,等高线亦随之渐稀。

(2)盆地:等高线闭合圈由小到大高程依次递增,等高线亦随之渐稀。

(3)山脊:等高线凸出方向指向低处。

(4)山谷:等高线凸出方向指向高处。

(5)鞍部:相邻两峰之间,形状像马鞍的区域称为鞍部,在鞍部两侧的等高线形状接近对称。

四、地形断面图

用铅垂面剖切地形面为一不规则曲线,得剖切平面与地形面的截交线,即地形断面,并画上相应的材料图例,称为地形断面图。其作图方法如图 2-9-30 所示。

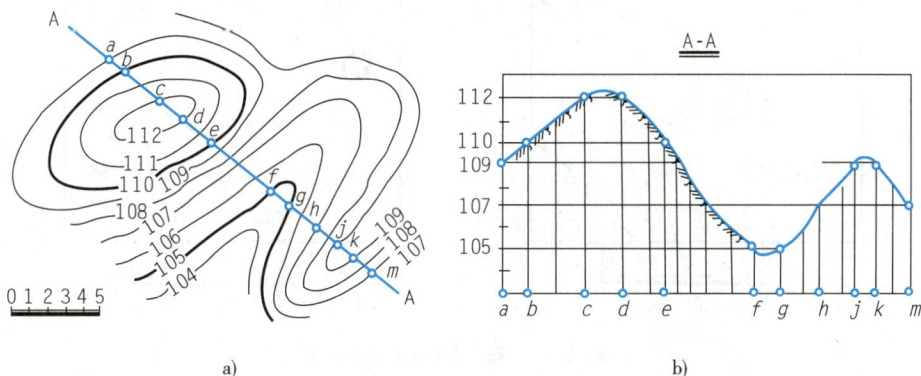

图 2-9-30　断面法求地形断面图

a)已知地形图和铅垂剖切面 A-A 的位置;b)A-A 断面图

(1)过 A-A 作铅垂面,它与地面上各等高线的交点为 a、b、c 等,如图 2-9-30a)所示。

(2)以 A-A 剖切线的水平距离为横坐标,以高程为纵坐标,按等高距及比例尺画一组平行线,如图 2-9-30b)所示。与等高线的交点 a、b、c 等按位置截量在水平坐标轴上,再沿竖直方向截出相应各点的高程。

（3）将图2-9-30a)中的 a、b、c 等点转移到图2-9-30b)中最下面一条直线上,并由各点作纵坐标的平行线,使其与相应的高程线相交得到一系列交点。

（4）将各交点连接成光滑曲线,即得地形断面图。在地面线下加画一些自然土壤符号,以示剖切所得的断面图。

第四节　标高投影在土建工程中的应用

求解构筑物表面与地面的交线是土建工程实践中经常遇到的问题,如估算土石方量时首先要知道坡面的交线以及坡面与地面的交线(即坡脚线和开挖线)。即求其与地形面上高程相同的等高线的交点,然后用平滑的曲线顺次连接各点即得交线。

工程中的填挖边坡可能是平面或曲面,这些坡面与地形面相交得出的填挖边界线,也称边坡线。求作边坡线的方法,归结为求坡面上等高线与地形面上同高程等高线的交点,连接各交点即得边坡线。

一、平面与地形面的交线

[**例 2-9-12**]　如图2-9-31a)所示,地形面与一斜坡平面相交,求作地面与斜坡平面的交线。

作图步骤:如图2-9-31b)所示。

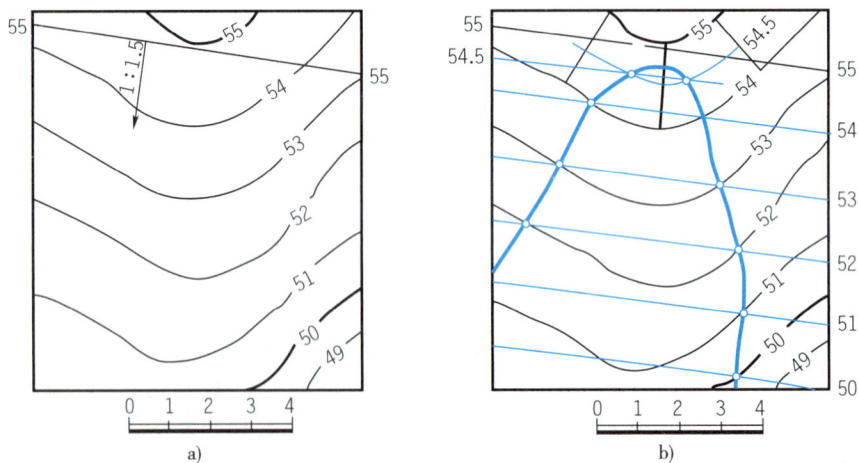

图 2-9-31　求平面与地形面的交线

a)已知条件;b)作图过程

斜坡平面由高程55的等高线和坡度1:1.5给出,作出该平面上高差为1m的等高线54、53、52、51等。比较这些等高线和地形图中的等高线可知,交线即是开挖线。开挖线由坡面和地面的同高程的等高线连接而成。

在地面等高线54与55之间内插一条高程为54.5的等高线,在斜平面的等高线54与55之间也内插一条54.5的等高线,二者交出开挖线上高程为54.5的点。再根据两边交线的走势,把大于 54.5 的一小段连接起来,完成开挖线的作图。

[**例 2-9-13**] 如图 2-9-32a)所示,已知管线两端高程分别为 21.4m 和 24.6m,求管线 AB 与地面的交点。

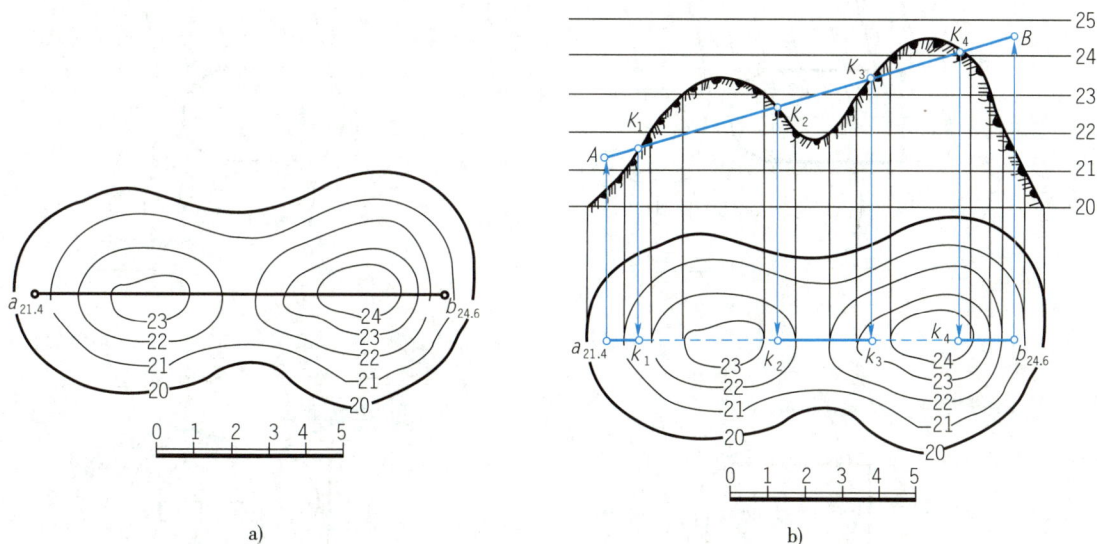

图 2-9-32　求管线与地面线的交线
a)已知条件;b)由管线与地形断面的交点,得地形图中管线与地面的交点

分析:作出包含直线的铅垂剖切面与地形面的截交线,再求直线与截交线的交点,就是直线与地形面的交点。

作图步骤:如图 2-9-32b)所示。

(1)作间距相等的高程分别为 20、21、22、23、24、25 的平行线组。

(2)将管线的标高投影 $a_{21.4}b_{24.6}$ 与地形面上各等高线的交点按其对应的高程和水平距离画到平行线组中,连接各点得到地面截交线。

(3)将管线两端点的标高投影 $a_{21.4}b_{24.6}$ 按其对应的高程和水平距离画到平行线组中,连接 AB,则直线 AB 与截交线的交点 K_1、K_2、K_3、K_4 即是直线 AB 与地面的交点。

(4)在地面上得到交点的标高投影 k_1、k_2、k_3、k_4,并将地面以下的部分画成虚线。

二、曲面与地形面的交线

求曲面与地形面的交线,即求曲面与地形面上一系列高程相同的等高线的交点,然后把所得的交点依次相连,即为曲面与地形面的交线。

[**例 2-9-14**] 如图 2-9-33a)所示,要在山坡上修筑一带圆弧的水平广场,其高程为 16m,填方边坡为 1:1.5,挖方边坡为 1:1,求填挖边界线和坡面间的交线。

作图步骤:

(1)确定填挖分界线,如图 2-9-33b)所示。

水平广场高程为 16,则地面高程为 16 的等高线为填挖分界线,左侧为填筑区,右侧为开挖区,填挖分界线以 a_{16} 和 b_{16} 为分界点。

（2）确定坡面形状，如图 2-9-33c）所示。

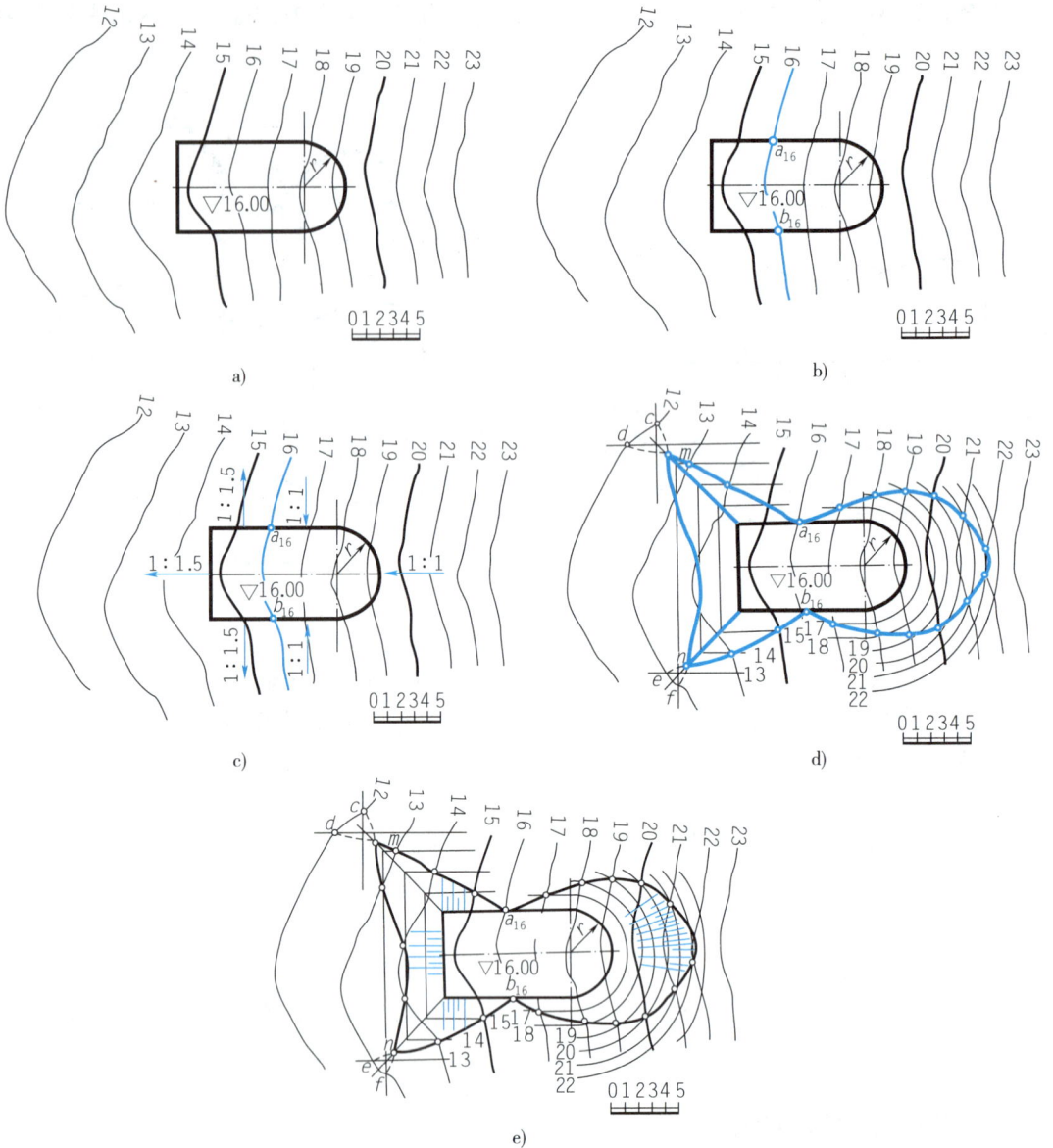

a)

b)

c)

d)

e)

图 2-9-33　求填挖边界线和坡面间的交线

a)已知条件;b)定填挖分界点及填挖分界线;c)坡面形状的确定;d)填挖边界线和坡面间的交线;e)画填挖坡面的示坡线

填挖分界线的左侧：高程比 16 低的地形，是填土部分，有前、后、左三个均为平面的坡面与地形面相交。

填挖分界线的右侧：高程比 16 高的地形，是挖土部分，有前、后两个平面和右侧广场圆弧边缘的倒圆锥面，这三个坡面与地形面相交。

（3）确定填挖边界线和坡面间的交线，如图 2-9-33d）所示。

由填方坡度 1:1.5 得平距为 1.5m，作出各填方边坡坡面的等高线，这些等高线与地形面同高程等高线相交,连接交点得填筑边界线(即截交线)。边界线上的 m、n 两点是两个边坡面和地面三个面的公共点,用延长边坡线的方法求得。

挖方坡度为 1:1,则平距为 1m,据此作出各挖方边坡面的等高线,其中半圆端的挖方边坡面为倒圆锥面,图上等高线为一组同心圆。坡面等高线与同高程的地面等高线相交,连接各交点得到挖方边界线。

(4)画填挖坡面的示坡线,如图 2-9-33e)所示。

[**例 2-9-15**] 如图 2-9-34a)所示。已知高程为 20 的水平道路,两侧的开挖边坡坡度为 1:1,试作开挖边界线。

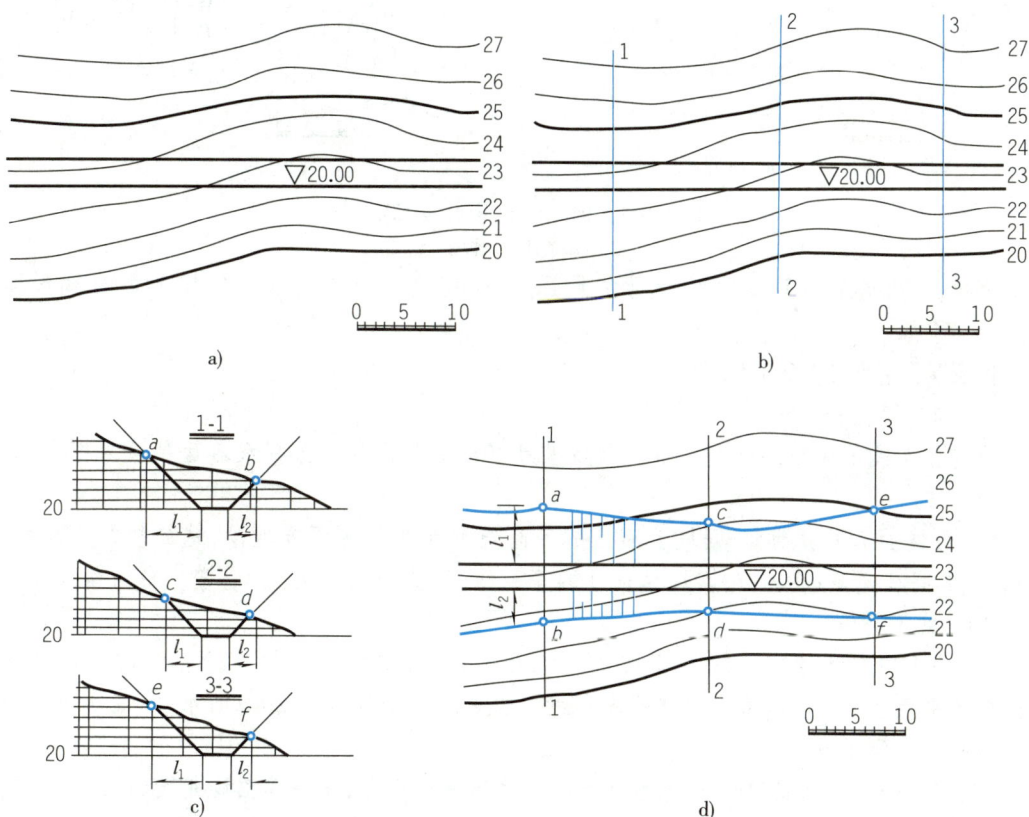

图 2-9-34 断面法求地形断面图

a)已知高程为 20 的水平道路及其所处地形面的等高线;b)等距离设置与路线方向垂直的横剖切平面 1-1、2-2、3-3;c)画 1-1、2-2、3-3 横断面图,得边坡与地面线的交点 a、b、c、d、e、f;d)把 a、b、c、d、e、f 按水平尺寸(如 l_1、l_2)回截到地形图上,连接起来即为开挖边界线,并画出示坡线

作图步骤:如图 2-9-34b)~d)所示。

由于地形等高线与道路边线接近平行,采用作边坡坡面等高线的方法求边坡线比较困难。为此,改用断面法求边坡线。

首先,在地形图上等距离地设置几个与道路方向垂直的横向剖切平面 1-1、2-2、3-3 等,分别画出这些位置的横断面图,同时画出道路路面,并按挖方边坡的坡度画出边坡,边坡与地面线的交点(如 a、b)是挖方边界线上的点,把这些点按水平尺寸(如 l_1、l_2)回载到地形图上,连接起来即为开挖边界线。

[**例2-9-16**]　如图2-9-35a)所示,在所给定的地形面上修筑一条弯曲的道路,道路的路面高程为20m,道路两侧的边坡,填方为1:1.5,挖方为1:1,求填挖边界线。

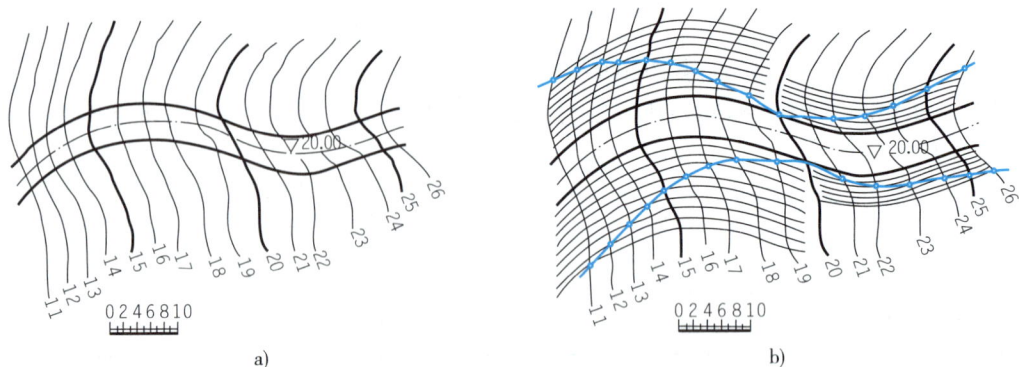

图2-9-35　求曲面与地形面的填挖分界线
a)已知条件;b)作图过程

分析:弯曲道路的两侧坡面为同坡曲面,求填挖边界线就是求该同坡曲面与地形面的交线。

作图步骤:如图2-9-35b)所示。

(1)确定填挖分界线。

填挖分界线是在地形面上与路面上高程为20m的等高线。分界线右边部分为挖方,左边部分为填方。

(2)各坡面为同坡曲面,同坡曲面上的等高线为曲线。在填方地段,越往外的等高线,地势越低,其高程递减;在挖方地段,越往外的等高线,地势越高,其高程递增。路缘曲线就是高程为20m的等高线。

(3)根据填方和挖方的坡度算出同坡曲面上等高线的平距(填挖分界线的左侧平距为1.5,右侧平距为1),作出路基边坡的等高线。因为路面是高程为20m的水平面,所以边坡等高线与路缘曲线平行。

(4)连接坡面上各等高线与地面上同高程等高线的交点,即得填挖边界线。

复习思考题

1. 标高投影是如何形成的?标高投影与三视图有何不同?它有何特点?
2. 什么是直线的坡度和平距?如何定直线上的整数高程点?
3. 在标高投影中,常用的平面表示法有哪几种?
4. 什么是坡度比例尺?如何得到坡度比例尺?
5. 什么是同坡曲面?如何求同坡曲面上的等高线?
6. 平面、曲面与地形面的交线如何求得?

PART 3 | 第三篇
公路工程图

第十章
CHAPTER TEN
公路路线工程图

本章要点

本章主要介绍公路路线工程图中平面图、纵断面图及横断面图的图示方法、画法特点及表达内容。

公路是指连接城市、乡村和工矿基地等，主要供汽车行驶，具备一定技术等级和设施的道路。根据《公路路线设计规范》(JTG D20—2017)：公路按照交通功能分为干线公路、集散公路和支线公路；根据交通特性及控制干扰的能力分为高速公路、一级公路、二级公路、三级公路及四级公路等五个技术等级。

各种性质和等级的公路都是由线形和结构两部分组成。公路线形是指公路中线的空间几何形状和尺寸。这一空间线形投影到平、纵、横三个方向，分别绘制成反映其形状、位置和尺寸的图形，就是公路的平面图、纵断面图和横断面图。公路结构是承受荷载和自然因素影响的结构物，它包括路基、路面、排水防护工程、桥梁、涵洞、隧道等结构物。本章介绍公路工程的图示方法、画法特点及表达内容。绘制道路工程图时，应遵守《道路工程制图标准》(GB 50162—1992)的有关规定。

公路是一条带状的三维空间实体，路线则是指公路中线的空间形态。路线在水平面上的投影线形称为公路的平面线形，而沿中线竖直剖切再沿公路里程展开的立面投影线则称为公路的纵断面线形。中线上任意桩号的横向切面是公路在该桩号的横断面。路线设计是指合理确定路线空间位置和各部分几何尺寸的工作。为了设计与研究工作的方便，通常把路线设计分解为路线平面设计、路线纵断面设计和公路横断面设计，三者分别进行，但相互关联，其设计效果需要通过透视图来检验。

第一节　路线平面图

路线平面图是在地形图上画出同样比例的路线水平投影图来表示道路的走向、线形(直线和曲线)以及公路构造物(桥梁、隧道、涵洞及其他构造物)的平面位置。路线平面设计图是道路设计文件的重要组成部分。平面设计图对提供给有关部门审批、专家评议、指导施工、恢复定线等都具有重要作用。

一、图示方法

路线平面图是从上向下投影所得到的水平投影图,也就是用标高投影法所绘制的道路沿线周围区域的地形图。

二、画法特点和表达内容

路线平面图主要是表示路线的走向和平面线形状况,以及沿线两侧一定范围内的地形、地物等情况。

图 3-10-1 为某公路 K1+400～K2+100 段的路线平面图。下面从地形和路线两部分来介绍平面图的画法特点和表达内容。

1. 地形部分

(1)比例。道路路线平面图所用比例一般较小,若供工程可行性研究、初步设计阶段的方案研究与比选,则可采用 1:50000 或 1:10000 的比例尺测绘(或从国家测绘部门和其他工程单位搜集);若为公路工程初步设计、施工图设计的设计文件组成部分,则应采用更大的比例尺,根据地形情况的不同,为了清晰地表示图样,山岭重丘区一般常用 1:2000,平原微丘区可用 1:5000。地形特别复杂地段的路线初步设计、施工图设计可用 1:500 或 1:1000。带状地形图的测绘宽度,一般为中线两侧各 100～200m。对 1:5000 的地形图,测绘宽度每侧应不小于 250m。

(2)方向。在路线平面图上应画出指北针或测量坐标网,用来指明公路在该地区的方位与走向。本图采用指北针,图中的"⬆"符号为指北针,箭头所指为正北方向,指北针宜用细实线绘制。方位的坐标网 X 轴向为南北方向(上为北),Y 轴向为东西方向。坐标值的标注应靠近被标注点,书写方向应平行网格或在网格延长线上,数值前应标注坐标轴线代号。如"➕"表示两垂直线的交点坐标距坐标网原点北 5000m、东 3000m。

(3)地形。平面图中地形起伏情况主要用等高线表示,图 3-10-1 中每两条等高线之间的高差为 1m。等高距规定:比例 1:500 的等高距采用 0.5m 或 1m,比例 1:1000 的等高距为 1m,比例 1:2000 的等高距为 1m 或 2m,比例 1:5000 等高距为 2m 或 5m。每隔四条等高线画出一条粗的计曲线,并标有相应的高程数字。根据图中等高线的疏密可以看出,该地区沿河两岸地势较低,向南地势逐渐升高。

(4)地貌地物。在平面图中,地形面上的地貌地物如河流、房屋、道路、桥梁、电力线、植被等,均采用规定图例表示。常见的地形图图例如图 3-10-2 和图 3-10-3 所示。由此可知,图 3-10-1 中部有两条河相交,两条河的名称分别为清河及青龙河,河岸两边是水稻田,山坡为旱地,并栽有果树。青龙河东北部有一片房屋,是兴隆村。

(5)水准点。沿路线附近每隔一段距离,就在图中标出水准点的位置,用于路线的高程测量。如"➤BM3/381.975",表示路线的第 3 个水准点,该点高程为 381.975m。

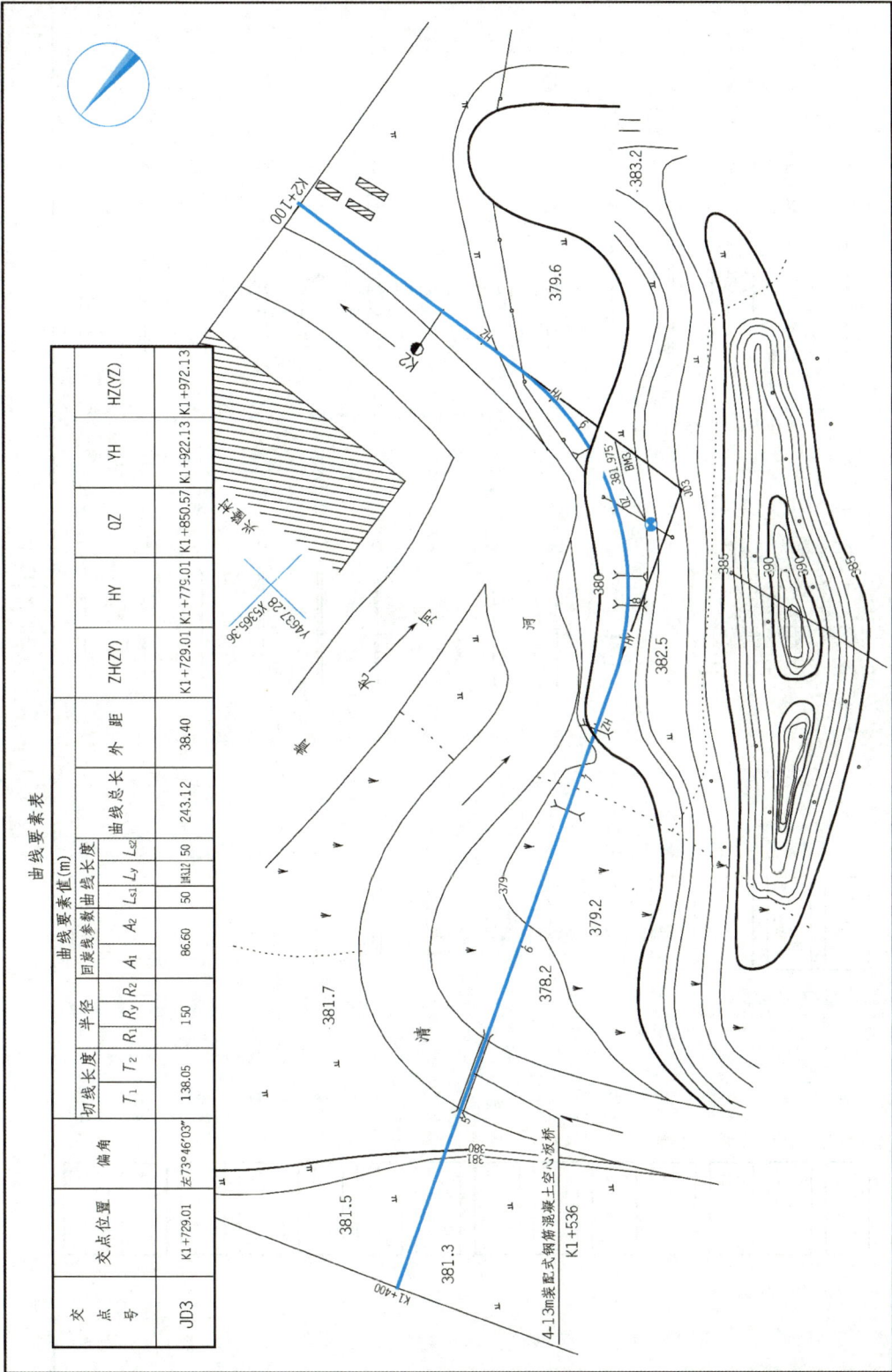

图 3-10-1 路线平面图

曲线要素表

交点号	交点位置	偏角	切线长度		半径			回旋线参数		曲线长度(m)			曲线总长	外距	ZH(ZY)	HY	QZ	YH	HZ(YZ)
			T_1	T_2	R_1	R_y	R_2	A_1	A_2	L_{s1}	L_y	L_{s2}							
JD3	K1+729.01	左73°46′03″	138.05		150			86.60		50	143.12	50	243.12	38.40	K1+729.01	K1+779.01	K1+850.57	K1+922.13	K1+972.13

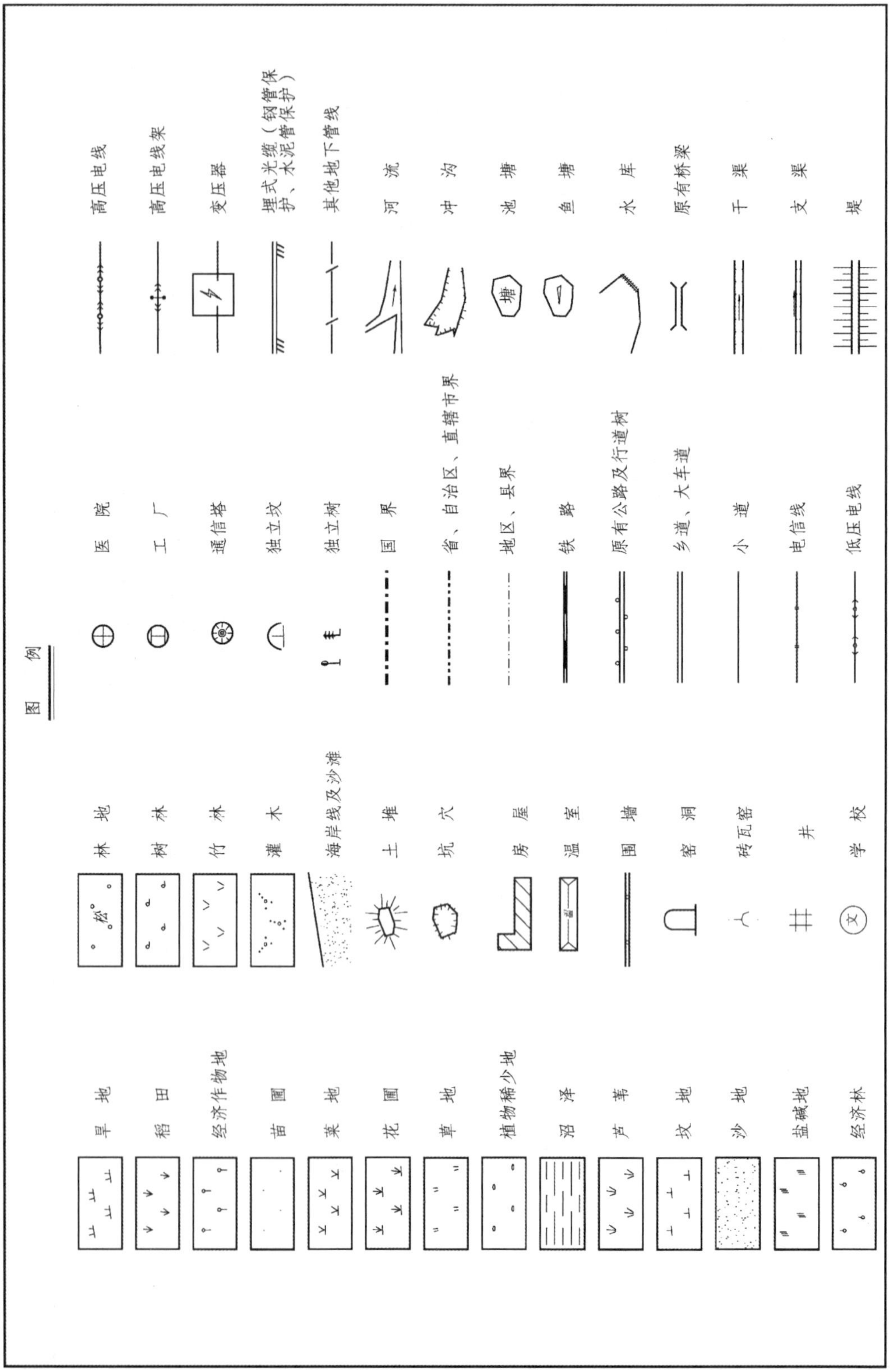

图 例

符号	名称	符号	名称	符号	名称
	高压电线		医院		松 林地
	高压电线架		工厂		树林
	变压器		通信塔		竹林
	埋式光缆（钢管保护、水泥管保护）		独立坟		灌木
	其他地下管线		独立树		海岸线及沙滩
	河流		国界		土堆
	冲沟		省、自治区、直辖市界		坑穴
	池塘		地区、县界		房屋
	鱼塘		铁路		温室
	水库		原有公路及行道树		围墙
	原有桥梁		乡道、大车道		窑洞
	干渠		小道		砖瓦窑
	支渠		电信线		井
	堤		低压电线		学校

旱地、稻田、经济作物地、苗圃、菜地、花圃、草地、植物稀少地、沼泽、芦苇、坟地、沙地、盐碱地、经济林

图 3-10-2　常见平面图图例（1）

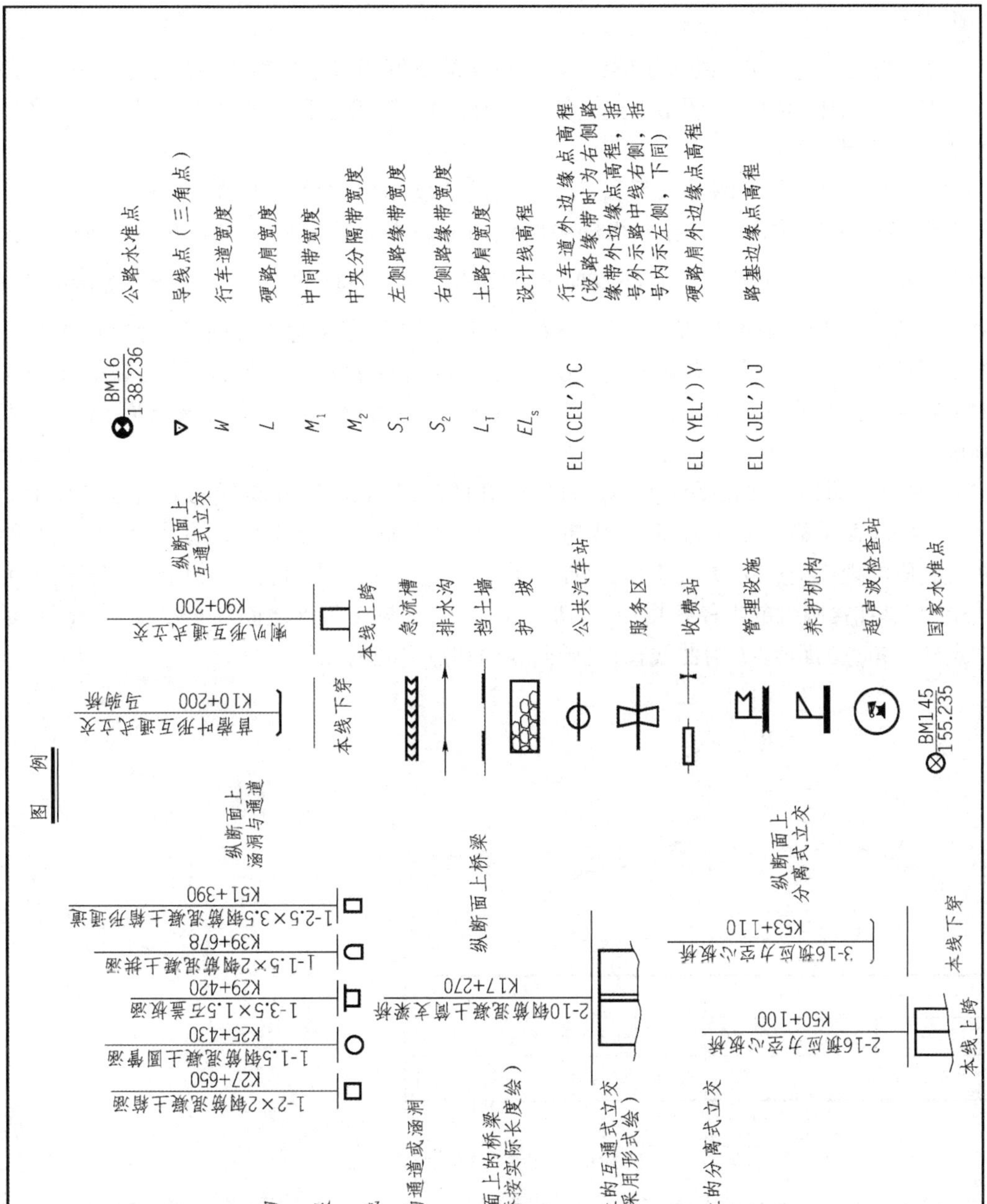

图 例

地面线

路中线

排水边沟

用地界限

建筑红线

平面上的通道或涵洞

1-2×2箱形钢筋混凝土通道 K27+650

1-1.5钢筋混凝土圆管涵 K25+430

1-3.5×1.5钢筋混凝土盖板涵 K29+420

1-1.5×2钢筋混凝土盖板涵 K39+678

1-2.5×3.5钢筋混凝土盖板涵 K51+390

纵断面上涵洞与通道

平面上的桥梁（大中桥按实际长度绘）

纵断面上桥梁

2-10钢筋混凝土空心板桥 K17+270

平面上的互通式立交（按采用形式绘）

3-16钢筋混凝土箱形连续梁桥 K53+110

纵断面上分离式立交

本线下穿

平面上的分离式立交

2-16钢筋混凝土箱形连续梁桥 K50+100

纵断面上互通式立交

本线上跨

本线上跨

本线下穿

本线下穿 K10+200 蝶式互通立交

本线上跨 K90+200 喇叭形互通立交

纵断面上互通式立交

本线上跨

急流槽

排水沟

挡土墙

护坡

公共汽车站

服务区

收费站

管理设施

养护机构

超声波检查站

国家水准点 BM145 155.235

BM16 138.236 公路水准点

▽ 导线点（三角点）

W 行车道宽度

L 硬路肩宽度

M_1 中间带宽度

M_2 中央分隔带宽度

S_1 左侧路缘带宽度

S_2 右侧路缘带宽度

L_t 土路肩宽度

EL_s 设计线高程

EL（CEL'）C 行车道外边缘点高程（设路缘带时为右侧路缘带外边缘点高程，括号外示中线右侧，括号内示左侧，下同）

EL（YEL'）Y 硬路肩外边缘点高程

EL（JEL'）J 路基前外边缘点高程

图 3-10-3 常见平面图图例(2)

2.路线部分

(1)设计路线。用加粗实线表示路线,由于道路的宽度相对于长度来说尺寸小得多,公路的宽度只有在较大比例的平面图中才能画清楚,因此通常是沿道路中心线画一条加粗的实线(2b)来表示新设计的路线。

(2)里程桩。道路路线的总长度和各段之间的长度用里程桩号表示。里程桩号应从路线的起点至终点依次顺序编号,在平面图中路线的前进方向总是从左向右的。里程桩分公里桩和百米桩两种。公里桩宜注在路线前进方向的左侧,用符号"🚩"表示桩位,公里数注写在符号的上方,如"K5"表示离起点5km。百米桩宜标注在路线前进方向的右侧,用垂直于路线的细短线表示桩位,用字头朝向前进方向的阿拉伯数字表示百米数,注写在短线的端部,例如在 K6 公里桩的前方注写的"6",表示桩号为 K5 + 600,说明该点距路线起点为 5600m。

(3)平曲线。道路路线在平面上是由直线段和曲线段组成的,在路线的转折处应设平曲线。最常见的较简单的平曲线为圆弧,其基本的几何要素如图 3-10-4 所示:JD 为交角点,是路线的两直线段的理论交点;α 为转折角,是路线前进时向左(α_Z)或向右(α_Y)偏转的角度;R 为圆曲线半径,是连接圆弧的半径长度;T 为切线长,是切点与交角点之间的长度;E 为外距,是曲线中点到交角点的距离;L 为曲线长,是圆曲线两切点之间的弧长。

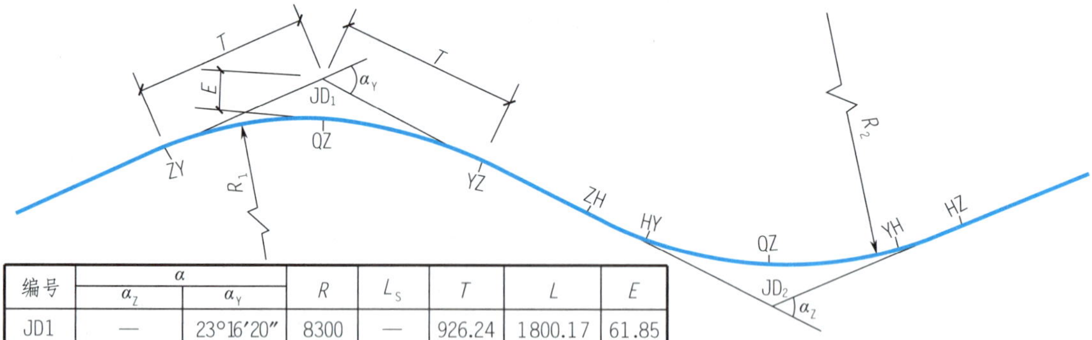

编号	α		R	L_S	T	L	E
	α_Z	α_Y					
JD1	—	23°16′20″	8300	—	926.24	1800.17	61.85
JD2	12°31′16″		5500	600.15	602.50	1200.35	32.91

图 3-10-4　平曲线几何要素

在路线平面图中,转折处应注写交角点代号并依次编号,如 JD6 表示第 6 个交角点。还要注出曲线段的起点 ZY(直圆)、中点 QZ(曲中)、终点 YZ(圆直)的位置。为了将路线上各段平曲线的几何要素值表示清楚,一般还应在图中适当位置列出平曲线要素表。如果设置缓和曲线,则将缓和曲线与前、后段直线的切点,分别标记为 ZH(直缓点)和 HZ(缓直点);将圆曲线与前、后段缓和曲线的切点,分别标记为 HY(缓圆点)和 YH(圆缓点)。

图 3-10-1 为路线平面图中的一张,为整体路线的一部分,通过读图可以知道本张图纸路线为 K1 + 400 ~ K2 + 100,本段设有一个交点 JD3,方向为左转,$\alpha_Z = 73°46′03″$,圆曲线半径 $R = 150m$,设有缓和曲线,其长度 $L_S = 50m$。

第二节 路线纵断面图

一、纵断面形成

路线纵断面图是通过公路中心线用假想连续的平面或曲面(柱面)作铅垂剖切面纵向剖切,然后把剖切面拉直成一平面,即为路线纵断图,如图3-10-5所示。

图3-10-5 路线纵断面图形成示意图

二、画法特点和表达内容

路线纵断面图主要表达道路的纵向设计线形以及沿线地面的高低起伏状况、地质和沿线设置构造物的概况。

路线纵断面图包括视图和数据资料表两部分,一般视图画在图纸的上部,数据资料表布置在图纸的下部。图3-10-6为某公路从K6 +300 ~ K7 +000 段的纵断面图。

1. 视图部分

(1)比例。纵断面图的水平方向表示路线的长度(前进方向),竖直方向表示设计线和地面的高程。由于路线的高差比路线的长度尺寸小得多,如果竖向高度与水平长度用同一种比例绘制,很难把高差明显地表示出来,所以绘制时一般竖向比例要比水平比例放大10倍,例如本图的水平比例为1:2000,而竖向比例为1:200,这样画出的路线坡度就比实际大,看上去也较为明显。为了便于画图和读图,一般还应在纵断面图的左侧按竖向比例画出高程标尺。

(2)设计线和地面线。在纵断面图上有两条主要的连续线形:一条是地面线,用细实线表示,它是根据中线上各桩点的地面高程而点绘的一条不规则的折线,反映了沿着公路中线的地面起伏变化情况;另一条是设计线,在纵断面图中,道路的设计线用粗实线表示,反映了公路路线的起伏变化情况,设计线上各点的高程通常是指路基边缘的设计高程。通过比较设计线与地面线的相对位置,可决定填挖高度。

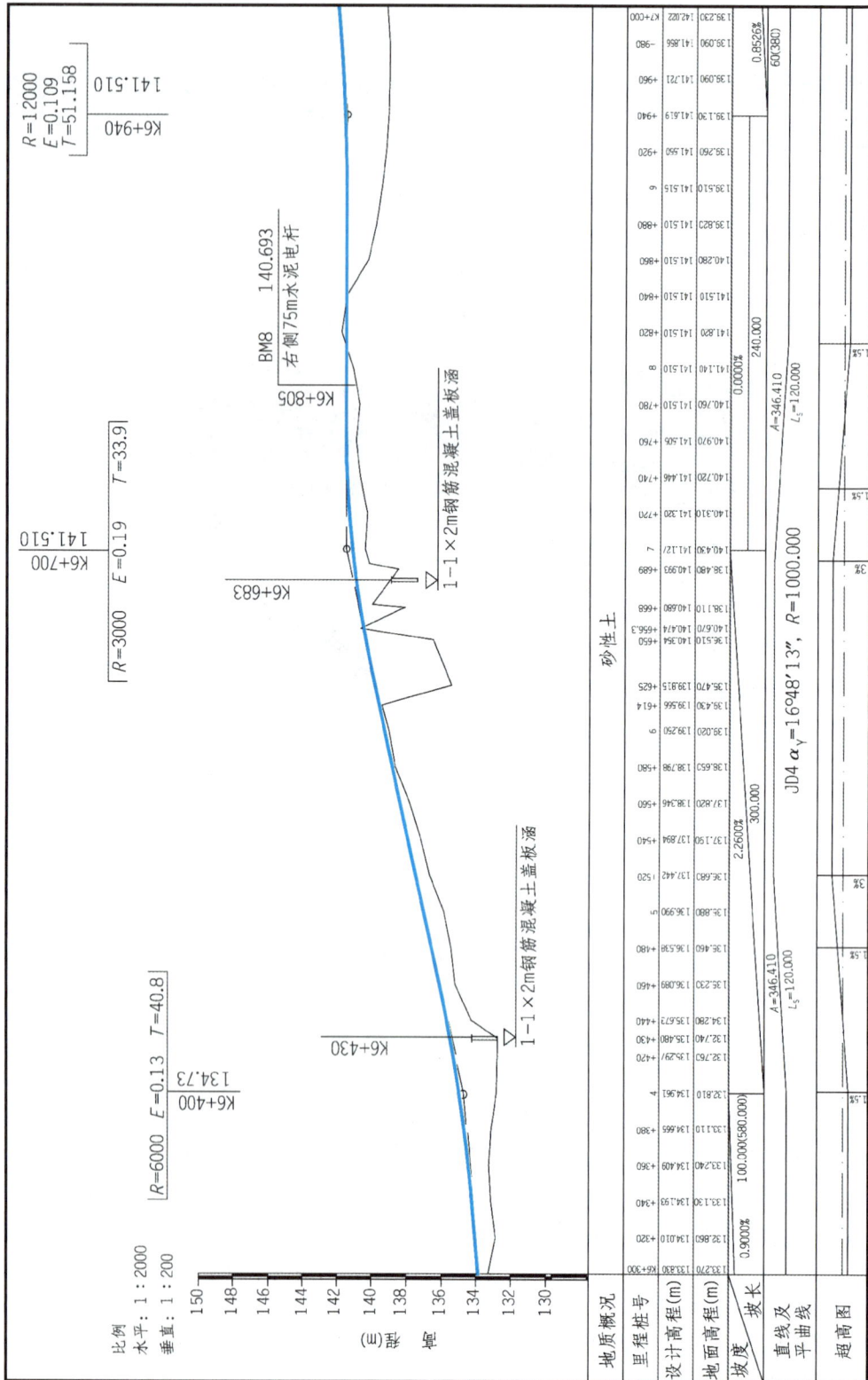

比例　水平　1:2000
　　　垂直　1:200

高程(m)
150
148
146
144
142
140
138
136
134
132
130

$R=12000$　$E=0.109$　$T=51.158$
$\dfrac{K6+940}{141.510}$

$R=3000$　$E=0.19$　$T=33.9$
$\dfrac{K6+700}{141.510}$

$R=6000$　$E=0.13$　$T=40.8$
$\dfrac{K6+400}{134.73}$

BM8　140.693　右侧75m水泥电杆

1-1×2m钢筋混凝土盖板涵　K6+805

1-1×2m钢筋混凝土盖板涵　K6+683

1-1×2m钢筋混凝土盖板涵　K6+430

砂性土

JD4　$\alpha_Y=16°48'13''$，$R=1000.000$

地质概况			
里程桩号			
设计高程(m)			
地面高程(m)			
坡度			
直线及平曲线			
超高图			

图 3-10-6　路线纵断面图

（3）竖曲线。设计线是由直线和竖曲线组成的,在设计线的纵向坡度变更处（变坡点）,为了便于车辆行驶,按技术标准的规定应设置圆弧竖曲线。竖曲线分为凸形和凹形两种,在图中分别用"⌐⌐⌐"和",⌐⌐⌐"符号表示。符号中部的竖线应对准变坡点,竖线左侧标注变坡点的里程桩号,竖线右侧标注竖曲线中点的高程。符号的水平线两端应对准竖曲线的始点和终点,竖曲线要素（半径 R、切线长 T、外距 E）的数值标注在水平线上方。图 3-10-6 中的变坡点处的桩号为 K6 + 940,竖曲线变坡点的高程为 141.51m,设有凹形竖曲线（$R = 12000$m,$T = 51.158$m,$E = 0.109$m）。

（4）工程构筑物。道路沿线的工程构筑物如桥梁、涵洞等,应在设计线的上方或下方用竖直引出线标注,竖直引出线应对准构筑物的中心位置,并注出构筑物的名称、规格和里程桩号。例如,在纵断面图中,在涵洞中心位置用"$\dfrac{1\text{-}1 \times 2\text{m 钢筋混凝土盖板涵}}{K6 + 430}$"表示,并进行标注,表明在里程桩 K6 + 430 处设有一座一孔 2m 的钢筋混凝土盖板涵。

（5）水准点。沿线设置的测量水准点也应标注,竖直引出线对准水准点,右侧注写水准点高程,左侧标明其桩号,水平线上方注出编号及位置。如水准点 BM8 设在里程 K6 + 805 处的右侧,距离路线 75m 的水泥电杆上,高程为 140.693m。

2. 数据资料表部分

路线纵断面图的测设数据表与图样上下对齐布置,以便阅读。这种表示方法,可较好地反映出纵向设计在各桩号处的高程、填挖方量、地质条件和坡度,以及平曲线与竖曲线的配合关系。资料表主要包括以下项目和内容:

（1）地质概况。根据实测资料,在图中注出沿线各段的地质情况,本段土质为砂性土。

（2）坡度/距离。标注设计线各段的纵向坡度和水平距离长度。表格中的对角线表示坡度方向,左下至右上表示上坡,左上至右下表示下坡,坡度和距离分注在对角线的上下两侧。如图中第二格的标注"2.26%/300",表示此段线是上坡,坡度为 2.26%,路线水平长度为 300m。

（3）高程。表中有设计高程和地面高程两栏,它们应和视图相互对应,分别表示设计线和地面线上各点（桩号）的高程。

（4）填方或挖方的高度。设计线在地面线下方时需要挖土,设计线在地面线上方时需要填土,挖或填的高度值应是各点（桩号）对应的设计高程与地面高程之差的绝对值。

（5）里程桩号。沿线各点的桩号是按测量的里程数值填入的,单位为米,桩号从左向右排列。在平曲线特征点的起点、中点、终点和桥涵中心点等处可设置加桩。

（6）平曲线。为了表示该路段的平面线形,通常在表中画出平曲线的示意图。直线段用水平线"———"表示;道路右转弯用凸折线"———⌐———"或"———⌐———"表示,前一种表示设缓和曲线的圆曲线,后一种表示不设缓和曲线的圆曲线;左转弯用凹折线"———⌐———"或"———⌐———"表示,前一种表示设有缓和曲线的圆曲线,后一种表示不设缓和曲线的圆曲线。另外,还需注出平曲线各要素的值。

(7)超高。为了减小汽车在弯道上行驶时的横向作用力,道路在平曲线处需设计成外侧高内侧低的形式,道路边缘与设计线的高程差称为超高,如图 3-10-7 所示。超高栏中居中且贯穿全栏的直线表示设计高程。在标准路段中,只有设计高程线与路缘高程线(左、右路缘重合)两条线,横坡向右,坡度表示为正值,横坡向左,坡度为负值。

(8)纵断面图的标题栏绘在最后一张图或每张图的右下角,注明路线名称,水平、垂直比例等。每张图纸右上角应有角标,注明图纸序号及总张数。

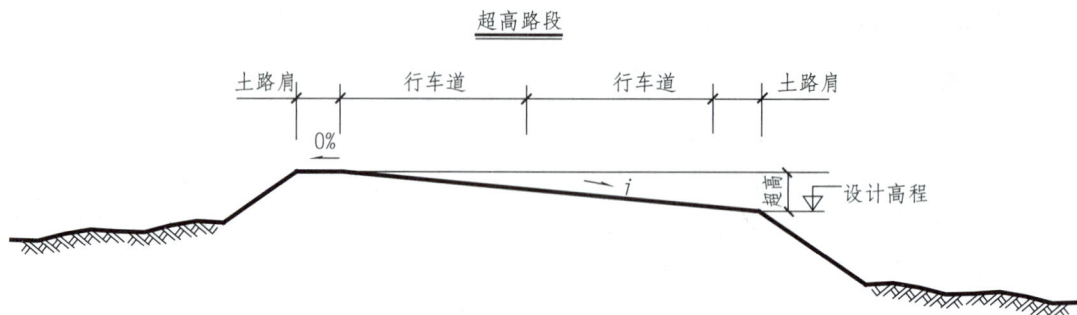

图 3-10-7　道路超高

第三节　路线横断面图

一、形成及图示方法

路线横断面是用假想的剖切平面,垂直于路中心线剖切而得到的图形。

在横断面图中,路面线、路肩线、边坡线、护坡线均用粗实线表示,路面厚度用中粗实线表示,原有地面线用细实线表示,路中心线用细点划线表示。

横断面图的水平方向和高度方向宜采用相同比例,一般比例为 1∶200、1∶100 或 1∶50。

二、路基横断面形式

路基横断面的基本形式有以下三种:

(1)填方路基。如图 3-10-8a)所示,整个路基全为填土区称为路堤。填土高度等于设计高程减去路面高程。填方边坡一般为 1∶1.5。在图下注有该断面的里程桩号、中心线处的填方高度 $H_T(m)$ 以及该断面的填方面积 $A_T(m^2)$。

(2)挖方路基。如图 3-10-8b)所示,整个路基全为挖土区称为路堑。挖土深度等于地面高程减去设计高程。挖方边坡一般为 1∶1。图下注有该断面的里程桩号、中心线处挖方高度 $H_W(m)$ 以及该断面的挖方面积 $A_W(m^2)$。

（3）半填半挖路基。如图 3-10-8c）所示，路基断面一部分为填土区、一部分为挖土区，是前两种路基的综合，在图下仍注有该断面的里程桩号、中心线处的填（或挖）高度 H 以及该断面的填方面积 A_T 和挖方面积 A_W。

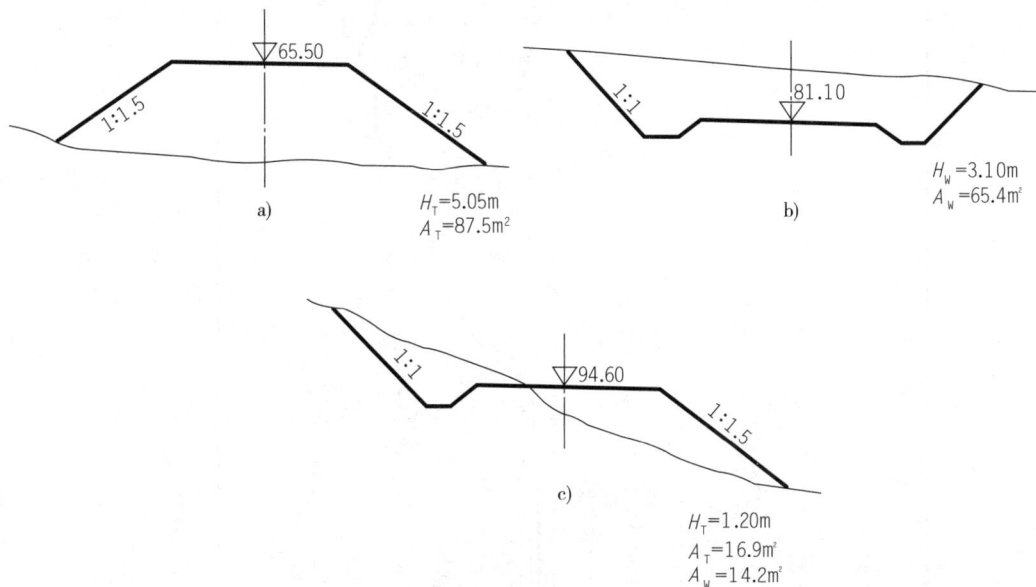

图 3-10-8　路基横断面三种形式

三、标准横断面图

路基标准横断面是指某一路段共同使用的标准设计，与里程桩号无关。路基标准横断面设计包括行车道、路肩、分隔带、边沟、边坡、截水沟、护坡道，以及取土坑、弃土堆、环境保护等设施。高速公路和一级公路还包括变速车道和爬坡车道等。绘图比例为 1:100 或 1:200。图 3-10-9 为某高速公路的路基标准横断面图，一般公路的标准横断面设计包括行车道、路肩、边沟、边坡、截水沟、护坡道，以及取土坑、弃土堆、环境保护等设施，图 3-10-10 为一般公路的标准横断面图。

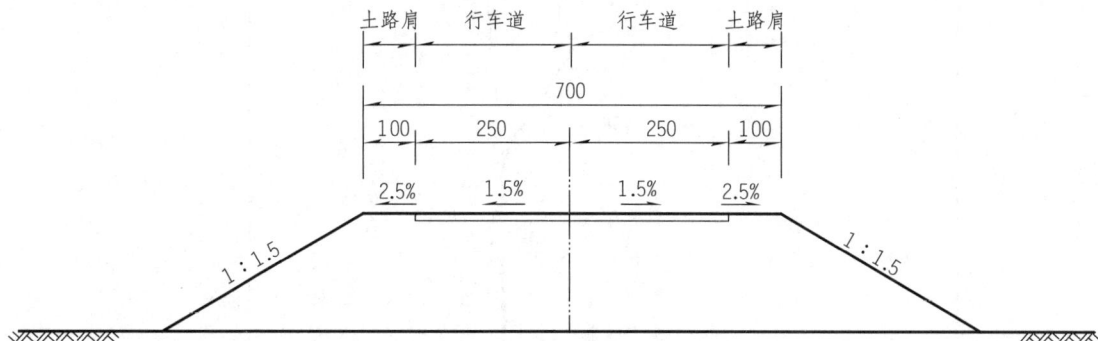

图 3-10-10　一级公路路基横断面图

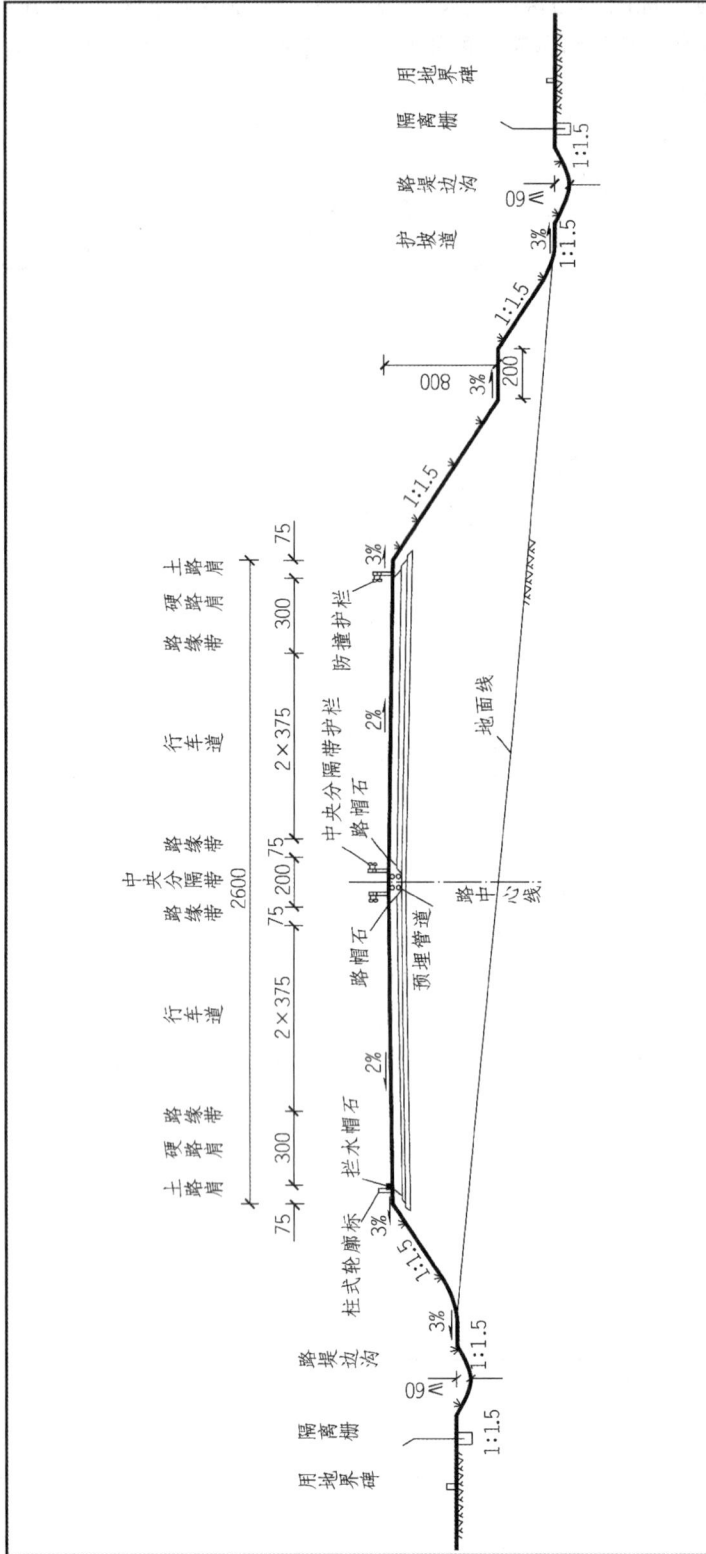

图 3-10-9 高速公路路基标准横断面图

第四节 道路路线工程图的绘制

道路路线设计最终用平面图、纵断面图和横断面图来表达。

一、路线平面图的绘制

画路线平面图应注意以下事项：

（1）先画地形图，等高线按先粗后细的步骤徒手画出，要求线条顺滑。

（2）第二步画路线中心线，用绘图仪器按先曲线后直线的顺序画出路线中心线，并按粗线的 2 倍加粗设计线（2b），以加粗粗实线绘制路线设计线，以加粗虚线绘制路线比较线。

（3）路线平面图应从左向右绘制，桩号为左小右大。

（4）平面图的植物图例，应朝北绘制。

（5）平面图的拼接。由于道路很长，不可能将整个路线平面图画在同一张图纸内，通常需分段绘制在若干张图纸上，使用时再将各张图纸拼接起来。每张图纸的右上角应画有角标，角标内应注明该张图纸的序号和总张数。平面图中路线的分段宜在整数里程桩处断开，断开的两端均应画出，用垂直于路线的细线作为接图线。相邻图纸拼接时，路线中心对齐，接图线重合，并以正北方向为准，如图 3-10-11 所示。

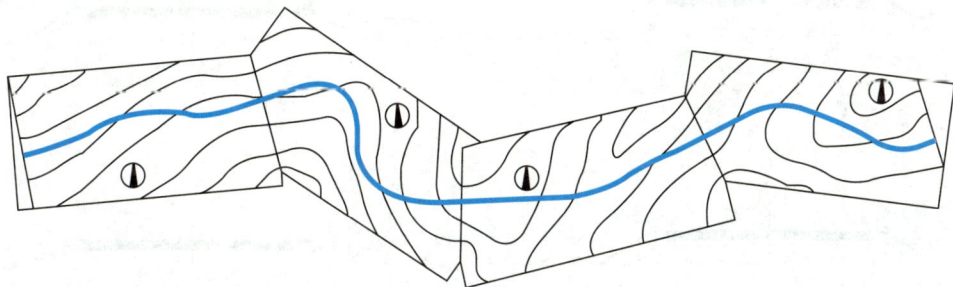

图 3-10-11 路线平面图的拼接

二、路线纵断面图的绘制

画路线纵断面图应注意以下事项：

（1）先画纵横坐标：左侧纵坐标表示高程尺，横坐标表示里程桩。

（2）比例：纵断面图的比例，竖向比例比横向比例扩大 10 倍，如竖向比例为 1:10，则横向比例为 1:100，纵横比例一般在第一张图的注释中说明。

（3）点绘地面线：地面线是剖切面与原地面的交线，点绘时将各里程桩处的地面高程点绘到视图坐标中,用细折线连接各点即为地面线。

(4)设计线拉坡:设计线是剖切面与设计道路的交线,绘制时将各里程桩处的设计高程点绘到视图坐标中,用粗实线拉坡即为设计线。

(5)线形:地面线用细实线,设计线用粗实线,里程桩号从左向右按桩号大小排列。

(6)变坡点:当路线坡度发生变化时,变坡点应用直径为 2mm 的中粗线圆圈表示;切线应用细虚线表示,竖曲线应用粗实线表示。道路设计线如图 3-10-12 所示。

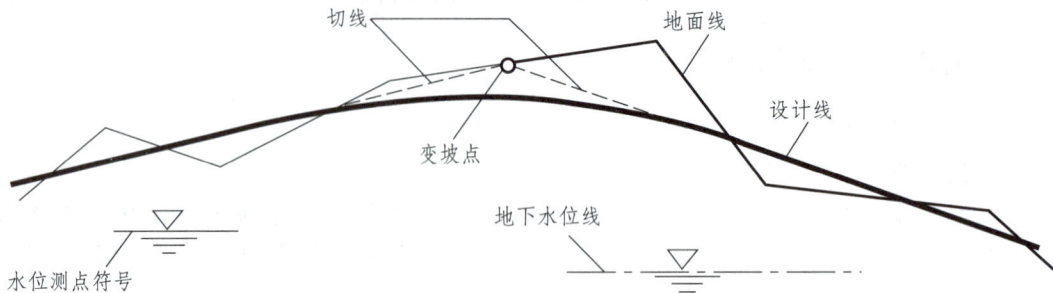

图 3-10-12　道路设计线

三、路线横断面图的绘制

路基横断面图(图 3-10-13)是在路线中心桩处作一垂直于路线中心线的断面图。画路线横面图应注意以下事项:

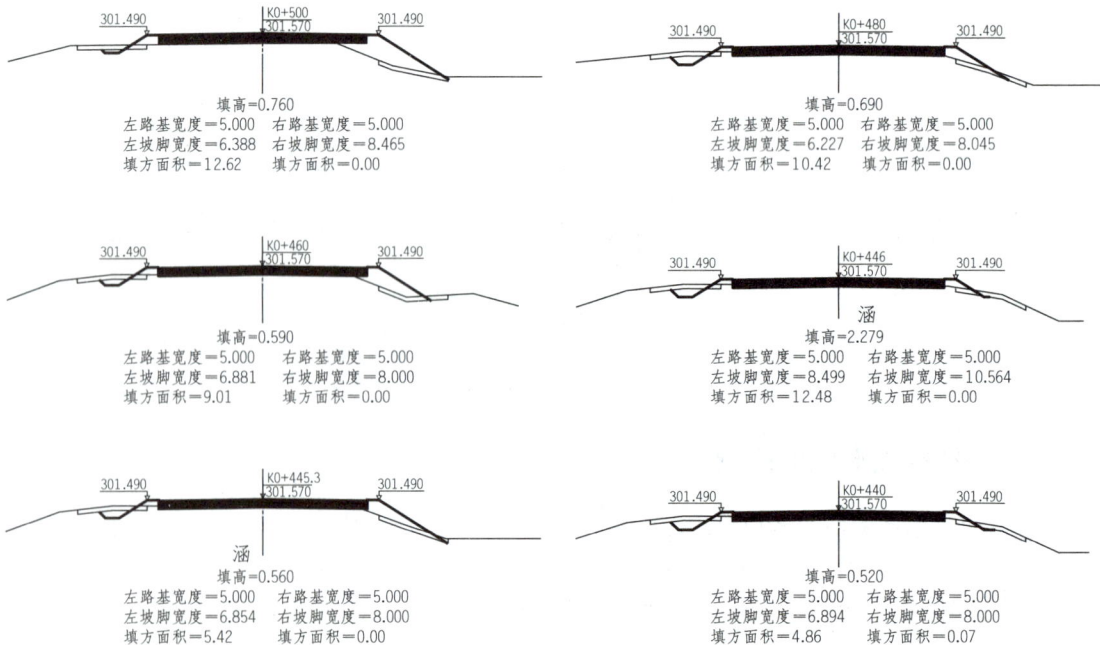

图 3-10-13　路基横断面图

（1）横断面图的地面线一律用细实线，设计线用粗实线表示，道路的超高、加宽也应在图中表示出来。

（2）桩号。在同一张图纸内绘制的路基横断面图，应按里程桩号顺序排列，从图纸的左下方开始，先由下而上，再自左向右排列。

（3）在每张路基横断面图的右上角应写明图纸序号及总张数。在最后一张图的右下角绘制图标。

第五节　路线设计图实例

一、路线平面图

图 3-10-14 为路线平面图实例。该项目为主体工程的线外改道工程，图中示出了路线的完整走向，路线布线大体沿等高线行进，其间两次从主体工程桥下通过。图右上角的指北针，用来表明路线方位走向；图中表格为平曲线元素表，列出了平曲线的主要元素值，用来表明平面设计所采取的各项参数指标。

二、路线纵断面图

图 3-10-15 为路线纵断面设计图实例。图中上下不规律起伏线为原地面线，加粗线为设计线，低于地面线为挖方，高于地面线为填方。图中表格部分与图样部分按照公路桩号竖直对应布置，表格中给出了填挖高度、设计高程、地面高程、坡度及坡长（包含竖曲线变坡点桩号及高程）、桩号、直线及曲线参数等，以这些数据作为纵断面设计指标。

三、路基标准横断面图

图 3-10-16 是路基标准横断面图。本图是整体式路基断面，双向四车道，路基断面组成为：中央分隔带宽度为 3.0m，行车道宽度为 $2 \times (2 \times 3.75)$ m，硬路肩宽度为 2×3.0 m，土路肩宽度为 2×0.75 m，左侧路缘带宽度为 2×0.5 m。

一般路段，路缘带、行车道和硬路肩横坡为 2%，土路肩横坡为 3%。

一般路基填方高度小于 8m 时路基边坡坡率为 1:1.5；填方高度大于 8m 时路基边坡坡率为：8m 以内为 1:1.5，8m 以下为 1:1.75。填方路基设 2.0m 宽的护坡道。

挖方边坡坡率根据工程地质、水文地质条件、土石分类、岩石风化程度、边坡高度、填挖平衡及所采用的坡面防护形式等确定，一般情况边坡坡率设置为 1:1 ~ 1:1.5，全风化层坡率为 1:1.5，强风化层坡率为 1:5 ~ 1:1.25，中风化层坡率为 1:1。挖方路基碟形边沟外设 1m 宽的碎落台。

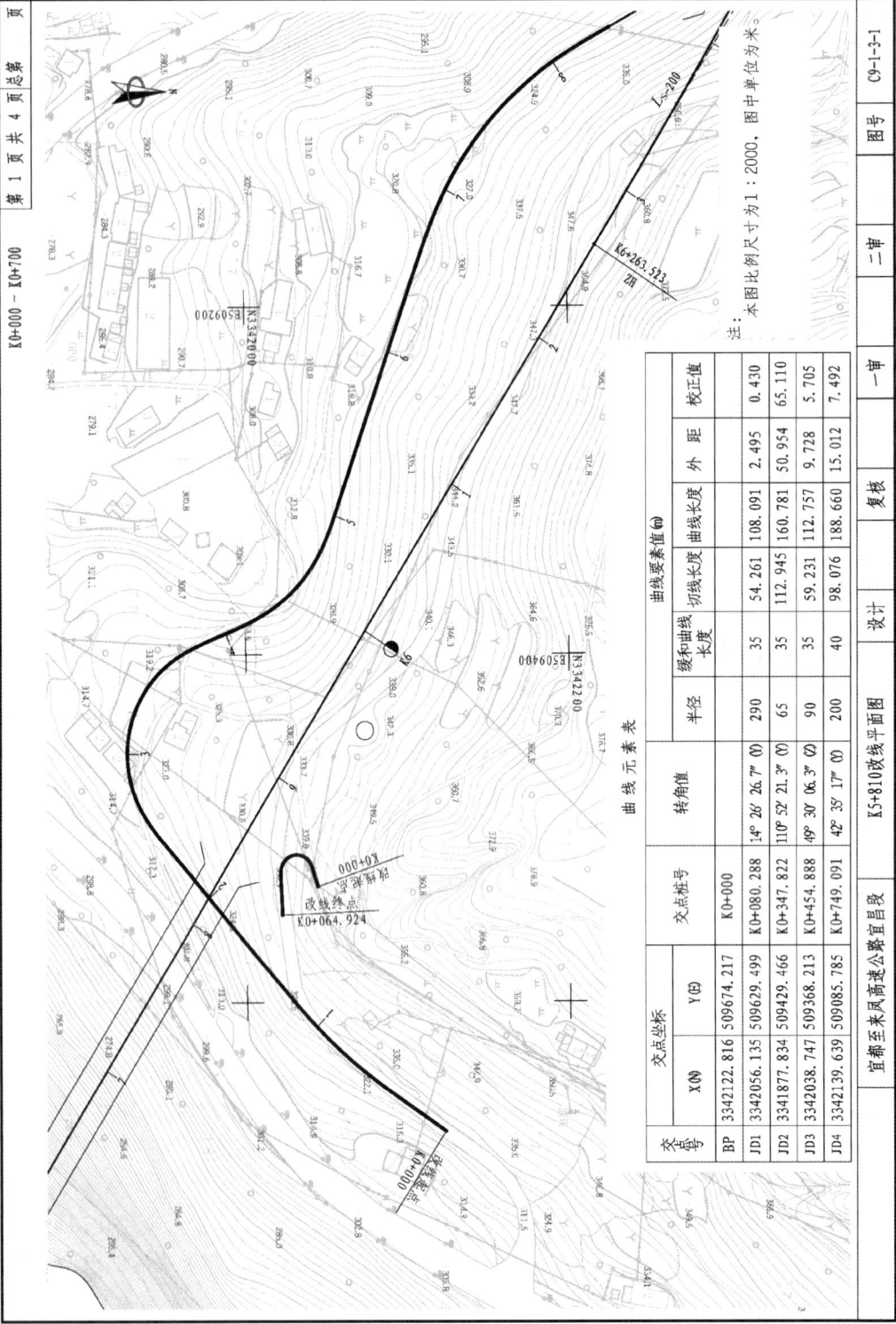

图 3-10-14

曲 线 元 素 表

交点号	交点坐标		交点桩号	转角值	曲线要素值(m)				
	X (N)	Y (E)			半径	缓和曲线长度	切线长度	曲线长度	外距	校正值
BP	3342122.816	509674.217	K0+000							
JD1	3342056.135	509629.499	K0+080.288	14° 26′ 26.7″ (Y)	290	35	54.261	108.091	2.495	0.430
JD2	3341877.834	509429.466	K0+347.822	110° 52′ 21.3″ (Y)	65	35	112.945	160.781	50.954	65.110
JD3	3342038.747	509368.213	K0+454.888	49° 30′ 06.3″ (Z)	90	35	59.231	112.757	9.728	5.705
JD4	3342139.639	509085.785	K0+749.091	42° 35′ 17″ (Y)	200	40	98.076	188.660	15.012	7.492

注：本图比例尺寸为1：2000，图中单位为米。

a)

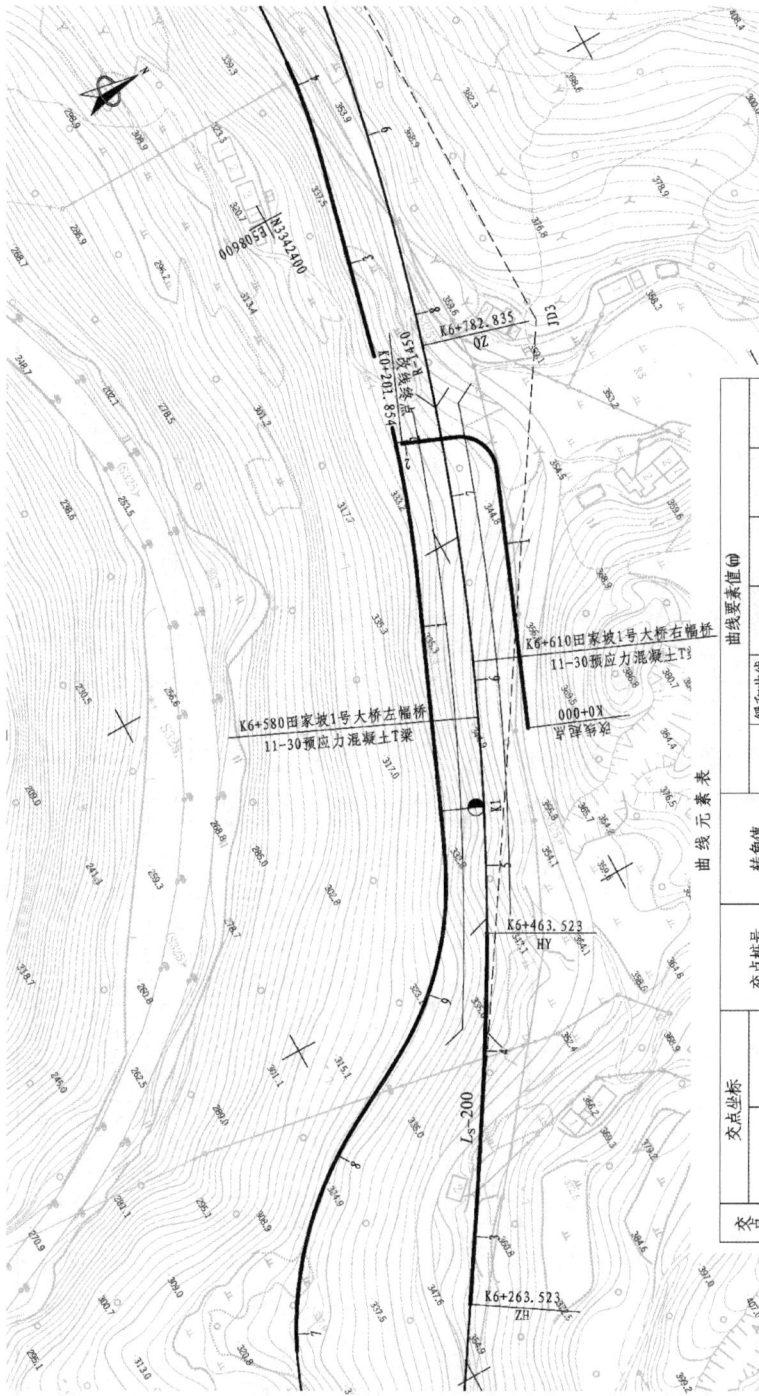

图 3-10-14
b)
图号 09-1-3-1

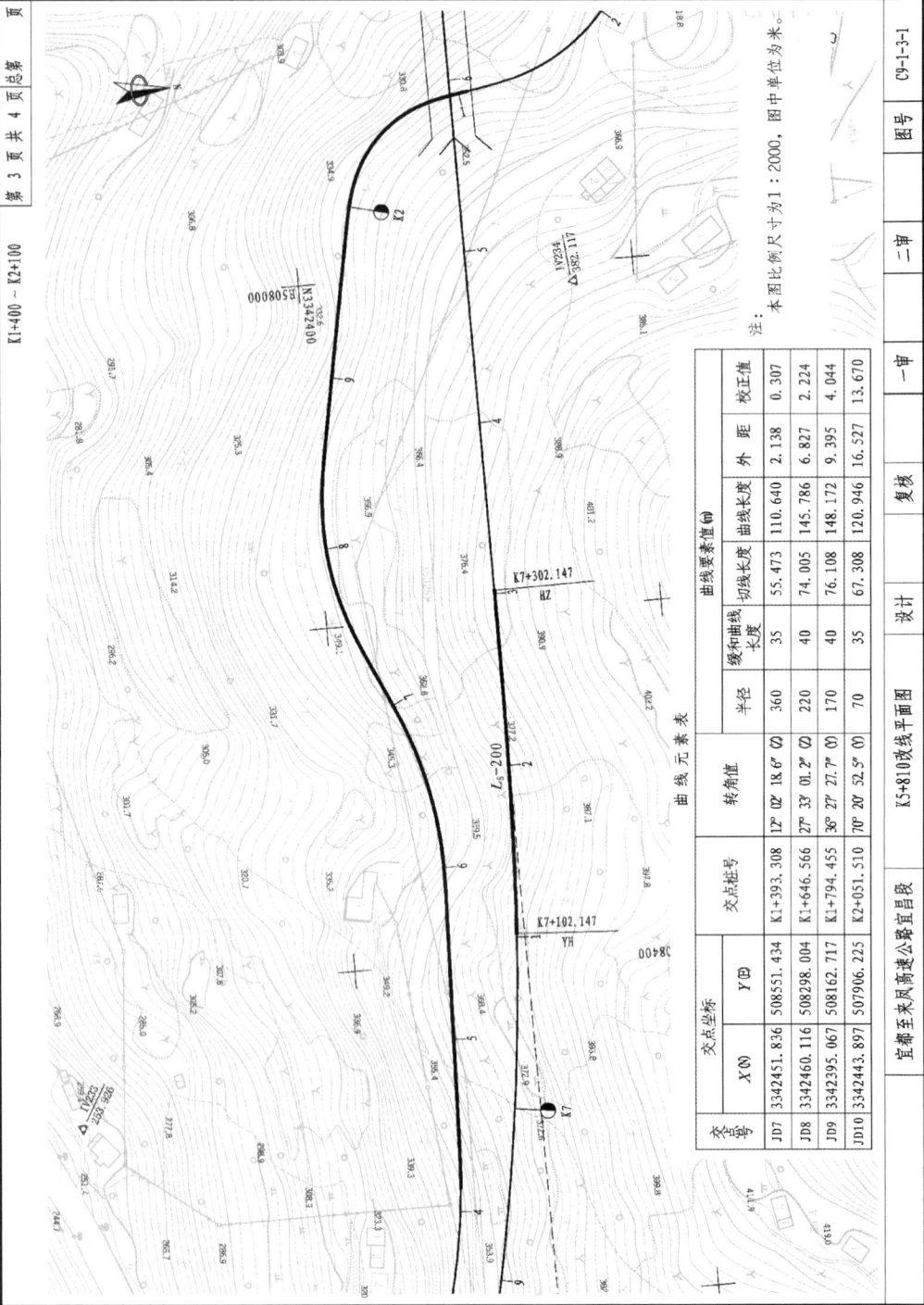

注：本图比例尺寸为1：2000，图中单位为米。

曲 线 元 素 表

交点号	交点坐标 X(m)	Y(m)	交点桩号	转角值	半径	缓和曲线长度	曲线要素值(m) 切线长度	曲线长度	外距	校正值
JD7	3342451.836	508551.434	K1+393.308	12°02'18.6"(乙)	360	35	55.473	110.640	2.138	0.307
JD8	3342460.116	508298.004	K1+646.566	27°33'01.2"(乙)	220	40	74.005	145.786	6.827	2.224
JD9	3342395.067	508162.717	K1+794.455	36°27'27.7"(甲)	170	40	76.108	148.172	9.395	4.044
JD10	3342443.897	507906.225	K2+051.510	70°20'52.5"(甲)	70	35	67.308	120.946	16.527	13.670

宜都至来凤高速公路宜昌段　K5+810改线平面图　设计　复核　一审　二审

图号　C9-1-3-1

图 3-10-14
c)

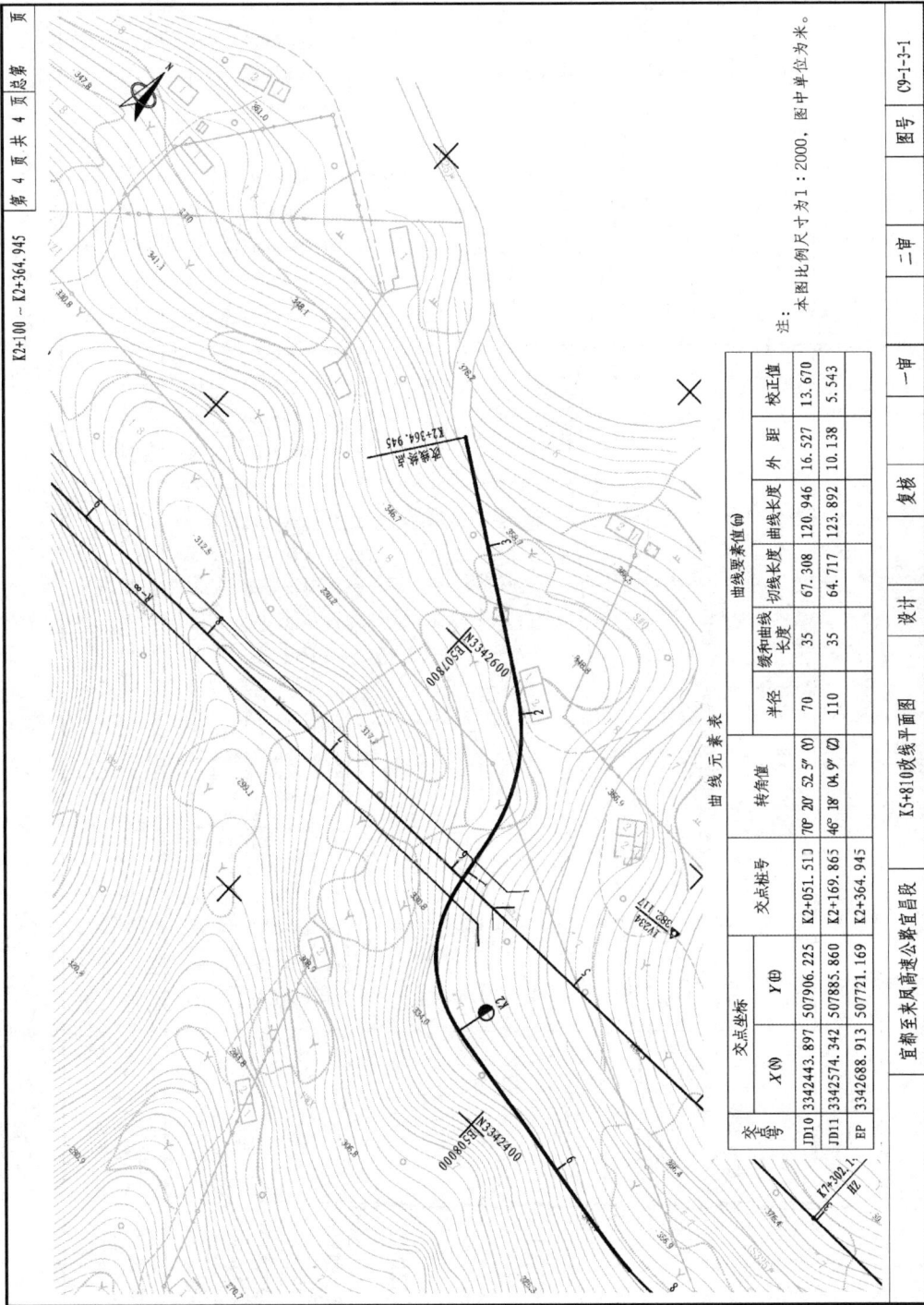

K2+100 ～ K2+364.945　　第 4 页 共 4 页 总第　页

注：本图比例尺寸为1：2000，图中单位为米。

曲线元素表

交点号	交点坐标		交点桩号	转角值(°)	曲线要素值(m)					
	X(m)	Y(m)			半径	缓和曲线长度	切线长度	曲线长度	外距	校正值
JD10	3342443.897	507906.225	K2+051.51（Y）	70°20′52.5″	70	35	67.308	120.946	16.527	13.670
JD11	3342574.342	507885.860	K2+169.865	46°18′04.9″（Z）	110	35	64.717	123.892	10.138	5.543
EP	3342688.913	507721.169	K2+364.945							

宜都至凤凰高速公路宜昌段	K5+810改线平面图	设计	复核	一审	二审	图号	C9-1-3-1

图 3-10-14 路线平面图

d)

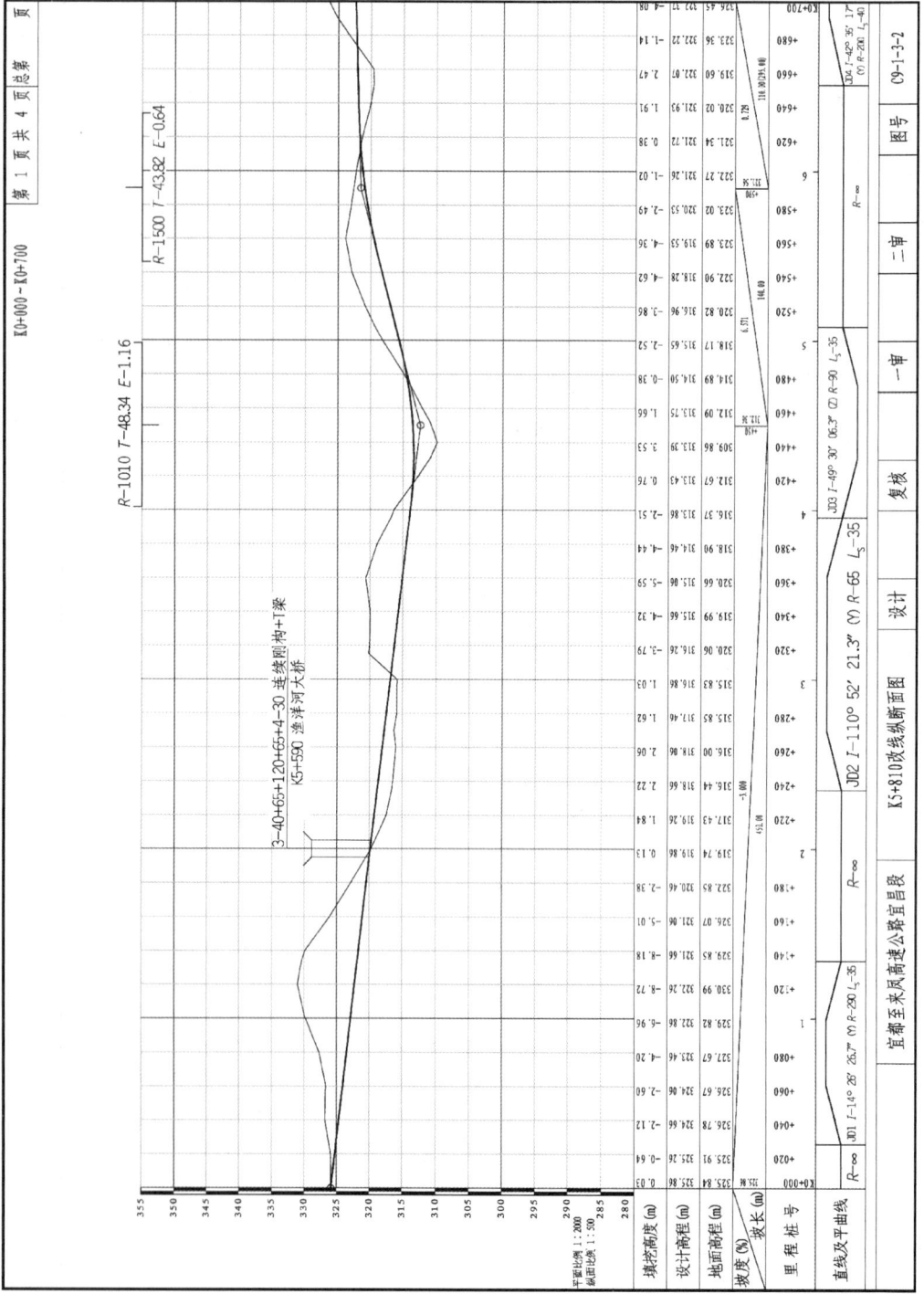

图 3-10-15

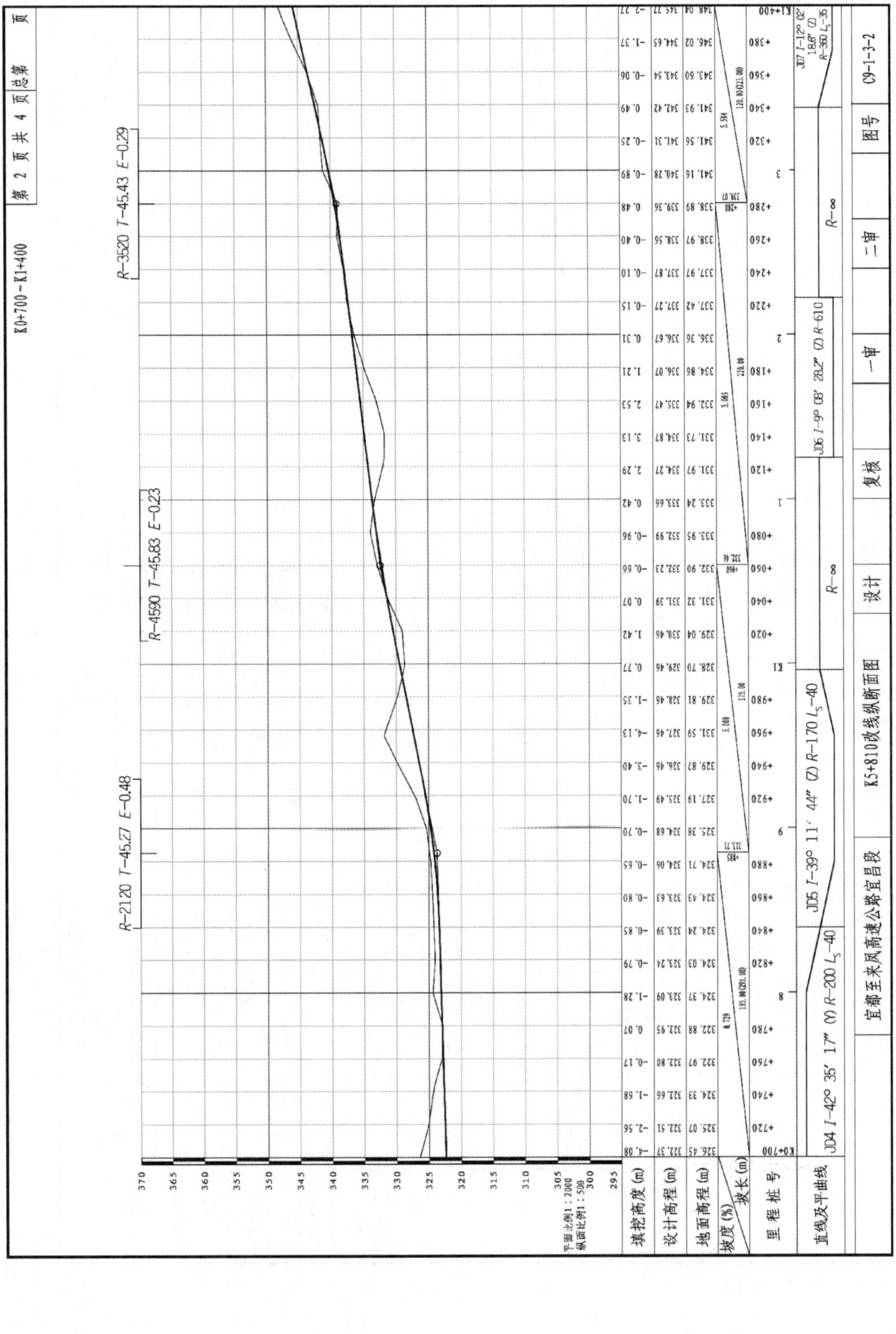
K0+700~K1+400
第 2 页 共 4 页 总第 页
R-2120 T-45.27 E-0.48
R-4590 T-45.83 E-0.23
R-3520 T-45.43 E-0.29
平面比例1:2000
纵面比例1:500
填挖高度(m)
设计高程(m)
地面高程(m)
坡度(%)
坡长(m)
里程桩号
直线及平曲线
JD4 I-42° 35′ 17″ (Y) R-200 L_S-40
JD5 I-39° 11′ 44″ (Z) R-170 L_S-40
JD6 I-9° 08′ 28.2″ (Z) R-610
宜都至来凤高速公路宜昌段
K5+810改线纵断面图
设计
复核
一审
二审
图号
C9-1-3-2

b)

图 3-10-15

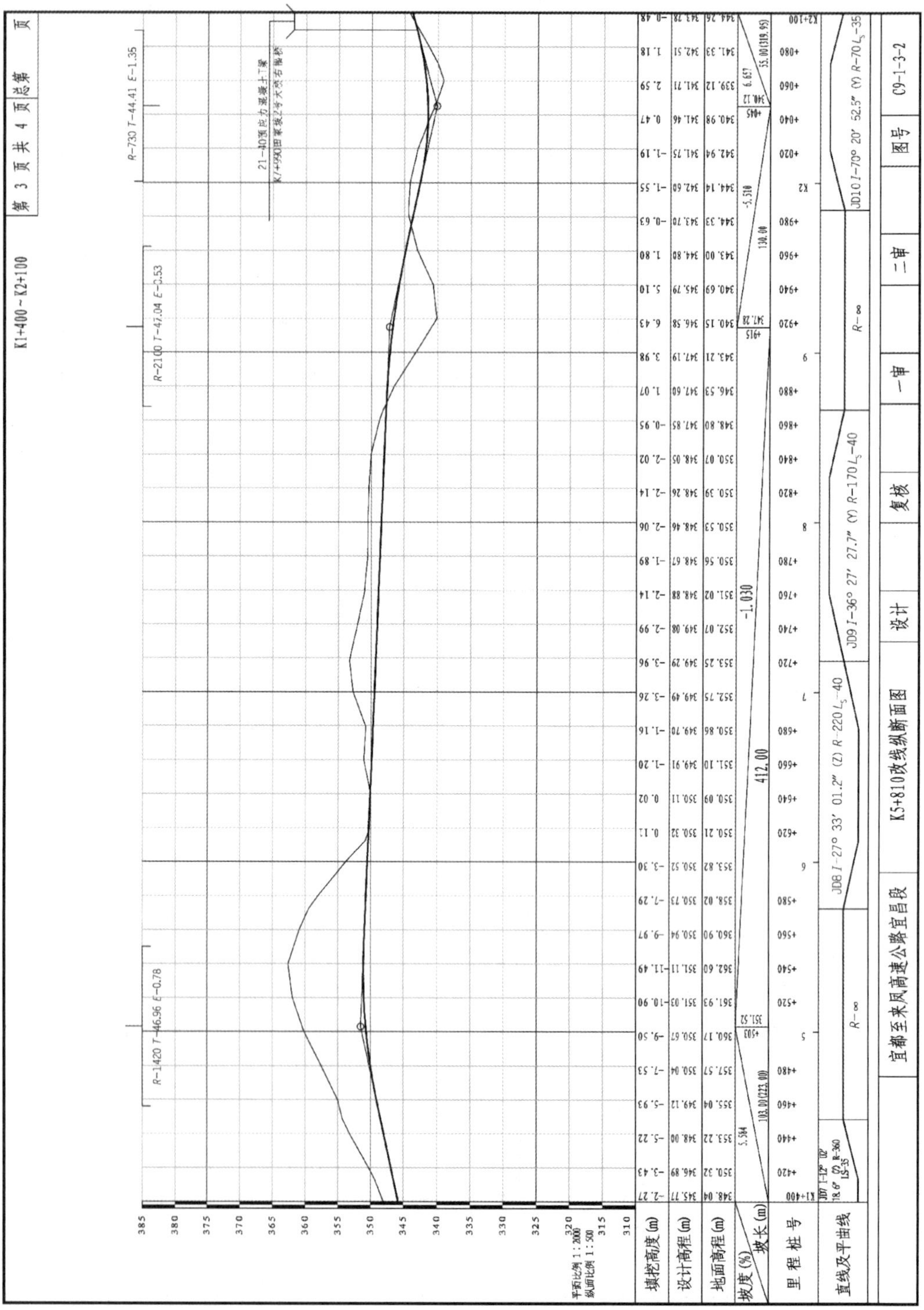
K1+400～K2+100
第 3 页 共 4 页 总第 页
宜都至来凤高速公路宜昌段
K5+810改线纵断面图
设计
复核
一审
二审
图号
C9-1-3-2
填挖高度(m)
设计高程(m)
地面高程(m)
坡度(%) 坡长(m)
里程桩号
直线及平曲线
平面比例 1:2000
纵面比例 1:500
R-1420 T-46.96 E-0.78
R-2100 T-47.04 E-0.53
R-730 T-44.41 E-1.35
21-40预应力混凝土T梁
K1+990田家垭2号大桥右幅桥
5.584
412.00
-1.030
130.00
-5.510
6.657
JD8 I-27° 33′ 01.2″ (Z) R-220 Ls-40
JD9 I-36° 27′ 27.7″ (Y) R-170 Ls-40
JD10 I-70° 20′ 52.5″ (Y) R-70 Ls-35

c)

图 3-10-15

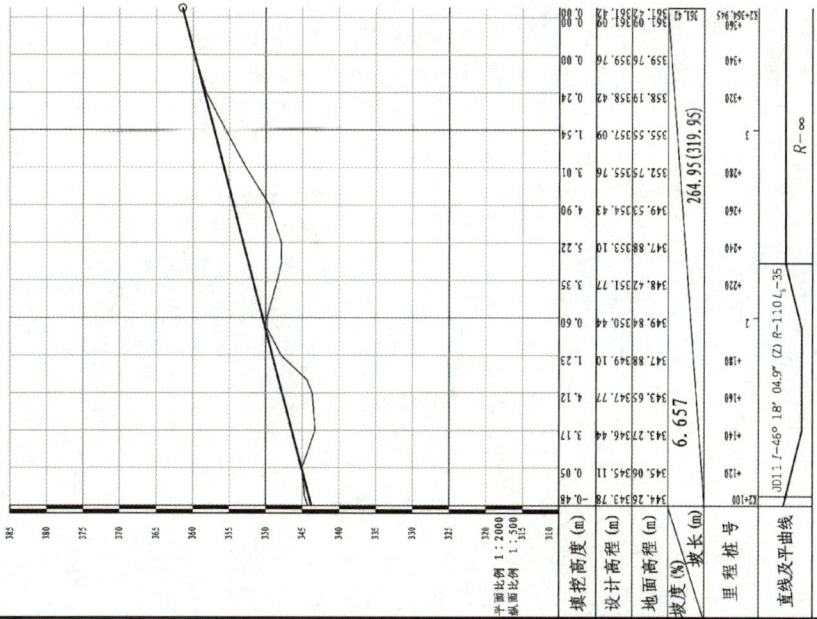

图 3-10-15　路线纵断面图

**复习
思考题**

1. 路线工程图的图示方法与一般工程视图有何不同?
2. 道路纵断面图的比例有何规定?
3. 道路横断面的常用形式有哪些? 什么是标准横断面图?
4. 道路路线纵断面图是如何形成的?

一般路段(整体式路基)

1:200

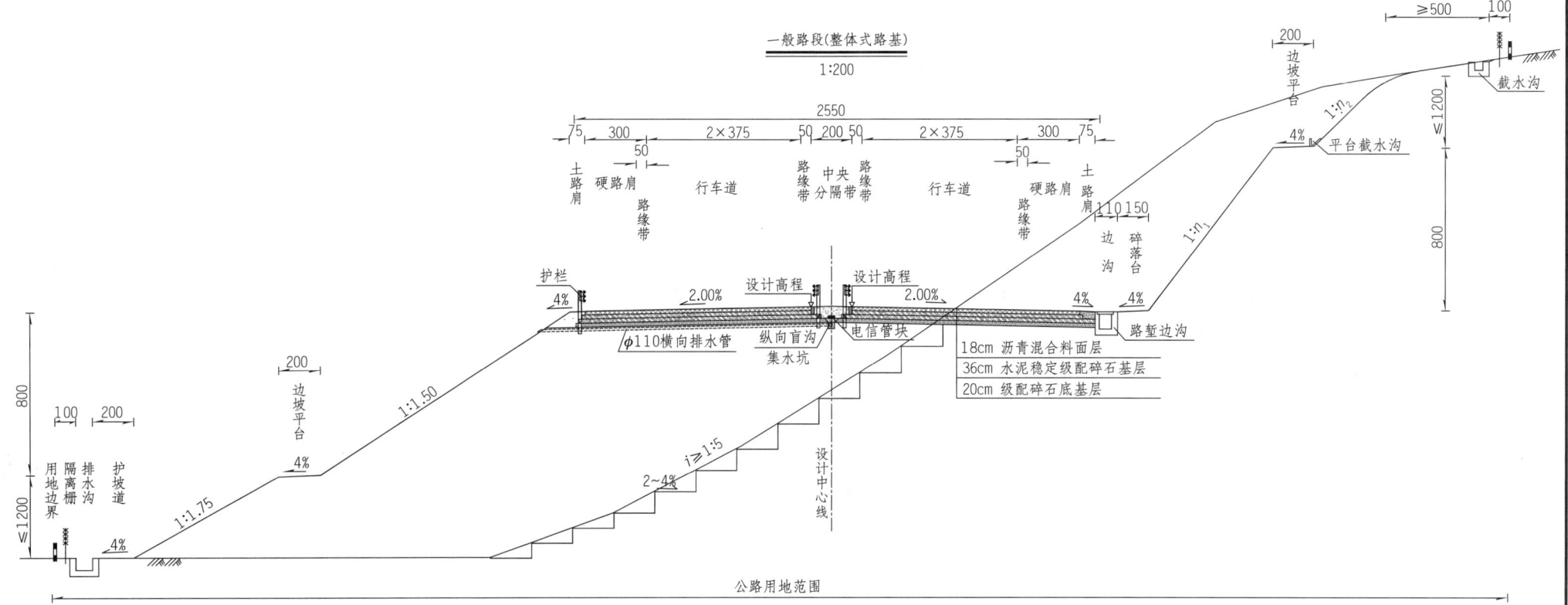

a)

超高路段(整体式路基)

1:200

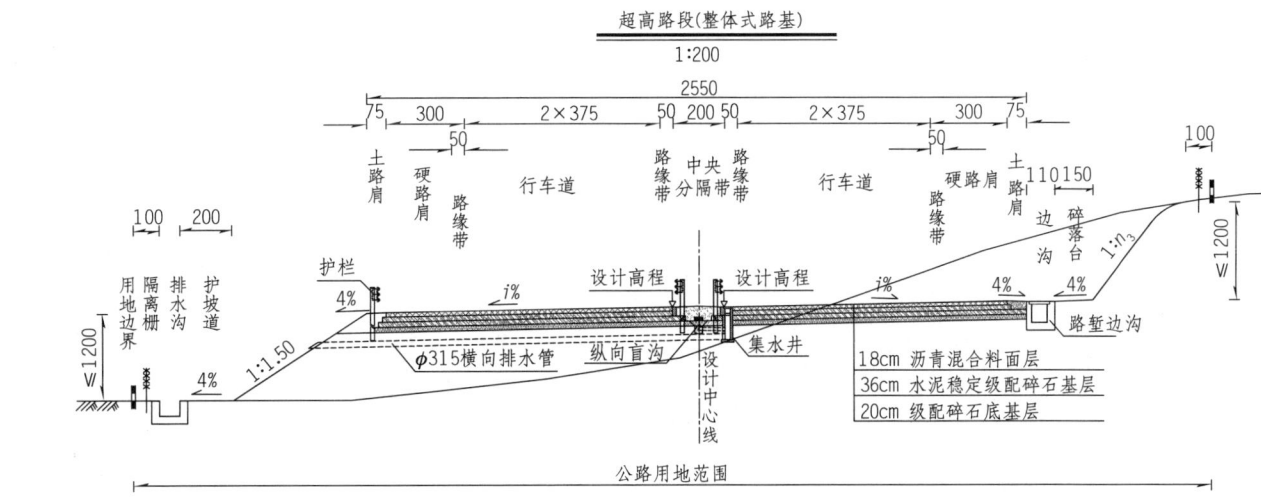

b)

注:
1. 本图适用于高速公路,设计速度为80km/h,整体式路基,路基宽度25.5m,尺寸均以厘米计。
2. n_1、n_2、n_3为挖方边坡率,根据开挖面地质条件确定;碎落台宽度1.5m,平台宽均为2.0m,边坡每级高8m。
3. 填方边坡高度≤12m,坡率1:1.5,护坡道宽2m;填方边坡高度>12m且≤20m,第一级坡率1:1.5,第二级坡率1:1.75,8m处分级设2m宽边坡平台,护坡道宽2m;对于填方边坡高度>20m的路基应进行稳定性验算。
4. 土路肩、护坡道、碎落台和边坡平台横坡均为4%。
5. 对于土质挖方边坡,边坡坡顶采取圆弧过渡,圆弧半径为5m。
6. 路堑边沟一般采用60cm宽的矩形边沟,应根据汇水、排水情况合理控制沟深。路堤边沟一般采用矩形排水沟,边沟尺寸根据汇水状况确定,当地面横坡大于1:5,排水通畅的条件下,可不设边沟。
7. 在坡顶存在较大汇水的段落,在坡顶设置截水沟;各级路堑边坡平台设置平台截水沟,边坡汇水量较大的填方路基平台可视情况设置平台截水沟。
8. 当原地面横坡陡于1:5时,须开挖台阶,台阶宽度2m,并设置坡度2%~4%的反坡,当地形陡峭开挖台阶较困难时,可适当减小台阶宽度,但不得小于1m。
9. 用地范围边界为边沟或截水沟外侧1m(没有边沟或截水沟的位置在放坡线外侧1m)。

| 宜都至来凤高速公路宜昌段 | 路基标准横断面 | 设计 | | 复核 | | 一审 | | 二审 | | 图号 | C3-1-K1-1 |

图3-10-16　路基横断面图

第十一章
CHAPTER ELEVEN

涵 洞

本章要点

　　本章主要介绍涵洞的分类及组成、涵洞工程图的图示方法及表达内容。

　　涵洞是宣泄路堤下水流的工程构筑物,它与桥梁的主要区别在于跨径的大小和填土的高度。凡是单孔跨径小于5m,多孔跨径总长小于8m,以及圆管涵、箱涵,不论其管径或跨径大小、孔数多少均称为涵洞。涵洞顶上一般都有较厚的填土(洞顶填土大于50cm),填土不仅可以保持路面的连续性,而且可以分散汽车荷载的集中压力,并减小它对涵洞的冲击力。

　　本章主要介绍涵洞工程图。

第一节　涵洞概述

一、涵洞组成

　　涵洞是由洞口、洞身和基础三部分组成的排水构筑物。

　　洞身是涵洞的主要部分,它的主要作用是承受荷载压力和土压力等并将其传递给地基,是保证设计流量通过的必要孔径。常见的洞身形式有圆管涵、拱涵、箱涵、盖板涵。

　　洞口包括端墙、翼墙或护坡、截水墙和帽石等部分,它是保证涵洞基础和两侧路基免受冲刷,使水流顺畅的构造,一般进出水口均采用同一形式。常用的洞口形式有端墙式、翼墙式(又称八字墙式)、锥形护坡(采用1/4正椭圆锥)、平头式、走廊式、一字墙护坡、上游急流槽(或跌水井)、下游急流坡、倒虹吸、阶梯式洞口及斜交洞口等,如图3-11-1所示。设计时应根据实地情况选择上下游洞口的形式与洞身组合使用。

二、涵洞分类

　　(1)按构造形式分类:涵洞可分为圆管涵、拱涵、箱涵、盖板涵等。工程上多用此种分类方法。

(2)按建筑材料分类:涵洞可分为钢筋混凝土涵、混凝土涵、砖涵、石涵、木涵、金属涵等。

(3)按洞身断面形状分类:涵洞可分为圆形、卵形、拱形、梯形、矩形等。

(4)按孔数分类:涵洞可分为单孔、双孔、多孔等。

(5)按洞口形式分类:涵洞可分为一字式(端墙式)、八字式(翼墙式)、领圈式、走廊式等。

(6)按洞顶有无覆盖土分类:涵洞可分为明涵和暗涵。

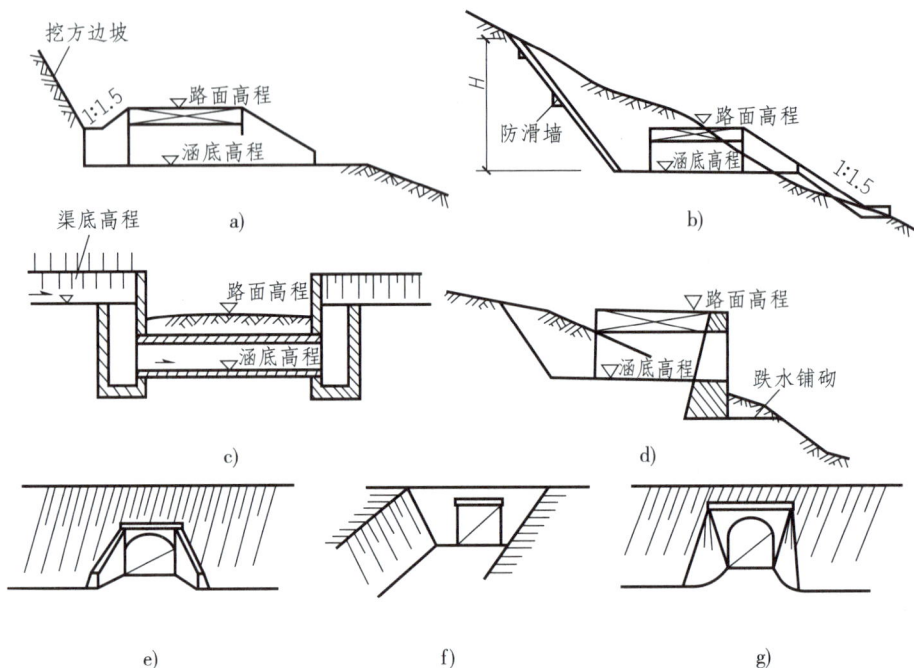

图 3-11-1　几种常见洞口形式

a)上游边沟跌水井洞口;b)上游跌水井、下游急流槽洞口;c)倒虹吸洞口;d)下游挡土墙洞口;e)八字式;f)端墙式;g)锥坡式

第二节　涵洞工程图

一、涵洞的图示方法及表达内容

涵洞是窄而长的构筑物,它从路面下方横穿道路,埋置于路基土层中。尽管涵洞的种类很多,但图示方法和表达内容基本相同。涵洞工程图主要有纵剖面图、平面图、侧面图,除上述三种投影图外,还应画出必要的构造详图,如钢筋布置图、翼墙断面图等。

(1)在图示表达时,涵洞工程图以水流方向为纵向(即与路线前进方向垂直布置),并以纵剖面图代替立面图。

(2)平面图一般不考虑涵洞上方的覆土,或假想土层是透明的。有时平面图与侧面图以半剖形式表达,水平剖面图一般沿基础顶面剖切,横剖面图则垂直于纵向剖切。

(3)洞口正面布置在侧视图位置作为侧面视图,当进、出水洞口形状不一样时,则需分别画出其进、出水洞口布置图。

涵洞体积较桥梁小,故画图所选用的比例较桥梁图稍大。现以常用的盖板涵、圆管涵、拱涵和箱涵为例介绍涵洞的一般构造图,说明涵洞工程图的表示方法。

二、涵洞工程图

1.钢筋混凝土盖板涵

图 3-11-2 为单孔钢筋混凝土盖板涵立体图,图 3-11-3 则为其构造图,不同的图可以采用不同比例,本图立面采用 1:50,洞口两侧为八字翼墙,洞高 220cm,净跨 200cm,总长 1720cm,由于其构造对称,故仍采用半纵剖面图、半平面图及半剖面图、侧面图等来表示。

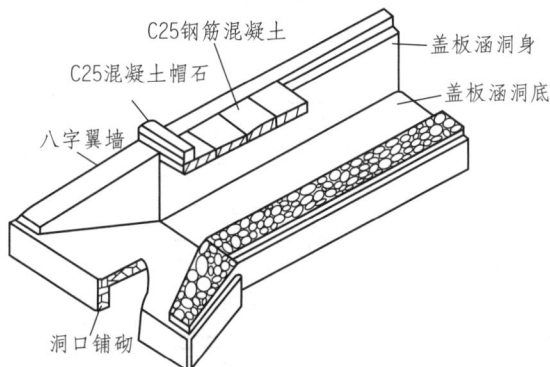

图 3-11-2　钢筋混凝土盖板涵立体图

(1)半纵剖面图

半纵剖面图中示出了带有 1:1.5 坡度的八字翼墙和洞身的连接关系以及洞高 220cm、洞底铺砌 25cm、基础纵断面形状、设计流水坡度 1% 等。盖板及基础所用材料亦可由图中看出,但未画出沉降缝位置。

(2)半平面图及半剖面图

用半平面图和半剖面图能把涵洞的墙身宽度、八字翼墙的位置表示得更加清楚,涵身长度、洞口的平面形状和尺寸以及墙身和翼墙的材料均在图中可以看出。为了便于施工,在八字翼墙的 Ⅰ-Ⅰ 和 Ⅱ-Ⅱ 位置进行剖切,并另作 Ⅰ-Ⅰ 和 Ⅱ-Ⅱ 断面图来表示该位置翼墙墙身和基础的详细尺寸、墙背坡度以及材料情况。

(3)侧面图

侧面图反映洞高 220cm 和净跨 200cm,同时反映帽石、盖板、八字翼墙、基础等的相对位置和它们的侧面形状,在图 3-11-3 中按习惯称洞口立面图。

实际工程中,钢筋混凝土的盖板涵的构造图更加细致,包括立面、平面、洞身、洞口等。涵洞的盖板配筋图如图 3-11-4 所示。

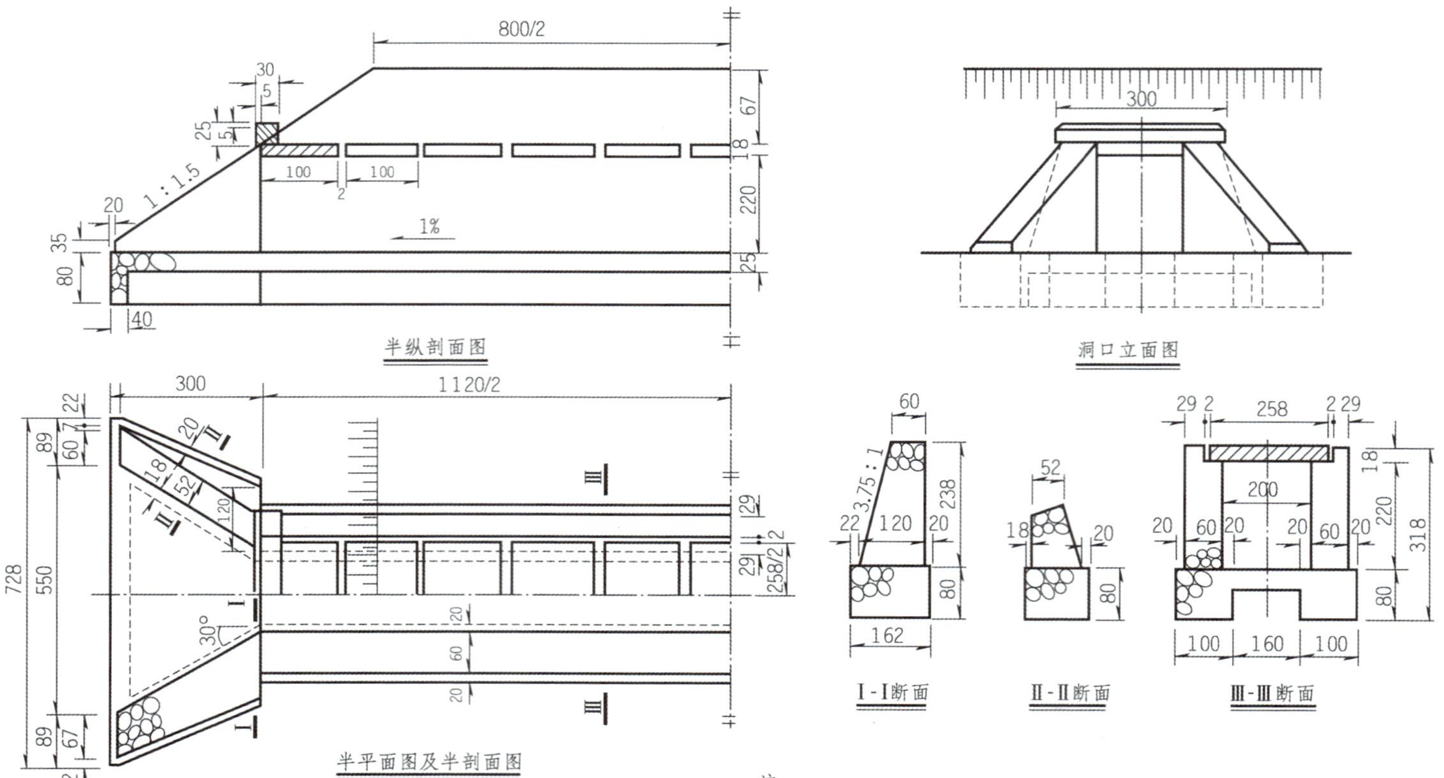

注:

1.本图尺寸除高程以米计外，其余均以厘米计。

2.洞身每隔4~6m设置一道沉降缝，缝内填以沥青麻絮或不透水材料。

3.地基承载力不得低于0.25MPa，否则应进行换土或其他加固措施。

4.进出水口可适当开挖。

图 3-11-3 钢筋混凝土盖板涵构造图

截面A-A（1：25）

纵断面（1：25）

顶层平面钢筋网（1：25）

底层钢筋网（1：25）

一块盖板的工程数量表

项目	直径	每根长度	根数	质量	圬工
单位	mm	cm	根	kg	m³
1	$\phi20$	419	10	103.3	
2	$\phi12$	422	6	22.5	1.2
3	$\phi8$	233	34	31.3	
合计				157.1	

注：本图尺寸除钢筋直径以毫米计外，其余均以厘米计。

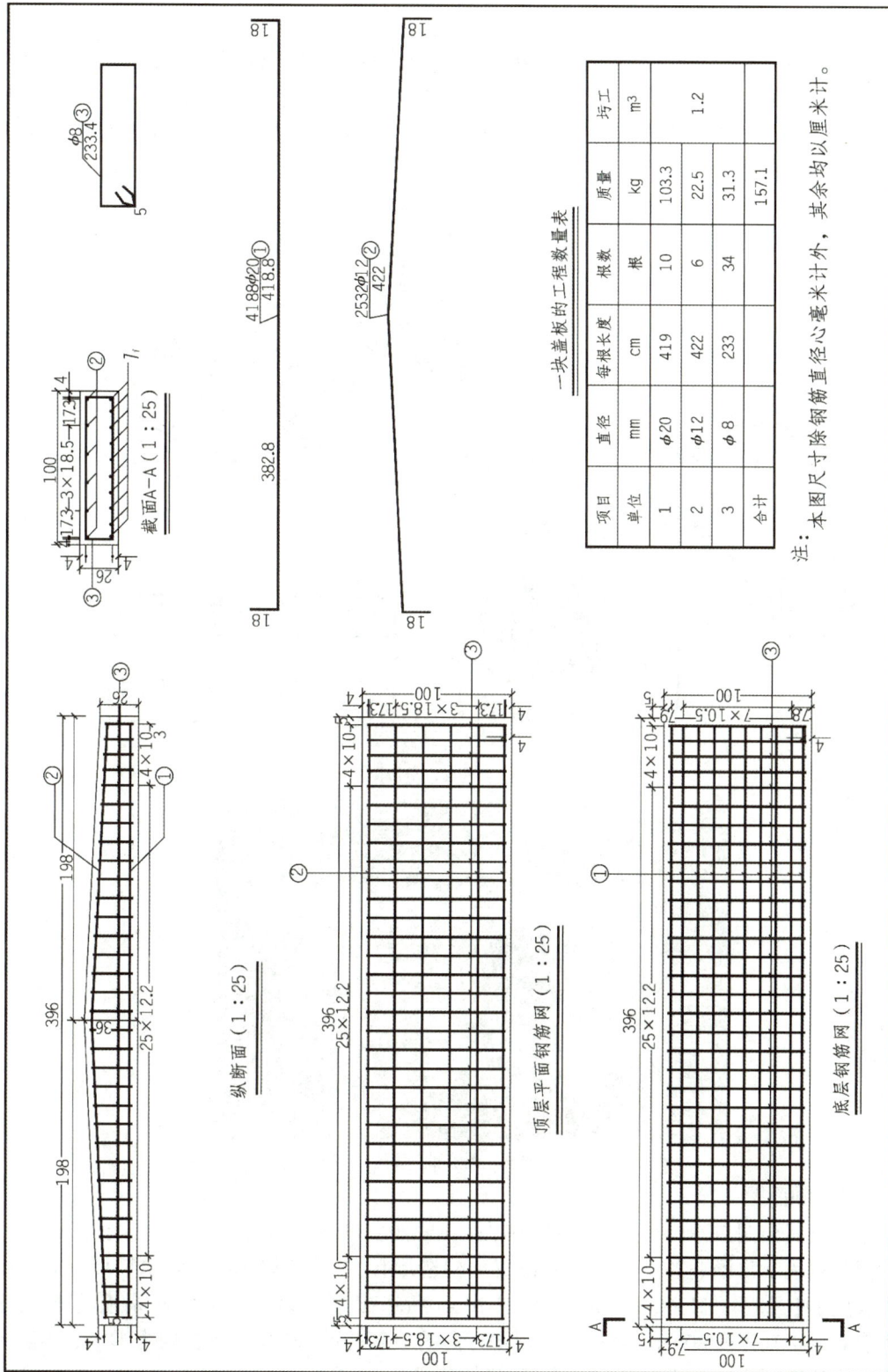

图 3-11-4　钢筋混凝土盖板涵盖板配筋图

2.圆管涵

图 3-11-5 为圆管涵洞分解图;图 3-11-6 为圆管涵实体图;图 3-11-7 为钢筋混凝土圆管涵洞,比例为 1:50,洞口为端墙式,端墙前洞口两侧有 20cm 厚干砌片石铺面的锥形护坡,涵管内径为 75cm,涵管长 1060cm,再加上两边洞口铺砌长度得出涵洞的总长为 1335cm。由于其构造对称,故采用半纵剖面图、半平面图和侧面图来表示。

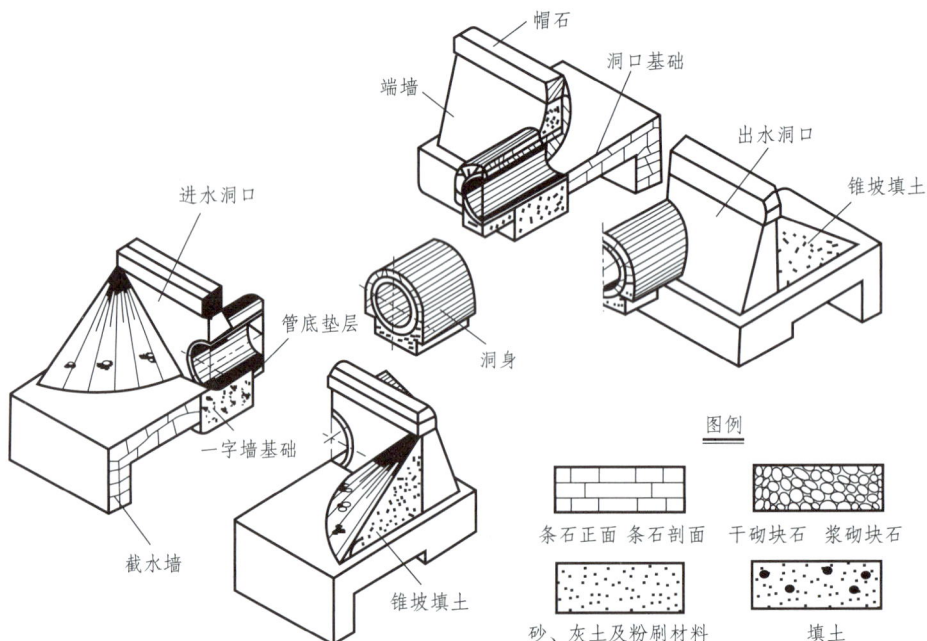

图 3-11-5 圆管涵洞分解图

图 3-11-6 圆管涵实体图

(1)半纵剖面图

由于涵洞进出洞口一样,左右基本对称,所以只画半纵剖面图,以对称中心线为分界线。纵剖面图中可表示出涵洞各部分的相对位置和构造形状,如管壁厚 10cm、防水层厚 15cm、设计流水坡度 1%、涵身长 1060cm、涵洞铺砌厚 20cm 和基础、截水墙的断面形式等,路基覆土厚度大于 50cm、路基宽度 800cm、锥形护坡顺水方向的坡度与路基边坡一致,均为 1:1.5。各部分所用材料均于图中表达出来,但未示出洞身的分段。

洞口正面图

半纵剖面图

半平面图

洞口工程数量表（一端）

工程数量 项目 类别 管径	C20混凝土帽石（m³）	M10砂浆片石墙身（m³）	M10干砌片石基础（m³）	干砌片石护坡（m³）
75	0.191	0.552	2.200	0.275

注：
1.图中尺寸以厘米为单位。
2.洞口工程数量指一端，即一个进水口或一个出水口。

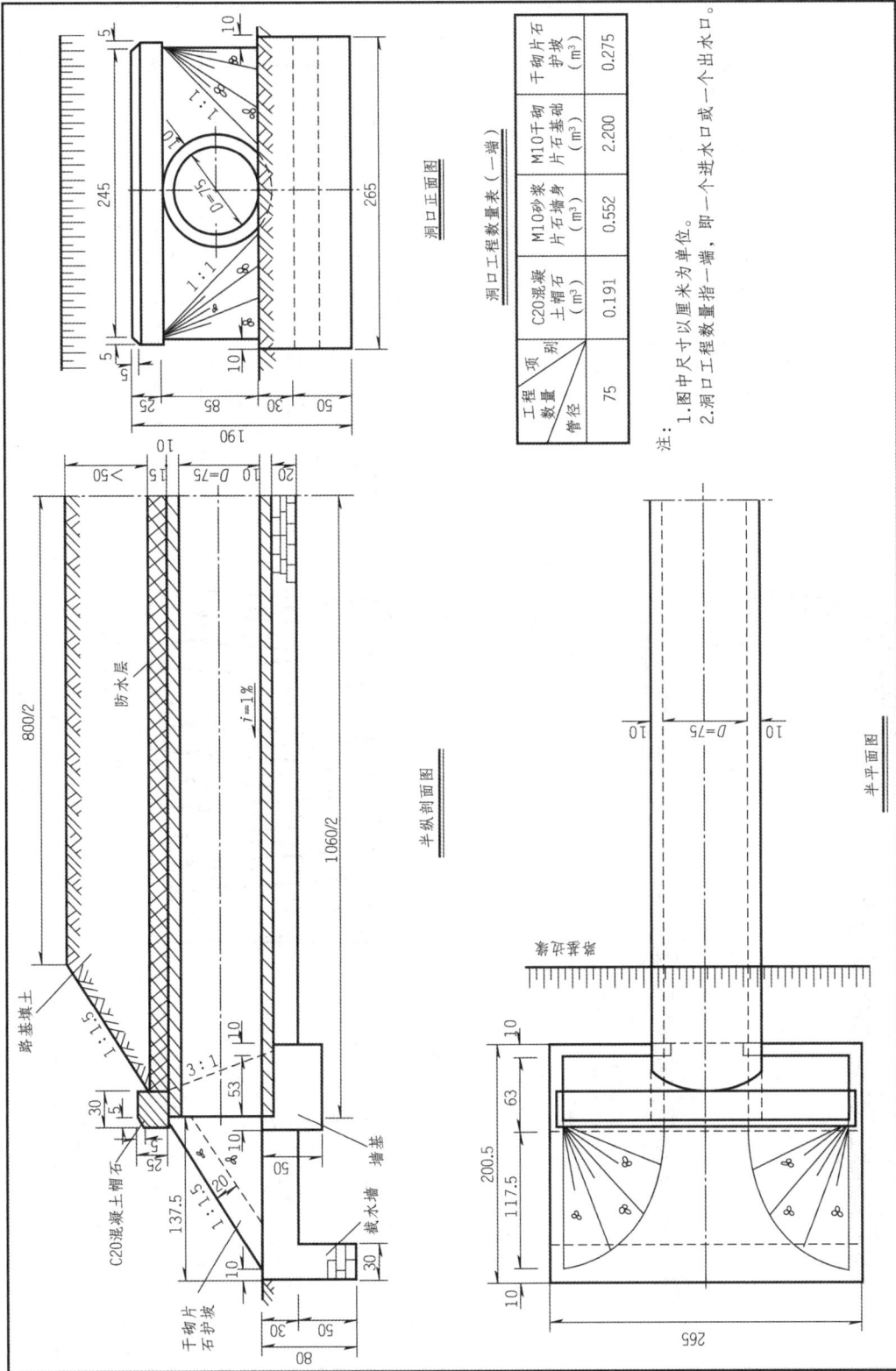

图3-11-7 圆管涵端墙式单孔构造图

防水层

路基填土

C20混凝土帽石

干砌片石护坡

墙基

截水墙

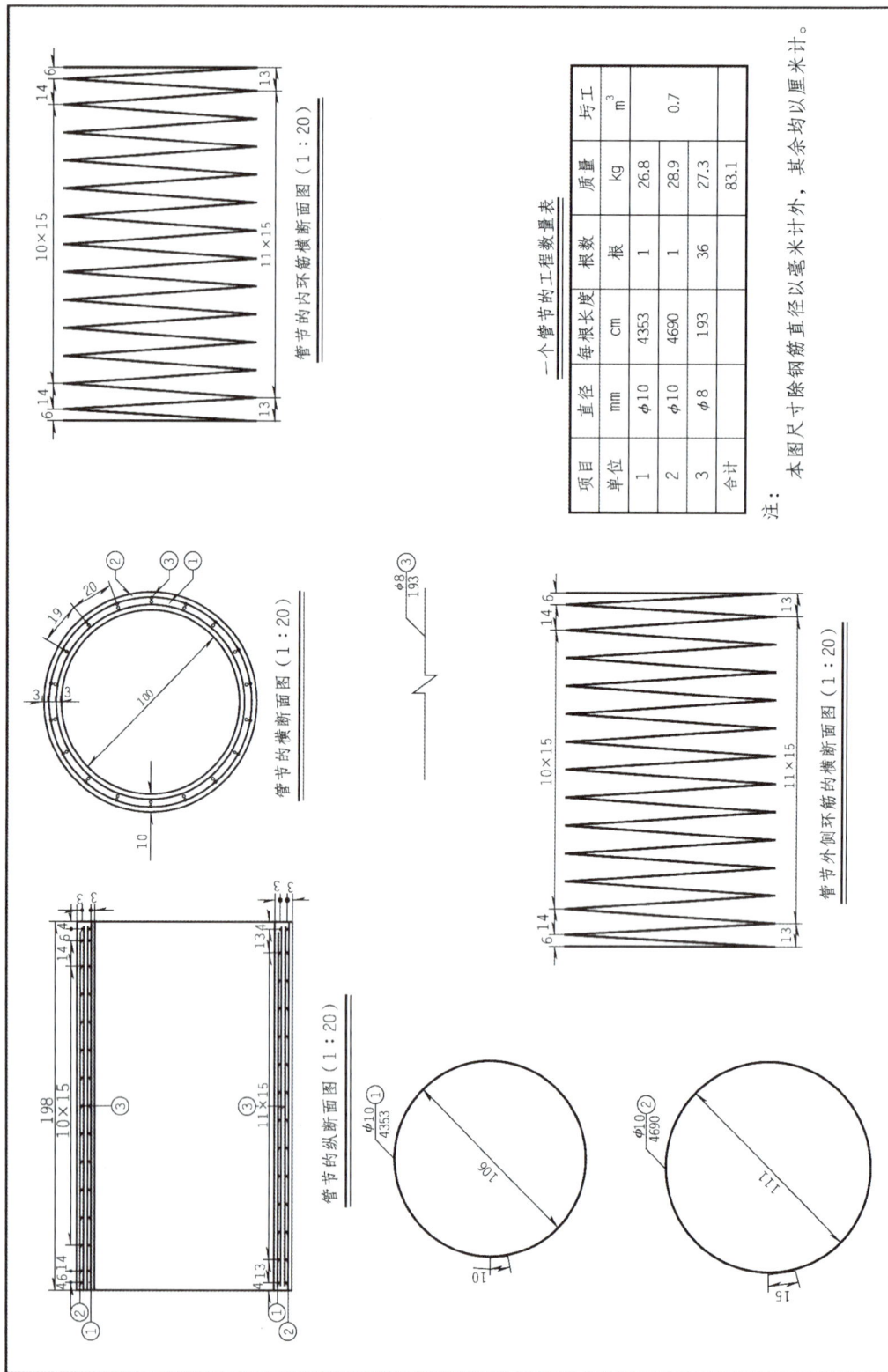

管节的内环筋横断面图（1：20）

管节的横断面图（1：20）

管节外侧环筋的横断面图（1：20）

管节的纵断面图（1：20）

一个管节的工程数量表

项目 单位	直径 mm	每根长度 cm	根数 根	质量 kg	圬工 m³
1	$\phi 10$	4353	1	26.8	
2	$\phi 10$	4690	1	28.9	0.7
3	$\phi 8$	193	36	27.3	
合计				83.1	

注：本图尺寸除钢筋直径以毫米计外，其余均以厘米计。

图3-11-8　钢筋混凝土圆管管涵管节配筋图

（2）半平面图

为了同半纵剖面图相配合，平面图也只画一半。图中表达了管径尺寸与管壁厚度，以及洞口基础、端墙、帽石和护坡的平面形状和尺寸，涵顶覆土做透明处理，但路基边缘线应予画出，并以示坡线表示路基边坡。

（3）侧面图

侧面图主要表示管涵孔径和壁厚、洞口缘石和端墙的侧面形状及尺寸、锥形护坡的坡度等。为了使图形清晰起见，把土壤作为透明体处理，并且某些虚线未予画出，如路基边坡与帽石背面的交线和防水层的轮廓线等。图3-11-7中的侧面图，习惯称之为洞口正面图。

圆管涵的管配筋如图3-11-8所示。

3．石拱涵

（1）纵剖面图。

图3-11-9为石拱涵洞示意图，以八字式单孔石拱涵构造图（图3-11-10）为例介绍涵洞的构造。涵洞的纵向是指水流方向，即洞身的长度方向。由于主要是表达涵洞的内部构造，所以通常用纵剖面图来代替立面图。纵剖面图是沿涵洞的中心线位置纵向剖切的，凡是剖切到的各部分如截水墙、涵底、拱顶、防水层、端墙帽、路基等都应按剖开绘制，并画出相应的材料图例，另外能看到的各部分如翼墙、端墙、涵台、基础等也应画出它们的位置。如果进水洞口和出水洞口的构造和形式基本相同，整个涵洞是左右对称的，则纵剖面图可只画出一半。由于这里是通用图，路基宽度 B_0 和填土厚度 F 在图中没有注出具体数值，可根据实际情况确定。翼墙的坡度一般和路基的边坡相同，均为1：1.5。整个涵洞较长，考虑到地基不均匀沉降的影响，在翼墙和洞身之间应设有沉降缝，洞身部分每隔4～6m也应设沉降缝，沉降缝的宽度均为2cm。主拱圈是用条石砌成的，内表面为圆柱面，在纵剖面图中用上密下疏的水平细线表示。拱顶的上面有15cm厚的黏土胶泥防水层。端墙的断面为梯形，背面用虚线画出，坡度为3：1。端墙上面有端墙帽，又称帽石。

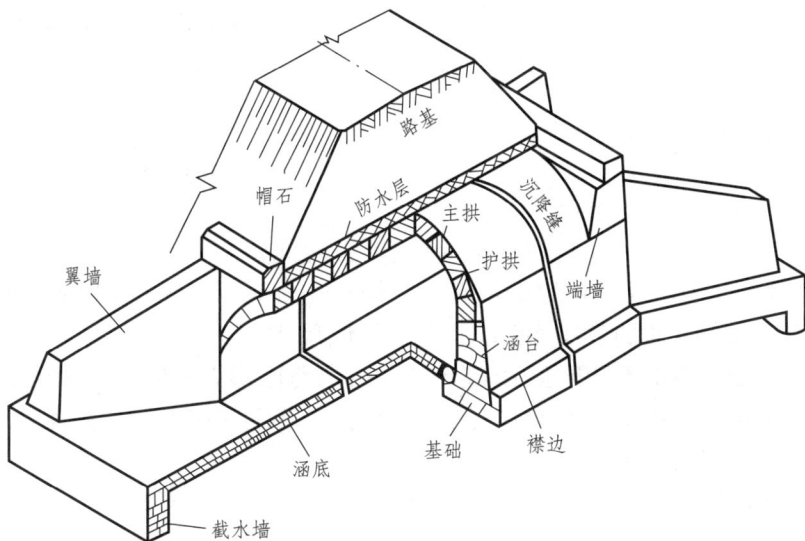

图3-11-9　石拱涵洞示意图

（2）平面图

由于该涵洞是左右对称的，所以平面图只画出左边一半，而且采用了半剖画法。后边一半为涵洞的外形投影图,是移去了顶面上的填土和防水层以及护拱等画出的,拱顶的圆柱面部分是用一系列疏密有致的细线表示的,拱顶与端墙背面交线为椭圆曲线。前边一半是沿涵台基础的上面(襟边)作水平剖切后画出的剖面图,为了画出翼墙和涵台的基础宽度,涵底板没有画出,这样就把翼墙和涵台的位置表示得更清楚了。八字式翼墙是斜置的,与涵洞纵向成30°角。为了把翼墙的形状表达清楚,在两个位置进行了剖切,并画出Ⅰ-Ⅰ和Ⅱ-Ⅱ断面图,从这两个断面图可以看出翼墙及其基础的构造、材料、尺寸和斜面坡度等内容。

(3)侧面图

涵洞的侧面图也常用半剖画法。左半部为洞口部分的外形投影,主要反映洞口的正面形状和翼墙、端墙、帽石、基础等的相对位置,所以习惯上称之为洞口正面图。右半部为洞身横断面图,主要表达洞身的断面形状,主拱、护拱和涵台的连接关系,以及防水层的设置情况等。

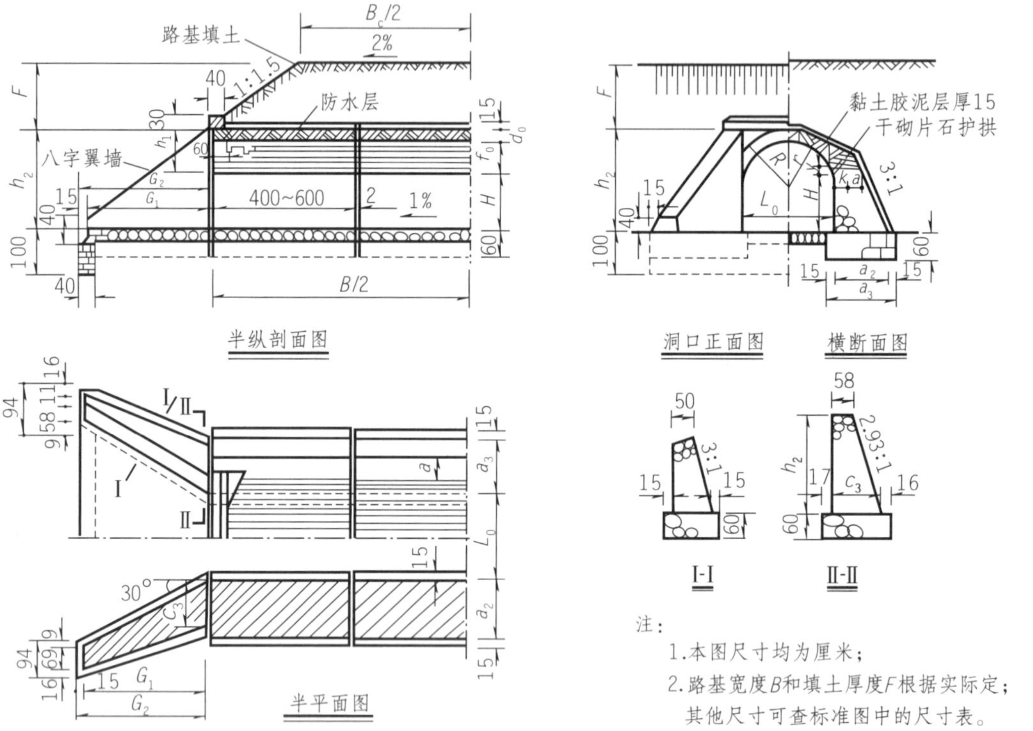

图3-11-10 八字式单孔石拱涵构造图

以上分别介绍了表达涵洞工程的各个视图,实际上它们是紧密相关的,应该互相对照联系起来读图,才能将涵洞工程的各部分位置、构造、形状、尺寸搞清楚。

由于图3-11-10是石拱涵洞的通用构造图,适用于矢跨比$f_0/L_0=1/3$的各种跨径($L_0=1.0\sim5.0$m)的涵洞,故图中一些尺寸是可变的,用字母代替。设计绘图时,可根据需要选择跨径、涵高等主要参数,然后计算得出相应的各部分尺寸。

4.钢筋混凝土箱涵

涵洞与路线有正交与斜交两种相交方式,以上所举例子均为正交。下面以单孔斜交钢筋混凝土箱涵为例说明斜交工程图的图示特点。

如图3-11-11所示,该涵洞为压力式抬高式箱涵、翼墙式洞口、箱式洞身。该图为标准图,

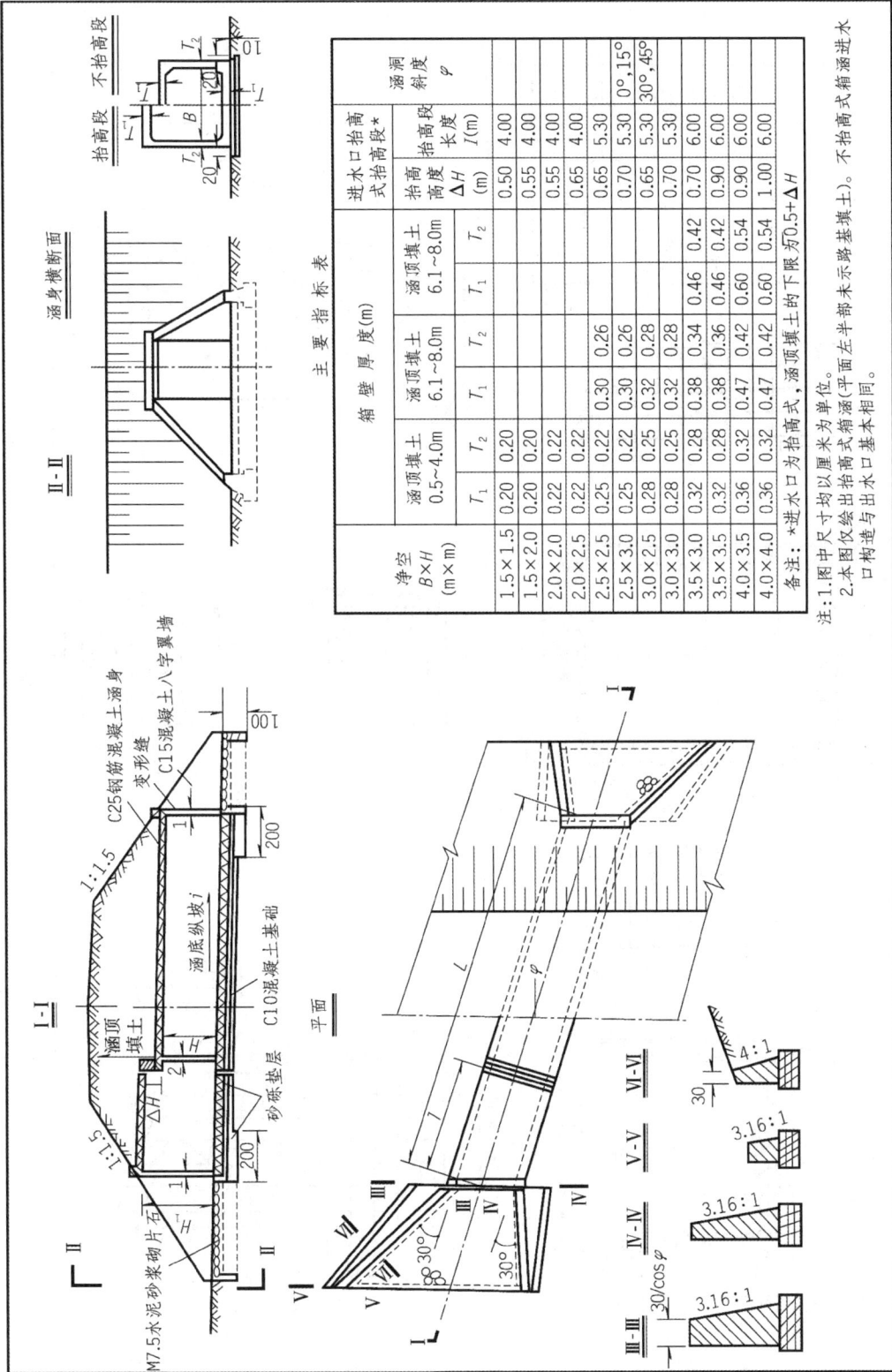

主 要 指 标 表

净空 B×H (m×m)	箱 壁 厚 度 (m)								进水口抬高式抬高段 *		
	涵顶填土 0.5~4.0m		涵顶填土 6.1~8.0m		涵顶填土 6.1~8.0m				抬高高度 ΔH (m)	抬高段长度 * I(m)	涵洞斜度 φ
	T_1	T_2	T_1	T_2	T_1	T_2					0°,15° | 30°,45°
1.5×1.5	0.20	0.20							0.50	4.00	
1.5×2.0	0.20	0.20							0.55	4.00	
2.0×2.0	0.22	0.22							0.55	4.00	
2.0×2.5	0.22	0.22							0.65	4.00	
2.5×2.5	0.25	0.22	0.30	0.26					0.65	5.30	
2.5×3.0	0.25	0.25	0.30	0.26					0.70	5.30	
3.0×2.5	0.28	0.25	0.32	0.28					0.65	5.30	
3.0×3.0	0.28	0.28	0.32	0.28					0.70	5.30	
3.5×3.0	0.32	0.28	0.38	0.34	0.46	0.42			0.70	6.00	
3.5×3.5	0.32	0.28	0.38	0.36	0.46	0.42			0.90	6.00	
4.0×3.5	0.36	0.32	0.47	0.42	0.60	0.54			0.90	6.00	
4.0×4.0	0.36	0.32	0.47	0.42	0.60	0.54			1.00	6.00	

备注：*进水口为抬高式，涵顶填土的下限为0.5+ΔH。
*本图仅绘出抬高式箱涵（平面图左半面未示路基填土）。不抬高式箱涵进水口构造与出水口基本相同。

注：1.图中尺寸均以厘米为单位。

图 3-11-11 钢筋混凝土箱涵

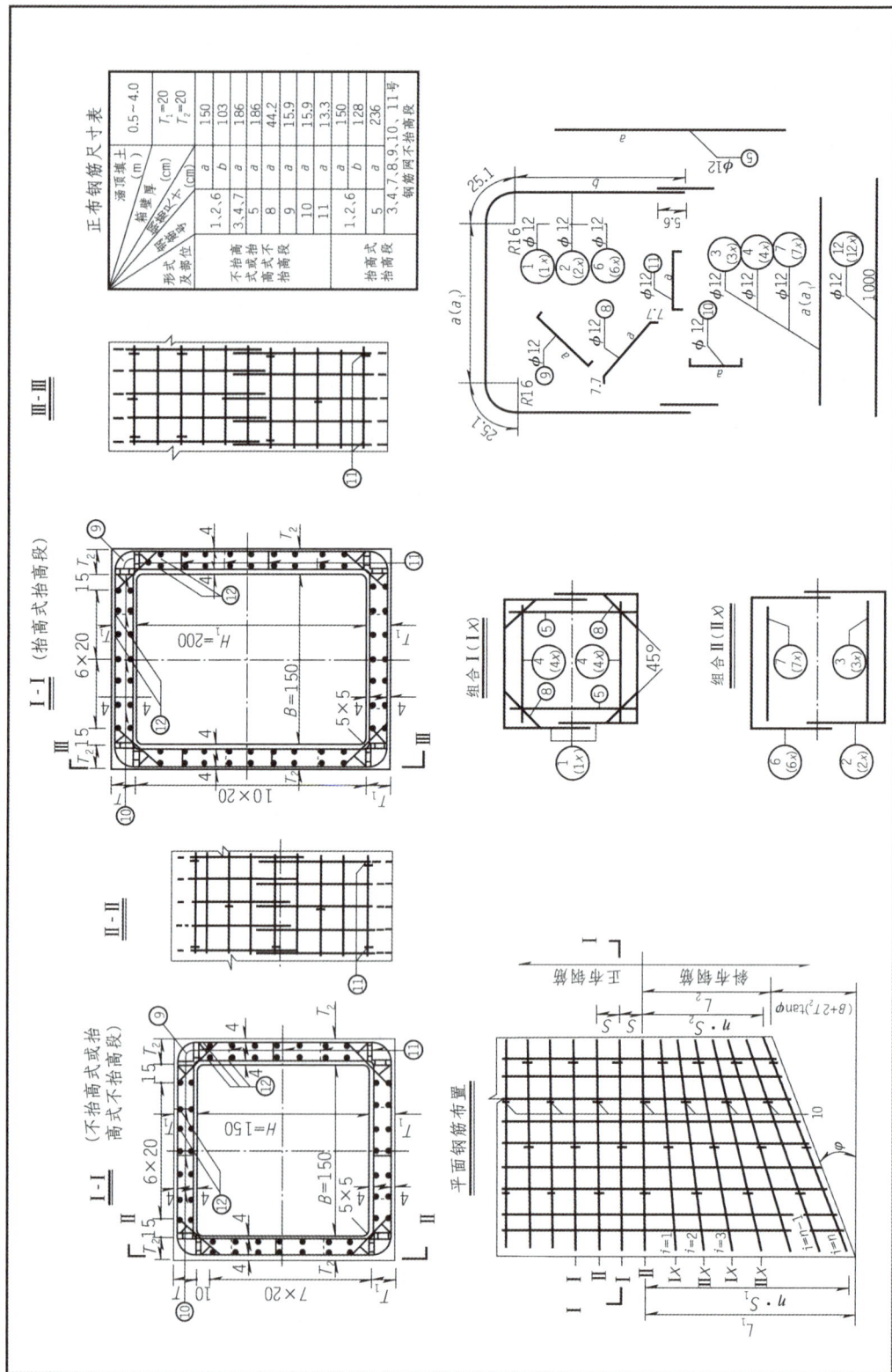

图 3-11-12　箱涵涵身钢筋结构图

适用于公路二级荷载,涵顶填土高0.5~8.0m,其涵高及净跨分别为1.5~4m。与公路正交与斜交(倾斜角 $\alpha = 0°$、15°、30°、45°)布置。左侧进水口采用了抬高式洞门,右侧出水口采用了不抬高式洞门,洞口均采用斜八字式翼墙,以提高通用性。

(1)立面图

立面图采用沿箱涵轴线剖切的Ⅰ-Ⅰ纵剖面图,但剖切平面与正立投影面倾斜,故立面图不反映截断面的实形。

(2)平面图

平面图左半部分揭掉覆土,表示抬高式洞口部分与箱涵身的水平投影,右半部分则以路中心线为界画出水平投影图,路基边缘以示坡线表示,同时采用截断面法,截去涵身两侧路段。图3-11-11采用了省略画法,如平面图中洞身基础未画出。

(3)侧面图

侧面图采用Ⅱ-Ⅱ剖面图表示洞口的立面投影,另外还画出了洞身的横断面图,并采用抬高段与不抬高段各画一半的合成图。

(4)涵身钢筋结构图

由于箱涵的配筋结构与盖板涵或预制板不同,其视图表达也不同,图3-11-12为 $B \times H = 1.5m \times 1.5m$ 的涵身钢筋结构图。该箱涵钢筋结构图的图示特点是:左半幅给出不抬高式或抬高式不抬高段的三面视图(Ⅰ-Ⅰ剖面和相应的侧面投影图Ⅱ-Ⅱ剖面的局部)和平面钢筋布置图,右半幅给出抬高式抬高段的立面(Ⅰ-Ⅰ剖面)和侧面图(Ⅲ-Ⅲ剖面)。为了表示钢筋安装组合情况,对两种不同组合排列方式,组合Ⅰ(Ⅰx)和组合Ⅱ(Ⅱx)以横断面钢筋组合图的形式给出,并结合平面图中的代号作表达。

第三节　盖板涵工程图实例

盖板涵的特点是构造简单、维修方便,一般跨径小时用石盖板,跨径大时用钢筋混凝土盖板。

钢筋混凝土盖板涵适用于缺少石料地区且过水面积较大的明涵(填土厚度小于50cm时按明涵设计)或暗涵,涵身及洞口翼墙为素混凝土结构,盖板为钢筋混凝土结构,涵底设垙工铺砌和洞口截水墙,铺砌下设置换填垫层(为了满足承载力要求或满足冻深要求)。

盖板涵工程图案例图可通过扫文前二维码查看。

复习
思考题

1.涵洞工程图怎样分类? 其主要组成部分有哪些?

2.涵洞工程图的图示特点是什么? 试与桥梁工程图作比较?

3.分析图3-11-12箱涵涵身的钢筋结构?

第十二章
CHAPTER TWELVE
桥　梁

本章要点

　　本章主要介绍桥梁的组成及分类,桥梁工程图的图示方法及表达内容,以及桥梁工程图的识读与画图步骤。

　　道路路线在跨越河流湖泊、山川以及道路互相交叉、与其他路线(如铁路)交叉时,为了保持道路的畅通,就需要修筑桥梁。桥梁既可以保证桥上的交通运行,又可以保证桥下宣泄流水、船只的通航或公路、铁路的运行。桥梁是道路工程的重要组成部分。

第一节　桥梁概述

一、基本组成

　　由图 3-12-1 可见,桥梁由上部桥跨结构(主梁或主拱圈和桥面系)、下部结构(桥台、桥墩和基础)及附属结构(栏杆、灯柱、护岸、导流结构物等)三部分组成。

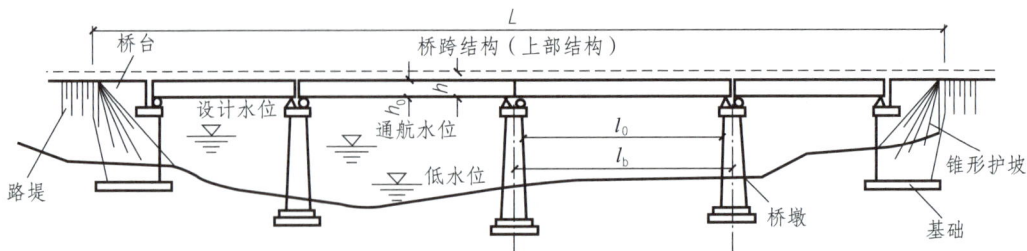

图 3-12-1　桥梁的基本组成

　　桥跨结构是在路线中断时,跨越障碍的主要承载结构,一般称之为上部结构。

　　桥墩和桥台是支承桥跨结构并将恒载和车辆等活载传至地基的建筑物,又称之为下部结构。

　　支座是桥跨结构与桥墩和桥台的支承处所设置的传力装置。

在路堤与桥台连接处，一般在桥台两侧设置石砌的锥形护坡，以保证迎水部分路堤边坡的稳定。

河流中的水位是变动的，在枯水季节的最低水位称为低水位，洪峰季节河流中的最高水位称为高水位，桥梁设计中按规定的设计洪水频率计算所得的高水位称为设计洪水位。

净跨径(l_0)是设计洪水位上相邻两个桥墩(台)顶部之间的净距。

总跨径($\sum l_0$)是多孔桥梁中各孔净跨径的总和，它反映了桥下宣泄洪水的能力。

桥梁全长(L)是桥梁两端两个桥台的侧墙末端或耳墙后端点的距离。

二、桥梁的分类

桥梁的形式有很多，常见的分类形式有：

(1)按结构形式可分为梁桥、拱桥、刚架桥、桁架桥、悬索桥、斜拉桥等。

(2)按建筑材料可分为钢桥、钢筋混凝土桥、石桥、木桥等。

(3)按桥梁全长和跨径的不同可分为特殊大桥、大桥、中桥和小桥。

(4)按上部结构的行车位置不同可分为上承式桥、下承式桥和中承式桥。

就桥梁而言，无论它们的形式和建筑材料有何不同，但在画图方面，都采用前面所讲的理论和方法，运用这些理论和方法，结合专业图的图示特点，即可阅读和绘制桥梁工程图。

第二节　钢筋混凝土结构图

一、钢筋混凝土结构的基本知识

混凝土是由水泥、砂、石子和水按一定的比例拌和硬化而成的一种人造石料。把它灌入定型模板中，经振捣密实和养护凝固后就形成坚硬如石的混凝土构件。混凝土的抗压强度较高，抗拉强度较低，容易因受拉而断裂。为了提高混凝土构件的抗拉能力，常在混凝土构件的受拉区内加入一定数量的钢筋，使两种材料粘结成一个整体，共同承受外力，这种配有钢筋的混凝土称为钢筋混凝土。钢筋混凝土是最常用的建筑材料，桥梁工程中的许多构件都是用它来制作的，如梁、板、柱、桩、桥墩等。钢筋混凝土简支梁受力如图 3-12-2 所示。

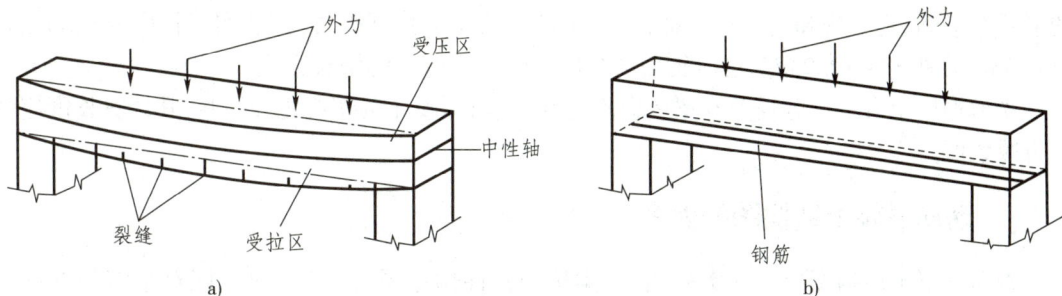

图 3-12-2　钢筋混凝土简支梁受力示意图

二、钢筋的基本知识

1. 钢筋的分类和作用

钢筋按其在整个构件中所起的作用不同,可分为下列几种:

(1)受力钢筋(主筋)——用来承受拉力或压力的钢筋,用于梁、板、柱等各种钢筋混凝土构件。

(2)箍筋(钢箍)——用以固定受力钢筋位置,并承受一部分剪力或扭力。

(3)架立钢筋——一般用于钢筋混凝土梁中,用来固定箍筋的位置,并与梁内的受力筋、箍筋一起构成钢筋骨架,如图 3-12-3 和图 3-12-4 所示。

(4)分布钢筋——一般用于钢筋混凝土板或高梁结构中,用以固定受力钢筋位置,使荷载分布给受力钢筋,并防止混凝土因收缩和温度变化出现裂缝。

(5)构造钢筋——因构件的构造要求和施工安装需要配置的钢筋,如腰筋、预埋锚固筋、吊环等。

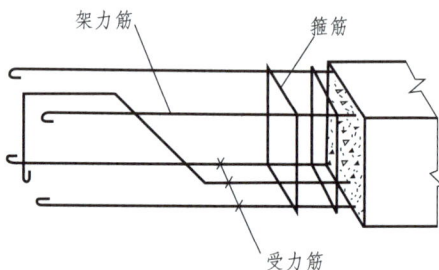

图 3-12-3　钢筋混凝土梁配筋示意图

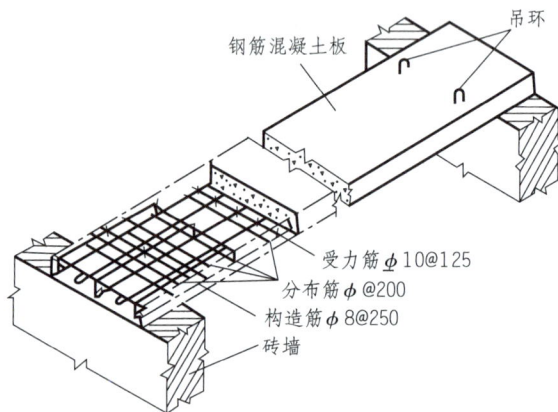

图 3-12-4　板配筋示意图

2. 钢筋的保护层

为了保护钢筋,防止钢筋锈蚀及加强钢筋与混凝土的黏结力,钢筋必须全部包在混凝土中,因此钢筋边缘至混凝土表面应保持一定的厚度,称为保护层,此厚度长度称为净距(图 3-12-7 的立面图中)。

3. 钢筋的弯钩和弯起

对于光圆外形的受力钢筋,为了增加它与混凝土的黏结力,在钢筋的端部做成弯钩,弯钩的形式有半圆、直弯钩和斜弯钩三种,如图 3-12-5 所示。根据需要,钢筋实际长度要比端点长出 $6.25d$、$7.89d$ 或 $10.93d$。这时钢筋的长度要计算其弯钩的增长数值。

受力钢筋中有一部分需要在梁内向上弯起,这时弧长比两切线之和短些,其计算长度应减去折减数值。

三、钢筋混凝土结构图的内容

钢筋混凝土结构图包括两类视图,一类称为构件构造图(或模板图),即对于钢筋混凝土结构,只画出构件的形状和大小,不表示内部钢筋的布置情况。另一类称为钢筋结构图(或钢筋构造图或钢筋布置图），即主要表示构件内部钢筋的布置情况。

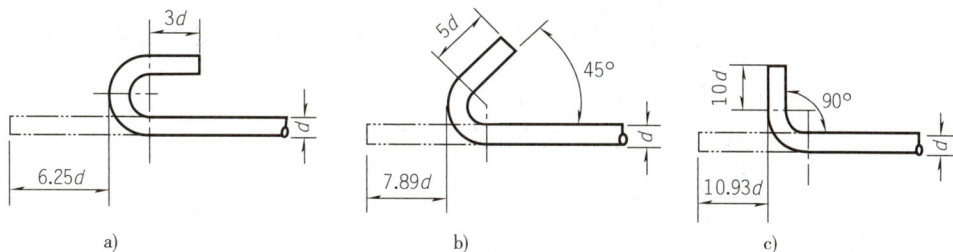

图 3-12-5　钢筋的弯起
a)半圆形弯钩；b)斜弯钩；c)直角形弯钩

1. 钢筋结构图的图示特点

(1)绘制配筋图时，可假设混凝土是透明的，即能够看清楚构件内部的钢筋，图中构件的外形轮廓用细线表示，钢筋用粗实线表示，若箍筋和分布筋数量较多，也可画为中实线，钢筋的断面用实心小圆点表示。

(2)对钢筋的类别、数量、直径、长度及间距等要加以标注。

(3)通常在配筋图中不画出混凝土的材料符号。当钢筋间距和净距太小时，若严格按比例画则线条会重叠不清，这时可适当夸大绘制。同理，在立面图中遇到钢筋重叠时，亦要放宽尺寸使图面清晰。

钢筋结构图中，不一定将三个投影图都画出来，而是根据需要而定。例如，画钢筋混凝土梁的钢筋图，一般不画平面图，只用立面图和断面图来表示。

2. 钢筋的编号和尺寸标注方式

在钢筋结构图中，为了区分不同直径、不同长度、不同形状、不同的钢筋，要求对不同类型的钢筋加以编号，并在引出线上注明其规格和间距，编号用阿拉伯数字表示。钢筋编号和尺寸标注方式如下：

对钢筋编号时，宜先编主、次部位的主筋，后编主、次部位的构造筋。

在桥梁构件中，钢筋编号及尺寸标注的一般形式如下：

(1)编号标注在引出线右侧的细实线圆圈内。

(2)钢筋的编号和根数也可采用简略形式标注，根数注在 N 字之前，编号注在 N 字之后。在钢筋断面图中，编号可标注在对应的方格内，如图 3-12-6 所示。

(3)尺寸单位：在路桥工程图中，钢筋直径的尺寸单位采用毫米，其余尺寸单位均采用厘米，图中无需注出单位。在建筑制图中，钢筋图中所有尺寸单位为毫米。

$$\frac{n\phi d}{l@ s}m$$

式中：m——代表钢筋编号，圆圈直径为 4~8mm；

　　　n——代表钢筋根数；

　　　ϕ——钢筋直径符号，也表示钢筋的等级；

　　　d——代表钢筋直径的数值(mm)；

　　　l——代表钢筋总长度的数值(cm)；

　　　@——钢筋中心间距符号；

s——代表钢筋间距的数值(cm)。

例:② $\dfrac{11\phi6}{l=64@12}$。其中,②表示 2 号钢筋,$11\phi6$ 表示直径为 6mm 的 2 号钢筋(Ⅰ级筋)共 11 根,$l=64$ 表示每根钢筋的总长度为 64cm,@12 表示钢筋轴线之间的距离为 12cm。

图 3-12-6 中的 20N24 表示编号 24 的钢筋有 20 根。

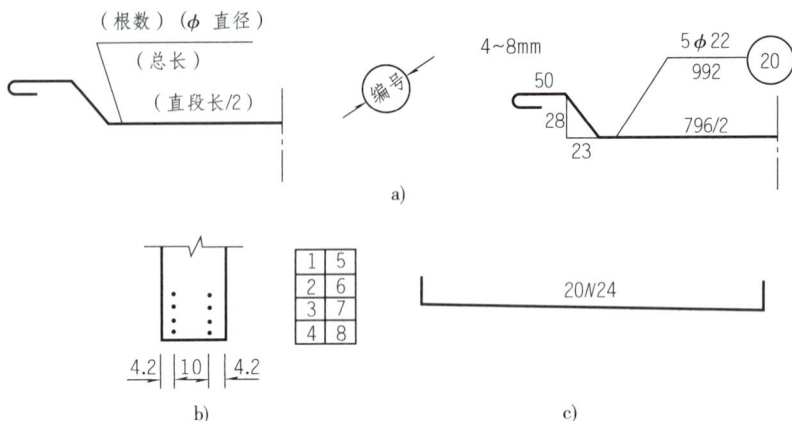

图 3-12-6 钢筋编号的标注

3.钢筋成型图

在钢筋结构图中,为了能充分表明钢筋的形状以便于配料和施工,还必须画出每种钢筋加工成型图(钢筋详图),在钢筋详图中,尺寸可直接注写在各段钢筋旁。另外,还应注明钢筋的符号、直径、根数、弯曲尺寸和断料长度等。有时为了节省图幅,可把钢筋成型图画成示意略图放在钢筋数量表内。

4.钢筋数量表

在钢筋结构图中,一般还附有钢筋数量表,内容包括钢筋的编号、直径、每根长度、根数、总长及质量等,必要时可加画略图,如表 3-12-2 及图 3-12-7 所示。

钢筋混凝土梁钢筋数量表　　　　　　　　　　　表 3-12-2

编号	直径 (mm)	长度 (cm)	根　数	共长 (m)	每米质量 (kg/m)	总质量 (kg)
1	22	528	1	5.28	2.984	15.8
2	22	708	2	14.16	2.984	42.3
3	22	892	2	17.84	2.984	53.2
4	22	881	3	26.43	2.984	78.9
5	12	745	2	14.90	0.888	13.2
6	6	198	24	47.52	0.222	10.6
总计						214
绑扎用铅丝 0.5%						1.1

四、钢筋结构图举例

钢筋混凝土 T 形梁的钢筋结构图如图 3-12-7 所示,从 Ⅰ-Ⅰ 断面图可以看出梁的断面为

I-I 断面

160

80

75

5

18

4.8

4.4

5

4.4

4×5.3

30

4.4

76

26

74

24

⑥ 24 φ 22
1 198@30

立面图

75

6

19

19 19 19

23×30=690

740

Ⅲ

Ⅲ

Ⅰ

Ⅰ

2N3

2N3

1N1

2N5

2N2

3.7

19

6

净距
4.9

箍筋 3.9

钢筋成型图

33
35
60
266/2

1 φ 22 ①
528

33
35
60
60
448/2

2 φ 22 ②
708

60
85
60
70
610/2

2 φ 22 ③
892

1.3
45
725/2

3 φ 22 ④
881

65
730/2

2 φ 12 ⑤
745

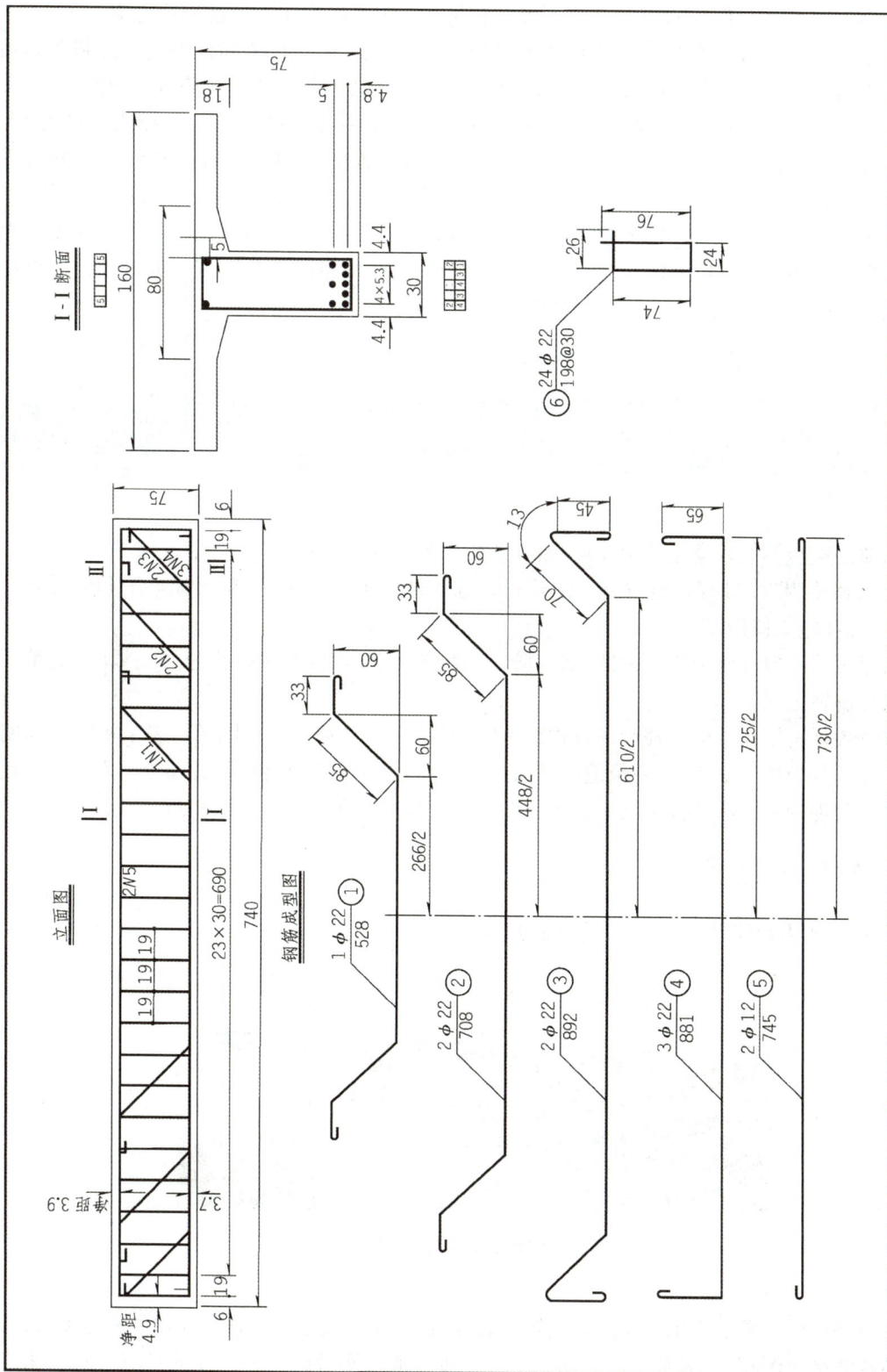

图 3-12-7　T 形梁钢筋结构图（尺寸单位：cm）

"T"形,称为T形梁,梁内有六种钢筋,其形状和尺寸在钢筋成型图上均已表达清楚。

从立面图及Ⅰ-Ⅰ断面图可以看出钢筋排列的位置及数量。Ⅰ-Ⅰ断面图的上方和下方画有小方格,格内注有数字,用以表明钢筋在梁内的位置及其编号。如立面图中的2N5表示有两根5号钢筋,安置在梁内的上部,对应在Ⅰ-Ⅰ断面图中则可以看出两根5号钢筋在梁的上部对称排列。立面图中还设有Ⅱ-Ⅱ断面位置线,Ⅱ-Ⅱ断面图的钢筋排列位置和Ⅰ-Ⅰ断面不同,请读者自行思考。

表3-12-2是钢筋表,表中所列"每米质量(kg/m)"一栏,可以从有关工程手册中查得。表中所列铅丝是用来绑扎钢筋的,铅丝数量按规定为钢筋总质量的千分之五。如不用铅丝绑扎而采用电焊时,则应注出电焊长度和厚度。

第三节　桥梁工程图

桥梁的建造不但要满足使用要求,而且还要满足经济、美观、施工等方面的要求。修建前,首先要对桥位附近的地形、地质、水文、建材来源等情况进行调查,绘制出地形图和地质断面图,供设计和施工使用。

桥梁设计一般分两个阶段设计,第一阶段(初步设计)着重解决桥梁总体规划问题,第二阶段是编制施工图。

虽然各种桥梁的结构形式和建筑材料不同,但图示方法基本是相同的。表示桥梁工程的视图一般可分为桥位平面图、桥位地质断面图、桥梁总体布置图、构件图、详图等。本节我们运用前面所学理论和方法结合桥梁专业图的图示特点来阅读和绘制桥梁工程图。

一、钢筋混凝土空心板梁桥

图3-12-8为钢筋混凝土空心板桥的实景图。

图3-12-8　钢筋混凝土空心板桥的实景图

1.桥位平面图

桥位平面图主要是表示桥梁所在位置、与路线的连接情况以及与地形地物的相互关系,其画法与路线平面图相同,只是所用的比例较大。通过地形测量绘出桥位处的道路、河流、水准点、钻孔及附近的地形和地物,以便作为设计桥梁、施工定位的依据。某桥的桥位平面图如图 3-12-9 所示,该图除了表示路线平面形状、地形和地物外,还注明了钻孔、里程、水准点的位置和数据。

桥位平面图中的植被、水准符号等均应以正北方向为准,而图中文字方向则由路线要求及总图标方向来决定。

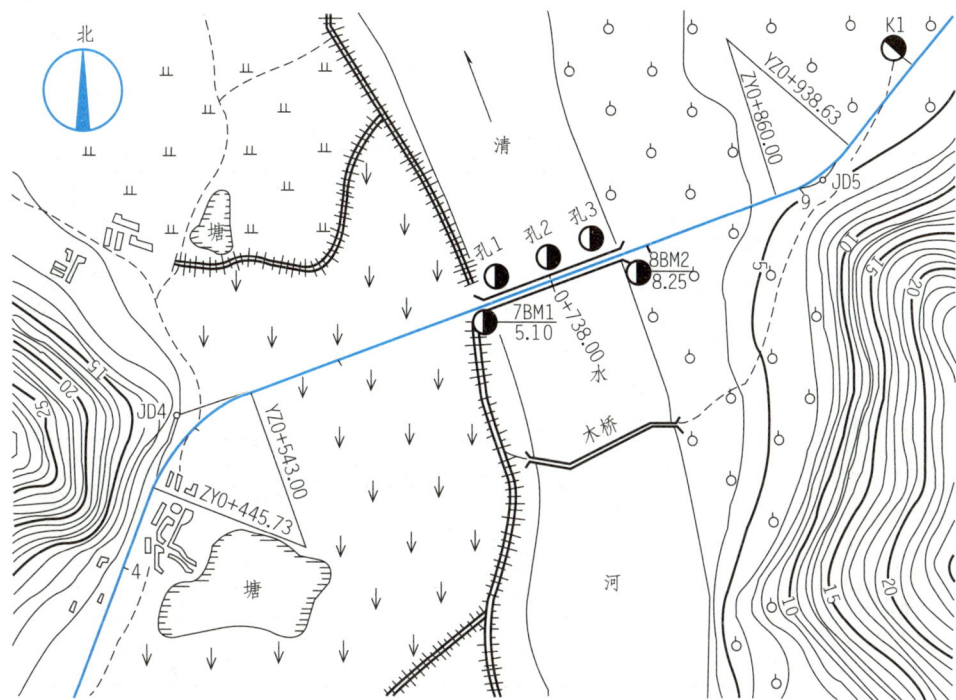

图 3-12-9　某桥位平面图

2. 桥位地质断面图

桥位地质断面图是由水文调查和地质钻探所得资料绘制的河床地质断面图,表示桥梁所在位置的地质水文情况,包括河床断面线、最高水位线、常水位线和最低水位线,作为桥梁设计的依据。实际设计中,通常将地质断面图竖向方向和水平方向按同样比例直接画入总体布置图中。

在地质断面图中,为了显示地质和河床深度变化情况,特将地形高度(高程)的比例较水平方向比例放大数倍画出。如图 3-12-10 所示,地形高度的比例采用1∶200,水平方向比例采用1∶500。

3. 桥梁总体布置图

桥梁总体布置图主要表明桥梁的形式、跨径、孔数、总体尺寸、桥道高程、桥面宽度、各主要构件的相互位置关系,桥梁各部分的高程、材料数量以及总的技术说明等,作为施工时确定墩台位置、安装构件和控制高程的依据。一般由立面图、平面图和剖面图组成。

图 3-12-11 为白沙河桥的总体布置图,绘图比例采用1∶200。该桥为三孔钢筋混凝土空心板简支梁桥,总长 34.90m,总宽 14m,中孔跨径为 13m,两边孔跨径为 10m。桥中设有两个柱式桥墩,两端为重力式混凝土桥台,桥台和桥墩的基础均采用钢筋混凝土预制打入桩。桥上部承重构件为钢筋混凝土空心板梁。

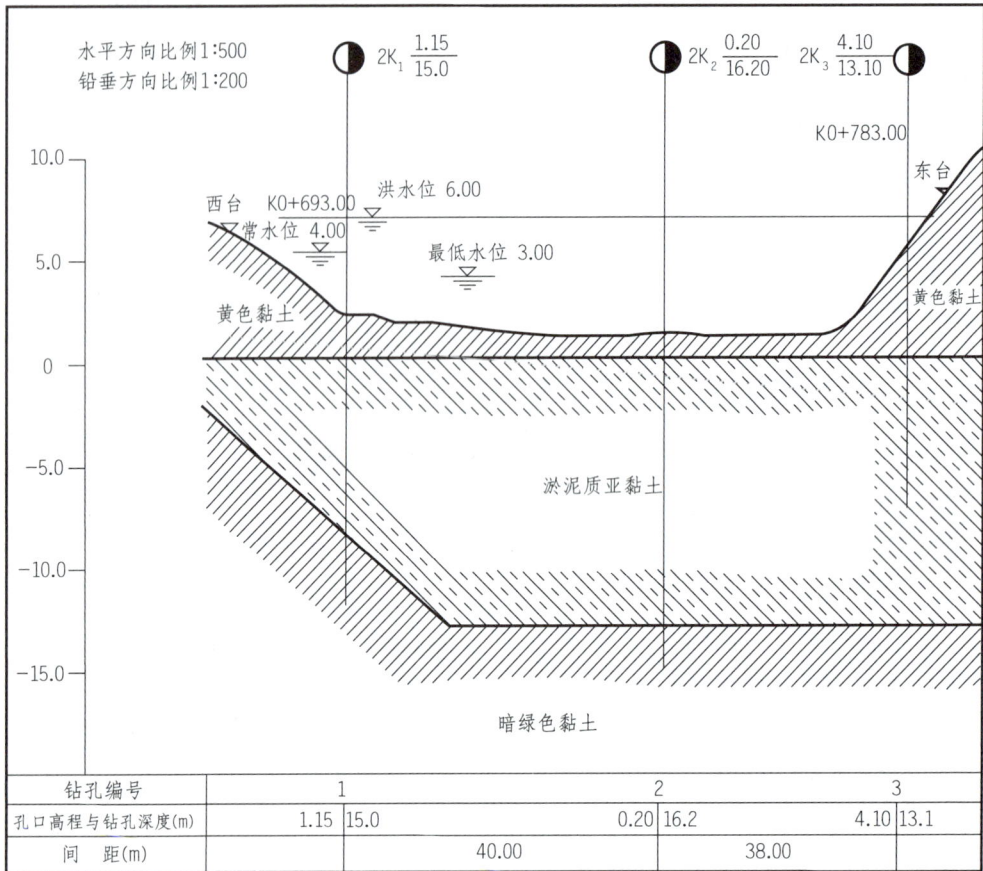

水平方向比例1:500
铅垂方向比例1:200

$2K_1 \dfrac{1.15}{15.0}$

$2K_2 \dfrac{0.20}{16.20}$ $2K_3 \dfrac{4.10}{13.10}$

K0+783.00

西台 K0+693.00

洪水位 6.00

常水位 4.00

最低水位 3.00

东台

黄色黏土

黄色黏土

淤泥质亚黏土

暗绿色黏土

钻孔编号	1		2		3	
孔口高程与钻孔深度(m)	1.15	15.0	0.20	16.2	4.10	13.1
间　距(m)		40.00		38.00		

图3-12-10　桥位地质断面图

(1)立面图

桥梁一般是左右对称的,所以立面图常常是由半立面和半纵剖面合成的。左半立面图为左侧桥台、1号桥墩、板梁、人行道栏杆等主要部分的外形视图。右半纵剖面图是沿桥梁中心线纵向剖开而得到的,2号桥墩、右侧桥台、板梁和桥面均应按剖开绘制。图中还画出了河床的断面形状,在半立面图中,河床断面线以下的结构如桥台、桩等用实线绘制,在半剖面图中地下的结构均画为实线。由于预制桩打入到地下较深的位置,不必全部画出,为了节省图幅,采用了断开画法。图中还注出了桥梁各重要部位如桥面、梁底、桥墩、桥台、桩尖等处的高程,以及常水位(即常年平均水位)。

(2)平面图

桥梁的平面图也常采用分层局部剖切的形式。左半平面图是从上向下投影得到的桥面俯视图,主要画出了车行道、人行道、栏杆等的位置。由所注尺寸可知,桥面车行道净宽为10m,两边人行道各2m。右半部采用的是剖切画法,假想把上部结构移去后,画出了2号桥墩和右侧桥台的平面形状和位置。桥墩中的虚线圆是立柱的投影,桥台中的虚线正方形是下面方桩的投影。

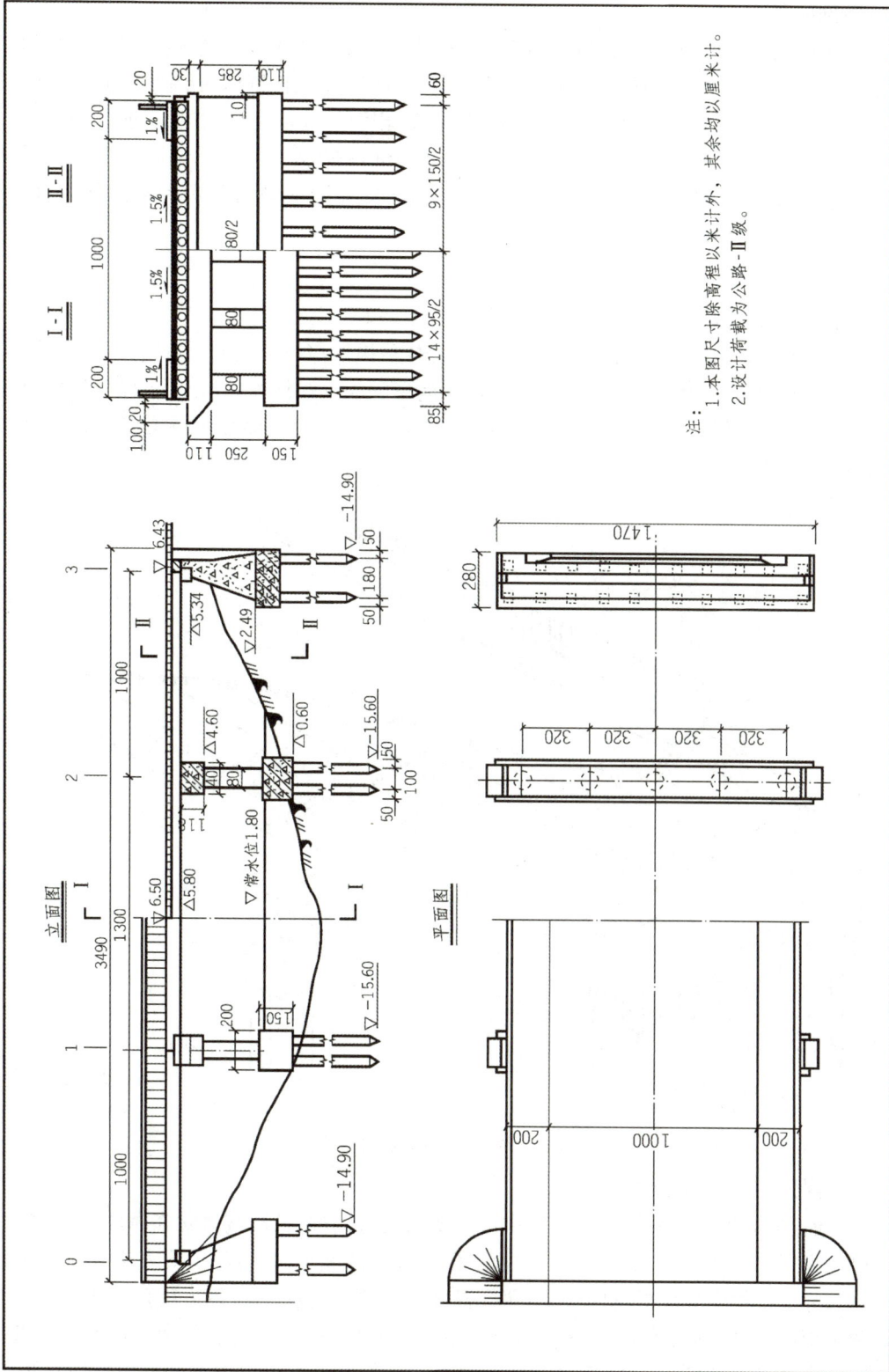

图 3-12-11　桥梁总体布置图

注：1. 本图尺寸除高程以米计外，其余均以厘米计。
　　2. 设计荷载为公路-Ⅱ级。

（3）横剖面图

根据立面图中所标注的剖切位置可以看出，Ⅰ-Ⅰ剖面是在桩中跨位置剖切的，Ⅱ-Ⅱ剖面是在边跨位置剖切的，桥梁的横剖面图是左半部Ⅰ-Ⅰ剖面和右半部Ⅱ-Ⅱ剖面拼成的。桥梁中跨和边跨部分的上部结构相同，但板厚不同，桥面总宽度为14m，是由10块钢筋混凝土空心板拼接而成，图中由于板的断面形状太小，没有画出其材料符号。在Ⅰ-Ⅰ剖面图中画出了桥墩各部分，包括墩帽、立柱、承台、桩等的投影。在Ⅱ-Ⅱ剖面图中画出了桥台各部分，包括台帽、台身、承台、桩等的投影。

4. 构件图

图3-12-12为该桥梁各主要构件的立体示意图。

在总体布置图中，由于比例较小，不可能将桥梁各种构件都详细地表示清楚。为了实际施工和制作的需要，还必须用较大的比例画出各构件的形状大小和钢筋构造，构件图常用的比例为1∶10~1∶50，某些局部详图可采用更大的比例，如1∶2~1∶5。下面介绍桥梁中几种常见的构件图的画法特点。

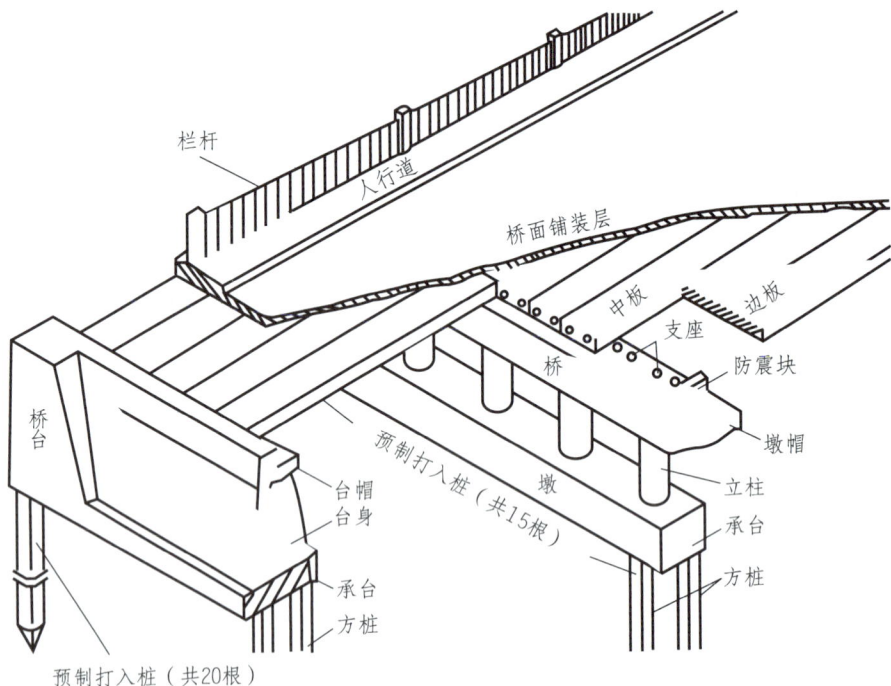

图3-12-12　桥梁各部分组成示意图

（1）钢筋混凝土空心板梁图

钢筋混凝土空心板是该桥梁上部结构中最主要的受力构件，其两端搁置在桥墩和桥台上。图3-12-13为跨径为10m空心板构造图，由立面图、平面图和断面图组成，主要表达空心板的形状、构造和尺寸。整桥由9块板拼成，按不同位置分为两种：中板（中间共7块）、边板（两边各1块）。两种板的厚度相同，均为45cm。由于两种板的宽度和构造不同，故分别绘制了中板、边板的平面图，中板宽133cm，边板宽155.5cm，纵向是对称的，所以立面图和平面图均只画出

半 I-I 断面　1:35

半 II-II 断面　1:35

边板横断面　1:15

底层平面　1:35

顶层平面　1:35

骨架A大样

骨架B大样

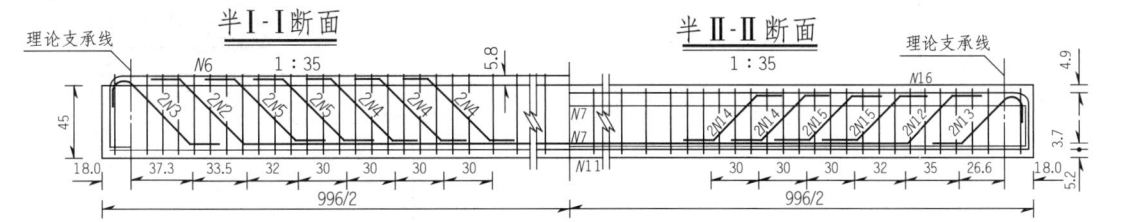

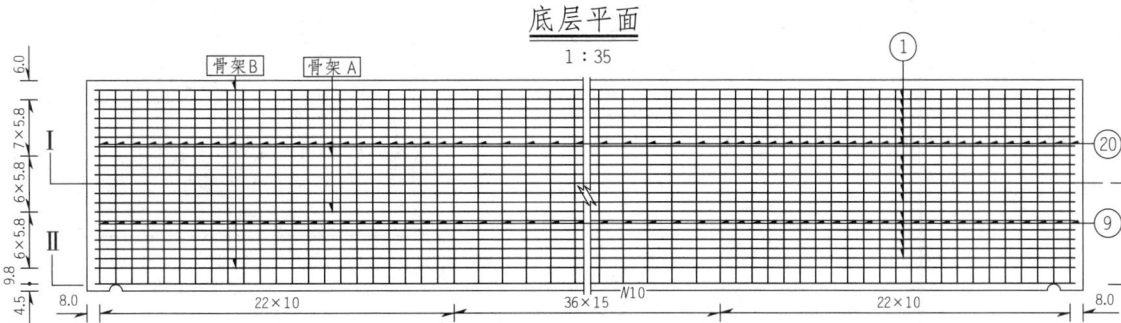

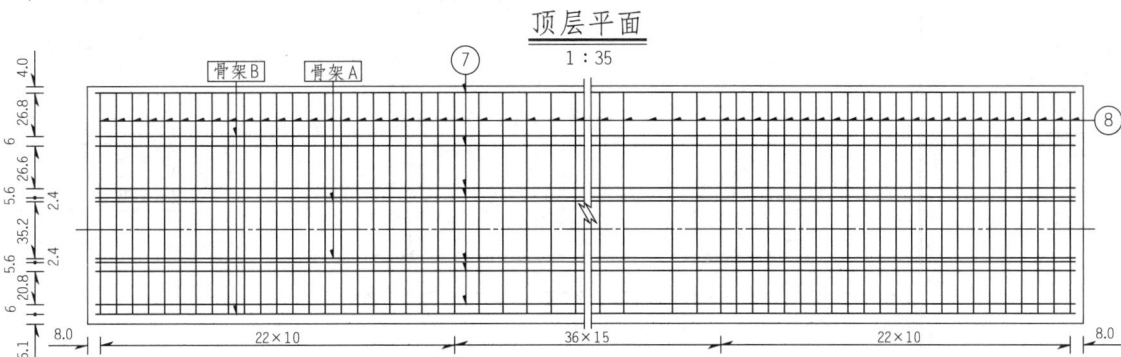

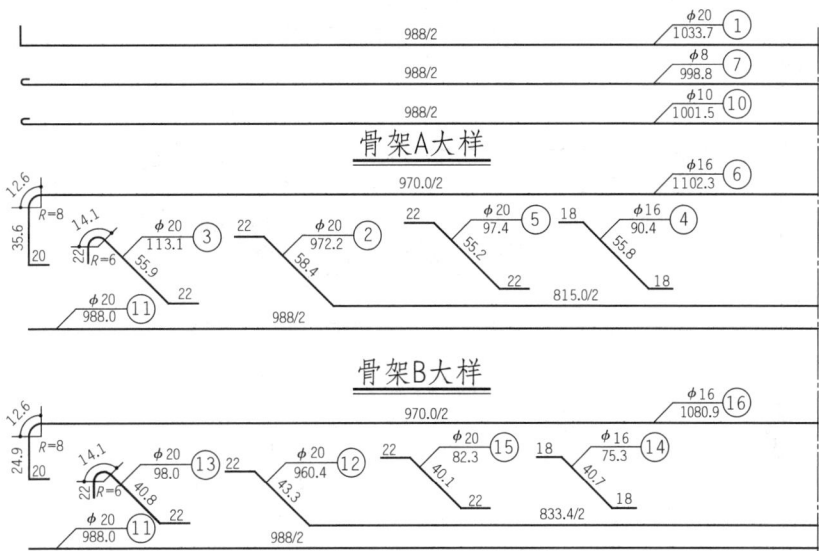

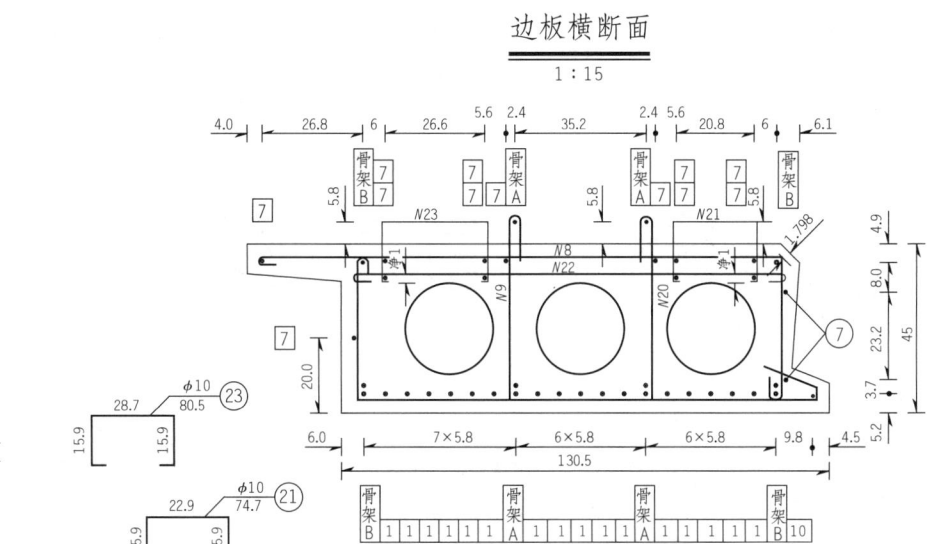

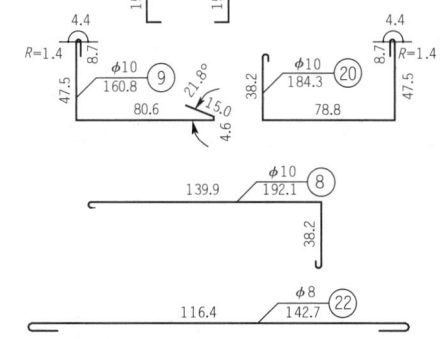

一块边板钢筋数量表

规格 (mm)	总长 (m)	单位质量 (kg)	总质量 (kg)	合计 (kg)
φ25	7.06	3.580	27.2	
φ20	266.38	2.470	658.0	
φ16	60.54	1.580	95.7	1240
φ10	557.59	0.617	344.0	
φ8	290.79	0.395	114.9	

一块边板钢筋明细表

编号	规格 (mm)	每根长 (cm)	根数	共长 (m)
1	φ20	1033.7	16	165.39
2	φ20	972.2	2	19.44
3	φ20	113.1	4	4.52
4	φ16	90.4	12	10.85
5	φ20	97.4	8	7.79
6	φ16	1102.3	2	22.05
7	φ8	998.8	14	139.83
8	φ10	192.1	81	155.60
9	φ10	160.8	81	130.25
10	φ10	1001.5	2	20.03
11	φ20	988.0	4	39.52
12	φ20	960.4	2	19.21
13	φ20	98.0	4	3.92
14	φ16	75.3	8	6.02
15	φ20	82.3	8	6.58
16	φ16	1080.9	2	21.62
17	φ8	124.6	24	29.90
18	φ8	112.0	24	26.88
19	φ25	176.6	4	7.06
20	φ10	184.3	81	149.28
21	φ10	74.7	66	49.30
22	φ8	142.7	66	94.18
23	φ10	80.5	66	53.13

注：
1. 本图尺寸除钢筋直径以毫米计外，其余均以厘米计。
2. N17、N18、N19钢筋为铰缝钢筋和吊环钢筋，本图未示出，详见铰缝钢筋构造图。
3. 焊接钢筋骨架钢筋弯起点处焊缝长2.5d，钢筋截断点处焊缝长5d，N11和N2钢筋每隔1.5m设一处侧焊缝，焊缝长2.5d，所有焊缝均采用双面焊。d为钢筋直径。
4. N10钢筋在铰缝处设置一根。
5. N21、N22钢筋沿纵桥向按间距15cm布置。

图 3-12-14　10m 边板配筋图

横断面

1:50

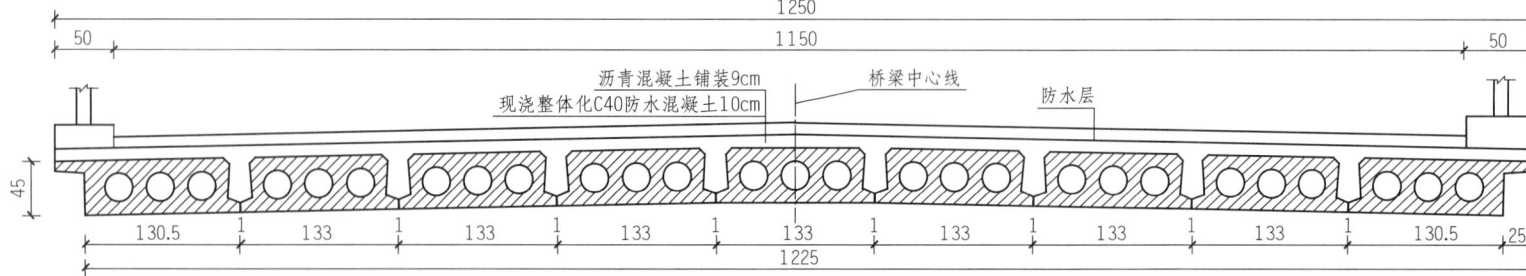

沥青混凝土铺装9cm
现浇整体化C40防水混凝土10cm
桥梁中心线
防水层

项	目	数 量
工程数量表		
预制C30混凝土(m³)	中板	3.66
	边板	4.08
	一孔桥	33.77
铰缝C30混凝土(m³)	每道缝	0.61
	一孔桥	5.53
封头C30混凝土(m³)	一块板	0.14
	一孔桥	1.29
现浇整体化C40防水混凝土(m³)		12.45
沥青混凝土铺装层(m³)		10.31
防水层(m²)		114

半 I-I 1:25   ## 半 II-II 1:25

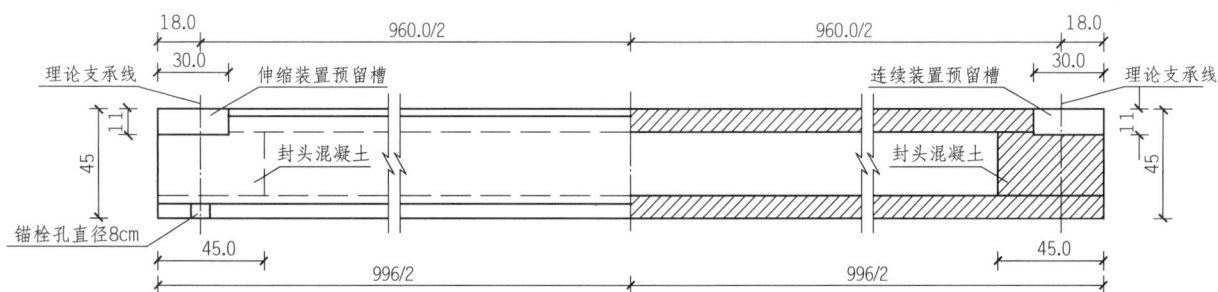

理论支承线
伸缩装置预留槽
连续装置预留槽
理论支承线
封头混凝土
封头混凝土
锚栓孔直径8cm

中板横断面 1:20

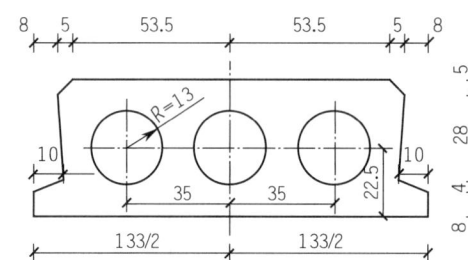

安装重量表

项 目	质量(t)
中板	9.5
边板	10.6

中板半平面 1:25   ## 边板半平面 1:25

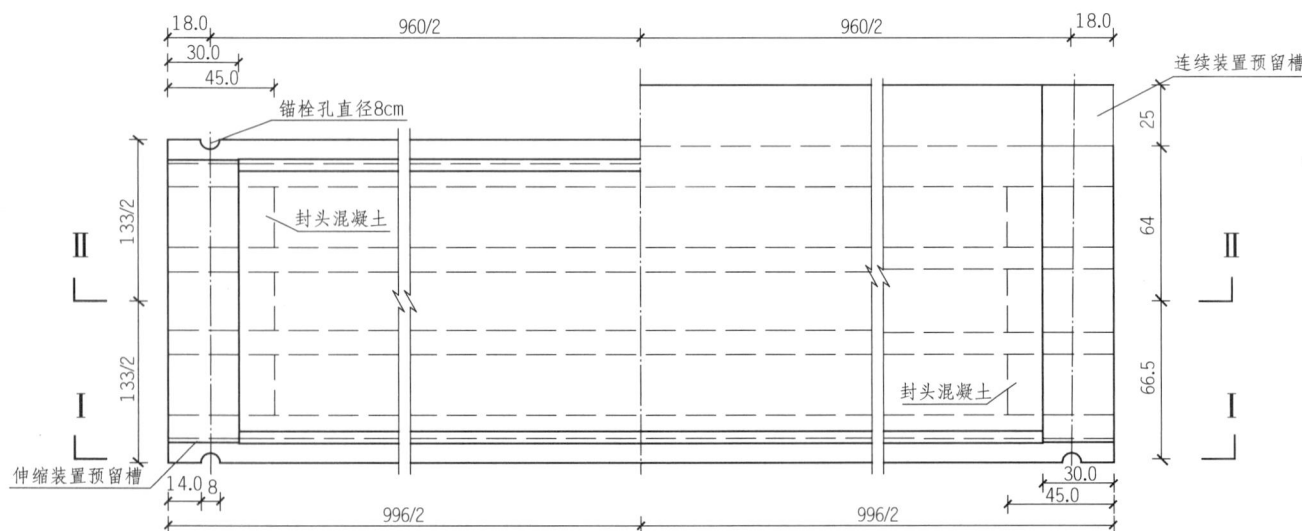

锚栓孔直径8cm
封头混凝土
连续装置预留槽
封头混凝土
伸缩装置预留槽

边板横断面 1:20

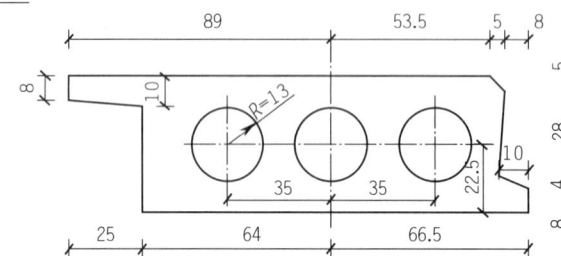

铰缝大样 1:20

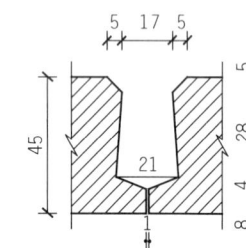

注:
1.本图尺寸均以厘米计。
2.图中护栏仅为示意,详见相应构造图。

图 3-12-13　跨径10m空心板构造图

了一半,板长标准跨径为1000cm,纵桥向板与板之间各留20cm的伸缩缝,因此,实际板长为996cm。两种板均分别绘制了跨中断面图,可以看出它们不同的断面形状和详细尺寸。另外还画出了板与板之间拼接的铰缝大样图。

对每种钢筋混凝土板都必须绘制钢筋布置图,现以边板为例进行介绍。图3-12-14为10m板边板的配筋图。其立面图是用Ⅰ-Ⅰ和Ⅱ-Ⅱ纵剖面表示的(假定混凝土是透明的,立面图和剖面图已基本无区别,这里主要为了避免钢筋过多的重叠,才这样处理)。由于板中有弯起钢筋,所以绘制了跨中横断面,可以看出各个钢筋在板中分布的位置。为了更清楚地表示钢筋的布置情况,还画出了板的顶层钢筋平面图及底层钢筋平面图。整块板共有25个编号的钢筋,每种钢筋都绘出了钢筋详图。这样几种图互相配合,对照阅读,再结合列出的钢筋明细表,就可以清楚地了解该板中所有钢筋的位置、形状、尺寸、规格、直径、数量等内容,以及几种弯筋、斜筋与整个钢筋骨架的焊接位置和长度。

(2)桥墩图

图3-12-15为桥墩构造图,主要表达桥墩各部分的形状和尺寸。这里绘制了桥墩的立面图、侧面图和Ⅰ-Ⅰ剖面图,由于桥墩是左右对称的,故立面图和剖面图均只画出一半。该桥墩由墩帽、立柱、承台和基桩组成。根据所标注的剖切位置可以看出,Ⅰ-Ⅰ剖面图实质上为承台平面图,承台基本为长方体,长1500cm、宽200cm、高150cm。承台下的基桩分两排交错(呈梅花形)布置,施工时先将预制桩打入地基,下端到达设计深度(高程)后,再浇筑承台,桩的上端深入承台内部80cm,在立面图中这一段用虚线绘制。承台上有5根圆形立柱,直径为80cm,高为250cm。立柱上面是墩帽,墩帽的全长为1650cm,宽为140cm,高度在中部为116cm,在两端为110cm,使桥面形成1.5%的横坡。墩帽的两端各有一个20cm×30cm的抗震挡块,是为防止空心板移动而设置的。

(3)桥台图

桥台属于桥梁的下部结构,主要是支承上部的板梁,并承受路堤填土的水平推力。我国公路桥梁桥台的形式主要有实体式桥台(又称重力式桥台)、埋置式桥台、轻型桥台、组合式桥台等。下面举两例桥梁常用桥台形式为例说明桥台构造。

①重力式混凝土桥台

图3-12-16为重力式混凝土桥台构造图,用剖面图、平面图和侧面图表示。该桥台由台帽、台身、侧墙、承台和基桩组成。这里桥台的立面图用Ⅰ-Ⅰ剖面图代替,既可表示出桥台的内部构造,又可画出材料符号。该桥台的台身和侧墙均用C30混凝土浇筑而成,台帽和承台的材料为钢筋混凝土。桥台长为280cm,高为493cm,宽度为1470cm。由于宽度尺寸较大且对称,所以平面图只画出了一半。侧面图由台前和台后两个方向视图各取一半拼成,所谓台前是指桥台面对河流的一侧,台后则是指桥台面对路堤填土的一侧。为了节省图幅,平面图和侧面图都采用了断开画法。桥台下的基桩分两排对齐布置,排距为180cm,桩距为150cm,每个桥台有20根桩。桥台的承台等处的配筋图略。

②埋置式肋式桥台

埋置式肋式桥台由台帽(包括背墙、牛腿、耳墙)、两片肋台(台身)、承台和4根钻孔桩组成。它的工作状态是除台帽露出一部分以支撑桥面板外,其余均埋入土内,用立面图、平面图和侧面图三个投影图来表示,如图3-12-17所示。

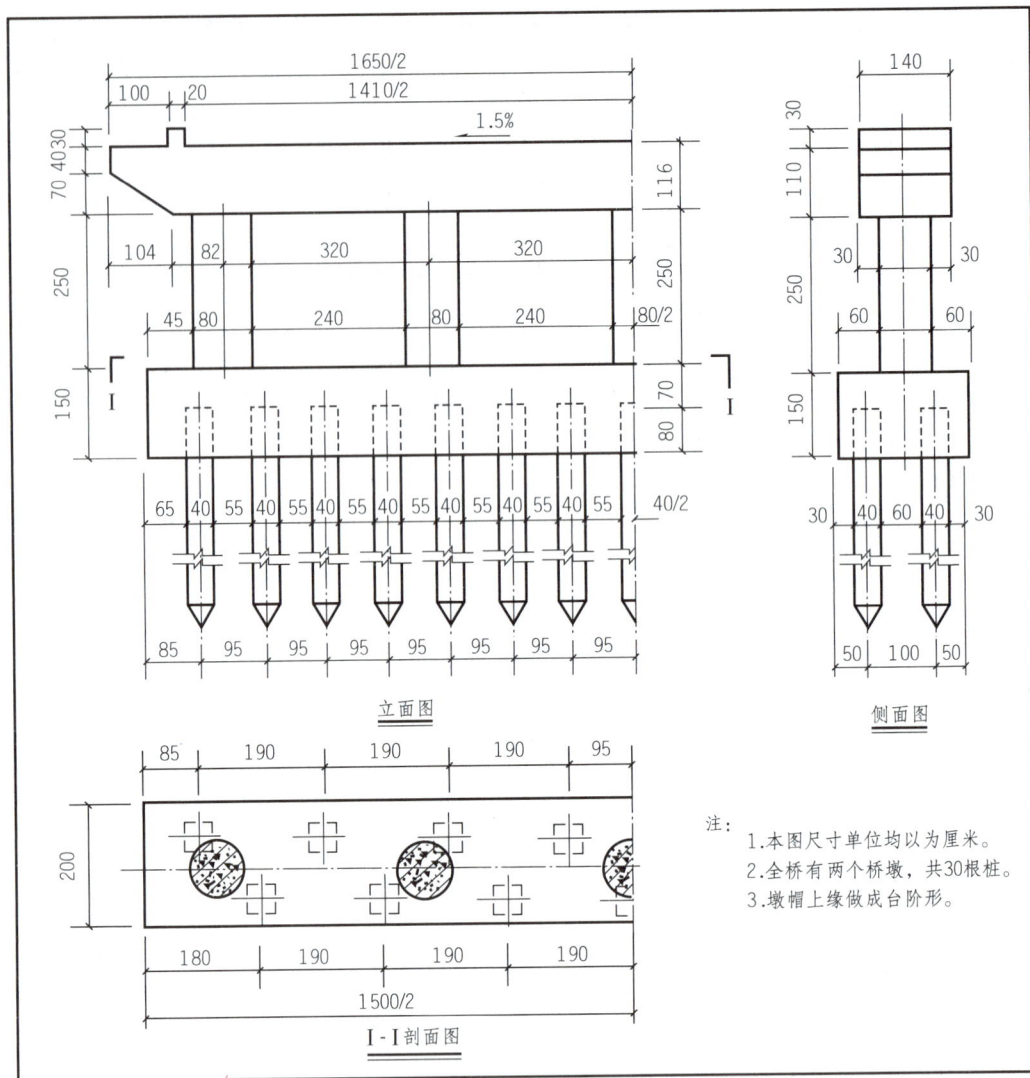

图 3-12-15　桥墩构造图

　　a. 立面图。采用单幅桥台的台前来表示。桥台台前是指人站在桥中(或河流的一边)顺着路线观看桥台前面所得的投影图,而台后是指站在路基后沿路线向桥中观看桥台背后得到的投影图。

　　b. 平面图。同立面图一样,设想上部构造(主梁或拱圈)未安装,桥台也未填土,这就清楚地表示了台帽、耳墙、肋台、承台以及4根钻孔桩的平面位置和大小。

　　c. 侧面图。反映台帽、耳墙、牛腿、肋台、承台以及钻孔桩侧面的形状大小和位置。

　　(4)钢筋混凝土桩配筋图

　　桥梁的桥墩和桥台的基础可设置为钢筋混凝土预制桩,桩的布置形式及数量可在桥台布置视图中表达清楚。

　　以图 3-12-18 为例介绍其桥墩基桩钢筋构造图。桥墩基桩的钢筋布置图中,①、②为主筋,③为桩的定位箍筋,④、⑤为桩的螺旋分布筋,⑥为钢筋骨架定位筋。该图用一个立面图、Ⅰ-Ⅰ和Ⅱ-Ⅱ两个断面即已表达清楚。断面图中钢筋采用了夸张的画法,即 $N3$ 与 $N5$ 间距适当拉大画出。

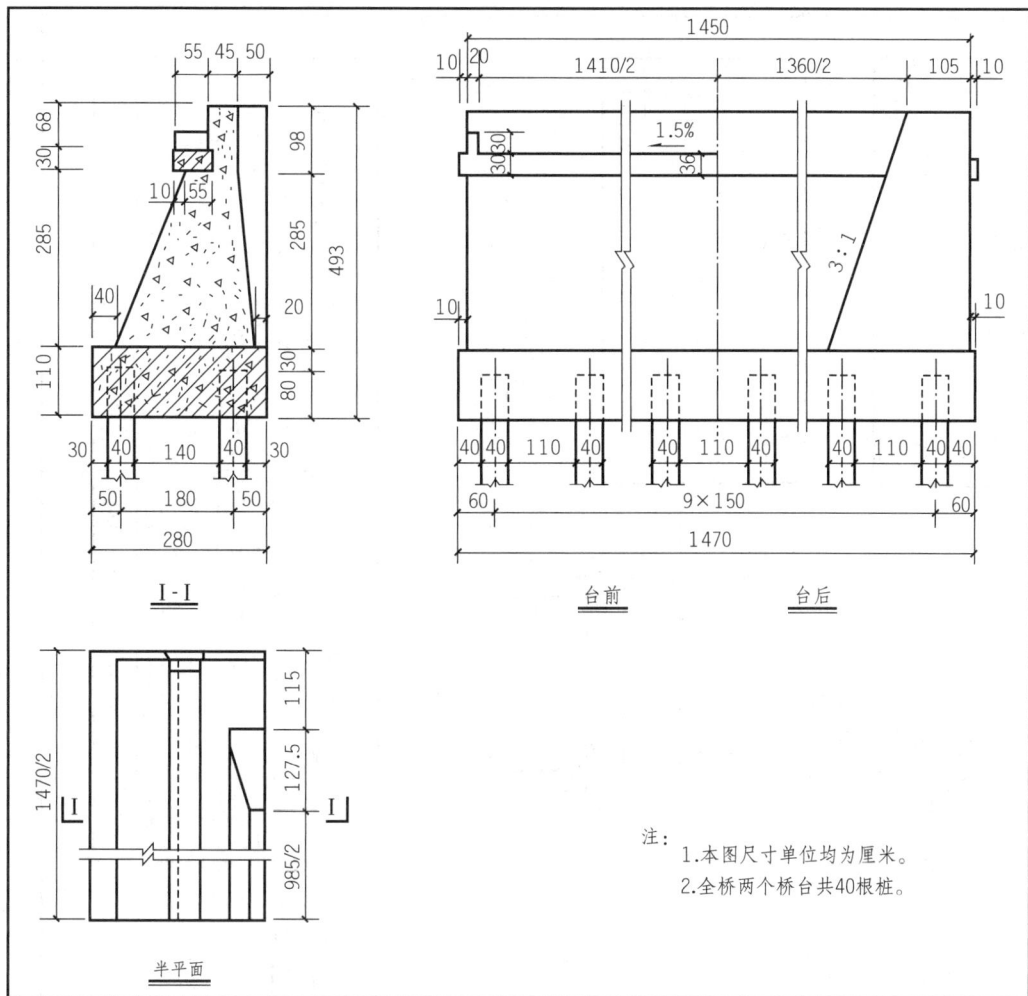

图 3-12-16　桥台构造图

二、钢筋混凝土 T 形梁桥

1. 桥梁总体布置图

如图 3-12-19 所示,为一总长度为 90m,中心里程桩号为 K0＋738 的五孔 T 形梁桥总体布置图。其立面图和平面图采用相同的比例,两者符合长对正的投影关系,而横剖面图则采用较大的比例。

（1）立面图

立面图由半立面和半纵剖面图组成,可以反映出桥梁的特征和桥型。该桥共有五孔,两边跨径为 10m,中间三孔跨径为 20m;桥梁总长度为 90m。上部结构为简支 T 形梁桥,在立面图左半部分梁底至桥面之间画了三条线,表示梁高和桥中心线处的桥面厚度;右半部分画成剖面图,将 T 形梁及横隔板均涂黑表示,并用剖面线把桥面厚度画出。下部结构两端为重力式桥台,河床中间由 4 个柱式桥墩、承台、支柱、盖梁和基桩共同组成。左边两个桥墩画外形图,右边两个桥墩画剖面图,桥墩的承台、下盖梁系钢筋混凝土结构,其为实际宽度小于 2mm 的狭小面积,故涂黑表示,立柱和基桩按规定画法,即剖切平面通过对称线时,不画材料断面符号而仅画外形,不画剖面线。

桥台混凝土强度等级

部位	台帽	肋台	背墙、耳墙、牛腿	承台	桩
强度等级	C25	C20	C25	C20	C20

细部尺寸表（单位：cm）

方向	台号	h_1	h_2	b_1	c_1
九峰至富岭	0	253	266	216	171
	3	403	416	291	134
富岭至九峰	0	287	274	234	153
	3	437	424	309	116

注：1.图中尺寸除注明其余均以厘米为单位。
2.图中比例尺寸为1：100。
3.图中括号外为0号台尺寸，括号内为3号台尺寸。

桥台高程及尺寸表

方向	台号	台帽底高程(m)	肋板顶高程(m)		承台顶高程(m)	桩顶高程(m)	桩底高程(m)	桩长L(cm)	坡度i(%)
			$H_内$	$H_外$					
九峰至富岭	0	5.443	5.511	5.375	2.848	1.348	−21.652	2300	2
	3	5.131	5.199	5.063	1.036	−0.464	−23.464	2300	2
富岭至九峰	0	5.653	5.585	5.721	2.848	1.348	−21.652	2300	2
	3	5.341	5.273	5.409	1.036	−0.464	−23.464	2300	2

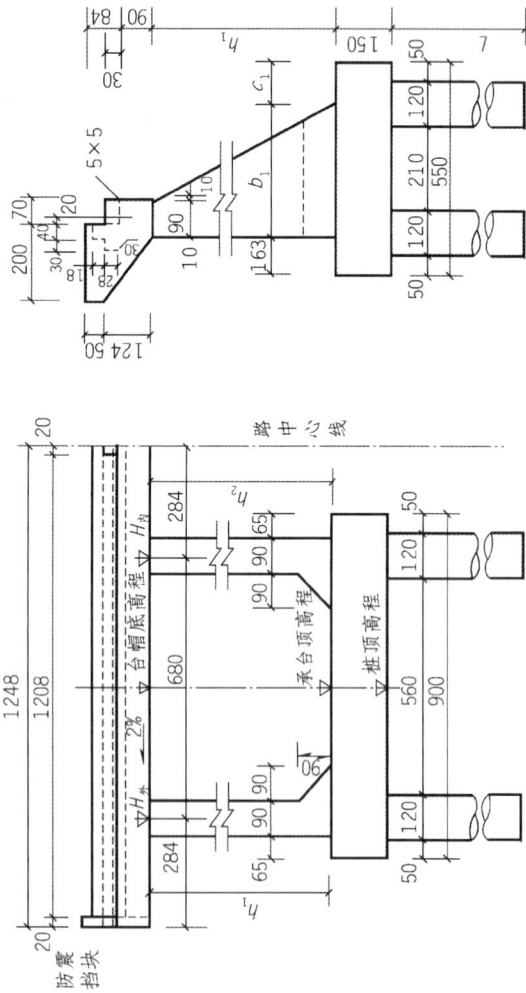

侧面图

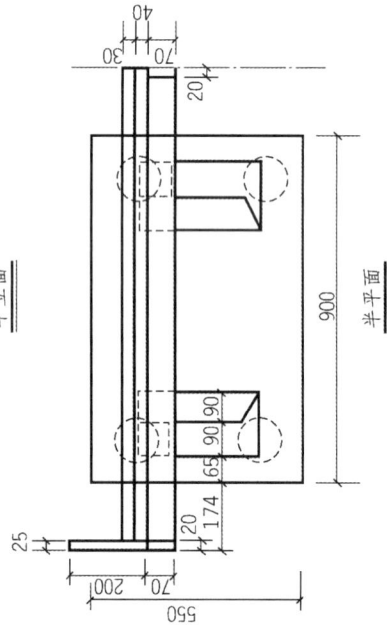

半立面

半平面

图 3-12-17　埋置式肋式桥台

编号	规格 (mm)	单根长 (cm)	根数	共长 (m)	总质量 (kg)	合计 (kg)
1	φ25	1717	56	961.52	3701.9	6757.0
2	φ25	1417	56	793.52	8055.1	
3	φ20	328	32	104.96	259.3	259.3
4	φ10	39781	4	1591.24	981.8	1084.0
5	φ10	4142	4	165.68	102.2	
6	φ20	53	128	67.84	167.6	167.6

C25混凝土 (m³) 72.38

注：1. 图中尺寸除钢筋直径以毫米计外，其余均以厘米为单位。
　　2. 桩基加强筋N3设在各主筋内侧，每2m一道，自身搭接部分采用双面焊。
　　3. 桩基钢筋笼分段插入桩孔中，各段主筋需采用焊接，钢筋接头应按规范要求错开布置。
　　4. 定位钢筋N6每隔2m设一组，每组4根均匀设于桩基加强筋N3四周。
　　5. 施工时，若实际地质情况与本设计采用的资料不符，应变更基桩设计。
　　6. 桩底沉淀厚度要求不得大于15cm。

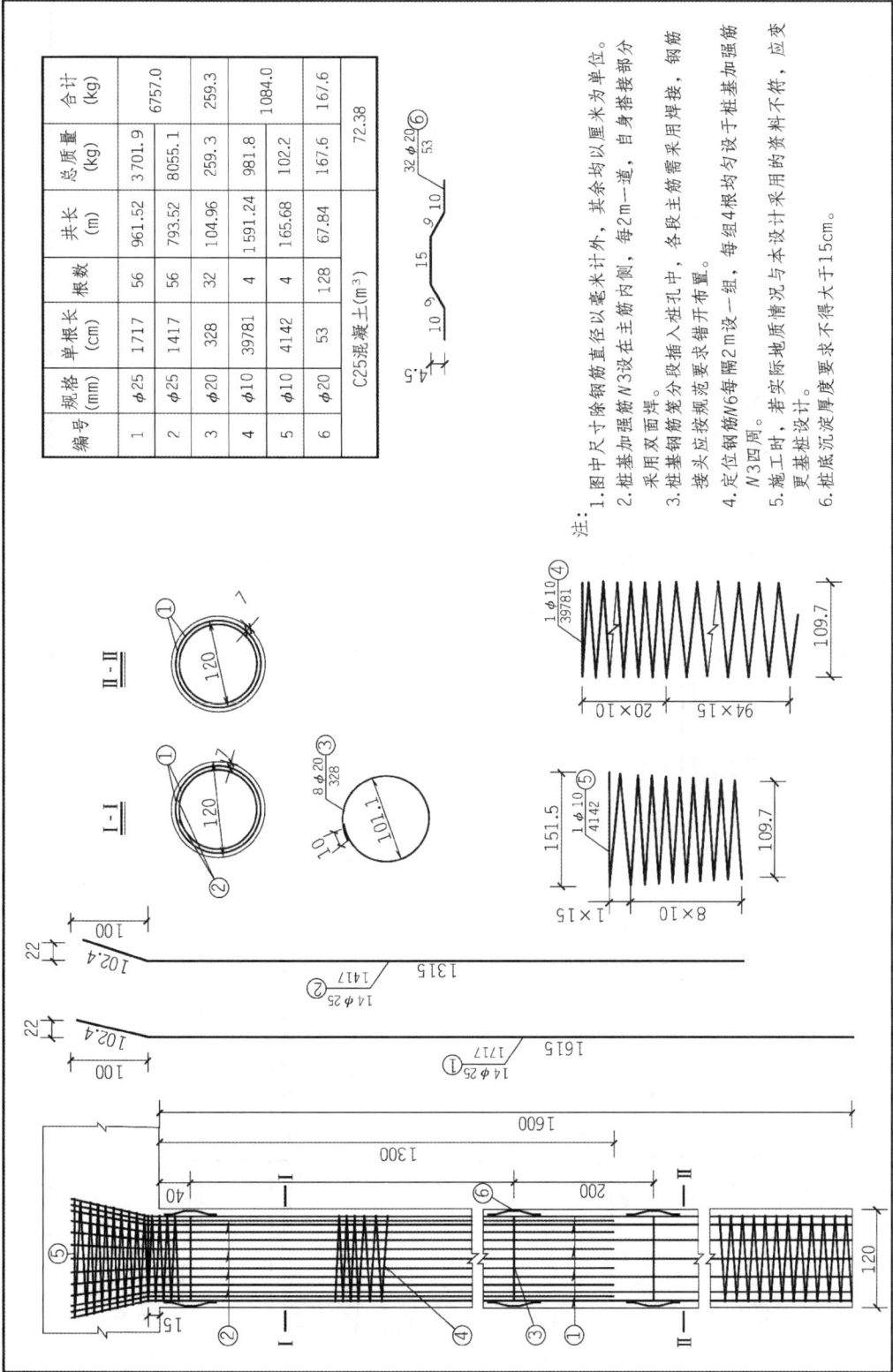

图 3-12-18　桥墩基桩钢筋构造图

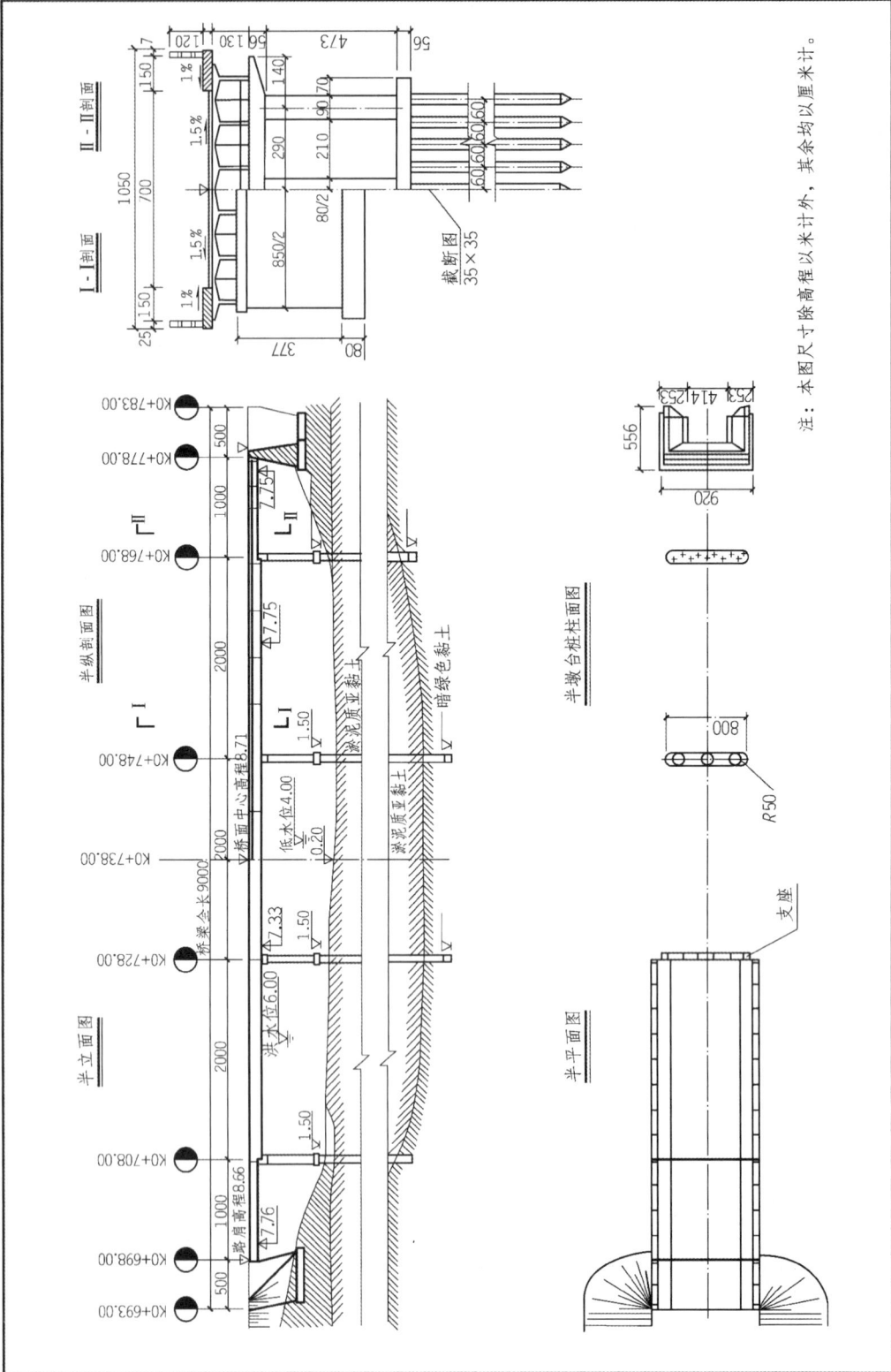

图 3-12-19 桥梁总体布置图

　　总体布置图还反映了河床地质断面及水文情况,根据高程尺寸可知桩、桥台基础的埋置深度、梁底、桥台和桥中心的高程尺寸。由于混凝土桩埋置深度较大,为了节省图幅,连同地质资料一起采用折断画法。图的上方还标注了桥梁两端和桥墩的里程桩号,以便读图和施工放样之用。

　　(2)平面图

　　对照横剖面图可以看出,桥面净宽为7m,人行道宽两边各为1.5m。从左往右,采用分段揭层画法来表达。将K0+728桩号右边部分的上部结构揭去之后,显示半个桥墩的上盖梁及支座的布置,可算出共有12个支座,布置尺寸纵向为50cm,横向为160cm;对照K0+748的桩号,桥墩经过剖切(立面图上没有画出剖切线)显示,桥墩中部由3根空心圆柱所组成。对照K0+768的桩号,由桩位平面布置图显示出,它由9根方桩所组成,图中还注出了桩柱的定位尺寸。右端是桥台的平面图,可以看出该桥是U形桥台,画图时,通常把桥台背后的回填土揭去,两边的锥形护坡也可省略不画,目的是使桥台平面图更为清晰。这里,为了施工时开挖基坑的需要,只注出了桥台基础的平面尺寸。

　　(3)侧面图

　　侧面图是由Ⅰ-Ⅰ和Ⅱ-Ⅱ剖面图合并而成,从图中可以看出桥梁上部结构由6片T形梁组成,左半部分的T形梁尺寸较小,支承在桥台与桥墩上面,对照立面图可以看出这是跨径为10m的T形梁。右半部分的T形梁尺寸较大,支承在桥墩上,对照立面图可以看出这是跨径为20m的T形梁。由图还可以看到桥面宽度、人行道和栏杆的尺寸。为了更清楚地表示横剖面图,允许采用比立面图和平面图大的比例画出。

　　为了使剖面图清楚,每次剖切仅画所需要的内容,如在Ⅱ-Ⅱ剖面图中,按投影理论,后面的桥台部分亦属可见,但按规定可画法可不予画出。

　　2. 构件图

　　构件施工图即对桥梁各部分构件进行详细的设计、计算,并绘制出施工详图,供施工使用。

　　(1)重力式U形桥台

　　桥台是用于支承桥跨结构的主梁,并且靠它的自重和土压力来平衡由主梁传来的压力,防止倾覆。图3-12-20为一个平面形状像"U"字形的桥,故称为U形桥台。它由台身和基础组成,台身又由前墙、侧墙和台帽三部分组成。由于桥台各部分尺寸均较大且笨重,故属于重力式桥台。

　　(2)桥墩图

　　①一般构造图

　　图3-12-21为一般桥墩构造图,该桥墩为钻孔双柱式桥墩,由墩帽(上盖梁)、双柱、联系梁和桩基础组成。本图用立面图和侧面图两面视图表示。

　　②墩帽(上盖梁)钢筋布置图

　　钢筋布置图(钢筋结构图)中的构件外形用细实线画出,钢筋用粗实线画出。

　　③主梁图(T形梁)

　　T形梁由梁肋、横隔板(横隔梁)和翼板组成,在桥面宽度范围内往往有几根梁并在一起,在两侧的主梁称为边主梁,中间的主梁称为中主梁。主梁之间用横隔板联系,沿着主梁长度方向,有若干个横隔板,两端的横隔板称为端隔板,中间的横隔板称为中隔板。其中边主梁一侧有横隔板,中主梁两侧有横隔板,如图3-12-22所示。

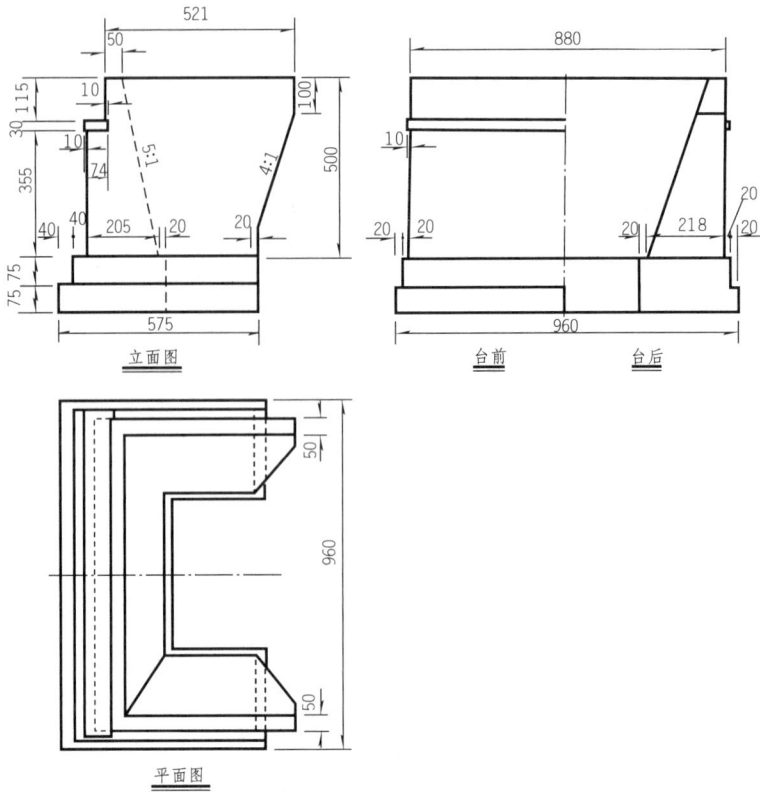

图 3-12-20　重力式 U 形桥台(尺寸单位:cm)

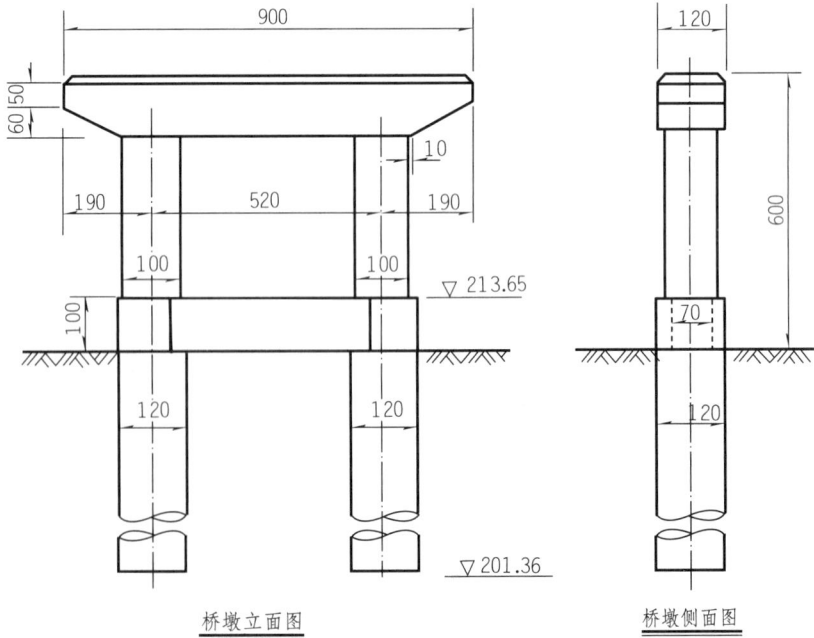

图 3-12-21　桥墩一般构造图(尺寸单位:cm)

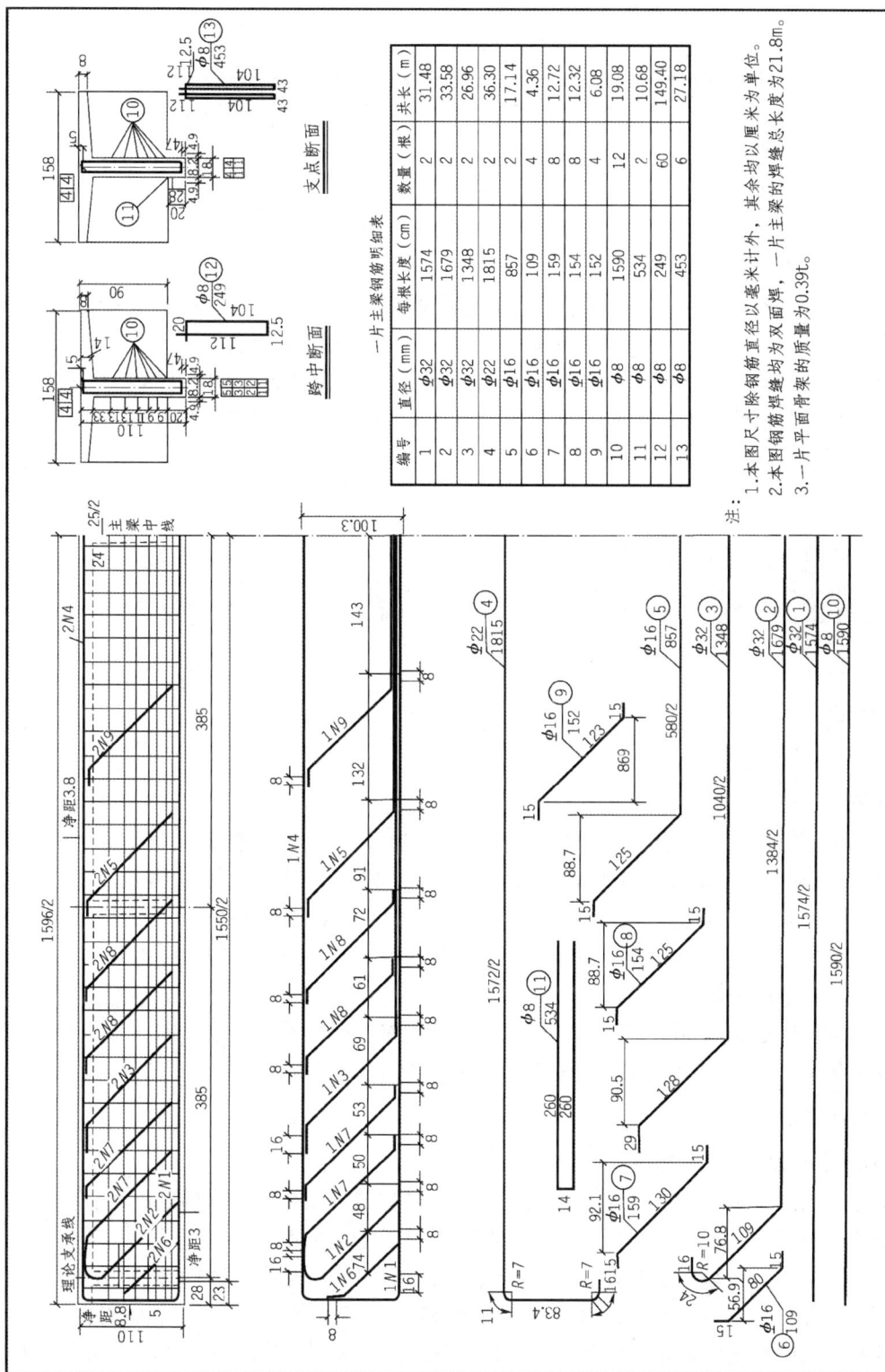

一片主梁钢筋明细表

编号	直径（mm）	每根长度（cm）	数量（根）	共长（m）
1	$\phi32$	1574	2	31.48
2	$\phi32$	1679	2	33.58
3	$\phi32$	1348	2	26.96
4	$\phi22$	1815	2	36.30
5	$\phi16$	857	2	17.14
6	$\phi16$	109	4	4.36
7	$\phi16$	159	8	12.72
8	$\phi16$	154	8	12.32
9	$\phi16$	152	4	6.08
10	$\phi8$	1590	12	19.08
11	$\phi8$	534	2	10.68
12	$\phi8$	249	60	149.40
13	$\phi8$	453	6	27.18

注：1. 本图尺寸除钢筋直径以毫米计外，其余均以厘米为单位。
　　2. 本图钢筋焊缝均为双面焊，一片主梁的焊缝总长度为21.8m。
　　3. 一片平面骨架的质量为0.39t。

图 3-12-23　主梁钢筋布置图

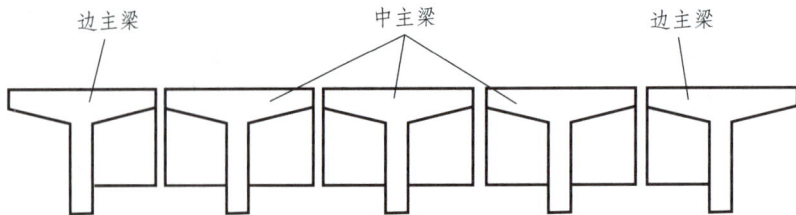

图 3-12-22　主梁与横隔板示意图

④主梁钢筋布置图

如图 3-12-23 所示为 16m T 梁的主梁骨架结构图,其中①、②、③、⑤为主筋(受力钢筋),④为架立钢筋,⑫、⑬为箍筋,⑩为分布钢筋,⑥、⑦、⑧、⑨也为受力钢筋。

以上介绍了桥梁中一些主要构件的画法,主梁横隔板、翼板钢筋布置图及隔板接头构造图的图示方法与梁肋钢筋布置图基本相同,实际上要绘制的构件图和详图还有许多,但表示方法基本相同,在此不再赘述。

第四节　桥梁图读图和画图步骤

一、读图

1. 读图的方法

(1)形体分析方法。读桥梁工程图的基本方法是形体分析方法,桥梁虽然是庞大而又复杂的建筑物,但它由许多构件所组成,我们了解了每一个构件的形状和大小,再通过总体布置图把它们联系起来,弄清彼此之间的关系,就不难了解整个桥梁的形状和大小了。

(2)由整体到局部、再由局部到整体的反复读图过程。必须把整个桥梁图由大化小、由繁化简,各个击破、解决整体。

(3)运用投影规律,互相对照,弄清整体。看图时,绝不能仅看一个投影图,而是应同其他投影图联系起来,包括总体图或详图、钢筋明细表、说明等。

2. 读图的步骤

看图步骤可按以下顺序进行:

(1)先看图纸标题栏和注,了解桥梁名称、种类、主要技术指标、施工措施、比例、尺寸单位等。读桥位平面图、桥位地质断面图,了解桥的位置、水文、地质状况。

(2)看总体图。掌握桥型、孔数、跨径大小、墩台数目、总长、总高,了解河床断面及地质情况,应先看立面图(包括纵剖面图),对照看平面图、侧面图和横剖面图等,了解桥的宽度、人行道的尺寸和主梁的断面形式等。如有剖面图和断面图,则要找出剖切线位置和观察方向,以便对桥梁的全貌有一个初步的了解。

（3）分别阅读构件图和大样图，搞清构件的详细构造。读懂各构件图之后，再次阅读总体图，了解各构件的相互配置及尺寸，直到全部看懂为止。

（4）看懂桥梁图，了解桥梁所使用的建筑材料，并阅读工程数量表、钢筋明细表及说明等。再对尺寸进行校核，检查有无错误或遗漏。

二、绘图

绘制桥梁工程图基本上和其他工程图一样，有着共同的规律，首先是确定投影图数目（包括剖面图和断面图）、比例和图纸尺寸。桥梁图常用比例如表 3-12-3 所示。

桥梁图常用比例参考表

表 3-12-3

序号	图　名	说　明	比　例	
			常用比例	分　类
1	桥位图	表示桥位及路线的位置及附近的地形、地物情况。对于桥梁、房屋及农作物等只画出示意性符号	1:500 ~ 1:2000	小比例
2	桥位地质断面图	表示桥位处的河床、地质断面及水文情况，为了突出河床的起伏情况，高度比例为水平方向比例的数倍	1:100 ~ 1:500（高度方向比例）；1:500 ~ 1:2000（水平方向比例）	普通比例
3	桥梁总体布置图	表示桥梁的全貌、长度、高度尺寸，通航及桥梁各构件的相互位置。横剖面图为立面图的 1 ~ 2 倍	1:50 ~ 1:500	
4	构件构造图	表示梁、桥台、人行道和栏杆等杆件的构造	1:10 ~ 1:50	大比例
5	大样图	钢筋的弯曲和焊接、栏杆的雕刻花纹、细部等	1:3 ~ 1:10	

注：1. 上述 1、2、3 项中，大桥采用较小比例，小桥采用较大比例。

　　2. 在钢结构节点图中，一般采用 1:10、1:15 和 1:20 的比例。

画图步骤如下（图 3-12-24）：

（1）布置和画出各投影图的基线。

根据所选定的比例及各投影图的相对位置把它们匀称地分布在图框内，布置时要注意空出图标、说明、投影图名称和标注尺寸的地方。当投影图位置确定之后便可以画出各投影图的基线，一般选取各投影图的中心线为基线。

（2）画出构件的主要轮廓线。

以基线作为量度的起点，根据高程及各构件的尺寸画构件的主要轮廓线。

（3）画各构件的细部。

根据主要轮廓从大到小画全各构件的投影，注意各投影图的对应线条要对齐，并把剖面、栏杆、坡度符号线的位置、高程符号及尺寸线等画出来。

（4）加深或上墨。

各细部线条画完后,经检查无误即可加深或上墨,最后标注尺寸注解等。

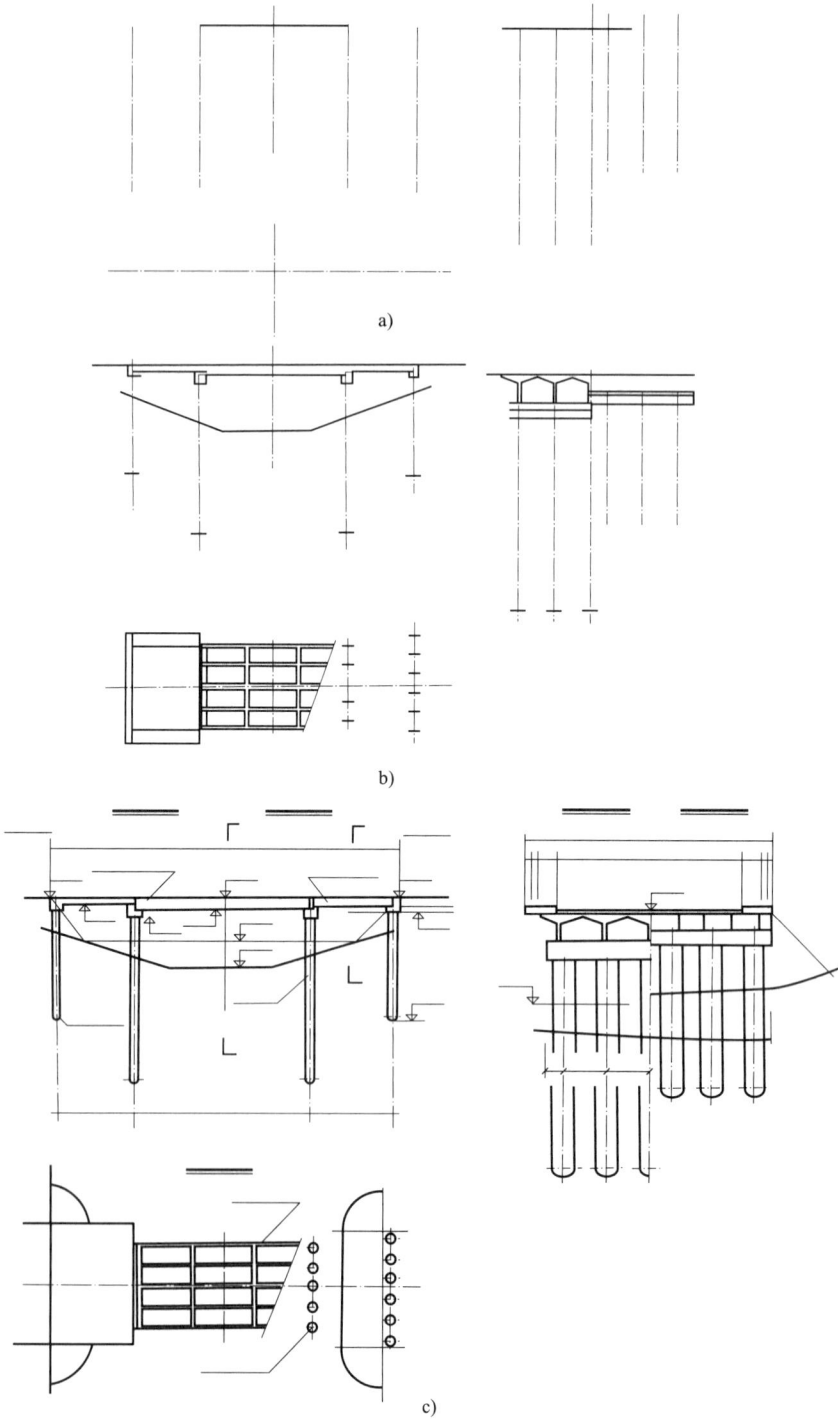

a)

b)

c)

图　3-12-24

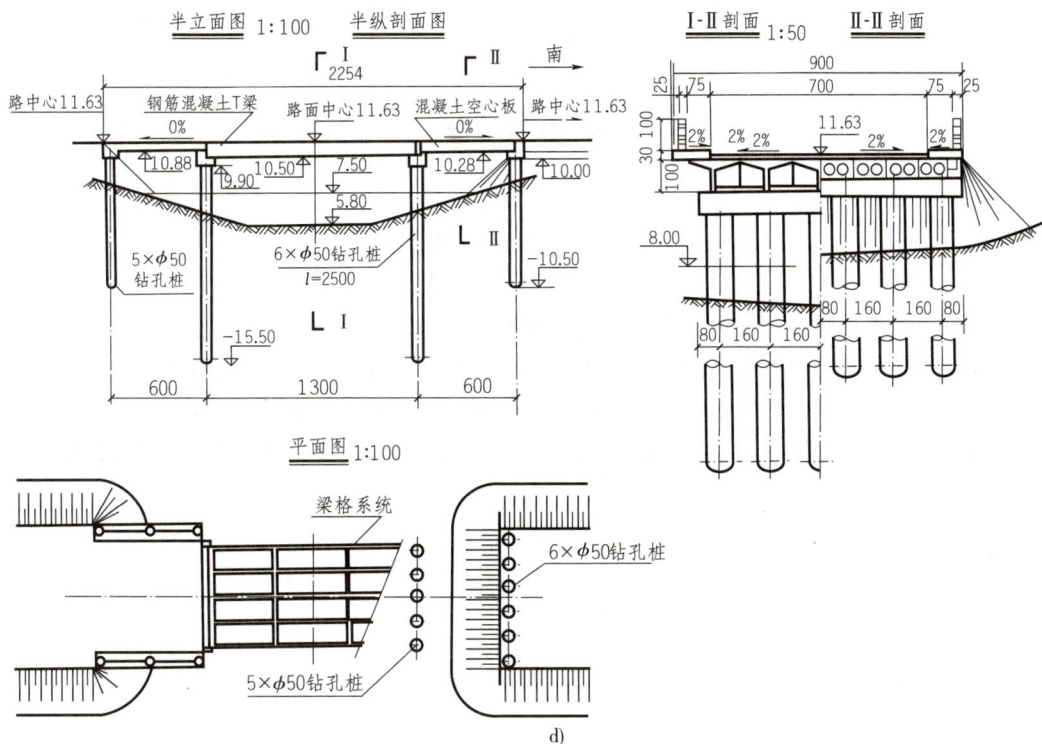

图 3-12-24　桥梁总体布置图的画图步骤

a)布置和画出各投影图的基线;b)画各构件的主要轮廓线;c)画各构件的细部;d)加深或上墨

第五节　斜拉桥工程图实例

当跨越陡峭河岸和深谷、悬崖时,采用跨度较大的斜拉桥往往既经济合理又造型轻巧美观。斜拉桥的形式有很多种,如独塔式或双塔式,具体采用哪种形式要结合所跨越地区的河流、地形、通航、美观等多项要求加以论证确定。

斜拉桥的上部结构主要由塔柱、主梁和斜拉索三部分组成。其基本受力特点是:受拉的斜索将主梁多点吊起,并将主梁的重量和车辆等其他荷载传至塔柱,再通过塔柱基础传至地基。

相关工程实例图可通过扫文前二维码查看。

复习思考题

1.桥梁工程图包括的主要视图有哪些? 其图示特点有哪些?

2.桥梁的主要结构由几部分组成?

3.钢筋结构图的图示特点是什么?

参 考 文 献

[1] 郑国权.道路工程制图[M].北京:人民交通出版社,2001.

[2] 和丕壮,王鲁宁.交通土建工程制图[M].北京:人民交通出版社,2001.

[3] 唐人卫.画法几何及土木工程制图[M].南京:东南大学出版社,1999.

[4] 曹宝新,齐群.画法几何及土建制图[M].北京:中国建材工业出版社,2001.

[5] 王子茹,贾艾晨.画法几何及工程制图[M].北京:人民交通出版社,2001.

[6] 汪谷香.道路工程制图与CAD[M].2版.北京:人民交通出版社股份有限公司,2016.